스파이 세계사

제I권

모세부터 9·11까지 정보활동 3000년의 역사

The Secret World

A History of Intelligence

by Christopher Andrew

스파이
세계사
제I권

모세부터 9·11까지
정보활동 3000년의 역사

크리스토퍼 앤드루 Christopher Andrew 지음

박동철 옮김

옮긴이의 글

/

이 책의 원서 제목은 『비밀의 세계: 정보활동의 역사(The Secret World: A History of Intelligence)』(2018)다. 현대 역사, 특히 정보 역사 연구에 천착한 저자 크리스토퍼 앤드루(Christopher Andrew) 교수는 숨은 정보활동을 발굴하고 재구성해 원서의 부제처럼 정보활동의 세계 역사에 대해 썼다. 국제관계와 정보활동에 관한 저자의 많은 저술 중에서 『KGB 내부 이야기(KGB the inside story)』(1990) 등 그가 서방으로 망명한 전직 KGB 간부들과 함께 작업한 다수의 KGB 관련 문헌은 독보적이다. 또 그는 영국 국내정보기관 '보안부(MI5)' 백년사를 다룬 『왕국의 방위(The Defence of the Realm)』(2009)를 집필한 사학자로도 유명하다. 케임브리지대에서 사학과 교수단장과 코퍼스 크리스티 칼리지(Corpus Christi College) 학장을 역임한 저자는 현재 명예교수로서 이 분야 전문가들과 함께 '케임브리지 정보학 세미나'를 정기적으로 주재하면서 ≪정보·테러 연구 저널(Journal of Intelligence and Terrorism Studies)≫의 편집인으로 활동하고 있다.

이 책은 전 시대와 전 지역을 망라하는 통사(通史)로서 모세가 가나안 땅에 스파이를 보낸 이야기부터 9·11 테러 공격까지 서술하고 있으며, 나아가 장기 역사적인 관점에서 21세기 정보활동을 꿰뚫고 있다. 정보의 성공과 실패가 국가나 정권의 흥망으로 이어진 역사상 사례는 허다하다. 우리는 이러한 역사에서 교훈을 학습하고 특히 정보 실패를 반복하지 않으려고 노력한다. 그러나 저자는 '권력자에게 진실 말하기'가 어려우며 역사를 망각하기 때문에 정보 실패가 반복된다고 강조한다. 이는 권력과 정보 간의 관계에서 풀어야 할 영원한 난제지만, 먼저 권력자의 마음과 귀가 열려 있어야 편향되지 않은 정보와 그 성공이 따를 것이다.

역자가 이 책을 번역하면서 견지한 몇 가지 규칙이 있다. 첫째, 용어의 정확성과 통일성에 중점을 두면서 원칙적으로 단편적인 '첩보(information)'와 정제된 '정보(intelligence)'를 구별하는 등 한국 정보계의 언어 관행을 반영했다. 둘째, 인명, 지명 등 고유명사는 원어 표기 원칙에 따르고 원서에 적힌 영어식 표기를 괄호 속에 넣었다. 셋째, 필요한 곳에 역자 주를 달아 독자의 이해를 돕고자 했다.

이 책은 스파이들에 관한 이야기라서 재미있으며, 역사에 관한 지식과 함께 그 이면에 작용하는 인간의 지혜와 교훈을 일깨워준다는 점에서 유익하다. 아무쪼록 재미있고 유익한 이 책이 국가정보기관, 국내 학계 등 정보와 관련된 이들에게 필독서가 되고 일반 독자들에게도 흥미로운 읽을거리가 되기를 기대한다.

2021년 8월

박 동 철

차 례

세계 정보활동의 숨은 역사

21세기 정보활동은 역사와 관련된 장기 기억상실증에 걸려 있다. 냉전 시대 초기에 미국 정보 분석의 태두인 사학자 셔먼 켄트(Sherman Kent)는 정보계가 진지한 문헌이 없는 유일한 전문직이라고 불평했는데, 그는 "내가 보기에 이것은 가장 중요한 문제다. 이 전문분야는 문헌이 없는 한 그 방법론, 용어들, 교리체계, 그리고 기초이론조차 결코 충분히 성숙하지 못할 위험이 있다"라고 말했다. 정보활동의 역사적 교훈을 학습하는 것은 다른 전문분야보다 더 어려운데, 그 이유는 주로 과거 정보활동 경험에 관한 기록이 거의 없기 때문이다. 제2차 세계대전 기간에, 그리고 그 이후에도 서방 정보기관들은 제1차 세계대전 도중과 그 이전의 정보활동에 관해 거의 알지 못했다. 적 암호해독에서 과거 어느 암호해독기관보다 더 큰 성공을 거두었던 블레츨리 파크(Bletchley Park, 영국 남부 버킹엄셔주에 위치한 정원과 저택_옮긴이)의 'X 거점'도 마찬가지로 몰랐다. 영국은 과거 500년 동안 세 차례에 걸쳐—1588년 스페인의 펠리페(Philip) 2세 함대로부터, 19세기 초 나폴레옹으로부터, 그리고 1940년 히틀러로부터—중대한 침략 위협을 받았다. 그러나 히틀러의 암호를 푼 블레츨리 파크 암호해독관들은 그들 가운데 저명한 사학자들이 있었음에도 선배들이 국가 위기를 맞아 펠리페 2세와 나폴레옹의 암호를 해독했었다는 사실을 전혀 알지 못했다.[1]

　제2차 세계대전 이전 수세기 동안 영국 식자층은 자기네 역사에 나타난 정보의 역할보다 성경에 기록된 정보공작에 관해 더 많이 알았다. 기독교 구약성경(유대교 타나크)에는 스파이에 관한 언급이 영국이나 기타 국가의 역사서에서보다 더 많이 나온다. 예를 들어 빅토리아 시대의 학생들은 어른들과 마찬가지로 어떻게 모세가 약속된 땅을 정찰하기 위해 첩자를 파견했는지, 이집트 파라오의 재상이 된 요셉이 어떻게 형들을 짐짓 모르는 체하고 이집트의 방위 약점을 살피러 온 염탐꾼이라고 그들을 문책했는지, 그리고 수석 사제들로부터 돈을 받은 첩자 유다 이스카리옷(Judas Iscariot)이 어떻게 성주간(聖週間) '스파이 수요일'에 예수를 배반했는지 알고 있었다. 모세(무사)는 또한 이슬람교 예언자이기도 하다. 코란(Quran)에 모세에 관해 136번 언급되어 있는데, 이는 다른 어떤 인물보다 많은 것이다.[2] 타나크와 마찬가지로 코란에서도 하느님이 모세에게 12명의 첩자를 보내 하느님이 이스라엘(야곱이 하느님으로부터 받은 새 이름_옮긴이)의 자손들에게 준 '약속된 땅'을 정찰하도록 지시한다. 그들의 임무는 결국 정보 실패의 주요한 첫 사례로 기록되는데, 이 실패는—후대에도 반복되지만—정보의 품질 문제가 아니라 그 사용 때문이었다. 성경의 설명에 따르면, 40년 뒤 정보공작을 더 잘 수행한 다음에야 모세의 후계자 여호수아가 이스라엘 자손들을 '약속된 땅'으로 이끌었다.

　모세와 여호수아가 가나안 땅으로 보낸 첩자들의 임무 이래, 정보공작의 첫

---

[1]　그러나 블레츨리에서 근무했던 사학자 J. H. ('잭') 플럼(Plumb) 경은 로버트 월폴(Robert Walpole) 시대의 암호해독에 관해 알고 있었다. 필자는 월폴 전기를 쓴 플럼 경과 이 문제를 논의할 기회가 있었다.

[2]　대조적으로 무함마드는 이름이 네 번만 언급되어 있다(그의 이름을 쓰지 않은 언급들도 있긴 하지만). 코란은 메신저가 아닌 메시지에 관한 경전이다.

번째 우선순위는 공개 출처에서 얻을 수 없는 첩보를 은밀하게 입수하는 것이었다. 조지 테닛(George Tenet)은 21세기 초 미국 중앙정보부(CIA) 부장으로 재직하면서 CIA의 주된 임무를 세 마디로 요약했다. "우리는 비밀을 훔친다." 냉전 기간에 최장수 CIA 부장을 지낸 앨런 덜레스(Allen Dulles)는 수세기 동안 정보기관들도 스스로 "음모를 추진하는 이상적 조직"임을 입증했다고 적었다. 예로부터 정보활동에는 흔히 사태 전개에 영향을 끼치려는 의도에서 비밀공작이 포함되었는데, 그 방법은 기만에서부터 암살에 이르기까지 다양하다. 특히 암살은 20세기 소련 국가보안위원회(KGB)가 "적극적 조치"라고 불렀다. 위장 탈주자를 이용한 기만은 기원전 480년 페르시아 제국이 그리스를 침공한 위중한 순간의 살라미스(Salamis) 해전에서 아테네가 승리하는 데 핵심적인 역할을 했다. 그러나 이후 2,500년 동안 살라미스 기만은 아주 미미한 관심을 받았을 뿐인데, 그것도 허구적 기만술인 트로이 목마 덕분이었다. 트로이 목마는 호메로스의 「일리아드(Iliad)」에 처음 등장하고 나중에 로마 시인 베르길리우스의 「아이네이스(Aeneid)」에서 더 자세히 서술되었다. 21세기에도 스파이 소설은 정보공작에 대한 대중의 이해를 혼란스럽게 하지는 않더라도 빈번히 영향을 끼치고 있다. 현재 살아 있는 사람, 이미 죽은 사람 통틀어도 제임스 본드만큼 유명한 정보실무자는 존재하지 않는다.

고대 그리스나 로마의 작가들은 유대인 사제들보다 전략정보를 잘 이해하지 못했는데, 유대인 사제들은 모세와 여호수아가 가나안 땅으로 보낸 스파이들의 정탐 내용을 아마도 아테네 황금기 이전의 두 세기에 걸쳐 성경에 기록했을 것이다. 투키디데스(Thucydides)는 고대 유럽의 고전적 인물 가운데 가장 위대한 역사가로서 기원전 5세기 펠로폰네소스 전쟁의 기원에 관한 저술에서 "아테네의 국력 신장과 이것이 불러일으킨 스파르타 측의 경각심이 전쟁을 불가피하게 만들었다"라는 명언을 남겼다. 그러나 아테네나 스파르타 어느 쪽에서도 상대방에 대한 정보활동은 우선순위가 아니었으며, 이는 역사가이자 장군인 투키디데스에게도 마찬가지였다.

전쟁과 평화에서 정보가 중심적 역할을 해야 한다고 주장한 최초의 책은 그리스나 로마가 아니라 고대 중국과 인도 아대륙에서 저술되었다. 즉, 『손자병법(孫子兵法)』은 예로부터 공자와 같은 시대의 중국 장수인 손자(기원전 544~496년)의 작품으로 전해지며, 국가경영 매뉴얼인 『아르타샤스트라(Arthashastra)』는 마우리아 왕조(기원전 322~187년 사이에 인도를 지배했다)를 창건한 왕의 재상이 쓴 것으로 여겨진다. 20세기 중국과 인도에서 정보가 다시 관심을 받았는데, 여기서 중심적인 역할을 한 것은 오랫동안 방치되었던 이 두 고대작품의 재발견이었다. 오늘날 인도에서 『아르타샤스트라』가 누리는 지위는 서방에서 아리스토텔레스의 『정치학』과 마키아벨리의 『군주론』이 누리는 위상과 비견된다. 손자는 3세기 이후의 역대 중국 왕조에서보다 공산주의 중국에서 훨씬 더 높은 추앙을 받고 있다. 미국에서도 손자보다 더 자주 인용되는 20세기 이전의 서방 정보 저술가는 없다.

유럽에서 '암흑시대'가 진행되는 동안, 아시아에서 손자와 『아르타샤스트라』의 영향력이 쇠퇴하고 있을 때, 정보공작의 글로벌 리더는 무함마드와 (632년 무함마드 사후 중동에서 수립된) 이슬람 칼리프체제였다. 무함마드는 이슬람 깃발 아래 아라비아 반도의 여러 부족을 통합하면서 27번의 전투를 치르고 50번의 무장습격을 사주했다. 아마도 오늘날 가장 많이 읽히는 무함마드 전기 작가인 사퓌르 라만 알 무바라크푸리(Safiur Rahman Al Mubarakpuri)는 "예언자 무함마드는 전 세계에서 가장 위대한 군사 지도자였다"라고 주장한다. 하디스(무함마드 언행록)에는 무함마드가 군사작전을 벌이면서 어떻게 정보를 예의주시했는지 보여주는 사례가 많이 있다. 그러나 알 무바라크푸리를 비롯해 무함마드 전기를 쓴 이슬람교도 작가들은 무함마드의 정보공작에 대해 거의 언급하지

않는다. 오히려 이슬람 극단주의자들이 더 빈번히 그의 정보공작을 인용하고 있다.[3]

유럽이 세계의 리더였을 중세 성기(盛期)에는 체제 전복에 대응하는 이른바 대전복(對顚覆)활동이 유일한 정보공작이었다. 종교적 이단을 근절하기 위한 가톨릭의 '종교재판'은 현대의 일당독재 세속국가에서 보안·정보기관이 대대적으로 전개한 대전복 공세(KGB는 '이념적 전복'을 탄압했다)를 예고했다. 아마 20세기 이전의 정보기관이라면 예를 들어 13세기 중엽 랑그도크(Languedoc, 프랑스 남부의 옛 주_옮긴이)의 카타리파(Cathar) 이단에 대한 종교재판처럼 대규모 심문을 조직적으로 진행하거나 사건을 정교하게 기록하지 못했을 것이다. 20세기 세속의 심문관들은 자신들이 쓰는 일부 방법이 수세기 전에 성직자 재판관들이 고안한 것임을 잘 몰랐다. 9·11 이후 미국 심문관들이 알카에다 간부 요원들로부터 정보를 캐내기 위해 사용한 '물고문(모의 익사)'은 500년 전 스페인 종교재판에서 고안된 기법이었다.

유럽의 르네상스는 정보 역사의 일대 전환점이었다(이 점에 주목한 사학자는 거의 없다). 당시 처음으로 유럽이 세계 정보계의 선두를 차지해 미국 독립선언 시까지 유지했다. 20세기 심문관들처럼 르네상스 옹호자들과 정보실무자들 가운데서도 자신들이 얼마나 빈번히 (이미 있는 것을 만드느라) 시간을 낭비하고 있는지 아는 사람은 거의 없었다. 마키아벨리는 자주 인용되는 자신의 격언 "훌륭한 장군이라면 적 계획에 침투하는 노력보다 더 가치 있는 일이 없다"라는 말이 약 2,000년 전에 손자가 한 격언의 단순 재탕임을 생각지도 못했다. 르네상

---

3   알 무바라크푸리는 적 스파이를 잡아 처형한 두 사건을 언급하지만, 무함마드가 직접 스파이를 사용한 경우(아즈-주바이르 유대인 요새를 정복했을 때)는 한 번만 언급하고 있다. 톱바스(Topbas)의 『은총의 예언자 무함마드』에는 스파이에 관한 언급이 전혀 없다. 이슬람교도가 아닌 캐런 암스트롱(Karen Armstrong)이 쓴 전기 『무함마드: 우리 시대의 예언자』에는 단 한 번 (쿠라이시 부족의 이슬람 군대 정탐에 관해) 언급되어 있다.

스 시대 암호해독관들은 자신들이 '빈도 분석'(암호분석 역사의 전환점)을 만들었다고 믿었지만, 이미 여섯 세기 전에 무슬림 철학자이자 암호분석가인 야쿱 이븐 이샤크 알-킨디(Yaqub ibn Ishaq al-Kindi)가 바그다드 '지혜의 집'에서 '빈도 분석'을 발견했었다는 사실을 전혀 몰랐다. 1453년 콘스탄티노플(지금의 이스탄불_옮긴이)을 수도로 이슬람 제국을 건설한 오스만터키인들도 똑같이 알-킨디의 업적을 몰랐던 것으로 보인다.

르네상스는 또한 외교사의 전환점이었는바, 서방의 외교사는 정보활동 발전과 긴밀하게 연계되었다. 그때까지 대사는 특정한 외교 임무를 위해서만 파견되었었다. 그러나 르네상스 시대 이탈리아 도시국가들은 상대방 수도에 대사를 서로 상주시켰는데, 이 시스템은 대체로 유럽 외교의 모델이 되었다. 상주 대사는 자국 정부를 대표했을 뿐만 아니라 정보수집 임무도 부여받았기 때문에 스파이 충원이 증가했다. 따라서 근대 초기에는 외교와 정보수집이 중첩되었다. 1573년부터 1590년 죽을 때까지 엘리자베스 1세의 수석국무장관을 지낸 프랜시스 월싱엄(Francis Walsingham) 경은 여왕과 수상을 매일 접견하면서 외무장관과 정보수장의 두 가지 역할을 모두 성공적으로 수행했다.

19세기 말 전문적인 정보기관이 설립될 때까지 서유럽과 중유럽에서는 외교와 스파이활동(espionage) 사이에 분명한 구분이 없었다. 여기에는 하나의 중요한 예외가 있었는데, 오늘날 신호정보(SIGINT)라고 부르는 것으로서 통신을 도청하고 해독해서 얻는 정보였다. 전문화된 소규모 암호해독기관이 르네상스 시대에 설립되기 시작했는데, 이 기관은 다른 정부 부처에서 볼 수 없는 암호분석 전문가들을 필요로 했다. 500년이 지나서도 신호정보의 역할은 20세기 이전의 국내정치와 국제관계의 대부분의 역사에서 큰 공백으로 남아 있다. 월싱엄의 역할이 중요했음을 인식하는 엘리자베스 1세 시대의 잉글랜드 역사서조차 월싱엄의 수석 암호분석관이 이룬 업적을 충분히 인정하지 않는다. 그 암호분석관이 스코틀랜드의 메리 여왕과 스페인 펠리페 2세의 암호를 해독해 이를 고마워한 엘리자베스 1세로부터 왕실 연금을 직접 받았음에도 그렇다.

17~18세기 유럽 정치가들의 성공적인 대외정책 추진과 신호정보 활용 역량 사이에는 불완전하나 직접적인 상관관계가 있었다(사학자들은 이 점에 거의 주목하지 않는다). 17세기 프랑스의 가장 유능한 정치가 리슐리외(Richelieu) 추기경 역시 프랑스 최초의 신호정보 기관인 '검은 방(cabinet noir)'의 설립자다('검은 방'이라는 용어는 이후 수세기 동안 다른 나라의 유사 기관에도 널리 적용되었다). 자신의 성(城)을 하사받아 소유한 그 초대 수장은 20세기 이전의 암호분석관들 가운데 가장 좋은 대우와 인정을 받았다. 그의 영국 측 카운터파트는 영국학술원의 창설회원으로서 올리버 크롬웰(Oliver Cromwell)로부터 옥스퍼드대학교 석좌를 받아 반세기 동안 유지했다. 오스트리아 외교수장과 재상을 잇달아 역임한 벤첼 안톤 카우니츠(Wenzel Anton Kaunitz) 백작(나중에 대공이 되었다)도 비슷하게 18세기 중반의 가장 유능한 국제정치가이자 가장 유능한 신호정보 사용자였다. 리슐리외와 카우니츠의 정보 활용 역량은 대체로 후세대에 잊혔다. 제1차 세계대전 전의 프랑스 외무장관 가운데 리슐리외만큼 신호정보를 제대로 파악한 이가 없었던 것처럼 합스부르크 제국의 카우니츠 후계자들 중에서도 카우니츠만큼 외교정보 감각을 가진 이가 없었다.

세계 정보계에서 유럽의 선두지위에 도전한 첫 국가는 1776년 독립선언 후의 미국이었다. 아이러니하게도 독립군 총사령관 조지 워싱턴은 일찍이 영국군 장교로서 (나중에 독립전쟁에서 영국에 대항하는 동맹이 될) 프랑스군과 싸우면서 군사정보의 중요성을 깨달았다. 인간정보(HUMINT)[4]와 신호정보(SIGINT)[5] 양면

---

4   인간정보(HUMINT: human intelligence)는 협조자 등 인적 요소를 활용해 표적 첩보를 수집하는 활동이다(옮긴이).
5   신호정보(SIGINT: signals intelligence)는 어떤 표적이 기술적 신호와 통신시스템을 사용하는 것

에서 조지 워싱턴의 정보공작은 영국군을 압도했다. 미국의 초대 대통령이 된 그는 의회로부터 해외 정보활동을 위한 재원을 확보했는데, 그 기금 규모가 연방 예산의 약 12%까지 증가했다. 이 비율은 20세기 말과 21세기 초 미국의 엄청난 정보지출보다 높은 수치다.

정보활동의 역사는 직선적이지 않다. 미국과 영국 양국에서는 19세기 말 해외 정보활동의 우선순위가 19세기 초에 비해 낮아졌다. 워싱턴의 바로 뒤 후계자들을 제외하고는 그를 본보기로 삼은 대통령이 없었다. 미국 정보활동의 장기적인 쇠락 추세가 남북전쟁 기간에 잠시 멈췄을 뿐이다. 빅토리아왕조의 정보활동 역시 쇠퇴했다. 영국은 의회의 항의에 따라 1844년 암호해독 부서(Deciphering Branch)를 폐쇄한 결과, 16세기 말부터 19세기 초까지 치른 주요 전쟁과 달리 제1차 세계대전에는 신호정보 기관 없이 돌입했다.[6] 1914년 대전이 발발했을 때 우드로 윌슨(Woodrow Wilson) 미국 대통령과 허버트 애스퀴스(Herbert Asquith) 영국 수상은 자신들의 18세기 전임자들인 조지 워싱턴과 피트(Pitt) 부자(父子)만큼 정보활동을 잘 이해하지 못했다. 동시대와 이후의 사학자들 대부분이 이러한 실패를 알아채지 못했다. 러시아 황제 니콜라이(Nicholas) 2세가 윌슨이나 애스퀴스만큼 똑똑하지는 않았지만 정보활동만큼은 훨씬 더 중시했었다는 사실도 간과되었다. 제1차 세계대전의 기원에 관한 20세기 역사서는 수없이 많지만, 오스트리아가 대전을 촉발한 대(對)세르비아 최후통첩을 준비하고 있다는 첫 징후가 1914년 7월 상트페테르부르크와 파리에서 외교문서 해독을 통해 포착되었다는 사실을 언급한 역사서는 없다. 이는 신호정보의 역할에 대해 무지한 탓이다.

을 가로채서 분석하는 활동이다(옮긴이).

6   그러나 인도 정부는 북서쪽 변경에 작은 신호정보 기관을 유지했다.

제1차 세계대전이 전례 없는 기술변화 시대에 전례 없는 규모와 강도로 벌어진 탓에 정보 역사에서 르네상스보다 훨씬 더 큰 전환점이 되었다. 19세기 전신과 무선의 발명에 힘입어 통신이 급증한 덕분에 신호정보의 실전적 역할이 과거 어느 분쟁 때보다 커졌다. 그러나 특히 대전 초기에 전쟁 지도자들은 과거 경험에 관한 무지로 인해 정보를 잘 활용할 태세를 갖추지 못했다. 러시아의 경우, 전전 해외 정보활동이 성공했음에도 불구하고 전쟁 발발 시의 군사 정보활동은 한 세기 전 나폴레옹의 침공을 받기 직전보다 더 형편없었다. 그런 무능한 군사 정보활동은 몇 주 만에 러시아 최악의 패전으로 이어졌다.

이에 따라 제1차 세계대전에서 정부와 고위 지휘관들은 대체로 즉흥적으로 정보를 사용했다. 나중에 신호정보가 영국의 해군작전에서 결정적인 역할을 하게 되었지만, 1914년 8월 영국 해군정보국장은 도청된 독일 해군의 암호 메시지가 자신의 책상 위에 쌓일 때까지 신호정보의 전시 역할에 대해 생각해 보지 않았다. 이 뜻밖의 도청물을 계기로 해군부(1964년 국방부에 통합되었다_옮긴이) 내에 1844년 이후 첫 영국 신호정보 기관이 창설되어 육군 카운터파트인 MI1b와 더불어 전시의 세계 선두주자가 되었다. 러시아에서 1917년의 10월혁명 후 6주 만에 KGB의 전신인 볼셰비키 비상위원회(Cheka, 체카)가 창설된 것도 급조된 결과였다. 이 비상위원회는 양차 대전 사이에 세계에서 가장 크고 강력한 정보기관으로 발전했지만, 애초에는 그저 당면한 공무원 파업에 대처하기 위한 임시방편으로 만들어진 것이었다.

제1차 세계대전으로부터 정보 교훈을 학습하려는 시도가 과거 어느 전쟁보다 활발했는데, 나라별로는 큰 편차가 있었다. 영국이 제2차 세계대전에서 거둔 신호정보 성공은 대체로 제1차 세계대전에서 학습한 교훈 덕분이며, 특히 조율의 개선 필요성을 절감했기 때문이다. 미국은 그와 똑같은 교훈을 학습하는 데 실패했는데, 이것이 일본의 진주만 기습 공격에 앞서 신호정보 활동에 혼란이 발생하고 그 공격을 막지 못한 주된 이유였다. 진주만 공격 이전 1년여 동안 미국 육군과 해군의 암호분석관들은 괴이하게도 일본의 외교 전문을 격일로 해독하라는 지시를 받았다.

제2차 세계대전의 세 거두―이오시프 스탈린, 윈스턴 처칠, 프랭클린 루스벨트―가 모두 제1차 세계대전 정보활동을 나름대로 경험했으며, 그 영향을 통상적인 수준 이상으로 많이 받았다. 볼셰비키 혁명 후 여러 해 동안 스탈린은 차르 체제의 비밀경찰 오크라나(Okhrana)로부터 넘겨받은 엄청난 분량의 정보 파일을 조사하고 주석을 달았다. 정보활동 면에서 처칠은 이전의 전쟁 지도자들보다 더 다양하고 오랜 경험을 가졌다. 처칠과 그보다 경험이 적은 루스벨트가 제1차 세계대전에서 배운 주요 교훈 하나는 제2차 세계대전에서 연합국의 정보협업이 중요하다는 점이었다. 제1차 세계대전 시 "영국의 아주 멋진 정보기관"이라며 감탄한 루스벨트는 나중에 대통령이 되어 미국이 진주만 공격 이전에 공식적으로 중립을 지키던 기간인데도 영국과의 정보협업을 승인했다. 전시 영-미 신호정보 동맹은 지금도 이어지는 양국 간 특수관계의 주춧돌이 되었다. 정보 실무자들 다수의 믿음과 달리 이 동맹은 영국 역사상 최초의 신호정보 동맹이 아니지만(최초의 신호정보 동맹은 엘리자베스 1세 시대에 잉글랜드와 네덜란드 사이에 체결되었다), 여전히 가장 중요한 동맹이다.

20세기 말 이후, 제2차 세계대전 시의 정보공작에 관해 쏟아진 저술은 그 이전 분쟁 시 정보의 역할에 관한 저술보다 훨씬 더 많았다. 그러나 전후 한 세대 동안 사학자들은 나치 독일에 맞서 서방(특히 영국)의 정보활동이 거둔 주요 성공사례가 공식적으로 은폐됨으로써 심각한 장애를 겪었다. 으뜸가는 그 성공사례를 꼽자면, 고난도 적 암호를 해독해 얻은 울트라(ULTRA) 정보, 그리고 전쟁 역사상 가장 전략적인 기만에 성공한 더블크로스 시스템[Double-Cross System, 제2차 세계대전 시 영국 보안부(MI5)의 방첩·기만 공작(더블크로스는 XX, 즉 로마

숫자 20을 의미하며, 20은 이 공작을 주도한 위원회의 이름이다_옮긴이)이다. 이러한 공작들이 1970년대 초와 중엽에 비밀해제됨으로써 비로소 북대서양에서 벌어진 U-보트와의 전쟁 및 디-데이(D-Day) 노르망디 해변 상륙에 관해 정확하게 기술할 수 있게 되었다.

1980년대 이후 정보 역사서가 증가했음에도 불구하고, 오늘날 냉전 연구는 신호정보 활동을 방치하기 때문에 어려움을 겪고 있다. 이 신호정보 방치가 과거 1970년대까지 제2차 세계대전에 대한 이해를 저해하고 때로는 왜곡시켰다. 해리 트루먼(Harry S. Truman) 대통령의 전기 작가들 가운데 그가 전시 영-미 신호정보 동맹을 잠깐 경험하고도 깊은 감명을 받았다는 사실을 언급한 이는 없다. 트루먼은 그 전시 동맹이 평시에도 유지되도록 승인했는데, 이것이 영-미 특수관계 발전에 심대한 영향을 미쳤다. 냉전 시기 미국의 대외정책에 관한 연구서들이 한결같이 중앙정보부(CIA)를 언급하지만, 더 규모가 큰 국가안보국(NSA, 미국의 신호정보 기관_옮긴이)에 관한 언급은 거의 없다. 전후 국제관계사에서 신호정보를 사실상 배제하면, 왜 그토록 많은 미국 지식인들이 전기의자에서 사형이 집행된 핵무기 스파이 로젠버그 부부(Julius & Ethel Rosenberg) 등 미국에서 발각된 주요 소련 스파이들이 정부의 피해망상증과 매카시즘 히스테리의 무고한 희생자들이라고 잘못 믿었는지를 설명하는 데 도움이 된다. 국가안보국과 정부통신본부(GCHQ, 영국의 신호정보 기관_옮긴이)가 비밀해제한 소련 해독물을 보면 그들은 기소된 대로 유죄였음을 알 수 있다.

냉전 시대 초강대국 경쟁에 관한 역사서는 CIA보다 더 성공적으로 공작 비밀을 유지할 수 있는 KGB의 능력 때문에 더욱 왜곡되었다. 미국의 제3세계 정책에 관한 설명 가운데 CIA 비밀공작의 역할을 생략한 것은 없다. 대조적으로 KGB 비밀공작('적극적 조치')은 소련의 대외정책과 개도국에 관한 대부분의 역사서에서 거의 언급되지 않는다. 그 결과 제3세계에서의 은밀한 냉전에 관해

한쪽으로 몹시 치우친 설명이 나왔는데, 이는 한 손으로 내는 박수 소리 같은 것이다. 예를 들어 존 루이스 개디스(John Lewis Gaddis)의 훌륭한 역사서『냉전(Cold War)』은 칠레, 쿠바 및 이란에서 CIA가 벌인 비밀공작을 언급하지만, 같은 나라에서 KGB가 벌인 광범위한 공작에 관해서는 아무런 언급이 없다. 사실은, 냉전 후 KGB 기록보관소(아카이브)에서 빼낸 자료가 폭로하듯이, KGB가 적어도 1960년대 초 이후 줄곧 CIA보다 훨씬 더 적극적으로 세계적인 역할을 했다.

영국에서도 냉전 기간 내내 노동당 정부와 보수당 정부가 모두 정보기관에 대해 과도하게 보안을 유지한 탓에 정보 역사서의 발전이 저해되었다. 비밀정보부(SIS, MI6라고도 불린다)(영국의 해외정보기관_옮긴이)의 존재는 1992년 여왕의 의회 개회 연설 때까지 공식적으로 인정되지 않았다. 같은 해 스텔라 리밍턴(Stella Rimington)이 처음 공개적으로 보안부(Security Service, MI5라고도 불린다)(영국의 국내정보기관_옮긴이) 수장이 되었다. MI5의 모든 기록이 아직 비밀이었기 때문에(1992년 이후 다수가 비밀해제되었다)[7] MI5의 여직원 채용에 관해 제1차 세계대전 때처럼 오래된 기록조차 조사할 수 없었던 젠더(gender) 사학자들은 MI5가 주요국 정보기관 가운데 최초로 여성 수장을 맞이한 것임을 알고는 놀랐다. 당시 리밍턴 임명에 대해 영국의 타블로이드 신문들이 얼마나 이해하지 못했던지 "가정주부 슈퍼 스파이", "두 아이의 엄마, 테러리스트와 접촉" 등과 같은 헤드라인을 붙였다.

대부분의 냉전 기간 동안 서방의 정보분석관들은 학술적 연구의 부족과 자신들의 역사적 관점 결여로 인해 가지게 되는 장애를 깨닫지 못했다. 여기에 뚜

---

[7] 현재 MI5는 존안 파일에 대해 비공식적으로 50년 비밀해제 원칙을 운용하고 있으며, 매년 한두 차례 많은 분량의 파일을 국가기록원으로 보낸다.

렷한 예외가 있었으니 바로 예일대 출신의 역사학자 셔먼 켄트(Sherman Kent)였다. 그는 제2차 세계대전과 냉전 기간에 총 17년을 분석관으로 근무했다. 1955년 대학교에 재직하는 학자들에 의해서가 아니라 CIA에 근무하는 셔먼 켄트에 의해 세계 최초로 자신의 동료들이 검토하는 정보 저널 ≪정보 연구(Studies in Intelligence)≫가 창간되었다. 그 저널에 실린 논문 대부분은 정보 방법론과 역사에 관한 것으로, 처음에는 비밀로 분류되었지만 지금은 온라인으로 접근할 수 있다. ≪정보 연구≫는 정보보고서와는 달리 학술지처럼 처음부터 다음과 같이 선언했다. "여기에 서술된 사실, 의견 또는 분석은 모두 저자들의 것이며, CIA 또는 기타 미국 정부기관의 공식 입장이나 견해를 과거의 것이든 현재의 것이든 꼭 반영하지는 아니한다." 마이클 핸들(Michael Handel)과 필자가 공동 편집했던 최초의 학술지 ≪정보와 국가안보(Intelligence and National Security)≫가 창간된 것은 ≪정보 연구≫가 나오고 30여 년이 지난 뒤였다.

장기 역사적 관점의 결여는 냉전 초기처럼 20세기 말 정보보고서에서도 뚜렷하게 드러났다. 제2차 세계대전과 냉전 기간에 서방 정보기관은 나치와 공산주의 이념에 정통해 있었다. 그러나 점차 세속화된 20세기 말의 서방은 이슬람 근본주의의 주장을 파악하기가 훨씬 더 어렵다는 것을 알았다. 종교적 극단주의의 정치력에 대한 서방의 몰이해는 이란 위기 시 생생하게 드러났다. 1979년 초 이란 위기로 인해 친서방의 왕(Shah)이 몰락하고 78세의 시아파 지도자(Ayatollah) 루홀라 호메이니(Ruhollah Khomeini)가 부상했다. 미국이 호메이니의 대중적 승리에 깜짝 놀란 뒤, 기겁한 국무부의 한 관리는 "도대체 누가 종교를 심각하게 여겼겠는가?"라고 반문했다. 이와 비슷하게 다음 10년 동안 알카에다가 제기한 주장과 테러 위협을 이해하기 위해서는 그 신학에 관해 진지하게 공부해야 한다는 점을 깨닫지 못한 서방 정보분석관들이 많았다. 9·11 공격 이전에 이슬람 테러 위협을 가장 잘 이해한 사람은 장기적 관점을 가진 사람들이었으며, 특히 '성스러운 테러(Holy Terror)'에 관해 학계를 선도한 전문가 브루스 호프먼(Bruce Hoffman)이었다.

사이버 전쟁이 개시될 가능성과 테러리스트가 대량살상무기를 사용할 잠재적 위협은 21세기 정보공동체가 직면한 극적인 신규 도전이다. 정보공동체가 이 도전에 대응하기 위해서는 지금까지 가끔 망각하거나 무시했던 장기적 관점이 필요할 것이다. 대부분의 다른 분야와 마찬가지로 과거의 정보활동 경험에서 배우는 것은 당연히 말보다 실행이 더 어렵다. 사학자 존 뷰(John Bew)의 말을 인용하면,

역사는 우리의 정책결정자들이 점점 더 의존하는 파워포인트나 보고서 요약본(executive summary)에 그리 적합하지 않다. 역사에 대한 진정한 이해는 인내를 요구하며 그 인내는 정책의 긴급성과 양립하기 쉽지 않다. 좋은 출발점은 과거를 계시로 보는 것이 아니라 지혜의 원천으로 보는 것이다.

케임브리지대 역사학과 흠정 교수를 역임한 쿠엔틴 스키너(Quentin Skinner)는 "오직 장기 역사적 관점만이 우리 자신의 편협한 문화분석 틀에서 우리를 해방할 수 있다"라고 말한다. 긴 시간을 무시하는 전략정보 분석은 반드시 편협하다.

진보를 알리는 신호가 조금 보인다. 한 세대 전에는 간신히 명맥을 유지했던 정보 역사의 학술적 연구가 지금 영·미 양국의 일부 대학교에서 활발하게 이루어지고 있으며 그런 대학교의 수도 늘고 있다. 21세기 초 영국에서는 합동정보위원회(JIC)뿐 아니라 3대 정보기관(MI5, MI6, GCHQ)이 모두 외부의 전문 사학자들에게 공식적이거나 '승인된' 역사 저술을 위촉하면서 이들에게 자신들의 파일에 대한 접근을 전례 없이 허용했다.[8] 모두가 반세기 전 셔먼 켄트가 ≪정

보 연구≫에서 선구적으로 설정한 원칙을 따랐다.[9]

21세기 들어 정보활동이 신문의 1면 뉴스가 되는 경우가 더욱 빈번해졌다. 비공식 내부고발자뿐 아니라 9·11과 이라크전에 관한 공식 보고서들도 전례 없는 분량의 정보문건을 쏟아냈다. 그러나 최근 정보 역사의 의미는 장기적 관점에서만 충분히 파악될 수 있다. 21세기 초의 다른 분야와 마찬가지로, 정보 연구는 필자가 말하는 '역사적 주의력 결핍 장애(Historical Attention-Span Deficit Disorder: HASDD)'를 자주 겪고 있다.

정보공작의 역사는 현존하는 정보기관의 역사보다 훨씬 더 오래되었다. 이 책은 지난 3,000년 동안의 세계 정보활동에서 숨은 역사를 일부 복원하고, 그 복원이 현행 역사편찬을 어떻게 수정하는지, 그리고 21세기 정보활동과는 어떤 관련성으로 이어지는지 보여주고자 한다.

---

8 그러나 영국의 3대 정보기관은 자기네 역사를 얼마나 공개할지에 대해 각기 다른 견해를 보였다. 필자가 승인받아 쓴 MI5 백년사『왕국의 방위(Defence of the Realm)』는 MI5의 첫 100년을 모두 다룬다. 다만 20세기에 비해 21세기 초의 서술은 디테일 면에서 상당히 떨어진다. 비밀정보부(SIS/MI6)의 공식 역사는 1949년에 중단된다. 신호정보 기관 정부통신본부(GCHQ)의 공식 역사에 관한 책은 2019년 출간될 예정인데 냉전 기간의 외교 신호정보에 관한 디테일을 제외할 것이다(*GCHQ: The Secret War, 1900~1986*이라는 제목으로 2019년 11월 30일 출간되었다_옮긴이).

9 보안부(Security Service, MI5)의 수장 조너선 에번스(Jonathan Evans, 지금은 웨어데일의 에번스 남작)는 2009년 출간된 필자의 책『왕국의 방위』에 기고한 서문에서 "앤드루 교수가 이 책에서 내린 판단과 결론은 그 자신의 것이며 보안부나 영국 정부의 것이 아니다"라고 썼다.

제1장

정보활동의 효시

모세부터 최후의 만찬까지 성경과 고대 이집트에 등장한 스파이들

세계 문헌에서 좋은 정보의 중요성을 강조한 첫 주인공은 하느님이었다. 기원전 1300년경 이스라엘인들이 이집트 종살이에서 벗어나 홍해를 건넌 후, 하느님이 모세에게 스파이를 보내 "내가 이스라엘 자손들에게 준 가나안 땅"을 정찰하도록 일렀다. 약속된 땅의 정찰 임무를 수행할 훈련된 정보요원이 없었기 때문에 모세는 하느님의 분부대로 이스라엘의 열두 지파 수장을 한 사람씩 선발했다.

> 모세는 가나안 땅을 정찰하라고 그들을 보내면서 말했다. "저기 네겝 지방에도 올라가 보고, 산악 지방에도 올라가 보아라. 그 땅이 어떠한지 살펴보고, 그곳에 사는 백성이 강한지 약한지, 적은지 많은지, 그들이 사는 땅이 좋은지 나쁜지, 그들이 사는 마을들이 천막으로 되어 있는지 요새로 되어 있는지, 그 땅이 기름진지 메마른지, 그곳에 나무가 있는지 없는지 살펴보아라. 용기를 내어라. 그리고 그 땅의 과일을 가져오너라." 그때는 첫 포도가 익는 철이었다.
>
> (민수기 13:17~20)

3,000년 뒤 빅토리아 시대의 초등학생 조지 애스턴(George Aston, 나중에 고위 해군 정보장교가 되어 기사 작위를 받았다)은 성경 이야기책에 실린 그림을 보고 비밀 정보활동에 처음으로 흥미를 느꼈는데, 그 그림은 모세의 두 스파이가 40일 동안의 가나안 정찰 임무를 마친 후 엄청난 포도송이를 매단 막대기를 서로의 어깨에 걸치고 그 무게 때문에 비틀거리며 귀환하는 모습을 그린 것이었다. 빅토

리아 시대에는 전문적인 비밀정보기관이 없었으나 성경 이야기들이 영국 역사상 가장 널리 보급된 시기였으며, 모세와 그의 후계자 여호수아가 스파이를 사용한 이야기보다 더 유명한 영국의 정보공작은 그때까지 없었다.

구약성경(타나크, 히브리 성경이기도 하다)에는 스파이에 관한 언급이 영국 등 대부분 국가의 역사서보다 더 많이 들어 있다. 스파이에 관한 첫 언급은 요셉과 그의 이복형 열 명에 관한 창세기 이야기 속에 나오는데, 요셉의 형들은 아버지 야곱(나중에 이스라엘로 개명)이 요셉에게 긴 저고리를 지어 입히는 등 요셉만 편애하자 격분했다. 요셉의 형들 가운데 일부는 또한 요셉이 자신들을 몰래 감시한다고 느꼈는데, 그럴 만한 이유도 있었다. 야곱은 눈치 없이 열일곱 살에 불과한 요셉에게 형들이 가축을 어떻게 관리하고 있는지 살펴보고 알려달라고 지시했으며, 요셉은 형들의 행실에 대해 '사악한 보고'를 아버지에게 올렸다. 요셉의 형들은 요셉을 없애기 위해 그를 노예 상인들에게 은전 스무 닢에 팔아넘겨 이집트로 데려가게 했다. 요셉의 형들은 그의 긴 저고리를 찢고 그 저고리에 염소 피를 적셔 사나운 짐승이 요셉을 잡아먹었다고 아버지를 확신시켰다.

요셉은 마침내 이집트 파라오의 재상이 되었지만, 가족들은 전혀 몰랐다. 그의 형들이 기근이 들어 곡식을 사려고 이집트로 갔을 때 그들은 요셉을 마주했지만, 이제는 높은 지위에 오른 그를 알아보지 못했다. 반면에 요셉은 그들을 알아보았지만, 짐짓 모르는 체하며 이집트 방위의 약점을 살피러 온 스파이들이라고 그들을 꾸짖었다. 요셉이 형들에게 여러 차례 비밀공작(그들의 짐 속에 훔친 것으로 보이는 물건을 몰래 심어놓는 등)을 벌인 다음에야 이야기는 해피엔딩으로 끝났다. 요셉이 감정이 복받쳐 자신이 동생임을 밝히고 형들과 화해했으며, 아버지와 일가를 모두 이집트로 불러 정착시켰다.

창세기에 나오는 요셉 이야기(코란에도 비슷한 이야기가 길게 서술되어 있다)는 그 역사성이야 어떻든 구약시대에 흔했을 삶의 현실을 반영한다. 즉, 분쟁이 빈번했던 당시 사회에서는 수상하게 보이는 이방인과 여행자들이 스파이로 몰리기 쉬웠다(때로는 진짜 스파이도 있었다). 20세기 영국에서도 이른바 수상한 외국인이 연루된 스파이 소동(대부분은 근거가 없었다)이 양차 대전 직전과 초기에 흔하게 일어났다.

성경에서 스파이에 관한 첫 언급은 창세기에 나오지만, 조직적인 스파이 공작이 처음 언급된 것은 하느님이 모세에게 "가나안 땅을 정탐"하도록 지시할 때다. 모세는 황량한 파란(Paran) 광야(오늘날의 아카바만 북서쪽)에서 열두 스파이를 보냈는데, 그들은 정보수집에 재능이 있었기 때문이 아니라 사회적 신분 덕에 선발된 아마추어였다. 가나안 땅 진입을 준비하기 위해 그들이 입수하도록 지시받은 정보는 현대의 군 지휘관들이 찾는 정보와 일맥상통했다. 19세기 독일의 위대한 군사 이론가 카를 폰 클라우제비츠(Carl von Clausewitz)는 지휘관들이 필요로 하는 적 영토에 관한 정보를 "우리의 계획과 작전에 기초가 되는, 적과 적국에 관한 모든 종류의 첩보"라고 정의했다.

모세가 보낸 열두 명의 스파이는 모두 돌아와 가나안이 젖과 꿀이 흐르는 땅이라고 보고했다. 그들 가운데 두 사람 칼렙과 여호수아는 하느님이 이스라엘인들을 돕기 때문에 약속된 땅을 침공하는 데 두려울 게 없다면서 "어서 올라가 그 땅을 차지하자"라고 주장했다. 그러나 다른 열 사람의 비관적인 정보 평가, 즉 '사악한 보고'가 하느님의 분노를 샀는데, 성경에 따르면 그들은 "우리는 그 백성에게로 쳐 올라가지 못합니다. 그들은 우리보다 강합니다"라면서 이스라엘인들이 대적하기에는 기존 주민들이 너무 강할 것이라는 결론을 내렸다. 그 겁먹은 열 사람은 자신들이 메뚜기처럼 왜소하게 느껴질 정도로 가나안 사람들이 거인이라고 주장했다. 코란에도 스파이들의 임무에 관해 비슷한 서술이 있지만, 여호수아와 칼렙이 "하느님의 은총을 받은, 하느님을 두려워하는" 두 사람이라고만 적시되어 있다.

성경은 열두 스파이의 임무가 정보수집에 대한 적성뿐 아니라 그들의 믿음도 시험하기 위해 부여되었음을 암시하고 있다. 칼렙과 여호수아를 제외한 다른 사람은 모두 두 기준을 다 통과하지 못했다. 나머지 열 명은 자신들을 이집트의 속박에서 끌어내고 홍해 물을 갈라서 자신들을 탈출시킨 하느님의 도움에도 불구하고, 약속된 땅을 차지하려는 시도가 지극히 위험할 것이라는 자신들의 믿음을 정당화하기 위해 임무 보고를 공개적으로 활용했다. 가나안 땅에 정말 거인들이 산 것이 아니라면 그들은 이스라엘인들의 진격을 단념시키기 위해 자신들이 수집한 정보를 왜곡한 죄를 지었다. 성경과 코란 모두 그 열 명이 공개토론회에서 이겼다고 기록하고 있다. '온 공동체'가 그들 편을 들고 칼렙과 여호수아를 돌을 던져 죽이려고 했으며, 이스라엘인들이 그대로 이집트에서 종살이하는 것이 더 나았을 것이라면서 은혜를 모르고 투덜거렸다. 코란에 따르면, 이스라엘인들 대다수는 약속된 땅에 기존 백성이 그대로 살고 있는 한 그 땅에 결코 들어가지 않겠다고 모세에게 말했다. "그럼 가시오. 당신과 당신의 주님이 가서 싸우시오. 우리는 바로 여기 남겠소."

정보 오용에 대해 하느님이 보인 분노는 성경에서 유례를 찾을 수 없을 정도였다.

> 주님께서 모세에게 말씀하셨다. "이 백성은 언제까지 나를 업신여길 것인가? 내가 그들 가운데에서 일으킨 그 모든 표징을 보고도 이 자들은 언제까지 나를 믿지 않을 것인가? 내가 이제 이들을 흑사병으로 치고 쫓아내버린 다음 …"(민수기 14:11~12)

가나안 땅 정탐 임무에 대해 '사악한' 보고를 냈던 열 명은 모두 역병으로 죽었다. 모세가 하느님께 간청을 드리자 하느님은 다른 이스라엘인들에 대해 흑사병으로 치고 쫓아내버리는 처벌 대신 40년 동안 광야에서 방황하도록 감형했다. 그러나 하느님은 스무 살 이상의 이스라엘인 가운데 의로운 두 스파이 칼렙과 여호수아만 빼고 모두가 살아서 약속된 땅에 들어가지 못할 것이라고 선포했다.

느보(Nebo)산에서 맞이한 모세의 죽음(성경에 따르면, 120세였다)은 이스라엘인들이 광야에서 보낸 40년의 끝과 일치한다. 오늘날 요르단에 있는 느보산을 방문하면, 성경 말씀대로 하느님이 모세에게 죽기 전에 보여준 약속된 땅을 그 모습 그대로 사해(死海) 너머로 볼 수 있다. 하느님은 모세의 후계자 여호수아에게 이스라엘인들이 약속된 땅으로 들어갈 때가 되었다고 일렀다. 『여호수아기(The Book of Joshua)』를 보면, 이스라엘인들이 하느님의 도움을 받아 가나안 땅의 임금들을 하나씩 쳐부순 번개 같은 군사 공세 이야기가 나온다. 정복에 앞서 정탐 활동이 이루어졌다. 여호수아는 두 명의 스파이(둘 다 신원불명이지만 40년 전과 같은 지파 수장은 분명히 아니었다)에게 비밀 임무를 주어 공세의 첫 주요 표적인 에리코 읍성으로 보냈다.

그들의 임무에 관한 성경의 서술은 합동 공작에 관한 최초의 기록으로서 세상에서 가장 오래된 두 직업(창녀와 스파이를 지칭한다)이 주역으로 등장한다. 여호수아가 에리코로 보낸 스파이들은 라합이라는 창녀의 집에 묵었는데, 그 집은 성벽 담에 붙어 있었다. 별다른 대안이 없었겠지만, 사창가 숙박은 스파이들에게 분명히 불리하게 작용했다. 사창가 고객들이 그들의 출현을 비밀로 할 특별한 이유가 없었기 때문이다. 아닌 게 아니라 24시간도 안 되어 에리코 임금이 '온 나라를 정탐하기' 위한 임무를 띤 이스라엘인들이 사창가에 묵고 있다는 보고를 받았다. 라합은 옥상에 널어놓은 아마 줄기 속에 두 스파이를 숨긴 뒤, 임금에게 그들이 에리코를 떠났다면서 "빨리 그들의 뒤를 쫓아가십시오. 그러면 그들을 따라잡을 수 있을 것입니다"라고 말했다. 사창가가 스파이들에게 보안 문제를 드러냄에도 불구하고, 사창가를 거점으로 활용한 것은 나름의 공작활동상의 이점이 있었기 때문이다. 사창가를 방문하는 예리코 여행자들은 주변 지역에 관한 첩보의 유용한 출처였음이 틀림없다. 이와 비슷하게 일부 현대의 정보기관들도 사창가의 정보 잠재력을 활용했다. [1]

창녀 라합의 집에 묵은 이스라엘인 스파이들의 최대 자산은 "나는 주님께서 이 땅을 당신들에게 주셨다는 것을 압니다"라고 그들에게 말한 라합이었다. 그는 현지 주민들이 어떻게 하느님이 이스라엘인들을 이집트 종살이에서 끌어내고 홍해를 갈라서 그들을 건너게 했는지 들었기 때문에 이스라엘인들의 가나안 땅 진입을 막을 용기가 없다고 말했다. 라합은 그녀 가족의 안전을 보장받는 약속의 대가로 몰래 이스라엘인들의 편을 들었다. 40년 전에 모세가 보낸 스파이들 대다수가 '사악한' 정보 보고를 올려 하느님의 분노를 샀던 것과는 달리, 여호수아가 보낸 스파이들은 가나안 땅에서 돌아와 "정녕 주님께서 저 땅을 모두 우리 손에 넘겨주셨습니다. 그리고 저 땅의 모든 주민은 우리에 대한 두려움에 싸여 있습니다"라고 여호수아에게 말했다.

그러나 라합은 이스라엘인들이 예리코를 정복하는 데서 지원 역할만 수행했다. 정복이 성공한 것은 인간의 정탐 활동보다 하느님의 개입 덕분이었다. 하느님은 이스라엘 백성이 요르단강을 건널 수 있도록 강바닥을 임시로 마르게 했다. 그들은 예리코에 이른 후, 하느님의 분부대로 숫양 뿔 나팔을 불며 이레 동안 계속해서 성읍을 돌았다. 이렛날에 이스라엘 백성이 나팔을 분 후 '큰 함성을 지르자' 성벽이 무너져 내렸다. 창문에 진홍색 실로 된 줄을 매달아 집

I   1919년 나치 친위대 예하의 정보기관(SD)은 베를린의 고급 매춘업소 '살롱 키티(Salon Kitty)'를 인수해, 침실에 숨긴 마이크를 모니터링과 녹음 장비를 갖춘 통제실과 연결시켜 놓았다. 고객들 가운데에는 이탈리아 외무장관 갈레아초 치아노(Galeazzo Ciano) 백작이 있었는데, 아돌프 히틀러에 대한 그의 녹음된 코멘트는 매우 솔직해서 SD로서는 가끔 당혹스러울 정도였다.

의 위치를 표시한 라합과 그의 가족은 에리코를 벗어나 이스라엘 백성 가운데에서 살았다. 나머지 에리코 주민들은 모두 가축과 함께 학살되었다.

신약성경을 보면, 성 바오로와 성 야고보가 자신들의 서간에서 라합의 믿음과 의로움을 칭송하고 있다. 마태오 복음서는 첫머리에 나오는 예수 그리스도의 모계 족보에 라합을 포함함으로써 라합에 대한 그리스도교의 이해에 새로운 차원을 보태고 있다. 신약성경 첫 장에 따르면, 예수는 모계로 볼 때 세계 문헌상 최초의 여자 스파이였던 자의 자손이었다.

20세기 정보기관들은 모세와 여호수아 시대에 수행된 스파이활동에 관한 성경 서술에서 교훈을 도출하려고 시도했는데, 그 한 예로 1978년 미국 중앙정보부(CIA)의 대외비 사내 저널 ≪정보 연구≫에 「스파이활동에 관한 성경 교훈(A Bible Lesson on Spying)」이라는 제목의 논문이 실렸다. 그 논문의 저자 존 카드웰(John M. Cardwell, 가명일 수 있다)은 모세가 가나안 땅에 보낸 스파이들의 보고에 관해 이스라엘인들이 공개토론을 벌여 큰 낭패를 본 것과 1970년대 중반 CIA가 겪은 시련 사이에 유사점이 있다고 보았다. 당시 CIA는 일련의 공작(암살 음모와 기타 '더러운 술수'를 포함해)이 전례 없이 외부로 노출되었고 처음으로 의회 감독을 받게 되었다.

(가나안 정탐 활동에서) 배울 교훈이 있다면 스파이활동은 전문가들이 다른 정치적 또는 군사적 책임에서 해방되어 비밀리에 수행해야 할 논거가 강력하다는 점, 그리고 이 전문가들은 토론 없이 정책을 결정할 상급자에게 비밀리에 보고해야 한다는 점일 것이다. 스파이는 정책·의사결정 과정에 참여해서는 절대 안 되며 사안을 공개해서도 안 된다. 만일 그런 일이 발생한다면, 돌을 던지는 것은 옛날 방식이지만, 사람들이 엉터리 이유로 엉뚱한 사람에게 큰 바윗돌을 던질 것이다.

카드웰은 여호수아가 가나안 땅을 정탐하려는 첫 번째 시도 때 발생한 주요 실수를 회피했다고 보았다. 여기서 그는 정보공작에 대한 과도한 공개가 어리석은 짓임을 강조하고, 특히 의회의 개입이 1970년대 중반 CIA의 성과를 저해했음을 시사했다.

  공직에 있는 아마추어들이 수행한 모세의 공작은 그의 권위 추락과 백성의 자신감 상실을 초래했으며, 이스라엘 민족에 대한 가혹한 처벌 기간을 연장했다. 남몰래 전문가를 시킨 여호수아의 공작은 민족의 숙원 성취로 이어졌다. … 분명 여호수아는 감독받는 문제가 없었으며, 정치적으로 수용될 수 있는 공작계획을 짜느라 고민하지도 않았다.

모세와 여호수아가 약속된 땅에 보낸 스파이활동에서 교훈을 끌어내는 데 가장 부심한 현대 정보기관은 1948년 건국한 이스라엘의 정보기관들, 즉 해외 정보기관 모사드(Mossad)와 국내보안기관 신베트(Shin Bet)였을 것이다.[2] 21세기 초 모사드 부장 에프라임 할레비(Efaim Halevy)는 신입 직원들과의 대화에서 자신에게 맡겨진 임무를 고수하는 것이 중요하다고 충고하면서, 그 예로 모세가 가나안 땅을 정탐하기 위해 보낸 스파이 열 명의 행태를 인용하곤 했다. 그 열 명은 정보 보고의 책임을 저버리고 자신들의 사건을 앞세움으로써 하느님의 분노를 샀다.

신베트와 모사드는 모두 부훈(部訓)을 구약성경에서 따왔다. 시편 121장에

---

2   정보수집, 비밀공작, 대테러 등을 담당하는 모사드의 정식 명칭은 '정보·특수공작부'이며 종래에는 이스라엘비밀정보부(ISIS)라는 대외명칭을 썼다. 신베트의 정식 명칭은 이스라엘보안부(ISA)이며 샤바크(Shabak)라고도 불린다. 그밖에 아만(Aman)이라고 불리는 군사정보국(MID)이 있다(옮긴이).

서 따온 신베트의 부훈은 "이스라엘을 지키시는 분께서는 졸지도 않으시고 잠들지도 않으신다"고, 모사드의 현재 부훈은 "지도력이 없으면 백성이 쓰러지고 조언자가 많으면 안전하다"(잠언 11:14)다. 잠언 24:6에서 따온 모사드의 과거 부훈 "기만술로 전쟁을 수행하라"는 논란이 많았다. 베냐민 네탄야후(Benjamin Netanyahu) 현 이스라엘 총리는 아직도 모사드의 과거 부훈을 가끔 인용한다. 2012년 12월 네탄야후 총리는 시몬 페레스(Shimon Peres) 대통령, 타미르 파르도(Tamir Pardo) 모사드 부장과 함께 유대인 명절 하누카(Hannukah)를 기념하면서 다음과 같이 선언했다.

하누카 명절에 우리는 전통적으로 "누가 이스라엘의 힘을 찬송할 것인가?"라고 말하는데, 나는 여기에 "기만술로 전쟁을 수행하라"는 문구를 적용해서 "누가 이스라엘의 비밀공작을 수행할 것인가?"라는 말을 추가한다. 이것은 소수가 다수를 이기는 방법으로, 우리는 조상들 시대부터 이 방법을 알고 있었다. 우리는 고대와 현대의 방법을 모두 사용해 국제적인 수준에서 공작할 수 있는 기관이 필요하다. 모사드가 가장 탁월하게 그 일을 하고 있다.

모사드의 기만술 사용은 이처럼 성경에 기원을 두고 있다. 구약성경 탈출기에 따르면, 이스라엘인들이 이집트 종살이에서 벗어난 것은 하느님이 시킨 기만에서 시작되었다. 모세는 이스라엘인들이 광야로 사흘 길을 걸어가 하느님께 제사를 올릴 수 있도록 허락해 달라고 파라오에게 간청했지만, 이것이 영구적 탈출의 시작임을 드러내지는 않았다. 후대에 모세가 기만술을 방편 삼아 연기했다고 결론을 내린 유대인 주석자 가운데에는 라시(Rashi)라는 이름으로 더 많이 알려진 랍비 슐로모 이츠하키(Shlomo Yitzhaki, 1040~1104)가 있었는데, 탈무드에 관한 그의 주석은 1520년 처음 인쇄된 이래 모든 간행본에 포함되었다.

3,000여 년 전 가나안 땅에서 벌어진 정보공작에 대해 하느님이 시켰다고 주장하는 점에서 이스라엘인들이 독특할지 모르지만, 고대 이집트인들도 매우 활발하게 정보수집 활동을 벌였다. 가나안 땅에 사는 이집트인들의 존재에 관해 성경에 아무런 언급이 없다는 사실에도 불구하고(현존하는 이집트 문헌에 이스라엘인들의 존재에 관해 딱 한 번 언급되어 있는 것과 비슷하다), 파라오의 제후들이 가나안 땅의 성읍국가들을 다스렸으며 군사와 행정 양면에서 이집트의 진출이 강력했었다. 가나안은 고대 중동에서 이집트와 다른 '4대 왕국'을 연결하는 땅이었다. 이집트와 외교관계를 맺은 그 4대 왕국은 하티(Hatti), 미타니(Mittani), 아시리아 및 바빌로니아였다.[3] 가나안 땅은 또한 이집트 육군과 해군이 보급품을 조달하는 중요한 기지였으며, 따라서 이집트의 정보수집에서 우선적인 대상이었다.

이집트가 가나안 땅에서 벌인 정보수집 활동에 관해 단편적이지만 믿을 수 있는 초기 문헌은 기원전 14세기 중엽 점토판에 새겨진 '아마르나(Amarna) 편지들'이다. 세계 정보공작 역사에서 최초의 주요 문헌이기도 한 이 편지들은 1877년 파라오 아멘호테프(Amenhotep) 4세—아케나톤(Akhenaton)으로 더 많이 알려져 있다—의 궁전터에 자리 잡은 텔 엘아마르나(Tell el-Amarna)에서 농부 아낙에 의해 우연히 발견되었다. 한 세기에 걸쳐 구미의 학자들이 연구한 끝에 1992년 이 편지들의 영역판이 하버드대 이집트학과 모란(W. L. Moran) 교수에 의해 출간되었다. 모란 영역판에 있는 총 329통의 아마르나 편지는 가나안 땅의 제후들이 파라오에게 보낸 것으로, 성경에 기록된 이스라엘인들의 가나안 정복보다 한 세기가량 앞섰다. 제후들의 편지 가운데 38통은 오늘날 공개출처

---

3   하티는 오늘날 터키의 아나톨리아 반도에, 미타니는 지금의 터키 남부와 시리아 북부에, 아시리아는 메소포타미아 북부에, 바빌로니아는 메소포타미아 남부에 위치했다(옮긴이).

첩보보다 정보로―당시에는 양자 간의 명확한 구별이 없었지만―간주될 내용이었다. 레반트(동지중해 연안 지역_옮긴이) 연안의 항구와 교역로를 따라 위치한 대상(隊商) 숙소는 멀리 떨어진 지중해와 '비옥한 초승달' 지대(유프라테스 강과 티그리스 강 유역_옮긴이)에서 오는 뉴스를 접할 수 있는 곳이었다. 군대, 상인, 전령들은 우호적이든 적대적이든 가리지 않고 가나안 땅과 그 항구를 통과했다. 이집트 제후들은 그들로부터 첩보를 수집하기 좋은 위치에 있었고 첩보 수집이 자신들이 할 일이라는 것도 알고 있었다. 한 제후는 파라오에게 보낸 편지에 "저는 당신의 충성스러운 종이며 제가 듣는 것은 모두 저의 주군에게 적어 보냅니다"라고 썼다. 현지 이집트 관리들에게는 그보다 더 많은 첩보가 구두로 전달되었을 것이다.

파라오에게 보고된 정보 가운데 최우선순위는 외부의 적과 내부 배반자들이 이집트 왕국에 가하려는 위협과 관련된 정보였다. 한번은 파라오가 아무루(Amurru, 가나안 북부)의 통치자 아지루(Aziru)가 자신의 적과 어울렸다는 정보를 보고받은 후, 도끼로 그를 참수하겠다고 위협했다. "짐이 듣건대, 네가 키드사(Qidsa)의 통치자와 사이좋게 지내면서 둘이 함께 식사하고 진한 술을 마셨다더니, 이것이 사실이구나. 너는 왜 그렇게 행동하느냐? 너는 왜 짐과 싸우고 있는 통치자와 사이좋게 지내느냐?" 이 달갑지 않은 정보를 제공한 출처는 아지루 또는 키드사의 통치자 궁에서 일하는 비(非)이집트인이었음이 틀림없다. 왜냐하면 아지루가 파라오의 적과 먹고 마시는 자리에 이집트인을 초대하지는 않았을 것이기 때문이다. 또 한번은 티레(Tyre)의 통치자 아부미쿠(Abu-Miku)가 파라오의 모범적 제후임을 자청한 시돈(Sidon)[4]의 통치자가 변절해 아지루에게 충성하고 있다고 보고했다. "시돈의 통치자 짐레다(Zimredda)는 이집트로부터

---

4   티레와 시돈은 지금의 레바논 남부에 있는 항구도시다(옮긴이).

듣는 모든 말을 반역자 아지루에게 매일 적어 보냅니다. 저는 저의 주군(파라오)께 이 편지를 올리는바, 그자가 알아도 좋습니다." 또한 '아마르나 편지들' 가운데에는 메시지 가로채기에 의한 정보 입수를 보여주는 역사적 증거가 들어 있는데, 이는 단편적이지만 최초의 사례다. 이러한 메시지 가로채기는 암호해독과 결합해 후대에, 특히 20세기 양차 세계대전에서 가장 중요한 정보수집 형태가 되었다.

절취된 한 '아르마나 편지'를 같은 시기의 히타이트 설형문자 기록과 비교해 보면, 기원전 1323년 파라오 투탕카멘(Tutankhamun)이 죽은 뒤의 특별한 전개가 드러난다. 그는 왕위에 오른 지 10년도 안 된 19세에 죽었지만, 1923년 '왕들의 계곡'에서 그의 무덤과 석관이 거의 온전하게―고대 이집트 왕릉 중에서 가장 완전한 형태로―발견됨으로써 세상을 떠들썩하게 했으며 가장 유명한 파라오가 되었다. 카이로에 있는 이집트유물박물관의 귀중한 소장품들 가운데 오늘날 가장 유명한 공개 전시물은 11kg의 순금으로 만든 투탕카멘의 데스마스크다. 무덤에서 발굴된 다른 보물들을 보면, 투탕카멘 옆에는 그의 이복 누이였을 왕비 안케세나멘(Ankhesenamen)이 있다. 황금 옥좌에 새겨진 그녀의 모습은 짧은 누비아족 가발을 쓰고 남편에게 기름을 바르고 있다. 황금 사당에 묘사된 그녀의 모습은 투탕카멘에게 연꽃을 바치고 있고, 투탕카멘이 활과 화살로 오리를 사냥할 때 뒤편 쪽배 안에 서서 늪 속의 오리 둥지를 가리키고 있다. 최근의 연구로 밝혀진 바에 따르면, 투탕카멘이 죽은 직후 왕비 안케세나멘은 히타이트 왕 수필룰리우마(Suppiluliuma) 1세에게 편지를 보내 아들과 후계자가 없어 재혼하려고 하지만 왕실 혈통이 없는 이집트 사람과는 결혼하지 않겠다고 말했다. "당신에게 아들이 많다고들 합니다. 그러니 저에게 아들을 하나 보내세요. 그는 제 남편이자 이집트의 왕이 될 것입니다."

자기 아들과 결혼하겠다는 안케세나멘의 뜻밖의 긴급 요청에 깜짝 놀랐을 것으로 보이는 수필룰리우마는 일종의 떠보기가 아닌지 아마 의심했을 것이다. 그래서 그녀가 진심인지 확인하기 위해 특사를 보냈다. 이후 안케세나멘은 히타이트 왕에게 자신의 진정성에 대해 의심하는 것을 책망하고 아들과의 결혼을 허락해 달라고 거듭 호소하는 두 번째 메시지를 보냈다. 그러나 그녀가 수필룰리우마에게 이미 접근한 적이 있음을 드러낸 이번 메시지는 가로채기를 당했다. 그 메시지의 일부가 히타이트 기록뿐 아니라 '아마르나 편지들' 속에도 남아 있다. 수필룰리우마는 안케세나멘이 진심이라고 확신하고 장가 보낼 아들을 보냈겠지만, 그 아들은 도중에 암살되어 이집트 궁전에 이르지도 못했다. 누가 히타이트 왕자를 죽였는지는 결코 밝혀지지 않을 것이다. 그러나 가장 유력한 범인은 죽은 파라오를 승계하려고 음모를 꾸미던 투탕카멘의 원로 재상 아이(Ay)였다. 안케세나멘이 히타이트 왕자와 결혼하려고 했던 것은 아마도 아이와의 결혼을 피하기 위해서였을 것이다. 그러나 아이는 파라오가 되어 투탕카멘을 승계하고 그의 미망인과 결혼했다. 자기가 아닌 히타이트 왕자와 결혼하려고 한 그녀의 비밀 계획을 알았음에도 불구하고 말이다. 증거는 없지만, 아마도 아이는 새로 맞은 왕비에게 복수했을 것이다. 안케세나멘은 아이와 결혼한 지 1년 만에 원인불명으로 죽었다.

'아마르나 편지들'을 비롯한 이집트 기록물과 최근 가나안 땅에서 나온 고고학적 발견은 이스라엘인들의 '약속된 땅' 정복에 관한 성경의 기술과 일치하기가 불가능하다. 지금까지 발견된 이집트 기록물 가운데 이스라엘인들이 거주한 가나안 땅의 존재를 언급하고 있는 것은 '이스라엘'이라는 이름으로 하나의 집단을 나타내는 기원전 1207년 무렵의 돌기둥 하나가 유일하다. 그러나 성경의 권위가 본래 역사적 정확성을 충분히 보증한다고 믿는 사람들을 제외한다면, 이스라엘인들이 가나안 땅을 극적으로 정복한 사실에 관해 믿을 만한 증거가 없다. 예를 들어, 에리코를 발굴한 결과는 다른 가나안 땅 성읍들과 마찬가지로 이스라엘인들의 나팔 소리에 무너져 내릴 큰 성벽이 없었음을 보여준다. 아마 덜 극적인 일이 발생했을 것이다. 이스라엘인들은 정복전을 벌이는 대신에 가나안 땅 언덕 마을에 정착해 양과 염소를 키우면서 점진적으로 이웃 부족들을 자신들의 종교로 개종시켰을 것이다. 그 정복 이야기는 정복이 발생했다는 시기로부터 약 500년이 지나서 사람들의 기억과 구전에 근거해 쓴 것으로, 유대인 사제들이 '하느님이 선택한 백성'이 과거 하느님의 도움을 받았음을 보여주고, 현재의 적에 대항해 백성을 단결시키며, 고난에 처한 백성을 고취하기 위해 쓴 것이었다. 성경 무용담이 가진 힘은 백성의 해방, 압박에 대한 끊임없는 저항, 그리고 사회적 평등 추구라는 시대를 초월하는 주제에 관해 흥미진진하고 조리 있게 이야기식으로 표현한 데서 비롯된다.

나사렛 예수의 생애에 관한 기록은 역사상의 문제점이 더 적은데, 그것은 부분적으로 모세와 여호수아의 생애에 관한 구약의 기록보다 예수의 사후가 훨씬 더 빨리 기록되기 시작했기 때문이다. 베들레헴에서 예수가 탄생한 이야기로 시작하는 복음서의 일부 일화는 성서학자들 사이에서 논란이 있긴 하지만, 사학자들 대부분은 예수가 세례자 요한에게 세례를 받고 갈릴리와 유다 지방에서 공생활을 수행했으며 기원후 33년경 본시오 빌라도의 명령으로 예루살렘에서 십자가에 못 박혔다는 사실에 동의한다.[5] 신약성경에서는 스파이와 정보수집에 관한 언급이 구약성경보다 그 수가 적지만, 이는 현재 대부분의 그리스도 교회가 기념하는 '성주간(Holy Week)'을 이해하는 데 매우 중요하다. 그 '성주간'은 예수가 당한 '성금요일'의 십자가 수난과 부활절 일요일의

---

[5]   성서학자들 대부분이 십자가 수난 시기를 기원후 30년과 36년 사이로 보며 기원후 33년이 가장 가능성이 크다고 본다.

부활(그리스도교인은 부활을 믿는다)로 막을 내렸다. '성주간'이 시작되는 '성지(聖枝) 주일', 즉 파스카 축제 전 일요일에 예수가 예루살렘에 입성했는데, 독실한 유대인들이 기대한 대로 걸어서 입성하지 않고 나귀를 타고 입성함으로써 구약성경 즈카르야서에서 예언한 대로 메시아의 도래가 이루어졌다.

나사렛 예수의 생애와 관련된 정보 이슈는 모세와 여호수아의 생애와 관련된 정보 이슈와 사뭇 다르다. 갈릴리와 유다 지방에서의 예수 공생활에 관한 복음서 기술을 보면, 스파이나 정보활동에 관해 아무런 언급이 없다. 그러나 복음서 기록은 예수가 '성지 주일'[6]에 예루살렘에 입성한 순간부터 유대인 당국자들의 감시를 인지했음을 보여주고 있다. 그러한 인지 때문에 예수가 예루살렘으로 타고 갈 나귀를 몰래 준비시켰을 것이다. 마르코 복음서에 따르면, 예수가 예루살렘에 이르렀을 때

예수님께서 제자 둘을 보내며 말씀하셨다. "너희 맞은쪽 동네로 가거라. 그곳에 들어가면 아직 아무도 탄 적이 없는 어린 나귀 한 마리가 매여 있는 것을 곧 보게 될 것이다. 그것을 풀어 끌고 오너라. 누가 너희에게 '왜 그러는 거요?' 하거든, '주님께서 필요하셔서…' 하고 대답해라."(마르코 복음서 11:2~3)

마르코 복음서에 따르면, 예수를 맞이하기 위해 거기에 있던 많은 지지자가 겉옷과 나뭇가지를 길에 깔고 "호산나! 주님의 이름으로 오시는 분은 복되시어라"라고 외쳤다. 마르코의 기술이 정확하다면, 예수를 메시아로 본 사람들이 그 환영을 사전 준비했음이 틀림없다. 그러한 환영은 유대인과 로마인 당

---

6   마르크 복음서만 예수의 예루살렘 입성 날을 일요일로 명시하고 있다. 다른 복음서는 무슨 요일인지 밝히지 않는다.

국자들의 주목을 받을 만했을 것이다. 예수가 함부로 복원된 유대인 성전을 방문한 것이 그들의 걱정을 가중시켰을 것이다. 예수는 환전상들의 탁자와 비둘기 장수들의 의자를 둘러엎은 후 이렇게 선언했다. "'내 집은 모든 민족을 위한 기도의 집이라 불릴 것이다'라고 기록되어 있지 않으냐? 그런데 너희는 이곳을 '강도들의 소굴'로 만들어버렸다." 수석 사제들과 율법학자들은 예수의 가르침이 군중의 마음을 완전히 사로잡는 것을 보고 두려워하며 '그를 없앨 방법을 찾았다'.

루카 복음서에 따르면, 수석 사제들과 율법학자들이 '스파이들을 보내' 예수를 감시하면서 선동적인 답변을 유도하는 질문을 예수에게 던졌다. 이 답변을 빌미로 예수를 로마의 유다 지방 총독 본시오 빌라도[7]에게 넘기려는 속셈이었다. 예수는 "황제에게 조세를 내는 것이 합당합니까, 합당하지 않습니까?"라는 질문에 다음과 같은 유명한 답변으로 빌미를 제공하지 않았다.

> 예수님께서는 그들의 교활한 속셈을 꿰뚫어 보시고 그들에게 말씀하셨다. "데나리온 한 닢을 나에게 보여라. 누구의 초상과 글자가 새겨져 있느냐?" 그들이 "황제의 것입니다"라고 대답했다. 이에 예수님께서 그들에게 이르셨다. "그러면 황제의 것은 황제에게 돌려주고, 하느님의 것은 하느님께 돌려드려라."
>
> (루카 복음서 20:23~25)

예수는 감시당하고 있다는 것을 알았기 때문에 그의 열두 제자와 파스카 음식(지금은 최후의 만찬으로 기념된다)을 먹을 '안가(安家)'를 비밀리에 찾아놓았다.

---

7   본시오 빌라도를 언급한 동시대 기록은 해변 명승지 케사리아(텔아비브 북쪽에 있는 옛 항구도시
     _옮긴이)에 있는 그의 궁전 유적지에 새겨진 글이 유일한데, 이 글에서는 그를 로마 '총독'으로 명
     시하고 있다.

제자들은 만찬 당일까지 그런 준비를 몰랐는데, 예수는 당일이 되어서야 두 제자에게 분부했다.

"너희가 도성 안으로 들어가면 물동이를 메고 가는 남자를 만날 터이니, 그가 들어가는 집으로 따라 들어가거라. 그리고 집주인에게 '스승님께서 '내가 제자들과 함께 파스카 음식을 먹을 방이 어디 있느냐?'라고 물으십니다' 하여라. 그러면 그 사람이 이미 자리를 깔아놓은 큰 이층 방을 보여줄 것이다. 거기에다 차려라." 제자들이 가서 보니 예수님께서 일러주신 그대로였다. 그리하여 그들은 파스카 음식을 차렸다.(루카 복음서 22:10~13)

그러나 파스카 식사에 수석 사제들이 포섭한 비밀 요원이 침투했다. 제자들이 음식을 먹고 있을 때 예수가 그들에게 말했다. "내가 진실로 너희에게 말한다. 너희 가운데 한 사람, 나와 함께 음식을 먹고 있는 자가 나를 팔아넘길 것이다."[8]

그 침투 요원은 열두 제자 가운데 유다 이스카리옷(Judas Iscariot)이었는데, 그의 배신 동기는 2,000년 뒤까지 논란의 대상이었다. 20세기 미국 연방수사국(FBI)이 쓰는 약어 MICE는 왜 일부 개인이 기존의 충성심을 버리고 몰래 적대 기관을 위해 일하게 되는지 그 주된 이유를 네 가지로 집약하고 있는데, 바로 돈(Money), 이념(Ideology), 타협(Compromise), 그리고 자존심(Ego)이다. 복음서 저자들은 유다를 명백히 첫 범주에 넣었다. 파스카 전날, 즉 가톨릭과 성공회를 중심으로 유다의 배신을 기념해 '스파이 수요일'이라고 불렀던 날에 유다

---

8   4세기까지 거슬러 올라가는 전승에 따르면, '이층 방'은 2층 건물의 2층에 있는데, 예루살렘 옛 도시(Old City) 성벽의 시온 문(Zion Gate) 남쪽에 있다. '최후의 만찬 방(Cenacle)'으로 알려진 그 방은 예루살렘 성지순례의 코스지만, 그러한 장소 식별의 근거로 삼는 전승 자체가 의심스럽다.

는 수석 사제들을 몰래 찾아가서 예수를 그들 손에 넘겨주면 얼마를 주겠느냐고 물었다. 마태오 복음서(26:15~16)에 따르면,

> 그들은 은돈 서른 닢을 내주었다. 그때부터 유다는 예수님을 넘길 적당한 기회를 노렸다.

유다는 당시 예루살렘 성전에서 유일하게 통용되던 티레 은화로 보수를 받았을 것이다. 티베리우스(Tiberius) 황제가 통치하는 동안(AD 14~37년), 로마제국 내에서 당국에 불충한 사람들을 고변하는 고용된 밀고자들 수가 급증했다. 유다도 그런 밀고자 중 하나였다.

제자들이 파스카 식사 장소에 관해 거의 통보받지 못했기 때문에 유다도 수석 사제들에게 사전에 알릴 수 없었을 것이다. 이리하여 예수는 체포되기 전 '최후의 만찬'에서 제자들에게 빵을 떼어주고 포도주를 따라줌으로써 그들이 어떻게 예수를 기념할지 그 의식을 가르칠 시간을 가질 수 있었다. 후대 교회 대부분은 이 의식을 성찬 전례의 토대로 삼았다. 유다는 예수가 게세마니 동산에서 기도하는 밤중에 그가 체포될 수 있도록 파스카 만찬장을 일찍 떠나 수석 사제들에게 예수의 행방을 알렸다. 마르코 복음서(14:44~46)에 따르면, 유다는 예수를 잡으러 온 사람들에게 말하기를,

> "내가 입 맞추는 이가 바로 그 사람이니 그를 붙잡아 잘 끌고 가시오" 하고 그들에게 미리 신호를 일러두었다. 그가 와서는 곧바로 예수님께 다가가 "스승님!" 하고 나서 입을 맞추었다. 그러자 그들이 예수님께 손을 대어 그분을 붙잡았다.

예수는 붙잡히고 난 후 카이파 대사제가 주재하는 유대교 법원인 최고의회(Sanhedrin)에서 첫 신문을 받았다. 카이파 대사제는 그의 오랜 재직기간(AD 18~36년)에 비추어 볼 때, 로마인 당국자들과 긴밀한 협력관계에 있었다고 보는 것이 타당할 것이다.[9] 그리고 카이파가 유대인 반역자들을 기꺼이 본시오 빌라도가 주재하는 세속재판에 넘긴 점에 비추어 보면, 빌라도가 유다 지방 총독으로 재직한 10년 동안(AD 26~36년) 카이파는 빌라도와 원만한 협력관계를 유지한 것으로 보인다. 예수는 유대인 반역자 중 하나였다. 예수가 못 박힌 십자가 위의 죄명 패에는 '유대인들의 임금 예수'라고 쓰어 있었는데, 이는 그가 정치적 반역죄를 지었음을 가리킨다.

복음서 기술을 보면, 빌라도는 예수에 대한 사형선고를 약간 주저했다. 마태오 복음서에 따르면, 그는 책임을 면하기 위해 손을 씻는다. 그러나 빌라도는 악랄한 평판 때문에 예수에 대한 사형선고가 놀랍지 않아 보인다. 유대인 철학자 알렉산드리아의 필로(Philo of Alexandria, 기원전 20년경~기원후 50년)는 빌라도가 부패, 폭력, 도둑질, 폭행, 학대 등 몹시 흉포한 짓을 끝없이 저지르고 자주 미결수들을 처형했다고 맹렬히 비난했다. 필로가 과장한 부분은 있지만, 어쨌든 빌라도는 예수가 십자가에 못 박힌 후 몇 년이 지난 AD 36년에 로마의 시리아(유다는 시리아의 한 지방이었다) 총독 루키우스 비텔리우스(Lucius Vitellius)에 의해 해임되고 권력 남용 혐의로 로마로 압송되었다. 카이파도 그 직후 대사제 직에서 해임되었다.

세속의 관점에서 장기적으로 볼 때, 빌라도에 의한 재판까지 '성주간' 동안

9 　요한복음서(18:13)에 따르면, 카이파는 한나스의 사위였는데, 한나스 역시 예수 재판에 관한 성경 기술에 언급되고 있다. 1990년에는 고고학자들이 예루살렘 고지대(Upper City)에서 한나스와 카이파의 가족묘를 발견했다. 한나스는 기원후 거의 1세기에 걸쳐 대사제 직을 장악한 가문의 수장이었다.

나사렛 예수에 대한 신병 처리는—극도로 잔인한 후속 처형만 아니라면—나중에 현대의 독재 정권이 활용하는 정보활동의 공통적인 특성, 즉 반체제 세력에 대한 감시와 그 지도부 측근에 침투하려는 시도를 미리 보여준 것이다. 20세기 일당 독재 국가에서는 수백만 명이 반체제 혐의로 수용소와 킬링필드에서 죽고 지하실에서 처형되었다. 그러나 십자가에 못 박힌 나사렛 예수는 이후 2,000년 동안 다른 어느 반체제인물과 비교할 수 없을 정도로 세계 역사를 바꾸었다.

제2장

고대 그리스의 정보활동

오디세우스에서 알렉산더 대왕까지의 신화와 현실

———

정보계는 21세기 전문직 가운데 사망했든 현존하든 간에 현실의 실무자보다 가공의 인물이 더 유명한 유일한 분야다. 물론 그 가공의 인물은 바로 반세기 이상 스파이 영화의 세계적 대명사가 된 제임스 본드다. 세계 인구의 과반수가 본드 영화를 보았으며 또 좋아했다. 본드 영화의 인기는 시들 조짐이 안 보인다. 첫 본드 영화 〈007 살인번호(Dr. No)〉가 나온 후 50년 만인 2012년 개봉된 〈007 스카이폴(Skyfall)〉 역시 공전의 성공을 거두었다. 얼마 후 본드는 왕실의 눈에 띄었다. 2012년 런던 올림픽의 개막식은 엘리자베스 2세 여왕의 입장으로 시작되었는데, 가장 최근에 본드 역을 맡은 대니얼 크레이그(Daniel Craig)가 낙하산을 타고 스타디움으로 들어와 여왕을 동반했다. 나중에 여왕은 명예 바프타(BAFTA, 영국 영화·텔레비전 예술원_옮긴이)상을 받았다.

허구의 비밀공작에 대한 대중의 관심은 약 3,000년 전 서방 문학의 기원과 오디세우스의 모험담으로 거슬러 올라간다. 오디세우스는 트로이 전쟁의 40일 전투에 관한 호메로스의 서사시 「일리아드」의 핵심 인물이자 역시 그의 서사시인 「오디세이」의 주인공이다. 「오디세이」는 오디세우스가 전후 귀향길에서 오랫동안 겪은 모험을 연대순으로 기록하고 있다. 오디세우스는 비밀 임무와 정보공작에는 큰 관심이 없었다. 그는 영광과 복수를 추구하는 최초이자 최고의 영웅적 전사였으며 오늘날 오락적 폭력으로 불리는 것을 즐기기도 했다. 그러나 그는 뛰어난 기만 능력 덕분에 '교활한 오디세우스'로 알려지게 되었다. 여신 아테나는 오디세우스에게 이렇게 말했다. "우리는 둘 다 속임수의 전문가다―너는 인간들 가운데서, 나는 신들 가운데서."

「일리아드」와 「오디세이」에서 오디세우스의 속임수는 때때로 그를 스파이로 만든다. 트로이 전쟁 중에 오디세우스는 적진을 정탐하는 비밀 임무를 띠고 젊은 전사 디오메데스(Diomedes) 왕과 함께 갈 것을 자원했다. 그들은 임무 수행 초기에 그리스인들을 정탐하기 위해 반대 방향에서 오는 트로이의 스파이 돌론(Dolon)을 만났다. 오디세우스는 돌론이 협조하면 자신의 목숨을 건질 것이라고 믿도록 그를 속임으로써 그가 트로이군의 강점에 관한 중요 정보를 누설하도록 만들었다. 돌론이 비밀을 털어놓자마자 힘센 디오메데스가 화가 나서 그에게 덤벼들었다. "도망갈 생각은 아예 하지 말라. 이제 너는 우리가 알아야 할 것을 모두 말했다." 돌론이 자비를 빌었지만, 디오메데스가 달려들어 칼로 돌론의 목을 정면으로 찔렀다. 칼날이 힘줄을 끊었고, 돌론이 말하려는 바로 그 순간, 그의 목이 바닥에 떨어졌다. 돌론이 속아서 제공한 정보를 활용해 디오메데스와 오디세우스는 밤에 트로이의 트라키아(Thracia, 발칸반도 동부지역_옮긴이) 동맹군 진영에 잠입해 트라키아 왕 레소스(Rhesus)와 그의 병사들을 죽였고, 트라키아 말들을 비롯한 전리품과 함께 그리스 진영으로 개선했다. 이후 두 사람은 목욕재계하고 온몸에 기름을 바른 뒤, 식탁에 앉아 꿀과 포도주를 충분히 섞은 항아리에서 술을 따라서 여신 아테나에게 바쳤다. 이 스파이 임무를 수행하는 과정에서 오디세우스가 일을 잘하긴 했지만, 대량학살이 발생했다. 오디세우스와 디오메데스는 두 번째 비밀 임무를 수행하기 위해 트로이로 잠입했는데, 이번에는 변장해서 여신 아테나의 성상인 '팔라스 여신상(Palladium, 트로이를 수호하는 신상_옮긴이)을 신전에서 훔쳐내는 데 성공했다. 오디세우스가 포로로 잡은 트로이 점술사에 따르면, 그 성공 없이는 그리스인들이 트로이를 함락시키지 못할 운명이었다. 한편, 트로이에서는 세상에서 가장 아름다운 여인으로 소문난 헬렌(트로이 왕자 파리스가 헬렌을 납치하는 바람에 트로이 전쟁이 발발했다)이 변장한 오디세우스를 알아보았으나, 과거 그녀에게 구혼한 적이 있는 그를 밀고하지 않았다. 두 영웅은 간신히 탈출과 귀환에 성공해 엄청난 환대를 받았다.

「오디세이」는 또 다른 은밀한 속임수가 펼쳐지는 유명한 이야기로 끝난다. 오디세우스가 10년 동안 집을 떠났다가 돌아올 때, 여신 아테나는 그를 떠돌이 거지로 변장시킨다. 그 덕분에 그는 들키지 않고 집안 형편을 살피는 한편 자기 아내 페넬로페(Penelope)를 조르는 구혼자들을 정탐할 수 있었다. 당시 그들은 저항하는 페넬로페를 과부로 보고 결혼하자고 압박한다. 페넬로페는 변장한 오디세우스를 알아보지 못하고 구혼자들에게 누구든 오디세우스의 활을 당기는 어려운 일에 성공하는 사람과 혼인할 것이라고 말한다. 구혼자들이 모두 활을 당기려고 시도했으나 실패한 뒤, 오디세우스가 성공하고 그 활로 구혼자들을 사살한다. 또 그는 구혼자들과 동침한 하녀들에게 그들의 시신을 묻으라고 명령한 다음 그 하녀들도 죽인다. 이 살육 장면이 페넬로페와 재회한 그의 기쁨을 배가시킨다. 오랫동안 시달렸던 그녀가 마침내 아수라장 속에서 그를 알아본 것이다. 이리하여 오디세우스는 자신의 집에서 처음에는 스파이가 되고 나중에 살인자가 됨으로써 긴 모험을 끝낸다.

오디세우스의 가장 야심적인 기만술은 호메로스의 「오디세이」에서 처음 언급되고, 나중에 로마 시인 베르길리우스의 「아이네이스」에서 더 자세히 서술되었는데, 그것은 바로 10년 동안 교착상태에 빠진 전쟁을 끝내기 위해 속이 빈 거대한 '트로이 목마'를 건조하라고 명령한 것이었다. 트로이 사람들이 아침에 일어나 보니 그리스 군대가 거대한 목마만 남기고 배를 타고 철수했다. 그들은 기꺼이 그 목마를 성 안으로 끌고 들어가서는 승리의 잔치를 시작했다. 그러나 자정 무렵 맑은 하늘에 달이 떠오르자 오디세우스가 이끄는 그리스 병사들이 목마 속에 숨어 있다가 튀어나왔다. 그들은 트로이 보초들을 죽이고 성문을 열어 야음을 틈타 트로이로 회항한 그리스 군대를 맞이했다. 트로이는 멸망했고 전쟁은 그리스인들의 승리였다. 제2차 세계대전 때 영국이 사용한 더블크로스 시스템(Double-Cross System)이 1970년대에 공개되어 적어도 영국 내에서는 트로이 목마를 능가하기 전까지 거의 3,000년 동안 트로이 목마는 전쟁 역사상 가장 유명한 기만술이었다. 신화 속의 목마는 재건되어 현재 세계유산으로 지정된 트로이(터키 북서부에 위치) 유적지 입구에 서 있다.

아테네 황금기의 가장 중요한 실전의 기만은 기원전 480년 당시 최강국 페르시아 제국이 그리스를 침공한 위중한 순간에, 즉 살라미스(Salamis) 해전에서 발생했는데, 그것은 유사 이래 최초의 결정적인 해전이었다. 지금도 가끔 '오디세우스 계략'으로 불리는 것이 그 기만의 바탕이었다. 살라미스 해전에 앞서 고대 그리스 역사상 가장 장렬한 패배가 있었으니, 바로 테르모필레(Thermopylae) 전투였다. 그 전투에서 스파르타 왕 레오니다스(Leonidas)가 이끄는 소규모 병력은 자신들보다 몇 배 많은 페르시아군에 의해 중부 그리스의 동해안 부근 좁은 수로에 7일 동안 갇혀 있었다고 한다.[1] 기원전 5세기 그리스 역사가 헤로도토스('역사의 아버지')에 따르면, 트라키스 출신의 에피알테스(Ephialtes, 고대 역사가에 의해 이름이 밝혀진 최초의 반역자다)가 동포들을 배반하고 페르시아군을 염소가 다니는 산길로 안내해 그리스 진영의 측면을 공격하게 했다. 에피알테스는 2,500년이 지나서까지도 그리스 역사상 가장 유명한 반역자로 남는데, 영어에서 유다와 크비슬링(Quisling, 제2차 세계대전 당시 나치에 부역한 노르웨이 정치인_옮긴이)이 배반자나 반역자를 뜻하듯이 그의 이름은 현대 그리스어에서 배반과 동의어다.

스파르타인들의 최후 보루지로 여겨지는 테르모필레에 오늘날 서 있는 기념비에는 동시대의 시인 케오스의 시모니데스(Simonides of Ceos)가 그들에게

---

1   그 수로는 테르모필레 전투 이후 지진과 해안선 후퇴로 인해 몰라보게 변했다.

바치는 헌시가 그리스어와 영어로 새겨져 있으며 자주 인용되고 있다.

　　나그네여, 가서 스파르타 사람들에게 전하라.
　　여기 그들의 법을 따르는 우리가 있다고.

　　아테네는 테르모필레 전투에서 장렬하게 싸웠으나 패배함으로써 페르시아
군의 처분에 맡겨진 상황이 되었다. 아테네 시민들과 그리스 함대는 페르시아
군이 도시를 약탈하고 불태우기 전에 테미스토클레스(Themistocles)의 지휘 아
래 살라미스 섬으로 피난했다. 페르시아 해군이 훨씬 더 큰 함대로 그리스인들
을 공격하려고 계획하고 있을 때, 시킨노스(Sicinnus)라는 노예가 그리스 함대
에서 탈주해 귀순해 왔다. 그가 가지고 온 정보는 테르모필레 전투에 앞서 에피
알테스가 제공한 정보만큼이나 중요해 보였다. 헤로도토스에 따르면, 시킨노
스는 그리스 함대 가운데 아테네 소속이 아닌 배들이 남쪽으로 도망가기로 결
심해 살라미스를 막 떠나려는 참이라고 제보했는데, 이는 페르시아로서는 절
호의 공격 기회를 잡은 것이었다. 시킨노스의 제보에 따르면, 동맹군으로부터
버림받은 테미스토클레스는 페르시아 함대가 접근하자마자 편을 바꾸어 아테
네 함대를 이끌고 귀순할 준비가 되어 있다는 것이었다.
　　그러나 에피알테스와 달리 시킨노스는 실제로는 (고대 역사가들이 기록한 최초
의) 이중간첩이었다. 그는 충성스러운 노예로서 테미스토클레스가 페르시아
군을 살라미스 섬과 그리스 본토 사이의 좁은 해협으로 유인하기 위해 고른 사
람이었다. 테미스토클레스는 거기처럼 좁은 공간이라면 병사들이 상하 3단으
로 늘어서서 노를 젓는 그리스 군선이 비록 수는 적지만 기동력이 낮기 때문에
유리하며, 특히 뱃머리 아래쪽에 달린 들이받는 추를 사용해 페르시아 군선의
수면 아래 부분에 구멍을 낼 수 있을 것으로 생각했다. 적 함대가 그의 함정에

걸려들었다. 페르시아 군주 크세르크세스(Xerxes)는 살라미스 만 위쪽 고지대에서 황금옥좌에 앉아 페르시아 해군의 대승을 목격하려고 기다리고 있었다. 그러나 그는 자신의 200척 함대가 수장되는 광경을 목격하고 말았다. 반면, 그리스는 약 40척의 군선을 잃었을 뿐이다. 크세르크세스는 휘하 병력과 함께 돌아갔지만, 이동 수단이 없어 아티카 지방에 묶인 잔여 병력은 펠로폰네소스 반도를 침공해 그리스 정복을 계속할 희망마저 없었다. 페르시아의 잔여 병력은 이듬해 플라티아(Plataea) 전투에서 완패했다.

호메로스 덕분에 그리스인들은 '오디세우스 계략'을 잘 알고 있었지만, 조직적 정보수집에 대해서는 진지한 관심이 없었다. 기원전 5세기 아테네 황금기에는 그리스 사상과 문화가 엄청나게 번성했지만, 그 시기 그리스인 가운데 유대인 사제들만큼 전략적 군사정보를 제대로 이해한 사람은 없었다. 유대인 사제들은 모세와 여호수아가 가나안 땅에 보낸 스파이들의 정탐 활동에 관해 아테네 황금기 이전 두 세기에 걸쳐 성경으로 기술했다. 그리스 신들은 유대인들의 하느님과 달리 위중한 순간에 인간의 정보공작을 추진하는 일에 관심이 없었지만, 자신을 숭배하는 인간들이 적에 맞서도록 기꺼이 도와줄 것으로 보였다. 그리스인들은 점술사와 신탁(神託)의 매개를 통해 신들이 적에 관해 어느 인적기관보다 더 좋은 정보를 제공할 수 있다고 믿었다. 수하에 정보 장교를 둔 그리스 장군은 없었다. 오히려 기원전 5세기 그리스의 주요 장군들(톨미데스, 키몬, 니키아스, 알키비아데스, 페리클레스 등)은 대부분 개인적으로 점술사를 고용했는데, 출정 시에는 국가가 그들에게 보수를 지급했다는 증거가 있다.

고대 그리스의 위대한 두 역사가 헤로도토스와 투키디데스는 점술에 관해서는 할 말이 많았지만, 정보공작에 관해서는 할 말이 거의 없었다. 헤로도토스는 기원전 479년 플라티아 전투의 승리와 관련해, 스파르타의 점술사 엘리스의 티사메노스(Tisamenus of Elis)에게 큰 공로를 인정했다. 티사메노스는 전투 전날 밤 그리스군이 수비 태세를 취하면 징조가 좋지만 아소포스(Asopus) 강을 건너 공격하면 징조가 좋지 않다고 선언했다. 그리스군은 점술사의 경고에 주의를 기울였으나, 병력이 훨씬 더 많은 페르시아군 사령관 마르도니우스(Mardonius)는 백마를 타고 강을 건넜고 대다수 병력과 함께 전투에서 죽었다. 마르도니우스의 사례에서 보듯이, 점술사를 업신여기고 징조를 무시하는 자들은 결국 불경죄와 오만함의 대가를 자신의 생명이나 자신과 가장 가깝고 소중한 사람의 생명으로 치르게 된다는 것이 호메로스부터 소포클레스에 이르기까지 그리스 서사시의 반복되는 주제다.

군사령관들이 점술사를 그토록 존중한 이유 가운데 하나는 근대 서방에서 추정하는 것과 반대로 다수의 점술사가 인간 행동에 대한 비범한 통찰력—비록 그 통찰력이 그리스인들의 믿음처럼 신들한테서 받은 것이 아닐지라도—을 소유한 데 있었다. 그들의 통찰은 때때로 정보 평가를 대체하는 가치가 있었다. 인류학자 필립 피크(Philip Peek)의 말을 인용하면, "유럽의 전통은 점술사를 카리스마 있는 돌팔이로 특징짓는 경향이 있는데, 점술사는 어수룩하고 걱정 많은 사람들이 부적절하게 가치를 부여하는 비전(秘傳) 지식을 영리하게 조작해 다른 사람들을 강박한다는 것이다". 20세기 말 피크는 사하라이남 아프리카를 조사하다가 대부분의 점술사가 생각과 달리 "비범한 지혜와 높은 인격을 소유한 남녀"임을 알게 되었다. 그래서 아마도 고대 그리스에 점술사가 많았을 것이다. 그들은 또한 그들과 같은 수준의 도덕성과 예측력을 갖춘 것 같지는 않은 현대의 정보분석관보다 사회적 지위가 높았다.

그러나 고대 그리스 점술사가 사용한 방법론은 현대 정보기관보다 수상쩍었다. 그들은 희생된 동물의 내장, 새의 행동, 꿈 등 아주 다양한 전조를 해석함으로써 신의 지침을 받는다고 주장했다. 이러한 형태의 점술은 모두 기원전 8세기와 6세기 사이에 중동에서 그리스로 건너온 것이다. 그러나 그리스인들은 점술을 외국의 '야만인들'이 가르친 아니라 자신들의 신화 속 주인공들이 가르친 것이라고 확신했다. 아이스킬로스(Aeschylus, 기원전 5세기 그리스의 비극 시인_옮긴이)에 따르면, 점술의 수많은 방식을 정리한 것은 프로메테우스(Prometheus, 독수리에게 간을 쪼여 먹히는 그리스 신화 속 인물_옮긴이)였다. 시인 헤시오도스(Hesiodos)는 그리스 신화에서 가장 유명한 점술사 멜람푸스(Melampus)가 자신의 귀를 핥은 두 마리 뱀으로부터 새의 언어를 배웠으며 아폴로 신으로부터 직접 동물 내장으로 점치는 점술을 배웠을 것이라고 주장했다.

가장 직접적으로 신의 지침을 받는 방법은 신탁에서, 특히 고대 세계에서 가장 신성한 장소인 델포이(Delphi)에서의 신탁에서 나온다고 믿었다. 델포이에서는 1년에 9일씩 처녀 사제 피티아(Pythia)가 삼각대 위에 앉아 태양과 빛과 예언의 신 아폴로 품에 안겼으며 그로부터 받은 이해할 수 없는 메시지를 전했는데, 늙은 사제가 그 메시지를 6보격 시로 번역했다. 서정 시인 핀다로스(Pindar)는 아폴로가 "모든 것을 아는 마음을 갖고 있다"라고 썼다. 아폴로(또는 다른 그리스 신)는 오직 델포이에서만 남녀 사제의 황홀한 가수면 상태를 통해 소통한다. 아폴로 신전의 방문객들은 주로 사적인 문제에 관해 지침을 구하는 개인이었지만, 국사에 관해서도 신탁을 구했다.[2] 기원전 6~5세기에는 델포이 신탁의 명성이 세상 끝까지 퍼졌다. 다수의 값비싼 봉헌물(일부가 남았다)을 보면, 델포이 신탁의 예언들이 모호하기로 유명했음에도 불구하고, 신탁을 구한 많은 사람이 그 예언에 감동했음이 틀림없다.[3] 그리스인들은 기원전 479년 플라티아에

---

[2] 지금까지의 통설에 따르면, 피티아가 앞뒤가 맞지 않는 예언과 지침을 생산한 다음, 신탁을 담당하는 유식한 종교관리들이 그것을 보다 논리정연하고 잘 구성된 6보격 형태로 바꾸었다. 그러나 고대 신탁에 관한 최고 권위자 리처드 스톤먼(Richard Stoneman) 박사의 이설에 따르면, 델포이 신탁의 역사적 개입에 관해 우리가 아는 모든 이야기는 수수께끼 같은 발설을 능숙한 6보격 시로 표현한 한 합리적 공직자(피티아)를 묘사하고 있다. 또 모든 자료가 피티아가 직접 시를 읊는 것처럼 서술하고 있다는 점에서, 신전의 보조 사제가 피티아의 헛소리를 산뜻한 형태로 작문했다고 주장하는 것은 적절하지 않다.

서 승리한 후, 점술사 티사메노스가 전투를 앞두고 구한 신탁에 대한 감사 표시로 델포이에 9m 높이의 청동 '뱀 기둥'을 세웠다. 뱀들이 서로 꼬인 형태의 그 기둥은 노획한 페르시아 무기를 녹여 만든 것으로 황금 삼각대를 떠받치고 있다.[4] 물론 신탁의 예언이 존재하지도 않는 신들로부터 영감을 받아 이루어졌을 리는 없다. 동시대인들이 신의 계시라고 여긴 것은 흔히 인간의 정보활동에 기초했을 것이다. 고대 세계에서 델포이처럼 세계 각지로부터 정기 방문객을 끌어들인 곳은 없었다. 매우 다양한 그리스 도시국가들과 외국의 강력한 통치자들로부터 받은 많은 신탁 질문은 그들의 희망과 두려움에 대한 유례없는 통찰을 제공했고, 그러한 통찰이 사제들이 아폴로 신으로부터 받은 메시지라고 주장하는 6보격 시에 영향을 미쳤음이 틀림없다.

기원전 5세기 중엽까지 점술사와 신탁이 명망을 유지했지만, '오디세우스 계략' 등 기만술은 아테네 민주주의를 축하하는 자아상 속에 더 이상 설 자리가 없었다. 아테네 민주주의는 여자와 노예의 투표권을 거부했지만, 스스로를 다른 모든 도시국가의 역할 모델로 보았다. 기원전 431년 펠로폰네소스 전쟁이 터졌을 때, 아테네는 스파르타에 대해 도덕적 우위를 선언했는데, 이는 제2차 세계대전 발발 시 영국이 나치 독일에 대해 도덕적 우위를 주장한 것과 흡사하다. 웅변가로 유명한 페리클레스는 스파르타와의 전쟁이 벌어졌을 때 아테네 민주주의를 옹호한 최고의 대변자였지만 비밀 정보활동이나 전략적 기

---

3   6세기 델포이의 가장 유명한 열성 신자는 크로이소스(Croesus)였는데, 그는 기원전 560~546년 사이에 리디아(아나톨리아 반도 서부)를 통치한 엄청난 부자였다. 헤로도토스에 따르면, 크로이소스는 처음에 일곱 개의 신탁 장소에 사절을 보내 각각의 신통력을 시험했지만, 델포이와 암피아라오스(Amphiaraus) 신전에서 받은 응답만 믿었다. 또 델포이가 받은 역대 봉헌물 가운데 크로이소스 것이 가장 컸다.

4   '뱀 기둥'은 324년 콘스탄티누스 대제에 의해 델포이에서 콘스탄티노플로 옮겨져 온전하게 남았다가 17세기 말 일부가 손상되었다. 그 기둥에서 떼어낸 뱀 머리 하나가 현재 가까운 이스탄불 고고학박물관에 전시되어 있다.

만에는 관심이 없었다. 페리클레스는 그의 가장 유명한 연설, 즉 펠로폰네소스 전쟁의 초기 희생자들을 위한 추도사(이를 기록한 투키디데스가 아마도 더 유창하게 다듬었을 것이다)에서 아테네는 모든 형태의 감시와 속임수, 은폐를 경멸한다고 선언했다.

> 우리가 우리의 정부에서 누리는 자유는 우리의 일상생활에도 적용된다. 그점에서 우리는 서로 질투하며 감시하기는커녕, 이웃이 좋아서 하는 일 가지고 그에게 화를 내서는 안 된다. …
>
> 우리는 우리의 도시를 세상에 활짝 열어놓으며, 생경한 행위를 함으로써 외국인들이 배우고 관찰할 기회를 배척하지 않는다. 비록 적의 눈들이 가끔 우리의 관대함을 이용할지라도. …

성가신 이웃과 외국 스파이의 프라이버시까지 세심하게 존중하는 페리클레스의 목가적인 자유시민관은 영감을 주기는 하지만 너무 고지식하다. 이스라엘인들이 가나안 땅을 정탐했던 방식으로 아테네가 스파르타를 정탐하지 못한 것이 펠로폰네소스 전쟁에서 아테네 민주주의의 궁극적 패배를 초래한 직접적인 원인은 아니겠지만 그 패배에 어느 정도 기여하기는 했다.

충분한 군사정보 없이 전쟁을 일으키는 것이 위험하다는 것을 아주 생생하게 보여주는 사례가 있으니, 펠로폰네소스 전쟁이 잠시 소강상태에 접어든 기원전 415년 아테네가 스파르타의 잠재적 동맹국인 시칠리아 섬의 도시국가 시라쿠사(Syracuse)를 공격하기 위해 대규모 원정군을 보내기로 한 재앙과도 같은 결정이 바로 그러한 사례다. 아테네가 도와달라는 동맹국의 호소에 꾀여 원정대를 보낸 곳은 600마일 떨어진 시칠리아 섬 서부의 작은 도시국가 세제스타(Segesta)였다. 세제스타는 아테네의 원정 자금을 댈 수 있다고 주장했다. 펠로폰네소스 전쟁에 참가한 장군이자 가장 위대한 고대 역사가인 투키디데스에 따르면, 아테네는 세제스타를 돕는 데서 더 나아가 시칠리아 전체를 정복하겠다는 비현실적인 야심에 불탔다. 아테네인들 대부분이 그 섬의 크기와 인구 규모도 몰랐음에도 불구하고 말이다.

아테네 의회는 원정대 파견을 결정하기 전에 원정 자금을 댈 수 있다는 세제스타의 주장을 확인하기 위해 사절단을 보냈다. 세제스타에 도착한 사절단과 선원들은 자신들을 위해 준비된 호화롭고 흥청망청한 향응을 받는 동안 금은 접시, 술 그릇 등 전시된 다량의 보물을 보고 현혹되었다. 투키디데스에 따르면, 주최 측인 세제스타 사람들은 페니키아인 정착촌 등 여러 이웃 마을에서 다량의 금과 은을 빌렸으며 다수의 똑같은 고가품들이 여러 향응에서 사용되었다는 것이 나중에서야 밝혀졌다. 세제스타 측 사람들을 데리고 귀환한 사절단은 기만당했다는 것을 모르고 세제스타의 부(뒤에 투키디데스는 "거짓으로 보일 만큼 매혹적"이라고 말했다)에 관한 보고서를 아테네 의회에 제출했다. 의회는 엘도라도를 발견했다고 확신하고 시칠리아에 파병하기로 결의했는데, 고대 그리스에서 단행한 도시의 파병 가운데 단연 가장 화려하고 비용이 많이 드는 규모였다. 원정대를 이끌도록 선발된 세 명의 사령관 가운데 가장 유능하고 열성적인 사람은 젊고 현란하며 빚을 지고 있던 알키비아데스(Alcibiades)였을 것이다. 채무 때문에 그의 열성이 배가되었음이 틀림없다.

시칠리아 원정대 준비를 방해하는 나쁜 징조가 나타났는데, 그것은 헤르메스 주상(柱像)들이 파손된 사건이었다. 그 주상은 발기된 남근을 가진 헤르메스 신의 조각상으로서 아테네 전역에서 도로 표지판으로 사용되었으며 사유지와 신성한 장소 입구에 세워졌었다. 기원전 415년 5월 말이나 6월 초 어느 날 아침 아테네 시민들은 간밤에 다수의 헤르메스 주상이 얼굴이 망가지고 남근이 잘려 나가는 등 훼손된 것을 발견하고 깜짝 놀랐다. 헤르메스는 여행의 신이었기 때문에 원정대를 준비하는 기간에 이처럼 불경한 만행이 발생했다는 사실이 아주 불길하게 보였다. 범인 추적이 즉각 개시되었다. 투키디데스가 전하는 얘기에 따르면, '헤르메스 주상 파괴자들'은 단순히 공공 기물 파손자가 아니라 '혁명 음모와 민주주의 전복'의 일부라는 믿음이 확산되었다.

수사할 경찰이나 보안기관이 없었기 때문에 조사위원회가 구성되어 '헤르메스 주상 파괴자들'을 알 수 있는 첩보 제공에 대해 거액의 포상금(최종 1만 드라크마로 인상되었다[5])을 내걸었다. 끝내 주범은 밝혀지지 않았지만(22명이 처형되거나 아테네를 탈출했다), 급진적 선동가 안드로클레스(Androcles) 등은 처음에 현란한 정적 알키비아데스가 주모자라고 주장했다. 그러나 원정대 지휘부의 일원인 알키비아데스가 원정대 출발에 해를 끼칠 일은 하지 않았을 것이기 때문에 그에 대한 혐의가 사실이었을 가능성은 거의 없다. 그가 가끔 신성모독 행위를 저질렀다는 그럴듯한 증거가 있었지만, 그 증거가 헤르메스 주상 모독 사건과 직접 관련된 것은 아니었다.

알키비아데스와 그의 친구들은 그 모독 사건이 원정대에 나쁜 징조라는 주장에 대응해 영광스러운 성공을 예측하도록 점술사들을 매수했다. 기원전 415년 여름 시칠리아 원정대의 출정식에 참석한 투키디데스가 보기에는 그리스 도시국가에서 역대 최대 규모로 조직된 원정대가 출항하는 것을 보기 위해 거의 모든 아테네 시민이 외항인 피레에푸스(Piraeus) 항에 모여든 것 같았다. 출항하기 전에 각 선박별로 선원들이 기도하는 것이 일반적 관행이었지만, 이번에는 트럼펫 팡파르가 울린 다음 전령관이 함대 전체를 통합한 기도를 올렸으며, 기도 후 승선한 사람들은 모두 포도주로 된 헌주를 마셨다.

단결은 오래가지 않았다. 원정대가 시칠리아에 도착하기도 전에 알키비아

---

5   당시 아크로폴리스 건설 인부의 일당이 1~1.5드라크마였다.

데스가 신성모독 혐의로 재판을 받도록 소환되었다. 그러나 그는 아테네로 돌아가는 대신 스파르타로 망명했으며, 궐석 재판에서 사형을 선고받고 재산을 몰수당했다. 아테네 당국은 그를 붙잡거나 죽이기 위한 활동을 개시하는 대신(그의 생애 후반에는 페르시아인들과 스파르타인들이 이러한 시도를 했다), 돌기둥에 그의 이름을 새겨 남녀 사제들이 저주하는 의식을 행했다. 스파르타로서는 알키비아데스의 망명으로 뜻밖의 정보 횡재를 안게 되었다. 증거는 없지만(자료 부족 때문이다), 알키비아데스는 스파르타인들에게 가장 강력한 시칠리아 도시국가인 시라쿠사를 어떻게 도울지 그리고 아테네군을 어떻게 막을지에 대해 조언하는 한편, 아테네의 주된 교역 루트를 교란하기 위해 아티카 지방의 데켈레이아(Decelea)에 요새를 건설하도록 건의했을 것이다. 스파르타의 개입은 아테네 원정대의 운명을 결정했다.

'시칠리아의 미다스'에 대한 아테네인들의 환상과 믿음은 그들이 대규모 작전을 개시하기 전에 기본 군사정보의 필요성을 거듭 파악하지 못했음을 보여주는 가장 다채로운 사례일 뿐이다. 아테네 장군들의 잘못과 분열이 자신들의 패배를 재촉했지만, 원정대가 직면할 문제들을 정확히 파악했더라면 당연히 시칠리아 정복 시도를 제일 먼저 단념했을 것이다. 후대에 플루타르크(Plutarch)가 쓴 역사에 따르면, 거의 2년간 전투를 벌이고도 아테네는 도저히 승산이 없는 전쟁임을 여전히 파악하지 못하고 있었다. 기원전 413년 9월 최종적인 패배 소식이 아테네에 도착했을 때, 그 소식을 가져온 사람이 거짓 소문을 퍼뜨린다고 고발되어 고문을 받았다. 패배가 없었음을 자백시키려고 시도된 그 고문은 시칠리아에서 온 공식 사자들이 재난 소식을 확인해 줄 때까지 계속되었다.

아테네는 참담한 패배로 200척의 배와 수천 명의 병사를 잃었다. 이에 따라 스파르타에 있는 알키비아데스의 정보 가치는 불가피하게 감소했다. 그러나 그는 늘 하던 대로 계속 위험을 감수했다. 그의 경력은 아테네 시절보다 망명 이후가 훨씬 더 다채로웠다. 알키비아데스는 스파르타 왕 아기스 2세(Agis II)의 비(妃) 티마이아(Timaea)와 동침한 것이 왕에게 발각되자[6] 다시 망명해 이번에는 페르시아의 지방 태수 티사페르네스(Tissaphernes)에게 의탁했다. 알키비아데스는 아테네와 스파르타 문제에 관해 머릿속 지식을 바탕으로 정보를 제공함으로써 티사페르네스에게 깊은 감명을 주었고 한동안 티사페르네스의 "만물박사 선생"(투키디데스의 표현)이 되었다. 그러나 알키비아데스에게는 할 일이 따로 있었다. 알키비아데스는 티사페르네스를 아테네인들의 친구로 만들 힘이 있다고 주장하면서 아테네로 귀환하기 위한 협상을 중개인을 사이에 두고 추진했다. "알키비아데스는 아테네인들을 겁먹게 하려고 티사페르네스를 이용하는 한편, 티사페르네스를 겁먹게 하려고 아테네인들을 이용했다"라는 것이 투키디데스가 내린 결론이었다. 아나나 다를까 티사페르네스가 이중 거래를 알고는 그를 감옥에 처넣었다. 이후 기원전 411년 알키비아데스는 다시 대탈출에 성공해(이번에는 말을 타고 도망쳤다) 아테네군에 복귀했으며, 해군 제독으로 승승장구했다. 그는 기원전 407년 아테네 시민으로 완전히 복권되었지만, 결국 1년 뒤 또다시 망명길에 올랐다. 알키비아데스는 정보 역사상 가장 다채롭고 다재다능한 망명자였을 것이다. 그를 추동한 것은 사리사욕이었지 가장 성공한 20세기 망명자와 고정간첩처럼 이념적 헌신이 아니었다. 그러나 기원전 404년 알키비아데스의 연속된 이중 행동 결과는 마침내 그의 발목을 잡았다. 알키비아데스는 티사페르네스가 보낸 자객에 의해 프리지아(Phrygia)에서 살해되었는데, 스파르타인들이 도움을 주었을 가능성이 크다. 장기화된 펠로폰네소스 전쟁은 같은 해에 아테네의 항복과 아테네 민주주의

---

6   아기스가 죽자 그의 아들 레오티키데스(Leotychides)가 아니라 동생이 왕위를 계승했는데, 레오티키데스는 알키비아데스가 그의 아버지라는 (입증되지 않은) 믿음 때문에 부적격 선언을 받았다.

의 붕괴로 끝났다.

기원전 5세기 아테네 민주주의의 황금시대에는 학문과 문화가 엄청나게 꽃을 피웠지만, 정보활동은 그러지 못했다. 기원전 4세기 초까지 대부분의 그리스 사령관들은 전투를 벌이기 전에 적군과 미지의 험악한 지형을 정찰해서 수집하는 전술 정보조차 무시했던 것으로 보인다. 역사가, 군인이자 철학자인 아테네의 크세노폰(Xenophon, 기원전 약 430~354년)은 정찰과 감시에 관해 상세히 서술한 최초의 저자였다. 그는 또한 최초로 전쟁이 발발하기 전에 스파이를 생각해 보는 것이 필요하다고 주장했다. 크세노폰은 상인, 중립국 출신자 등과 같이 의심을 사지 않고 적국 영토에서 여행할 수 있는 사람을 스파이로 쓰라고 권고했다. 그는 또한 적을 오도하기 위해 가짜 탈주자를 보내는 방안도 주장했다.

그러나 크세노폰은 인간정보(HUMINT) 수집이 신들의 지혜에 접근하기 위한 점술 사용보다 훨씬 덜 중요하다는 주장도 내놓았다. "전쟁에서는 적들이 서로 음모를 꾸미지만 이러한 계획이 잘 수립되었는지는 좀처럼 알지 못한다. 이러한 문제에서는 신들 이외의 다른 조언자를 찾기가 불가능하다. 신들은 모든 것을 알며, 자신들이 바라는 누구에게나 희생, 징조의 새, 목소리, 꿈 등을 통해 미리 신호를 보낸다." 기원전 4세기 그리스의 최고 철학자 아리스토텔레스는 점술을 일축하지 않았으며 신의 지식이 인간에게 이전될 가능성을 '자연스러운' 현상으로 받아들였다. 그러나 점술에 대한 그의 종합적인 태도는 회의적인데, 그는 『꿈에 의한 예언에 관하여(On Divination by Way of Dreams)』에서 꿈이 예언적임이 판명될 때 그 주된 이유는 "단순한 우연의 일치"이며, 일부 동물도 꿈을 꾸기 때문에 "꿈은 신이 보낸 것이 아니라고 결론지을 수 있다"라고 주장하고 있다.

아리스토텔레스의 현존 저술에서 정보수집에 관한 유일한 언급은 정치체제를 전복하려고 위협하는 자들을 감시하는 것에 관한 것이다. 그는 정치철학의 고전인 『정치학(Politics)』에서 잠재적 반체제인사들을 주시하라고 권고했다. "백성들도 사생활 때문에 봉기하는 것이므로 헌법에 유해한 방식으로 사는 자들을 조사하기 위해 일종의 치안판사 제도를 수립할 필요가 있다." 아리스토텔레스는 독재체제에서는 사회적 집회에 침투해 어떤 발언이 있었는지 보고하는 스파이가 필요하다고 믿었다. "참주는 신하들이 하는 모든 말이나 행위가 자신의 인지를 벗어나지 않도록 조처해야 한다. 더 정확히 말하면, 시라쿠사의 여자 첩자들(potagogides), 집회나 회의가 있을 때마다 히에로(Hiero)가 보내곤 했던 첩자들과 같은 스파이가 참주에게 있어야 한다." 여자 첩자들은 저명인사들의 사적인 음주 파티에서 향락을 제공하는 플루트 연주자와 창녀 중에서 채용되었을 것이다.

아리스토텔레스의 가장 유명한 제자는 마케도니아 왕 필립포스(Philip) 2세의 아들로, 미래의 알렉산드로스 대왕(Alexander the Great, 이하 영어식 알렉산더 대왕으로 표기_옮긴이)이었다. 그는 기원전 343~340년 사이에 13~16세의 알렉산더를 가르쳤다. 아리스토텔레스 연구자 조너선 반스(Jonathan Barnes)의 표현을 빌리면 "이리하여 당대의 가장 강력한 정신과 가장 강력한 인물 사이의 유대가 시작되었다". 호메로스에 대한 알렉산더의 열정은 적어도 부분적으로는 아리스토텔레스로부터 영향을 받은 것이었다. 알렉산더는 스승으로부터 받은 「일리아드」 주석본을 나중에 황금갑옷 속 가슴팍에 넣고 원정을 다녔다. 플루타르크에 따르면, 알렉산더는 호메로스가 가끔 자신의 꿈속에 나타난다고 믿었다. 아리스토텔레스가 알렉산더를 가르치고 10년쯤 지나서야 『정치학』 초판을 완성했지만, 개인 교습 과목에 정치학과 윤리학이 포함되어 있었다. 아리스토텔레스는 알렉산더를 위해 군주제(君主制)에 관한 논문을 작성했는데, 현존하지는 않는다. 마케도니아 체제의 독재적 성격을 감안할 때, 아리스토텔레스는 통치자가 "신하들이 하는 모든 말이나 행위가 자신의 인지를 벗어나지 않도록 조처할" 필요성을 강조했을 것으로 짐작된다. 필립포스 2세는 원정을 떠나 있는 동안 16세에 불과한 알렉산더에게 섭정을 맡길 만큼 자기 아들이 통치원리를 파악하고 있다고 매우 확신했다.

알렉산더의 생애에 관한 최고 권위자에 속한다고 널리 인정받는 언스트 베이디언(Ernst Badian)은 알렉산더가 반대를 억압하기 위해 실제로든 허구로든 음모를 꾸며 궁정 내 긴장을 조성하고 이를 체계적으로 이용했다고 강조하고 있다. 알렉산더가 스스로 음모를 꾸미거나 남의 음모를 감시할 때에는 반드시 스파이와 제보자를 썼지만, 구체적인 내용은 거의 남아 있지 않다. 알렉산더의 통치는 자기 아버지, 즉 마케도니아 왕 필립포스 2세에 대한 음모가 성공하는 것으로 시작되었다. 부왕이 기원전 356년 왕족 결혼식에서 반감을 품은 왕실 호위병 파우사니아스(Pausanias)에 의해 암살되자 알렉산더가 약관 20세에 왕위에 올랐다. 결론을 내릴 만한 증거는 없지만, 알렉산더 자신이 암살 음모에 연루되었을 것이다(알렉산더는 나중에 개연성이 낮은 페르시아 사람들에게 덮어씌우려고 했다). 알렉산더는 통치 기간 내내 음모 혐의에 대한 탄압을 자신의 권위를 강화하는 수단으로 이용했다.

유일하게 상세 기록이 남아 있는 사건을 보면, 알렉산더가 음모자들을 감시하라고 직접 명령을 내린 것으로 기록되어 있다. 그들을 주동한 혐의를 받은 필로타스(Philotas)는 마케도니아 기병 군단의 사령관이었으며 그 군단에서 왕의 호위병들을 공급하고 있었다. 플루타르크에 따르면, 기원전 330년 필로타스가 자신의 정부 안티고네(Antigone)에게 왕에 관해 불만을 얘기하자, 알렉산더는 안티고네에게 필로타스가 하는 말을 모두 자신에게 보고하라고 직접 지시했다. 그러나 필로타스가 음모를 꾀하고 있다는 주된 경보는 필로타스의 매부에게서 나왔다. 후대 역사가 디오도로스 시켈로스(Diodorus Siculus)에 따르면,

그 경보는 매우 긴급해서 욕조 속에 있던 알렉산더에게 바로 전달되었다. 알렉산더는 즉각 대응했다. 알렉산더의 명령으로 필로타스는 신문과 고문을 받고 재판을 거쳐 처형되었다(돌이나 창으로 처형되었을 것이다). 그리고 알렉산더는 자객을 보내 필로타스의 아버지 파르메니온(Parmenion)을 살해했다. 알렉산더의 가장 노련한 장수였던 파르메니온은 아들의 비보를 듣기도 전에 죽었다. 알렉산더의 전기 작가 폴 카틀리지(Paul Cartledge)의 결론 부분에 따르면, 이후 3년 동안 알렉산더에 반대하는 음모 사건이 거미줄처럼 얽혀 이어졌으며, 모두 왕에 의해 아주 무자비하게 진압되었다.

알렉산더는 비범한 군사작전을 통해 불과 10년 만에 그리스부터 오늘날의 파키스탄에 이르기까지 당시 알려진 세계의 대부분을 정복했는데, 그러한 군사작전에 관한 현존 기록은 단편적이며 신빙성도 천차만별이다. 2,000년 뒤의 나폴레옹처럼, 알렉산더도 군대는 배불리 먹어야 전진한다고 믿었다. 알렉산더가 병참과 긴 보급선에 통달한 것이 그의 성공에 중심적인 역할을 했는데, 이 점에서 그와 견줄 장수가 고대 세계에는 없었을 것이다. 그가 이같이 통달할 수 있었던 것은 진군하려고 계획한 지역의 자원, 길, 지형 및 기후에 관해 스파이 네트워크보다 정찰을 통해 더 많이 사전 첩보를 입수했기 때문이었다. 이러한 첩보로 무장한 그는 다른 침략군이 굶주림과 탈수증으로 떼죽음을 당했던 지역을 지나갈 수 있었다. 알렉산더는 가능하면 군대 보급품을 자신의 원정 경로를 따라 강과 해안선을 이용해 배로 수송하도록 명령했다.

알렉산더가 수 미상의 스파이를 일부 썼지만, 첩보활동보다 점술사와 신탁을 훨씬 더 신뢰했다. 알렉산더의 최측근 작전 참모는 기원전 328년 또는 327년 그가 죽을 때까지 개인 점술사였던 텔메소스의 아리스탄데르(Aristander of Telmessus)였다. 알렉산더는 대부분의 현대 장군들이 정보참모의 브리핑을 중시하듯이 아리스탄데르의 점에 큰 중요성을 부여했다.

전투를 앞두거나 기타 수많은 경우에 아리스탄데르는 희생된 동물의 내장을 검사했다. 그러나 그는 그저 알렉산더의 바람에 맞추어 점을 치지는 않았다. 후대의 역사가 니코메디아의 아리아노스(Arrian of Nicomedia, 알렉산더의 원정에 관해 가장 신빙성 있게 기술한 저술가)에 따르면, 기원전 329년 알렉산더는 스키타이 유목민을 공격하기 위해 타나이스 강(River Tanais, 지금의 돈 강)을 건너려고 계획했다. 아리스탄데르가 두 번 점을 친 결과, 타나이스 강을 건너면 왕의 목숨이 매우 위태로워질 것이라고 경고했음에도 불구하고 말이다. 아리아노스의 기술에 따르면, 아리스탄데르는 알렉산더가 다른 말을 듣고 싶어 한다고 해서 동물 내장 점괘를 반대로 해석하는 어떠한 편법도 거부했다. 아리스탄데르의 조언을 무시하고 알렉산더는 타나이스 강을 건넜다. 그는 스키타이 사람들을 패배시켰지만, 오염된 물을 마시고 거의 죽을 뻔했다. "이리하여 아리스탄데르의 점이 맞게 되었다"라고 아리아노스는 주장했다.

아리스탄데르의 전문성은 다른 형태의 점술로 확장되었는데, 특히 그는 새의 행동, 꿈 등 수많은 전조를 해석하는 데 능했다. 아리스탄데르는 할리카르나소스(Halicarnassus)에서 제비 한 마리가 잠자는 알렉산더를 위에서 덮쳐 깨운 행동에 대해 왕에 반대하는 음모의 전조로 해석했다. 이때를 포함해 여러 번의 점이 음모에 대한 알렉산더의 두려움을 키웠을 것이다. 전조를 해석하는 아리스탄데르의 기발함에 대해 특히 고대 역사가들이 탄복했는데, 피에리아(Pieria)에 있는 오르페우스(Orpheus) 상이 땀을 흘리는 당황스러운 모습에 대해 아리스탄데르가 보인 반응은 그의 기발함을 보여주는 한 예다. 아리스탄데르는 이 현상이 미래의 시인과 음악가들이 알렉산더의 위대한 행적을 찬양하기 위해 가치 있는 시와 음악을 지으려고 땀을 흘릴 것임을 예언하는 것이라고 주장했다.

알렉산더는 이집트를 점령하고서 시와(Siwah) 오아시스에서 제우스 아몬(Zeus Ammon)[7]의 신탁을 구한 뒤, 자신이 제우스의 아들이라고 확신하게 되었다. 자신의 신성(神性) 또는 적어도 절반의 신성에 대한 알렉산더의 믿음은 그가 동료 신들과 소통하기 위한 점술에 더욱 빠져드는 요인이 되었다. 플루타르크에 따르면, 알렉산더는 생애 말년에 너무 미신에 빠진 나머지 특이하고 이상한 현상이라면 아무리 사소한 것이라도 모두 신통한 전조로 돌렸으며, 바빌로니아에 있는 그의 왕궁은 희생제물을 만드는 사람, 정화하는 사람들과 점술사들로 가득 찼다. 신과 소통하는 점술사들에 비해 인간을 주시하는 스파이들은 알렉산더의 관심에서 점점 더 멀어졌다.

---

7   고대 그리스 최고의 신과 이집트 태양신을 아우른 이름(옮긴이).

제3장

로마공화국의 정보활동과 점술

기원전 132년 로마가 지중해의 주된 경쟁국인 카르타고에 최종적으로 승리하면서 4세기 만에 작은 도시국가에서 역내 패권 국가로 부상했지만, 정보활동 덕을 본 건 없었다. 고대 그리스에서처럼 율리우스 카이사르(Julius Caesar) 이전의 로마 장군들도 대부분 정보수집보다 점술에 더 큰 중요성을 부여했다. 로마의 역사가 리비우스(Livy)가 물었다. "이 도시가 전조를 받은 뒤에야 건설되었다는 것, 국내외를 막론하고 전쟁과 평화에 관한 모든 것이 전조를 받은 뒤에야 이루어졌다는 것을 어느 누가 모르는가?" 전조를 받는 사람을 조점사(鳥占師, augur)라고 했는데, 그는 신들의 의사를 해석하기 위해 새의 행동을 전문적으로 연구하는 사제였다. 원정 때면 보통 신성한 닭들을 넣은 우리를 가져가서 조점사들이 먹이를 줄 때 닭들이 어떻게 움직이는지 조사하게 하고 승리 전망에 대해 발표할 수 있도록 했다. 고대 그리스처럼 희생된 동물의 내장을 검사해 점을 치는 전문 점술사도 있었다.[1] 철학자이자 정치가인 키케로(Cicero)는 여기에 대해 회의론을 피력했다. "인간 세계에 점술의 힘이 있다는 오래된 견해가 있는데, 신화시대로 거슬러 올라가는 이 견해는 로마와 모든 나라 백성들의 완전한 승인하에 자리 잡고 있다." 로마의 신들을 믿는 사람들로서는 첩보를 수집하는 가장 효과적인 형태로 인간정보(HUMINT) 수집보다 점술을 더 선호하는 논리적 근거가 충분했다.

---

1   초기 로마공화국은 가끔 에트루리아 조점사들을 불러 신통한 전조들을 해석시켰다. 기원전 400년경의 에트루리아 거울에는 신화 속 점술사 칼카스(Calchas)가 희생된 제물의 간을 검사하는 모습이 새겨져 있다.

신들이 존재한다면, 그리고

(a) 신들이 우리를 사랑한다면, 그리고

(b) 신들이 미래를 안다면, 그리고

(c) 미래에 대한 앎이 우리에게 유용할 것임을 안다면, 신들이 안다면, 그리고

(d) 우리와 소통하는 것이 신들의 위엄을 깎는 것이 아니라면, 그리고

(e) 신들이 우리와 소통하는 방법을 안다면,

그러면 점은 존재한다.

점술사들은 전투가 벌어지기 전에 때때로 군사령관들이 듣고 싶어 하는 쪽에 맞추어 점괘를 냈다. 그러나 모든 점술사들이 다 이처럼 아부한 것은 아니었으며, 낙관적인 해석을 거부하고 불길한 징조를 내놓는 경우도 많았다. 실패한 장군이 불길한 징조를 무시했었다면 패배를 자초했다는 비난을 면키 어려웠다. 기원전 249년 시칠리아 섬 인근에서 해전을 앞두고 로마 사령관 클라우디우스 풀케르(Claudius Pulcher)의 명령으로 우리에서 꺼낸 신성한 닭들 앞에 곡식이 뿌려졌다. 닭들이 먹기를 거부했는데, 이는 전투에 대한 징조가 불길함을 가리켰다. 닭들이 마시기도 거부했을 때(또 다른 불길한 징조였다), 화가 난 클라우디우스 풀케르가 닭들을 배 밖으로 던져버렸다. 진군한 그는 적 함대에 의해 궤멸당했다. 클라우디우스의 동시대인들과 마찬가지로, 후대의 역사가 수에토니우스(Suetonius)는 그가 징조를 무시하고 움직였다고 비난했다.

로마 사령관들이 전투를 앞두고 정보수집을 등한시한 것은 기원전 3세기까지 군사정찰을 위한 척후병을 체계적으로 쓰지 않았다는 데서 잘 드러난다. 로마가 이탈리아 반도를 정복할 때는 로마 군단의 우월성이 군사정보의 결핍을 상쇄하고도 남았다. 기원전 3세기 초 로마보다 부유하고 인구도 많았던 카르타고 제국과의 전쟁에서 그러한 결핍이 처음으로 드러났다. 카르타고(오늘날의

튀니스 부근)는 페니키아인 선조 때부터 경쟁 상대에 관해 잘 아는 것이 중요하다는 것을 알았지만, 로마는 그러지 못했다.

기원전 약 1200년과 800년 사이의 전성기에 오늘날의 레바논 해안에 자리한 페니키아 도시들은 당시 최대의 무역 제국을 장악했다. 그들은 또한 서방 최고의 기록보존 시스템을 갖고 있었으며, 주로 상업정보를 기록하기 위해 로마와 현대 알파벳의 조상이 되는 페니키아 문자를 만들었다. 페니키아인들은 원거리 직접무역에 뛰어든 최초의 사람들이었을 것이다. 구약성경의 열왕기 상권에는 페니키아 선단이 오피르(Ophir, 지금의 인도)에서 13톤 상당의 금을 실어와 솔로몬 임금에게 바쳤다고 기술되어 있다. 카르타고의 문헌 기록이 파괴된 탓에 그들이 남들의 비밀을 알아내는 능력보다 자신들의 비밀을 보호하는 능력이 더 많이 알려져 있다. 그들이 스페인 북부의 귀중한 주석 광산의 위치를 은폐하는 데 성공한 사례는 주석이 스페인 북서쪽 해안 섬들에서 생산된 것이라고 그리스인들로 하여금 믿게 만든 그들의 기만 능력에 의해 잘 설명된다.

세 세기 남짓 동안 로마공화국의 물리적·지적 시야는 카르타고보다 훨씬 더 좁았다. 기원전 280년까지 로마의 대외관계는 사실상 이탈리아 내 다른 국가들로 국한되었다. 그러나 로마는 처음으로 제해권을 장악해 카르타고와의 제1차 포에니 전쟁(기원전 264~241년)에서 이겼다. 로마는 제2차 포에니 전쟁(기원전 218~201년)에서 카르타고의 한니발(Hannibal) 장군으로부터 훨씬 더 힘겨운 도전을 맞이했다. 군사 역사상 가장 위대한 전략가 가운데 한 명인 한니발은 로마를 직접적으로 위협하는 데 성공했다. 그는 또한 고대 세계에서 이전의 어느 장군보다도 정보를 잘 파악했다. 한니발은 아홉 살 때부터 평생 동안 카르타고 군대와 함께 살았다. 그는 25세의 젊은 나이에 총사령관이 되었을 무렵, 자기 군대의 사기를 잘 파악하는 것이 중요하다는 사실을 이미 깨달았다. 원정 중에 그는 종종 변장하고 진지 주위를 돌아다니면서 군대의 분위기를 판단하고 자신과 적에 관한 말들을 엿들었다. 이와 대조적으로, 그는 점술을 믿지 않았다고 후대의 일부 로마 역사가들이 적었다. 비티니아(Bithynia, 오늘날의 터키 북부에 있었다) 왕이 자신의 점술사가 희생된 송아지 간에서 불길한 결론을 끌어낸 후 공격을 감행할지에 대해 한니발에게 조언을 구했을 때, 그는 경멸조로 대답했다. "그래서 당신은 노련한 장수보다 작은 송아지의 살덩어리를 믿겠다는 겁니까?" 포에니 전쟁 중에 점에 관해 이와 비슷한 회의론을 공개적으로 표명한 로마 장군이 있었다는 기록은 없다(소수가 사적으로 표명했을 수는 있지만).

기원전 218년 한니발은 약 4만 명의 보병, 9,000명의 기병 및 전투 코끼리 부대로 구성된 군대를 이끌고 알프스를 넘어 이탈리아로 향했다. 한니발의 정보 시스템에 관한 카르타고 문헌이 없음에도 불구하고, 로마의 기록을 보면, 그의 시스템이 상대의 시스템을 압도한 것이 분명하다. 알프스를 넘기 전에 한니발은 로마군 진지와 로마 내에 스파이들을 심었다. 리비우스에 따르면, 로마인들은 2년 동안 로마에서 활동한 한니발의 스파이 하나를 적발해서 그의 양손을 잘랐는데, 이는 다른 스파이들을 억제하려는 의도였다. 그러나 다른 카르타고 스파이들은 발각되지 않았다. 반대로 로마의 정보활동은 매우 취약해서 한니발의 대군이 이탈리아 북부에 이르렀다는 것을 알고 경악했다. 코끼리들이 알프스를 넘었다는 특별한 뉴스조차 로마에 전파되지 않았던 것으로 보인다.

이후 3년에 걸쳐 한니발은 세 차례 대승을 거두었다. 그 승리의 요인은 탁월한 그의 리더십 외에 로마인들에 관한 정보와 지형에 관한 지식을 바탕으로 적을 기습하고 기만하는 그의 능력이었다. 기원전 217년 트라지메노(Trasimene) 호수에서 한니발은 집정관(Consul) 가이우스 플라미니우스(Gaius Flaminius)의 군대를 매복 장소로 유인했는데, 이는 군사(軍史)에서 가장 크고 성공적인 매복 작전의 하나로 꼽힌다. 불과 네 시간 동안 3만 로마군 병력의 절반가량이 전사하거나 호수로 도망치다가 익사했으며, 수천 명이 포로로 잡혔다. 리비우스에 따르면, 전투가 너무 참혹해서 어느 편도 지진이 일어나고 있는 줄 몰랐다. 이틀 후, 한니발은 약 4,000명이 넘는 로마 기병대의 움직임을 미상 출처로부터 미리 입수한 데 힘입어 그 기병들을 거의 모두 죽이거나 사로잡았다. 플루타르크에 따르면, 트라지메노 호수에서의 재앙 이후에 임명된 로마군 총사령관('독재자') 퀸투스 파비우스 막시무스(Quintus Fabius Maximus)는 공개적으로 그 재앙을 군사적 실책 탓이 아닌, 플라미니우스 장군이 종교의식을 무시하고 경멸한 탓으로 돌렸다. 그의 목적은 로마 시민들로 하여금 '적을 두려워하는 대신 신들을 진정시키고 공경하도록' 설득하는 것이었다.

> … 만민들 앞에서 독재자는 한 해 동안 늘어난 염소, 돼지, 양, 소 등 모든 가축을, 즉 오는 봄에 이탈리아의 산, 들, 강과 목장에서 낳은 새끼들을 모두 신들에게 희생제물로 바치겠다고 맹세했다. 마찬가지로 그는 신들을 공경해 음악과 연극 축제로 기념하겠다고 맹세했다. …

그러나 신들은 진정되지 않았다. 기원전 216년 칸나에(Cannae) 전투는 트라지메노 호수 전투보다 훨씬 더 큰 로마의 재앙이었는데, 실로 군사(軍史)에서 가장 큰 재앙의 하나로 꼽힌다. 한니발은 지형과 적군을 숙지한 덕분에 칸나에 평원 전투에서 대규모 협공 작전을 쓸 수 있었는데, 이는 사상 최초로 성공한 협공 사례였다. 대량학살의 정확한 통계는 결코 알 수 없지만 약 5만 명의 카르타고 동맹군이 그보다 많은 로마군을 대부분 죽였다. 리비우스는 죽은 로마 귀족들 손에서 뺀 반지가 세 자루를 채울 정도로 엄청 많았다고 전한다. 그 반지들은 카르타고로 가져가서 원로원 건물 입구의 바닥에 뿌려졌다. 칸나에 전투는 아직도 현대의 군사대학에서 연구되고 있다. 제2차 세계대전 후반기의 연합군 총사령관(뒤에 미국 대통령이 된) 드와이트 아이젠하워(Dwight D. Eisenhower)

는 정보 애호가로서 "모든 지상군 사령관은 섬멸전을 추구한다. 여건이 허락하는 한, 지상군 사령관은 칸나에 전투의 고전적 사례를 현대전에서 재현하려고 한다"라고 썼다.

한니발이 왜 거듭 로마군을 기습하고 앞지를 수 있었는지에 대해 로마는 전혀 조사하지 않았다. 칸나에 전투 이후, 퀸투스 파비우스 막시무스는 정보력을 개선하기보다 징조를 해석하는 데 더 골몰했던 것 같다. 그는 친척 한 사람을 보내 델포이 신탁을 구했다. 그의 요청으로 원로원이 지침을 구하기 위해『시빌의 예언서(Sibylline Books)』를 찾았다. 그 책들은 그리스의 6보격으로 표현된 신탁 예언을 모아 놓은 것으로서, 로마의 마지막 왕 타르퀴누스 수페르부스(Tarquinus Superbus)가 신비로운 그리스 여자 예언자 시빌(Sibyl)로부터 구매했다고 전해진다.『시빌의 예언서』는 로마공화국의 최대 국가기밀이었으며, 권한 없이 조회하면 자루 속에 봉해져 바다로 던져지는 처벌을 받았다. 칸나에 전투 이후 특별히 선출된 집정관들은 큰 위기 때 확립된 전통에 따라『시빌의 예언서』를 엄중하게 보관하고 있는 유피테르(Jupiter, 그리스의 제우스) 신전에 가서 성스러운 두루마리 속의 예언서를 살폈다. 그들은 그리스어 텍스트를 조사한 뒤 신들을 달래기 위해서는 갈리아인 둘과 그리스인 둘을 로마인들이 구경하러 오기에 가장 가까운 가축시장인 보아리오 광장(Forum Boarium)에 산 채로 묻어야 한다는 결론을 내렸다. 그대로 집행된 이 인간 제물 희생을 두고 리비우스는 "매우 로마답지 않은 의식"이라고 불렀다.

파비우스는 시빌의 비법에 사로잡혔음에도 불구하고 한니발의 진격을 봉쇄하고 그의 군대가 이탈리아 내에서 움직이는 대로 그림자처럼 그들을 따라다니며 간헐적으로 공격하면서도 대접전은 피하는 군사전략을 성공적으로 추진했다. 한니발은 로마를 포위해 결정적으로 승리를 거둘 수 있는 병력과 자원이 부족했다.[2] 그는 파비우스의 추적을 받으면서 초기 승리의 핵심 요인이었던 기습 요소를 상실했다. 한니발은 또한 통신 연락이 매우 취약해져서 초기에 누렸던 정보 우위를 상실했다. 그는 이탈리아로 파병된 제2차 카르타고군의 행방을 전혀 모르고 있다가 기원전 207년 로마군이 그 군대를 지휘한 자신의 동생 하스드루발(Hasdrubal)의 머리를 자신의 진영에 던졌을 때 비로소 그들의 행방을 알게 되었다.

불길한 징조와 전조가 계속되자 로마는 카르타고의 위협을 두려워했다. 기원전 205년 흉년이 들고 여러 차례 운석 소나기가 떨어진 후, 다시 한번 『시빌의 예언서』를 찾아보자는 결정이 내려졌다.[3] 리비우스의 후대 기술에 따르면, 『시빌의 예언서』를 조회한 결과, 신성한 검은 운석을 로마의 동맹국인 페르가몬(Pergamum) 왕국에서 수입해야 외적이 물러갈 것이라는 결론이 나왔다. 그 운석은 그리스의 어머니 여신이자 로마인들이 '위대한 어머니(Mater Magna)'로 알고 있는 키벨레(Cybele)를 상징했다. 델포이 신탁에서 추가로 조언을 구했는데, 똑같은 결론에 이르렀다. 기원전 204년 4월 4일 로마는 '위대한 어머니'를 상징하는 검은 운석의 입성식을 키벨레를 추종하는 다수의 남녀 사제들과 함께 성대하게 거행했는데, 이것이 제물 봉헌, 잔치, 연극 공연, 전차 경주, 각종 시합 등으로 키벨레를 기념하는 마갈렌시아(Magalensia) 축제의 효시였다. 로마는 한니발에 관한 정보를 획득하기보다 어머니 여신을 환영하는 데 여념이 없었다.

기원전 204년 푸블리우스 코르넬리우스 스키피오(Publius Cornelius Scipio, 아프리카에서 승리한 후 '스키피오 아프리카누스'로 알려졌다)가 이끄는 군대가 북아프리

---

2   리비우스에 따르면, 한니발은 휘하 기병대 사령관으로부터 한니발 자신이 어떻게 승리를 쟁취할지는 알지만, 그 승리를 어떻게 이용할지는 모른다는 고언을 들었다.

3   『시빌의 예언서』를 찾아보자는 결정에는 다른 동기도 작용했지만, 로마공화국 역사에서 가장 위험한 외적인 한니발이 칸나에 전투 이후 10여 년 동안 여전히 이탈리아 전역을 휘젓고 다니고 있다는 사실이 핵심적인 우려였음이 분명하다.

카를 침공하면서 마침내 전세가 로마 쪽으로 기울었다. 파비우스와 달리, 스키피오는 이전의 여느 로마 장군보다 스파이들을 더 많이 활용했는데, 한니발의 스파이 활용이 중요했음을 어느 정도 간파한 것 같다. 스키피오는 막강한 카르타고 기병대를 일부 공급했던 누미디아(Numidia)의 시팍스(Syphax) 왕에 대한 기습공격을 준비하면서 협상을 하자는 구실로 적진에 여러 차례 사절단을 보냈다. 각 사절단에는 노예 수행원들이 포함되었는데, 실제로는 노예로 가장한 백인대장(병사 100명을 거느린 지휘관_옮긴이)들이었다. 그 가장은 오늘날 우리의 상상을 초월할 정도로 매우 효과적이었다. 로마군에 대한 현대적인 이미지는 절도 있게 행진하는 모습인데, 여기에는 대개 일행과 떨어져 나아가는 노예 무리의 모습이 빠져 있다. 이 노예들은 부대를 수행하면서 그 필요에 따라 시중을 들었다. 시팍스와 그의 궁인들은 로마 사절단의 노예 수행원들이 매우 정상적이라고 보았기 때문에 그들의 정체를 알아채지 못했을 것이다. 누미디아 사람들은 로마의 백인대장들이 노예 노릇을 하는 굴욕을 감수했으리라고는 분명 생각지도 못했을 것이다. 스키피오가 공격 준비를 마칠 때까지 노예로 가장한 백인대장들 대부분은 장악 대상인 누미디아 진영을 숙지할 수 있었다. 스키피오는 공격을 개시하기 전에 일부 부하들을(이들도 변장했을 것이다) 야간에 누미디아와 카르타고 동맹군 진영으로 침투시켜 목조건물과 초막집에 불을 지르게 했다. 카르타고군은 불이 우연히 발생한 줄 믿고 비무장으로 달려 나와 진화하려고 하다가 숨어서 기다리던 로마 병사들로부터 매복 공격을 받았다. 동맹군 진영이 초토화되었다. 그러나 의미심장하게도, 스키피오의 스파이와 속임수 사용은 로마의 전쟁 방식과는 너무 이질적이라고 판단되었다. 특히 최고의 역사가인 리비우스와 폴리비오스(Polybius)는 스키피오가 비열한 행동을 했다고 비판했다.

스키피오 아프리카누스는 로마공화국 역사에서 가이우스 율리우스 카이사르(Gaius Julius Caesar) 다음으로 가장 유능한 장군이었을 것이다. 그는 기원전 202년 카르타고 남서쪽 자마(Zama) 전투에서 한니발에게 결정적 승리를 거둠으로써 제2차 포에니 전쟁을 끝냈다. 자마 전투를 앞두고 한니발이 스키피오 부대의 위치를 파악하기 위해 보낸 스파이들 일부가 붙잡혔다. 스키피오는 그들을 죽이거나 불구로 만들기는커녕, 보급을 잘 받는 로마군이 한니발 군대보다 기병대를 포함해서 수적으로 우세하다는 사기를 꺾는 소식을 들려서 한니발에게 돌려보냈다. 스키피오가 이전의 로마군 사령관들보다 정보의 역할을 더 잘 파악한 것은 부분적으로 그의 폭넓은 지적·지리적 시야에서 비롯되었다. 스키피오 이전에는 스키피오처럼 해외제국을 꿈꾸었던 로마의 지도자가 거의 없었다. 그는 그리스어를 말했고(덜 지적인 로마 장군들 눈에는 문약의 표시였다), 그리스어로 비망록을 썼으며(현존하지 않는다), 알렉산더 대왕에 대한 존경의 표시로 알렉산더처럼 깨끗이 면도한 첫 로마 장군이 되었다―하드리아누스(Hadrian) 황제 시대까지 후속 로마 지도자들은 이 스타일을 따라했다.[4]

카르타고가 패배한 이후, 로마를 상대로 중요한 군사정보를 수집할 능력을 지닌 적수가 더 이상 없었다. 로마는 해외정보기관이 없었지만 잦은 전쟁으로 인해 적국과 인접국들이 로마를 이해하는 것보다 훨씬 더 많이 그들을 이해하게 되었다. 기원전 2세기 중엽 로마인들은 알렉산더 대왕의 마케도니아 병사들 이래 가장 많이 여행하는 지중해 백성이 되었다. 로마의 남자 시민 가운데 절반 이상이 해외를 다녀왔다.

로마공화국 역사에서 가장 유능한 장군일 율리우스 카이사르는 정보활동도 가장 잘 이해했다. 적을 파악하는 데 대한 그의 흥미는 오늘날 아나톨리아 반도

---

4   가장 최근의 전기인 리처드 가브리엘의 『스키피오 아프리카누스』는 스키피오가 율리우스 카이사르보다 훨씬 더 위대한 장군이었다고 주장한다.

의 킬리키아(Cilician) 해적들에게 붙잡혔던 25세 때 발동되었다. 해적들이 20달
란트의 몸값을 요구했을 때, 그는 자신이 얼마나 중요한 사람인지 아느냐고 묻
고는 50달란트를 요구하라고 말했다. 카이사르는 50달란트를 지불하고 풀려
난 후 해적들에게 그들을 끝까지 추적해 모두 책형에 처하겠다고 경고했다. 그
는 그 경고를 이행했다.

　카이사르가 비범한 정치적 경력—타고난 재능과 계략을 결합해 기원전 59년 집정관
이 되고 기원전 48년 독재자가 되었다—을 통해 배운 것은 경쟁자의 동향을 파악하
는 것과 자신의 책략을 숨기는 것이 중요하다는 점이었으며, 카이사르는 이 교
훈을 전장에도 옮겨 적용했다. 그는 자신의 통신 보안에 대해 고대 세계의 역대
어느 장군보다 더 세심한 주의를 기울였다. 카이사르는 로마의 정치에 관해 친
구들과 협력자들에게 편지를 쓰면서 처음으로 '환자식(換字式) 암호'를 사용했
는데, (지금까지 알려진 바로는) 그는 작전 중에 환자식 암호를 사용한 최초의 장군
이었다. 카이사르가 암호를 너무 빈번히 사용하는 바람에 후대의 로마 저술가
발레리우스 프로부스(Valerius Probus)는 책 한 권을 온전히 암호에 관해 썼지만,
불행히도 현존하지 않는다. 그러나 수에토니우스는 카이사르의 환자식 암호
법 하나를 상세히 전하고 있는데, 그것은 각 문자를 알파벳 순서상 세 자리 뒤
의 문자로 치환하는 방식이었다. 이리하여 'CAESAR'가 'FDHVDU'가 되었다.
카이사르는 물론 이 기본 방식의 여러 변형도 사용했다. [5]

　카이사르가 쓴 갈리아 전쟁의 역사 『갈리아 전기(戰記)(De Bello Galilico)』는
군사적 목적의 환자식 암호 사용을 기록한 최초의 문헌이다. 그의 기술에 따르

5　최초의 군사 암호는 스파르타의 '스키테일(Skytale)'이라는 주장이 일반적이었다. 그것은 양피지,
　가죽, 파피루스 등으로 된 길고 얇은 띠로서, 일견 의미 없는 문자 줄이 들어 있었다. 하지만 스키
　테일을 막대에 감으면 수평으로 읽을 수 있는 메시지가 드러났다. 이 주장을 논박하는 최근의 연
　구가 나왔다. 스키테일은 문자 메시지를 암호화하는 수단이라기보다 단순히 운반하는 수단이었
　을 가능성이 더 크다.

면, 기원전 54년 갈리아 지방의 반란을 진압하러 나갔다가 포위되어 항복 직전에 처한 키케로(Cicero)에게 카이사르는 암호 메시지를 보냈다. 전령은 원군이 가까이 왔다고 외치면서 그 메시지를 창에 매달아 키케로 진영에 던져서 전달했다. 카이사르에 따르면, 그 메시지가 포위된 병사들의 사기를 극적으로 북돋웠다. "이틀 동안 그 메시지가 아군의 눈에 띄지 않았다. 사흗날에 한 병사가 그 메시지를 발견하고 키케로에게 전달했다. 키케로가 그 메시지를 읽은 다음 부대 열병식에서 낭독했는데, 모두가 크게 기뻐했다." 현대의 암호전문가들에게는 환자식 암호가 단순하게 보이겠지만, 아랍 수학자들이 그것을 해독하는 방법을 고안하기까지는 카이사르 사후 거의 천 년이 걸렸다.

율리우스 카이사르는 군사 정보참모를 두지 않았지만, 카이사르 자신이 주도해 정찰 부대의 역할을 다음과 같이 확장하고 구분했을 것이다. 바로 로마군 바로 앞에서 정찰을 수행하는 척후대(procursatores), 그보다 먼 거리에서 정찰하는 수색대(explatores), 그리고 적 영토 깊숙이 침투해 스파이활동을 수행하는 정탐대(speculatores)다. 카이사르는 또한 고정된 지점에 파발마를 주둔시켜 군사정보 등을 전파하기 위한 빠른 전령 체제를 구축했다.

카이사르는 스파이활동을 조금 개인적으로 경험했다. 수에토니우스의 기록에 따르면, 갈리아 전쟁 기간에 적어도 한 번은 카이사르가 갈리아 사람으로 변장하고 적지를 걸어 다녔다. 그의 주된 목적은 적군에 의해 고립된 로마군 진영을 찾아가는 것이었지만, 변장한 덕분에 도중에 적의 움직임을 관찰하는 스파이로서도 활동할 수 있었다. 그러나 갈리아 전쟁 기간에 카이사르가 정보수집에 가장 적극적이고 직접적으로 관여한 것은 정찰대가 사로잡은 적군과 탈주한 적군을 심문하는 일이었다. 그가 두 번의 아주 중요한 승리─기원전 58년 게르만 지배자 아리오비스투스(Ariovistus)를 패배시킨 것과 기원전 57년 벨기에군(갈리아 백성 중에서 가장 용감하다)을 물리친 상브르(Sambre) 전투─를 거두기 전에 심문을 통해 알아낸 내용은 그의 전투계획에 결정적인 영향을 미쳤다. 카이사르는 아리오비스투스군과 교전하기에 앞서 적의 종군 여자 점술사가 "달이 떠오르기 전에 전투를 벌이면 하늘의 뜻은 게르만의 승리가 아니다"라고 공언했었다는 사실을 적군 포로에게서 알아냈다. 카이사르는 다음날 달이 떠오르기 전에 공격했다. 전투 초기에 맹렬한 저항이 있었지만, 곧 적의 사기가 무너지고 게르만 병사들은 전장에서 도망쳤다. 카이사르는 복수심에 불타는 로마 기병대를 직접 이끌고 도망가는 적을 추격했다.[6]

이듬해 상브르 강에서 벨기에군과의 전투를 앞두고, 카이사르는 로마 군단이 강을 건너면서 짐이 걸리적거릴 때 적군이 공격을 계획하고 있다는 사실을 포로 심문을 통해 알아낸 후 다시 한번 전투계획을 변경했다. 6개 군단이 짐 없이 걸어서 강을 건넜는데, 앞에서 기병과 경보병으로 구성된 전위대가 그들을 보호하고 뒤에서 2개 군단이 남겨진 그들의 짐을 운반했다. 그렇기는 하지만, 카이사르 자신은 전투 초기에 '절박한 상황'(카이사르가 인정했다)에 처했다. "그는 위태로운 상황임을 알고서 … 가까이 있는 병사의 방패를 빼앗아—그는 방패 없이 출전했다—최전방으로 돌진했다. …" 카이사르가 심문 결과에 따라 애초의 전투계획을 변경하지 않았더라면 상황이 훨씬 더 위태로웠을 것이다. 그러나 카이사르는 그 위기를 벗어나 결정적인 승리를 거두었다. 이를 고마워한 원로원이 그를 위해 15일의 공공 감사 기간을 의결했다(이는 장군들에게 수여된 역대 최장의 기간이었다). 갈리아 전쟁에서 카이사르 군대는 약 100만 명의 갈리아인을 죽이고 그보다 많은 사람을 노예로 삼았다.

카이사르는 스스로가 주 심문관이었을 뿐 아니라 정보분석관이기도 했다.

---

6 아리오비스투스의 두 아내를 포함해 많은 게르만인이 학살되었지만, 아리오비스투스 자신은 탈출해 역사의 안개 속으로 사라졌다.

그는『갈리아 전기』의 여러 대목에서 적군 포로뿐 아니라 상인, 제보자, 사절단 등으로부터도 보고를 받았다고 언급하고 있다. 그는 자신이 받은 보고의 확증을 찾는 자신만의 방법과 갈리아인들이 사용하는 원시적인 방법을 비교하고 있다.

… 군중들의 성화에 못 이겨 상인들은 어느 나라에서 왔는지, 거기서 주워들은 것은 무엇인지 말한다. 이러한 보고가 풍문일 때도 갈리아인들이 그 말에 영향을 받아 중요한 문제에 관해 계획을 채택하는 경우가 흔하다. 그러나 갈리아인들은 거의 곧바로 그런 계획을 후회했는데, 그 이유는 갈리아인들은 근거 없는 소문의 노예이므로 그들로부터 질문을 받는 사람들은 그들이 좋아할 것으로 생각되는 답변을 만들어내기 때문이다.

갈리아인들은 문맹이었기 때문에 카이사르가『갈리아 전기』에서 그들의 전쟁 방식에 관해 평가한 것을 뒷받침할 문헌 증거를 찾기는 불가능하다. 그러나 카이사르가 갈리아인들의 전쟁 방식을 종교적 차원으로 해석한 데서 보듯이, 일부 경우에는 고고학적 발굴이 문헌 기록의 부재를 부분적으로 보완해 주고 있다.

[갈리아인들이] 일전을 벌이기로 결정하면, 그들은 통상 마르스(Mars, 로마 신화의 군신_옮긴이) 또는 그에 상당하는 갈리아 군신(軍神)에게 노획하기를 바라는 전리품을 바친다. 그리고 그들이 승리하지 못하면 노획한 동물을 제물로 바치고 나머지 모든 전리품을 한곳에 모은다. 다수의 부족에서 축성된 땅에 쌓인 전리품 무더기를 볼 수 있다. 누가 종교법을 위반해 자신의 전리품을 집에 숨기거나 전리품 무더기에 있던 물건을 치우는 일은 아주 드물다. 그러한 죄에

대한 처벌은 가장 끔찍한 고문으로 죽이는 것이다.

철기시대 중기의 갈리아 '전쟁 성소'를 발굴한 결과 카이사르의 기술을 뒷받침하는 증거가 나왔는데, 성지임이 분명한 곳에 무더기로 쌓인 수천 개의 부서진 무기들이 향연의 증거, 희생된 동물이나 (가끔은) 포로의 유해 등과 함께 발견되었다.

카이사르는 "갈리아인들이 모두 미신적 의식(儀式)에 지극히 헌신적"이라고 결론지었다. 이러한 의식들, 특히 전투를 앞둔 의식들 가운데에는 그들의 종교 지도자 드루이드(Druid)가 행하는 인신 공양이 있었다. 다른 로마의 저자들도 인신 공양을 언급했지만,[7] 오직 카이사르만 드루이드가 인신 공양을 하면서 가끔 거대 인형(wicker man)을 사용했다고 언급하고 있다.

… 팔다리를 고리버들로 만든 거대한 크기의 인형들을 살아 있는 사람들로 채워서 불을 지른다. … 그들은 도둑, 강도, 또는 다른 범죄자들을 [종교적으로] 봉헌하는 것은 불멸의 신들에게 용납된다고 여긴다. 그러나 그런 범죄자들이 부족할 때는 결백한 사람들도 제물로 바친다.

그리스의 역사가이자 지리학자인 스트라보(Strabo)도 거대 인형을 언급하고 있지만, 카이사르의 거대 인형들에 대한 묘사는 드루이드의 인신 공양에 관한 자신의 기술에 관해 약간의 회의를 불러일으켰다. 카이사르의 기술은 윤문한 것이겠지만, 문헌 증거와 고고학적 증거에 기반한 최근 연구는 카이사르가 고

---

7   이들 가운데에는 키케로, 수에토니우스, 루카누스(Lucan), 타키투스, 대(大) 플리니우스(Pliny the Elder) 등이 포함된다.

대 드루이드에 관한 가장 풍부한 문헌 출처이며 가장 신뢰할 수 있는 축에 들어 간다고 결론내리고 있다. 카이사르 자신의 가장 중요한 출처는 갈리아 지방 아 이두이(Aedui)족의 공동 지도자 디비키아쿠스(Diviciacus)였다. 그는 이름이 현 존하는 유일한 고대 드루이드인데, 카이사르가 직접 그를 심문했다. 카이사르 는 "나는 다른 어느 갈리아인보다 디비키아쿠스를 더 믿었다"라고 적었다.

카이사르는 갈리아에 관해서는 잘 알아도 영국에 관해서는 모르는 것이 많 았다. 기원전 55년 그가 영국을 처음 침공하면서 이를 정당화한 부분적 이유는 정보를 수집한다는 것이었는데, 이는 카이사르가 갈리아를 원정하던 기간에 영국인들이 갈리아인들을 지원했음을 알았기 때문이었다.

일반적으로 상인들 외에는 아무도 영국에 가지 않는다. 상인들조차 해안과 갈리아 맞은편 일부 지방만 안다. 각지에서 온 상인들을 소환한 뒤에도 카이사 르는 그 섬이 얼마나 큰지, 거기에 어떤 민족이 얼마나 사는지, 그들이 택한 전 쟁 방법이나 그들의 관습은 무엇인지, 어떤 항구에 대규모 선단이 입항할 수 있 는지 등을 알 수 없었다.

그러나 배리 컨리프(Barry Cunliffe) 경이 주장했듯이, 카이사르는 또한 "대양 을 건너고 신비의 땅에 상륙함으로써 로마 민중으로부터 인기를 얻고자 노리 고" 있었다. 기원전 55년 오늘날의 딜(Deal) 부근에 상륙한 후, 카이사르의 첫 영국해협횡단 원정은 지금의 켄트(Kent) 지방의 길게 뻗은 좁은 구간에서 단 몇 주를 보냈을 뿐, 영국에 관한 로마의 기존 지식에 아무런 보탬 없이 거의 재앙 으로 끝났다. 영국 해안을 따라 몰아친 폭풍우가 다수의 로마 함선을 난파시키 고 기병대 상륙을 막았다. 기원전 54년 카이사르의 두 번째 상륙은 원정 막바 지에 병력 부족으로 역시 준비가 부실했지만, 템스 강을 건너는 데 성공하고 현지 군벌을 패퇴시켰다. 하지만 정복한 영토가 없었고 주둔군도 남기지 않았다. 그러나 로마에서는 그 원정이 엄청난 승리로 선전되었다. 원로원은 그를 위해 20일의 공공 감사 기간을 의결했다.

두 번의 원정 모두 로마가 지금의 켄트 너머로 영국 주민을 이해하는 데 별 보탬이 되지 않았다. 카이사르는 '가장 문명화'되었다고 생각한 켄트 주민들도 갈리아인들과 별반 다르지 않다는 결론을 내렸다. 다른 영국인들에 대한 그의 지식은 진지한 정보수집에 근거한 것이 아니라 주로 갈리아인들이 욕을 먹었던 것처럼 일종의 풍문에 근거한 것으로 보인다. 카이사르는 자신의 승리 선전을 강화하기 위해 그들의 이국적인 외관을 과장했다. "영국인들은 모두 청색을 내는 대청으로 얼굴을 칠했는데, 그래서 전투에서 더 무서운 모습이 된다. 그들은 머리카락을 길게 늘어뜨리며 머리와 윗입술만 빼고 전신을 면도한다. 10명 심지어는 12명이 아내를 공유한다. …" 기원전 55년과 54년의 카이사르 원정 이후에도 영국은 여전히 불가사의였다.

카이사르를 포함한 모든 로마 장군들이 입수된 군사정보를 사용할 수 있는 능력에 제약이 따른 것은 오늘날처럼 충분한 지도가 없었기 때문이다. 다수의 다른 로마 저술가들과 마찬가지로 카이사르도 지도를 언급하고 있지만, 현존하는 유일한 로마 지도는 6.75m 길이의 두루마리로서 기원후 5세기 것으로 추정된다. 하지만 초기의 지도도 이와 비슷했을 것이다.[8] 이 지도는 정착촌 사이에 있는 일그러진 모습의 땅덩어리들을 포함하고 있으며, 로마인 정착촌 사이의 여행일정표로 구성되어 있다. 군사정보의 부분적인 역할은 로마의 장군들에게 후대에 지도가 제공하는 것과 같은 정보를 제공하는 것이었다.

---

8   현존하는 유일한 이 로마 지도는 그 희소가치 때문에 2007년 유네스코 세계기록유산에 등재되었다. 이 지도는 328년 건설된 콘스탄티노플을 보여주며 79년 베수비오 화산 폭발 이후 재건되지 않은 폼페이도 포함하고 있다.

사령관으로서 카이사르가 지닌 강점 중 하나는 그가 점술보다 정보에 훨씬 더 많은 관심을 쏟았다는 점이다. 모든 로마 군대처럼 카이사르의 군대에서도 동물점술사가 희생된 동물의 내장을 정기적으로 검사했다. 하지만 카이사르가 쓴 갈리아 전쟁 역사서에는 점술에 관한 언급이 단 한 줄도 없다.[9] 후대에 수에토니우스는 "불길한 징조에 대한 어떤 두려움도 그가 모험적 사업에 착수하는 것을 막지 못했다"라고 썼다. 징조가 불길하면 카이사르는 무시하거나 잘 해명해서 넘기려고 했다. 한 예를 들자면, 희생용 동물이 희생되기 전에 도망쳤을 때도(특별히 불길한 징조다) 그는 진격을 계속했다. 내전 기간 중 북아프리카에서 메텔루스 스키피오(Metellus Scipio, 군사 영웅 스키피오 아프리카누스의 먼 친척이다)와 싸울 때, 카이사르는 살비토 스키피오(Salvito Scipio, 수에토니우스는 살비토를 스키피오 가문에서 '가장 야비하고 비굴한' 인물이라고 묘사했다)라는 불쌍한 인간을 자신의 수행단에 포함함으로써 북아프리카에서 스키피오 가문이 천하무적이라는 예언을 무력화하려고 했다.

카이사르가 점술을 무시한 것은 두 가지 이유에서 특이하게 아이러니컬하다. 첫째, 기원전 63년 카이사르는 37세의 나이에 로마공화국의 '제사장(High Priest; Pontifex Maximus)'으로 선출되어 '성스러운 길(Via Sacra)'에 있는 굉장한 관저 '궁전(Regia)'으로 이사했다. 그 '궁전'에서 그는 동물점술사들이 점술을 행하는 공식 희생제를 수없이 집전했다. 그러나 카이사르의 동기는 압도적으로 정치적이었다. 그는 정치와 종교를 혼합시킴으로써 제사장 당선을 중요한 정치적 발판으로 삼았다. 카이사르는 당선을 확보하기 위해 엄청난 돈을 뇌물로 뿌렸기 때문에 제사장이 되지 못했다면 파산했을 것이라고 자기 어머니에게 고

---

9   카이사르가 자신이 내전 기간 폼페이우스와 싸울 때 동물을 희생시키는 점을 치면서 발견된 '죽음의 전조'를 무시했었다고 나중에 밝힌 것에서 동물점술사가 그의 군대를 수행했다는 사실을 간접적으로 확인할 수 있다.

백했다.

기원전 44년 카이사르가 암살되기 전에 그가 점술 역사상 아마 가장 유명한 경고를 받은 것도 특별히 아이러니컬하다. 셰익스피어의 희곡 『줄리어스 시저(Julius Caesar)』를 보면, 카이사르가 루페르칼리아(Lupercalia)[10] 종교축제 기간에 로마 중심가를 걸어가고 있을 때 이름 모를 한 점쟁이가 다가와 말을 건다.

카이사르   북새통 속에서 나를 부르는 자가 누구인가?

모든 음악보다 더 날카로운 소리로 나를 부르고 있다.

"카이사르!"라고 말이다.

말하라, 카이사르는 귀를 기울이고 있다.

점쟁이   3월 15일을 조심하세요.

현실로 돌아와서, 3월 15일의 위험에 대한 주된 경고는 그날이 바로 보름날이었기 때문에 무명의 점쟁이가 아니라 카이사르의 관저인 '궁전'의 동물점술사 스푸린나(Spurinna)에게서 나왔다. 스푸린나는 희생된 동물의 내장을 검사하다가 카이사르가 위험하며 그를 위협하는 위험이 늦어도 3월 15일까지 닥칠 것이라고 그에게 경고했다.[11] 3월 15일 이른 아침 종교의식에서 카이사르는 스푸린나에게 "이제 너의 예언이 어디로 사라진 거냐? 3월 15일이 왔다. 네가 두려워한 날이 왔는데도 내가 여전히 살아 있다는 걸 모르느냐?"라고 말했다. 스푸린나가 "네, 왔습니다. 그러나 아직 지나가지는 않았습니다"라고 대답했다.

---

10   다산과 풍요의 신 루페르쿠스(Lupercus)를 위한 축제로서 2월 15일 열렸다(옮긴이).

11   수에토니우스가 후대에 동물점술사를 스푸린나로 식별한 것을 뒷받침하는 중요한 증거는 카이사르가 암살되고 8개월이 지나 키케로가 한 친구에게 보낸 편지다. 키케로는 그 편지에서 스푸린나가 "당신이 옛 습관으로 돌아가지 않으면, 공화국 전체가 중대한 위험으로 위태롭게 됩니다"라고 예언했다고 적었다.

그리고 스푸린나는 아침 희생제를 계속 진행하면서, 조수들이 붙들고 있는 새의 목을 세로로 갈라서 그 내장을 검사했다. 그 동물점술사가 이상하게 생긴 새의 간을 가리키며 "이것은 죽음의 전조입니다"라고 선언했다. 카이사르는 "스페인에서 폼페이우스와 싸울 때도 똑같은 일이 나에게 일어났다"라고 선언하며 그 경고를 웃어넘겼다고 전해진다.

그러나 그날 늦게 카이사르가 암살된 것은 점술을 무시한 탓이 아니라 원로원 내부에 그에 대한 위협이 있다는 정보에 주의를 기울이지 않았기 때문이었다. 아무리 좋은 정보라도 오직 활용할 때만 그 가치가 큰 법이다. 가장 좋은 본보기가 기원전 44년의 카이사르 암살인데, 이는 아마도 역사상 가장 유명한 정치 살인일 것이다. 주동자 격인 60명의 원로원 의원을 포함해 다수의 음모자가 연루된 음모 사건에서는, 그리고 로마처럼 험담이 무성하게 양산되는 수도에서는 카이사르의 생명에 대한 위협과 관련된 소문이 돌기 마련이었다. 각 음모자들의 동기는 다양했지만, 공통된 동기는 카이사르가 가진 권력이 자유로운 공화국의 존속과 양립할 수 없다는 믿음이었을 것이다. 카이사르에게 강한 충성심을 유지한 사람들 일부도 그의 권력이 과도하다고 믿었다. 전통적으로 독재자로 임명된 사람의 임기는 6개월로 제한되었었다. 그러나 기원전 46년 카이사르에게는 10년 임기가 부여되었고, 기원전 44년 초에는 종신 독재자가 되었다. 그는 다른 명예도 많이 누렸지만, 특히 살아 있는 동안 동전에 두상이 새겨진 최초의 로마인이 되었다. 카이사르가 로마공화국 역사상 전례 없는 규모로 누린 권력과 영광은 위험을 감수하며 거둔 성공(가장 유명한 사례로 기원전 49년 루비콘강을 건너 내전을 시작했으며, 그 결과 개선장군이 되었다)과 결합해 그를 너무 자신만만하게 만들었다. 기원전 44년 초 원로원이 카이사르에게 충성을 맹세한 후, 그는 스페인 출신으로 구성된 자신의 대규모 호위대를 해산시켰으며, 새로운 호위대 창설 등 신변보호 조치를 취하라는 친구와 지지자들의 거듭된 요청을 거절했다. 음모자들은 빡빡한 시간표에 맞추어 일을 추진하고 있었다. 카이사르는 새로운 군사 원정에 착수하기 위해 3월 18일 로마를 떠날 예정이었으며, 그 원정은 여러 해 걸릴 것으로 예상되었다. 따라서 그가 15일 마지막으로 원로원에 출석하는 때가 그를 암살할 명백한 기회였으며 아마 유일한 기회였을 것이다. 그가 원정 중일 때는 충성스러운 군대에 둘러싸인 그를 죽이는 것이 불가능했을 것이다. 카이사르는 3월 15일 원로원에서 그를 에워싼 음모자들 칼에 여러 차례 찔렸지만, 부검(기록이 현존하는 최초 사례다) 결과, 가슴에 입은 단 하나의 상처가 치명적이었다고 수에토니우스는 전한다.

카이사르는 역대 어느 로마 장군보다 군사정보를 더 많이 사용했지만, 로마가 군사적 초강대국으로 부상하는 데 군사정보가 공헌한 측면은 미미했다. 전쟁에서 정보의 주된 역할은 전력 승수(force multiplier)로 작용하는 것, 즉 적의 전력에 관해 숙지한 전투원이 그 자신의 전력을 보다 효과적으로 사용할 수 있도록 만드는 것이다. 그러나 카르타고가 멸망한 이후, 로마공화국 말기의 군사적 우월성이 너무 압도적이어서 적들보다 나은 정보를 보유한다는 것이 전사들의 국가인 로마의 국력에 별다른 보탬이 되지 않았다. 로마 군대는 규율과 우월한 무기, 특히 엄청난 규모로 명성이 높았다. 기원전 2세기 무렵 로마는 동맹군을 이용했을 뿐만 아니라 로마 시민의 약 13%를 군대에 징집하고 있었다. 유럽에서 프리드리히 대왕(Frederick the Great)과 나폴레옹 시대가 오기 전까지 이 비율에 필적한 다른 강대국은 없었다.

제4장

『손자병법』과『아르타샤스트라』

그리스와 로마보다 앞선 중국과 인도

전쟁과 평화에서 정보가 중심적인 역할을 해야 한다고 주장한 최초의 책은 그리스나 로마가 아니라 고대 중국과 인도 아대륙에서 저술되었다. 즉, 『손자병법(孫子兵法)』은 예로부터 공자와 같은 시대의 중국 장수인 손자(기원전 544~496년)의 작품으로 전해져 왔으며, 두꺼운 국가경영 매뉴얼 『아르타샤스트라(Arthashastra)』를 썼다는 카우틸랴(Kautilya, 기원전 350~283년)는 북부 인도에서 마우리아 왕조를 창건한 왕의 재상이었다.

『손자병법』의 원저자가 누구인지는 아직 의문이다. 이 책은 손자가 쓴 것이 아니라 기원전 3세기 초 후대의 미상 저자(들)가 대장군 손자의 명망을 업기 위해 당시에는 구식이었던 문체를 사용해 저술했을 것이다. 그러나 저자가 누구든 간에 『손자병법』은 현재 "군사작전의 계획과 수행을 위한 합리적 기준을 설정하려는 첫 시도"로 인식되고 있다.[1] 유명한 20세기 영국의 군사 사학자이자 전략가인 리들 하트(B. H. Liddell Hart) 경은 손자를 모든 군사 사상가 중에서 가장 위대한 인물로 보았다. "과거의 모든 군사 사상가 중에서 오직 클라우제비츠(Clausewitz)만 그와 비교될 수 있지만, 그도 손자보다는 더 구식이다. 클라우제비츠가 2,000년 뒤에 저술했지만, 부분적으로 케케묵었다. 손자는 더 확실한 예지력과 더 심오한 통찰력을 갖고 있으며 그의 신선함은 영원하다."

『손자병법』과 『아르타샤스트라』를 쓴 저자들은 전쟁과 국가경영에 관해 이

---

[1] 대부분의 그리스와 로마의 저술가들과 달리, 손자는 책략 강구 또는 피상적이고 일시적인 기법에는 별 관심이 없었다. 그의 목적은 통치자와 장수들이 이기는 전쟁을 성공적으로 수행하도록 안내하는 체계적인 논문을 개발하는 것이었다.

전에 없었던 작업을 해냈는데, 바로 점술과 징조(이 둘은 고대 그리스와 로마에서 정보의 발전을 막았다)가 그 두 분야에서 아무런 역할이 없다고 주장한 것이다.[2] 『손자병법』은 "징조를 취하지 말고 미신적 의심을 버려라"라고 선언하고 있다.[3]

자, 총명한 군주와 현명한 장수가 움직일 때마다 적을 정복하고 그들의 성과가 범인을 능가하는 이유는 적 상황을 미리 알기 때문이다. 이러한 예지(豫知)는 정신이나 귀신에게서 끌어낼 수 없으며 과거 사건을 유추하거나 천문을 계산해서도 끌어낼 수 없다. 그것은 적 상황을 아는 사람(스파이)에게서 획득해야 한다.

『손자병법』의 핵심 주장은 그 첫 문장과 마지막 문장에 요약되어 있다.

전쟁은 국가의 대단히 중대한 사안인바, 생사가 걸린 문제이며 생존과 멸망의 갈림길이다.

…

비밀작전은 전쟁에서 필수적이다. 군대는 전적으로 그 작전에 의존해 움직인다.

스파이는 비밀작전의 핵심이다. 『손자병법』은 스파이의 종류를 다섯 가지

---

2   『아르타샤스트라』도 『손자병법』처럼 통치자가 징조와 기타 형태의 미신에 유의해서는 안 된다고 주장했지만, 통치자에게 적과 경쟁자의 미신적 믿음을 이용하고 나아가 잘 믿는 영지 내 백성들이 자신이 초자연적 힘을 가지고 있다고 믿도록 고무하라고 권고한다.
3   이와 비슷하게 중국 철학자 한비(韓非, 기원전 280~233년)는 망국에 이르는 길을 열거하면서 특히 '길한 계절이나 날을 잡는 데 의지하는 것, 악마와 귀신에게 바치는 제사를 지내는 것, 믿음을 갖고 거북이나 줄기로 점을 치면서 기도와 제물을 바치는 것' 등을 꼽았다.

로 구분하고 있다.

- 향간(鄕間, native agent): 적지에서 채용되는 사람
- 내간(內間, inside agent): 적의 관료집단 내부에 있는 사람
- 반간(反間, double agent): 적이 자신들에게 충성하는 첩자라고 오인하는 이중간첩
- 사간(死間, expendable agent): 적에게 허위정보를 제공하는 데 사용된 후 죽음에 이르는 사람
- 생간(生間, living agent): 적진 내부에서 정보를 입수해 살아 돌아오는 사람

이러한 다섯 가지 유형의 첩자가 모두 동시에 활약하면서 그들의 활동 방법을 아무도 모를 때 그들은 '신의 한 수'[4]로 불리며, 군주의 보배다.

『손자병법』은 군주와 장수는 '신의 한 수'가 제공하는 정보에 세심한 주의를 기울여야 한다고 강조한다. "군주는 다섯 가지 유형의 첩자가 벌이는 활동 내용을 모두 알고 있어야 한다. … 장수의 측근에 있는 장졸 중에서 첩자보다 더 내밀한 관계는 없다. …"[5] 『손자병법』은 정보를 기만과 밀접하게 연계시키고 있다. "모든 전쟁은 기만을 토대로 한다. 따라서 힘이 있으면 없는 척 가장하고, 움직일 때는 쉬는 척 가장하라." 기원전 480년 살라미스 해전처럼 적에게 허위정보가 먹히도록 비밀 요원을 사용한 개별적 사례는 있었지만, 전시에 비밀 요원을 체계적으로 사용하도록 권고한 것은 『손자병법』이 처음이다.

---

4   원문은 '신의 실타래(Divine Skein)'인데, 이 표현은 신묘해서 헤아릴 수 없다는 뜻을 가진 신기(神紀)를 훈(訓)대로 영역한 것이다(옮긴이).

5   기록은 빈약하지만, 손자 이전의 수세기 동안에도 중국 내전에서 스파이들이 활약했다. 『손자병법』은 상(商) 왕조를 탈취해 기원전 1766년 하(夏) 왕조에 의해 전복되도록 도운 자를 중국 역사상 최초의 주요 스파이로 보고 있다. 『손자병법』 이전의 병서는 극히 일부분만 현존한다.

그러나 『손자병법』이 가끔 과장할 때도 있다. 『손자병법』에 나오는 가장 유명한 격언 하나를 보자. "적을 알고 나 자신을 알라. 그러면 백 번 싸워도 지지 않을 것이다." 그러나 정보와 자기 이해(self-knowledge, 知己)가 그 자체로 군사적 패배를 막을 수는 없다. 이는 처칠이 제2차 세계대전 당시 수상으로 재직한 첫 2년 동안 깨달은 것이다.[6] 좋은 정보는 적의 기습공격 가능성을 줄이지만, 그에 대한 승리를 보장하지는 않는다. 『손자병법』은 너무 많은 것을 약속함으로써 그 신뢰도가 떨어졌다. 그렇더라도 "적을 알고 나 자신을 알라"라는 말은 여전히 군사령관들에게 전하는 역대 조언 가운데 최고의 한 문장일 것이다. 이 조언을 성찰하는 사령관은 또한 적을 알기 위해서는 반드시 은밀한 정보수집과 정확한 해석 능력이 필요하다는 결론에 이르게 된다.

『손자병법』이 정보 기반의 전쟁을 위한 선견지명의 계획을 제시했지만, 그 주된 약점은 황제가 있던 중국에서 너무 시대를 앞섰다는 점이었다. 『손자병법』이 저술된 후, 수세기에 걸쳐 중국과 일본의 군인과 학자들이 면밀하게 연구했음에도, 통일 중국의 황제들은 『손자병법』의 요구대로 여러 가지 형태의 점술과 광범위한 전조를 믿는 중국의 오랜 신앙을 버릴 가망이 없었다. 고대 중국 문헌의 일부 사례를 보면, 군사작전부터 왕실에 이르기까지 여러 문제에 관한 질문이 거북 껍질이나 '갑골(甲骨)'에 새겨져 있다. 점술사들은 그 껍질과 뼈가 갈라질 때까지 가열한 다음 거기에 나타나는 형태를 해석해서 질문에 대

---

6   제2차 세계대전 기간, 윈스턴 처칠은 독일의 에니그마(ENIGMA) 등 적의 고난도 암호를 해독해 울트라(ULTRA) 정보를 입수한 데다 영국군에 관해 상세한 브리핑을 받은 데 힘입어 적어도 유럽 무대에서는 영국 역사상 최고의 지피지기(知彼知己) 전쟁 지도자였다. 그러나 그가 수상으로 재 직한 첫 2년 동안 영국은 중요한 승리를 거둔 적이 없었다. 예를 들어, 크레타 섬 전투(1941년 5월 20일~6월 1일)에서 승승장구하는 독일 공수부대의 침공(군사 역사상 최초다)을 울트라 정보로 예 견했지만, 영국군에게는 침공을 저지할 현대 무기가 부족했기 때문에 그 사실을 알고도 어떻게 할 수가 없었다. 그러나 영국의 패배에도 불구하고, 독일의 손실 또한 엄청나서 히틀러가 더 이상의 대규모 공수작전을 금지했다.

한 답을 도출했다. 명(明) 왕조(1368~1644년) 말기에 완성된 방대한 군사 개설서 『무비지(武備誌)』열 권 중 네 권이 주로 점술에 관한 것이었다. 통일 중국의 첫 황제 진시황(기원전 221~210년 재위)은 모든 역사서와 경전을 개인 수중에서 빼앗아 황제의 서재(공식적으로 승인된 학자들만 출입이 허용되었다)에 둠으로써 이전의 통치자와 비판적으로 비교되는 것을 막으려고 했다. 그러나 실용성이 있다고 판단되는 서적은 압수하지 않았는데, 점술에 관한 책이 여기에 포함되었다.[7] 진시황은 영토 주변의 높은 산꼭대기에 자신의 업적을 기리는 비문을 새겼다. 그는 자신이 옥황상제의 대리인으로서 통치한다고 주장하고 북두칠성과 북극성의 천문을 본떠 새 궁전을 설계했다. 중국이 통일되기 이전인 춘추전국 시대에 나온 『손자병법』이 진시황의 군사작전에 영향을 준 것이 사실이든 아니든 간에, 황제에 오른 그는 점술과 미신의 영향을 더 받은 것이 분명하다. 불로장생을 꿈꾸던 진시황은 비술(秘術) 도사들의 설득에 따라 천상의 기운을 더 가까이 접하기 위해 높은 탑에 살면서 고가 보도를 이용해 탑들 사이를 이동했다. 진시황이 내세에 대해 과대망상증적인 야심을 가졌다는 가장 뚜렷한 증거는 그의 무덤이다. 진시황 능은 땅 모양이 액체 수은으로 된 강과 바다로 둘러싸여 있고, 각기 개성적인 용모를 가진 약 8,000개의 토용(土俑, terracotta) 병사들과 함께 말, 무기, 전차, 궁정 관리, 곡예사, 역사(力士), 악사 등의 토용들로부터 보호를 받는다(아직 전부 발굴되지 않았다).

진시황은 내세에 황제로서 누릴 천상의 야심에 눈이 먼 나머지 지상 제국의 약점을 보지 못했다. 기원전 210년 그가 죽은 후 4년도 안 되어 반란이 전국을 휩쓸었고, 새로 건설된 수도는 불타버렸으며, 진(秦)의 마지막 황제는 살해되었다. 단명의 진을 계승한 한(漢) 왕조가 기원전 206년부터 기원후 220년까지

---

7   일설에 따르면, 진시황은 역사서와 경전을 무차별적으로 없애라고 명하지 않았다.

대부분의 기간 동안 중국을 지배했는데,[8] 한의 황제들도 손자가 주창한 정보활동보다 미신과 점술에 더 많은 관심을 보였다. 기원전 89년의 한 칙령을 보면, 계획의 추진 여부를 결정하기 위해 기존의 국가 절차에 따라 거북 껍질과 풀줄기로 점을 쳤다고 한다. 또 장수들도 군사작전을 선택하기 위해 점술을 가끔 사용했다.[9]

한 왕조 말기에 가장 성공을 거둔 군벌 조조(曹操)는 한의 황제들과 달리 손자의 충실한 제자로서『손자병법』에 따라 군사령관들이 "징조와 초자연적 전조에 관해 말하는 것을 금지할" 필요성을 확신했다. 조조의 군사적 승리를 토대로 세워진 위(魏)나라는 제국의 통일이 깨진 삼국시대(기원후 220~280년)에 중국 북부의 최강대국이 되었다.[10] 조조는 잔인한 군벌이라는 평판을 후세에 남겼다. 중국에서 흔히 쓰이는 "조조를 말하면 조조가 온다(說曹操, 曹操到)"라는 속담은 "악마도 제 말하면 온다"라는 영어 표현과 거의 같은 뜻이다. 그러나 서양의 군사 역사에 등장하는 장군들과 달리 조조는 다작 시인이기도 했다.『손자병법』에 대한 조조의 주석을 보면, 조조가『손자병법』에 나오는 교훈을 세심하게 성찰했음을 분명히 알 수 있다. 예를 들어, "현명한 장수는 유리한 요소와 불리한 요소를 모두 고려한다"라는『손자병법』의 가르침에 대해 조조는 "현명한 장수는 이점 속에 내재된 위험과 위험 속에 내재된 이점을 생각한다"라는 논평을 보탰다. 스파이 사용에 관해 조조는 "적군 속의 반역자에게 의지하라"라고 강조한다. 조조의 사후 8세기가 지나서 당시 사실상 공인된『손자병

---

8   한(漢) 왕조는 전후기로 나뉘는데, 전한(前漢)은 기원전 206년부터 기원후 9년까지 중국을 지배했고, 후한(後漢)은 기원후 25~250년 사이에 중국을 지배했다. 한의 재상이었던 왕망(王莽)은 기원후 9~25년 사이에 왕위를 찬탈했다.

9   그러나 일부 다른 목소리도 있었는데, 대표적으로 후한의 철학자 왕충(王充, 기원후 27~100년경)이다. 그는 거북 껍질과 풀줄기가 신성(神性) 또는 신통력을 가지고 있어 인간의 길흉을 파악하고 징표나 숫자 조합을 만들어 그러한 운을 알린다는 믿음을 규탄했다.

10   일부 사학자들에 따르면, 삼국시대가 시작된 것은 한(漢) 해체의 초기 단계로 거슬러 올라간다.

법』 판본이 조조 등 군사 권위자들의 주석과 대조해 교정되었으며, 18세기에 추가로 개정되고 주석이 달렸다. 이것이 1977년『손자병법』죽간본(竹簡本)이 발견될 때까지 중국에서 일반적으로 인용된 판본이다. 1977년 완전하고 아주 잘 보존된『손자병법』텍스트가 산둥(山東) 지방의 한 무덤에서 발견되었다. 얇은 대나무 조각에 쓴 이 텍스트는 기원전 118년 그 주인과 함께 묻힌 것이었다. 이는 중요한 문헌의 원본이 작성 후 거의 2,000년이 지나 재발견된 드문 사례다.[11]

중국의 후속 황제들이 조조처럼『손자병법』에 몰두했다는 증거는 없다. 아무도 제국 경계 밖의 세계에 관심을 보이지 않았다. 후대에 헨리 키신저(Henry Kissinger)가 썼듯이, 후속 왕조의 "중국은 상대할 필요가 있을 정도로 규모와 문명 면에서 자국에 필적하는 다른 나라나 문명이 없었다". 실로 중국은 야만 국가들의 위협을 크게 느끼지 않았기에 그들에 관해 잘 알고 싶어 하지도 않았다. 내전과 국경분쟁 시에는 비밀공작이 정보수집보다 우선순위가 높았다. 암살은 서양 문헌보다 중국 문헌에서 훨씬 더 중요한 주제였다. 스파이를 자객으로 활용한 야사 같은 영웅담이 많지만, 특히 기원전 3세기『전국책(戰國策, Stratagems of the Warring States)』에 처음 기록된 요리(要離) 이야기는 섬뜩하다. 오(吳)나라 왕 합려(闔閭)가 이웃 위(魏)나라로 망명한 전왕(前王)의 아들 경기(慶忌)를 암살하기 위해 요리를 보냈다. 요리는 출발에 앞서 합려의 피해자라는 가장 신분을 만들기 위해 자신의 오른팔을 자르고 처와 자식들까지 죽였다고 한다. 요리는 복수심에 불타는 합려의 원수로 완벽하게 위장함으로써 경기의 측근이 되고 그를 암살하는 데 성공했다. 1,500여 년 뒤 명(明) 왕조(1368~1644년) 말기의 최고

---

11   이와 비슷하게 고대의 필사본이 재발견된 가장 놀라운 사례는 1948년과 1956년 사이에 훨씬 더 방대한 '사해 두루마리(Dead Sea Scrolls)'가 발견된 것이다. 이 문서는 기원전 200년경~기원후 68년 기간에 쓴 것으로 추정된다.

병법가 게훤(揭暄)은 비밀공작이 스파이의 주된 역할이라고 보았다. "스파이는 적의 참모부에 두려움을 안기고 추앙받는 적장을 살해하며 적의 계산과 전략에 혼란을 일으킨다." 게훤 등 병법가들은 암살 외에도 뇌물 수수, 유혹, 허위정보 등을 권고했다. 명나라 황제들은 눈 밖에 난 신하에게 공개 법정에서 맨 엉덩이를 치도록 잔혹한(가끔 치명적인) 태형을 내린 것으로 악명 높았다. 그들은 조직화된 보안기관이 없어서 반역 탐지를 제보자에게 의존했다. "명 황제들이 궁정 환관들과 황실 경호대 속에 심은 스파이들을 통해 관료집단 내 공포 체제를 유지했다는 결론이 쉽게 나온다."

기원전 221년 진(秦) 제국 통일 이후 2,000년 동안 '왕조 중국(Middle Kingdom)'은 경계 밖의 야만족들에게 얻을 만한 것이 있으리라고는 생각지도 못했다. 1793년 북경에 간 영국 사절단은 무역과 서양 문물에 대한 중국 황실의 흥미를 끌려고 노력했는데, 청(淸) 황제는 영국 왕 조지 4세에게 다음과 같은 편지를 썼다. "귀하의 대사가 직접 본 대로 우리는 모든 것을 가지고 있습니다. 나는 이상하고 기발한 물건을 존중하지 않으며 귀국 제품을 쓸 데가 없습니다." 중국은 세계 부의 약 1/3을 보유했으며 동아시아 모든 나라를 조공을 바치는 속국으로 간주했다. 중국은 서양 강대국과 치른 두 번의 전쟁에서 패한 다음인 1861년에 비로소 서양과의 외교를 처리하기 위해 외무부 비슷한 조직을 설립했다. 키신저가 언급한 대로, 당시 이 조직은 "위기가 진정되면 폐지될 임시방편"일 뿐이라고 여겨졌다. 당시 중국의 실세였던 공친왕(恭親王)에 따르면, 이 조직이 수수한 건물에 입주한 것은 이 조직이 "전통적인 다른 정부 부처와 같은 지위를 가질 수 없으며, 따라서 중국과 외국 간의 구별을 유지한다"는 것을 보여주기 위해 의도된 것이었다. 외무부 설립조차 꺼린 중국의 마지막 왕조 청은 서양인들에 의해 군사적 패배를 비롯한 여러 굴욕을 당하고서도 적 위협에 대응해 스파이활동이 중요하다는 손자의 주장을 체득할 수 없었다.

고대 인도의 위대한 국가경영 매뉴얼 『아르타샤스트라(Arthashastra)』는 『손자병법』과 대략 같은 시기에 작성되었는데, 그 정확한 시기와 저자 또한 논란 거리다. 전통적으로 이 책을 썼다고 전해지는 카우틸랴(Kautilya)는 마우리아 왕조를 창건한 왕 찬드라굽타(Chandragupta Maurya, 기원전 317~293년 재위)의 재 상이었으며 차나키야(Chanakya)라고도 불린다. 찬드라굽타는 알렉산더 대왕 의 후계자들이 감행한 동진을 저지하고 인도 아대륙을 통일한 첫 통치자였 다. 『아르타샤스트라』는 『손자병법』에 비해 전쟁에 관한 서술이 적은 대신 스파이활동과 정보공작이 중심 무대를 차지하고 있다.

고대 인도 문화에서는 오랜 스파이 전통이 있었다. 현대 힌두교의 전신인 브 라만교(기원전 약 1500~500년)에서 하늘과 땅의 주인인 바루나(Varuna) 신은 별들 을 모든 인간 활동을 끊임없이 감시하는 스파이로 썼다.[12] 『아르타샤스트라』 는 기원전 4세기에 최종 형태가 완성되었을 힌두교 경전 서사시 『마하바라타 (Mahabharata)』에 나오는 스파이활동을 참조해 영감을 끌어내고 있다. 『마하바 라타』를 보면, 독실하기로 유명한 유디스티라(Yudhisthira) 왕이 자신의 조언자 로서 똑같이 독실한 수도승 비시마(Bhishma)에게 여러 질문을 던지면서 통치자 는 어떻게 스파이를 사용해야 하는지 묻는 장면이 나온다. 평생 독신을 서약한 성직자였던 비시마의 대답은 상당히 우회적이었다.

통치자는 바보처럼 보이거나 장님과 귀머거리처럼 보이는 사람을 스파이로 채용해야 합니다. 스파이들은 모두 (능력 면에서) 철저하게 검증된 사람이어야 하고 지혜를 가진 사람이어야 하며 배고픔과 목마름을 견딜 수 있는 사람이어 야 합니다. 왕은 적절하게 유념해 도읍과 지방에 있는 모든 신하와 친구, 아들

---

12   말 그대로 '감시자'를 뜻하는 산스크리트어 '스파시(spash)'는 보통 '스파이'로 번역된다.

에게 스파이를 붙여야 하며, 예하 제후들의 영지에도 스파이를 보내야 합니다. 스파이들은 서로가 모르도록 채용해야 합니다. 또 바라타 종족의 황소이신 왕은 상점과 공연장에, 사람들이 몰리는 곳에, 거지들 속에, 왕의 놀이터에, 학자들의 모임과 비밀회합에, 시골에, 공공장소에, 왕이 재판하는 장소에, 그리고 시민들 집에 몸소 스파이를 심어 적의 스파이들을 알아내야 합니다. 이렇게 정보를 가진 왕은 적이 파견한 스파이들을 알아낼 것입니다. 적의 스파이들을 알아내면 왕은 큰 이득을 얻을 것입니다.

『마하바라타』끝부분에서는 유디스티라왕이 다섯 형제와 함께 하늘로 올라간다. 그는 승천했다고 기록된 최초의 스파이 수장이었다.

통치자가 부리는 수많은 스파이들의 가장(cover) 직업에 대한『아르타샤스트라』의 권고는 성인 같은 비시마의 권고만큼 우회적이다. 최고로 권고받는 가장은 외관상 금욕적인 성직자로 가장해 몰래 좋아하는 음식을 먹으면서 한 달에 한두 번씩 채소나 목장 풀을 먹고 연명하는 척하는 것이다. 비시마의 제자 행세를 하는 스파이들은 비시마가 특별한 성스러움뿐아니라 초자연적 능력도 보유하고 있다는 말을 퍼뜨려야 했다. 신의 계시를 받았다는 그 성직자의 예언은 왕의 권위를 강화하기 위해 의도된 것이었다. 자신의 미래에 관해 묻는 사람들에게 그 성직자는 그들의 손금을 보고 그들의 개인적 성공이 통치자에 대한 충성에 달려 있다고 조언해야 했다.

『아르타샤스트라』는 전문 정보기관의 설립을 촉구한 세계 최초의 책이다. 『아르타샤스트라』는 국내외의 거대한 스파이 네트워크의 채용, 활용 및 29종의 주요 가장직업(50종으로 세분된다)에 관해 아주 상세하게 논하고 있어 역대 공개된 국가경영 매뉴얼 중에서 이 책을 능가하는 책이 없을 정도다. 그 네트워크는 최고의 우선순위로서 왕이 직접 관장하도록 권했다. 이 책에서는 왕의 하루를 한 시간 반 단위의 8개 구간으로 나누었는데, 정보활동에 최고의 우선순위가 주어졌다. 역대 세계 지도자의 현존하는 일정표 어디에도 그만큼 높은 우선순위가 없다. 정오 지나서 한 시간 반 동안은 편지 쓰기, 대신들과의 회의 및 '스파이들의 비밀 첩보'를 받는 데 할애되었다. 일몰 이후의 한 시간 반 동안은 전적으로 '스파이들 면접'에 할당되었으며, 자정 이후의 한 시간 반 동안은 조언자들과 상의하고 스파이들에게 임무를 주어 파견하는 데 할애되었다.

왕이 직접 간부 스파이들을 상대해야 하지만, 대신들도 각자 스파이 네트워크를 가지도록 했다. 이리하여 『아르타샤스트라』는 세계 최초로 완전히 조직화된 감시국가를 구상했다. 이 책은 왕이 국내의 거의 모든 사람을 왕의 권위에 대한 잠재적 위협으로 간주하도록 권했다. 대신들이 왕위를 찬탈하려 들지 모르고 농민들이 반란을 일으킬지 모르며 군사령관들이 왕권에 도전할지 모른다는 것이었다.

『아르타샤스트라』는 통치자에게 반대하는 잠재적 음모자를 적발하고 왕비를 유혹하려는 대신을 알아내기 위해 교사(敎唆) 공작원(agent provocateur)을 쓰라고 했다. 또한 왕의 밀명을 받은 총사령관은 대신들이 왕권 찬탈 음모에 가담하도록 공작원을 통해 그들에게 뇌물을 주는 한편 왕은 공개적으로 총사령관의 해임을 추진하는 쇼를 가끔 벌이라고 권고했다. 잠재적인 왕비 유혹자를 찾아내기 위해서는 떠돌이 여승을 보내 왕비가 어느 대신과 바람을 피우고 그를 부자로 만들려고 하는지 용의자를 알아내라고 했다. 이러한 도발에 대해 아무런 반응을 보이지 않는 대신들은 결백하다고 추정했다.

교사 공작원에게 부여된 핵심 역할을 보면, 현대의 중앙집권적 정보 시스템을 수립하기 위한 중요한 한 걸음을 의미한다기보다 마우리아 왕조와 일부 후대 통치자들의 피해망상적인 경향을 반영했다고 할 수 있다. 기원전 4세기 초 마우리아 제국의 창건자인 찬드라굽타 마우리아의 왕궁에 파견된 한 대사는 왕이 암살을 매우 두려워해 매일 밤 침실을 바꾼다고 보고했다. 『아르타샤스트라』는 표리부동한 고관들을 암살하기 위해 다음과 같은 '은밀한 방법'을 사용하는 것이 왕의 책무라고 선언했다.

- 비밀 요원이 반역자의 동생에게 형의 재산을 다 준다고 약속하며 형을 죽이라고 사주한다. 무기를 쓰든 독을 쓰든 살해가 이루어지면, 그 동생도 형제 살인죄로 죽여야 한다.
- 탁발하는 여승 요원이 반동적인 대신의 처에게 미약(媚藥, 성욕을 생기게 하는 약_옮긴이)을 주어 신임을 얻은 다음, 그 처의 도움을 받아 대신을 독살한다.
- 반역자가 마법에 빠져 있다면, 성직자로 가장한 스파이가 감언이설로 그를 꾀어 비밀 의식을 치르게 하고 그 중간에 독이나 쇠막대기로 죽인다. 그 죽음은 비밀 의식 도중에 일어난 사고 탓으로 돌린다.
- 의사로 가장한 스파이는 반역자로 하여금 괴질이나 불치병에 걸렸다고 믿게 만든 다음, 약이나 밥에 독을 넣어 그를 죽인다.

암살 임무를 맡길 스파이는 그 고장에서 가장 용감한 사람 중에서, 특히 돈을 위해서라면 자신의 안위를 전혀 아랑곳하지 않고 야생 코끼리나 호랑이와도 싸우겠다는 사람 중에서 뽑으라고 했다. 국가경영과 정보에 관한 고대 저술가 중에서 『아르타샤스트라』의 저자만큼 암살에 열정을 보인 사람은 거의 없다. 이 저자는 "무기, 불, 독약 등을 사용한 단 한 번의 암살은 총동원된 군대보다 더 많은 것을 성취할 수 있다"라고 주장했다.

오늘날에는 암살자의 역할에 대한 『아르타샤스트라』의 평가가 엄청나게 부풀려진 것이라고 보지만, 2,000년 뒤 스탈린과 그의 해외정보기관이 스탈린주의 시대의 위대한 공산주의 이단자 레온 트로츠키(Leon Trotsky)와 티토 원수(Marshal Tito)를 죽이려고 음모를 꾸미고 있을 때, 그들은『아르타샤스트라』와 평가를 공유했다. 두 암살 음모에서 암살자 선발에 주어진 우선순위와 암살 방법의 기발함은『아르타샤스트라』가 요구한 기준에 합당했다. 제2차 세계대전이 발발할 때까지 트로츠키 암살은 스탈린 대외정책의 주요 목표였다. 프랭크 잭슨이라는 이름으로 변조된 캐나다 여권을 사용한 암살범 라몬 메르카데르(Ramon Mercader)는 트로츠키의 비서 하나를 유혹함으로써 멕시코시티 인근의 트로츠키 저택에 출입할 수 있었다. 냉전 초기 티토 원수를 암살하려는 소련 해외정보기관의 음모는 훨씬 더 기발했다. 1953년 스탈린의 급사로 그 음모가 취소되었을 무렵, 소련이 계획한 암살자 이오시프 그리굴레비치(Iosif Grigulevich)는 이미 코스타리카 사람으로 변신하는 데 성공한 뒤, 베오그라드 주재 코스타리카 대사가 되어 티토와 접견할 기회를 확보한 상태였다.

냉전 초기 미국 중앙정보부(CIA)의 앨런 덜레스(Allen Dulles) 부장을 비롯한 지휘부는『손자병법』은 숙지하고 있었으나『아르타샤스트라』는 읽지 않은 것 같다. 1960년 CIA 기획국장(공작 책임자) 리처드 비셀(Richard Bissell)이 쿠바의 피델 카스트로 암살 계획을 세우기 시작했을 때, 그는 암살자 채용 시의 신중한 선발 과정에 관한『아르타샤스트라』의 간곡한 권고에 주의를 기울이지 않았다. CIA는 KGB와 달리 훈련된 암살자를 보유하지 않았기 때문에, 비셀은 당시 미국에서 가장 전문적인 킬러로 평판이 난 마피아에 도급을 주었다. 카스트로가 수도 아바나(Havana)에서 마피아의 돈줄인 도박과 매춘 사업을 박살냈기 때문에 마피아로서도 그를 제거하고 싶은 자체 이유가 있었다. 그러나 비셀은 마피아의 암살 기량에 관해서는 잘 몰랐던 것 같다. 알 카포네(Al Capone)의 직속 부하였던 조니 로셀리와 연방수사국(FBI)의 10대 수배범인 살바토르 '샘' 지안카나 사이에 계약이 체결되었다. 할리우드식의 암흑가 살인사건처럼 카스트로가 총탄 세례를 받아 쓰러지는 장면을 떠올린 비셀에게는 이들이 마음에 들지 않았다. 지안카나는 감지할 수 없는 독약을 대안으로 제시했다. 비셀의 지시로 CIA 의무실이 원숭이한테 사용해 효과를 본 보툴리누스균 정제를 준비했다. 그러나 독살은 정말이지 마피아 스타일이 아니었으며 그 정제는 카스트로 손에 닿기도 전에 쿠바 어딘가에서 사라졌다. 비셀과 그의 공작팀은 독약을 사용하기 위한 다른 기이하고 실행 불가능한 계획을 고집스레 계속 짜냈다. 카스트로가 좋아하는 시가 한 상자를 치명적인 독약으로 처리해 만들었다. 또 다른 상자에는 카스트로에 대한 신뢰를 무너뜨리기 위해 그가 대중 앞에서 환각을 일으키도록 고안된 화학물질이 주입되었다. 하지만 이것들뿐 아니라 CIA의 다른 독살 음모도 성공한 것이 없다. 독약을 사용할 때는 피해자에게 신중하게 계획해 접근하는 암살자가 있어야 한다고 『아르타샤스트라』가 거듭 강조했지만, 아무도 이를 고려하지 않았다.

21세기 독자들로서는 『아르타샤스트라』가 지도자가 반역 혐의자를 암살하는 데 집착하는 감시 사회를 주창하는 대목에서 터무니없다고 느끼겠지만, 대외정보를 다루는 대목에서는 그런 면이 덜하다. 외적과의 분쟁 처리에 대한 『아르타샤스트라』의 결론은 대체로 "적을 알고 나를 알라(知彼知己)"라는 『손자병법』의 경고 문구를 따르고 있다. 여기서 『아르타샤스트라』는 이 지기(知己)를 활용해 적이 이용할 수 있는 약점을 없애라는 조언을 덧붙이고 있다. "적이 왕의 비밀을 알지 못하게 하라. 그러나 왕은 적의 모든 약점을 알라. 거북처럼 노출된 사지를 모두 안으로 거두어라." 『손자병법』처럼 『아르타샤스트라』도 적의 백성, 특히 고관 중에서 스파이를 채용하는 것이 중요하다고 강조한다.

그러나 해외 스파이를 채용하기 위한 『아르타샤스트라』의 제안은 일부 『마하바라타』의 영향을 받았지만, 비현실적일 정도로 야심적이었다.

왕은 일 처리가 빠른 자신의 스파이들을 적국, 동맹국, 중간국 및 중립국 왕궁에 심어놓아 각국의 18개 유형의 고관뿐 아니라 왕에 관해서도 정탐해야 한다. 다음과 같은 여러 유형의 스파이가 있다.

- 가내 거주자: 꼽추, 난쟁이, 내시, 기녀, 벙어리, 믈레차(mleccha, 야만인을 뜻하는 산스크리트어_옮긴이)
- 성읍 내 거주자: 상인, 고정간첩
- 성읍 부근의 거주자: 금욕주의자
- 시골 거주자: 농부, 수도승
- 변경 거주자: 목동
- 사문(沙門, shramana)이나 수목 관리원 같은 숲속 거주자

해외 스파이의 역할은 정보수집에 한정되지 않고 심리전과 전복 활동으로 확대되었다. 『손자병법』 마지막 페이지는 고관 하나가 적국으로 망명했기 때문에 전복된 두 중국 통치자가 있었다고 주장한다. 『아르타샤스트라』는 전복 방법을 실행함으로써 기적적인 결과를 성취할 수 있다고 주장했다.

2,000년 뒤 KGB는 인도 내에서 전복을 통해 거둘 수 있는 성과에 대해 『아르타샤스트라』가 기대한 만큼 과장되게 기대했으니, 참으로 아이러니였다. 1973년 KGB 해외 파트에서 최연소 장군으로 임명되어 승승장구한 올레그 칼루긴(Oleg Kalugin)의 기억에 따르면, 1970년대 인도는 "KGB의 제3세계 정부 침투 활동의 모델로서 인도 정부 곳곳에—정보부, 방첩기관, 국방부, 외무부, 경찰 등—수많은 협조자"가 있었다. KGB 파일에 따르면, 1973년 KGB는 인도 공직사회에 만연한 부패 사슬에 힘입어 한 통신사를 통제했을 뿐 아니라 10개 신문사에 정기적으로 보수를 지급했다. KGB 공작은 인디라 간디 총리에게 CIA가 암살을 계획하고 있다고 확신시키는 등 일련의 전술적 성공을 거두었지만, 장기

전략 면에서는 영향이 제한적이었다.

『아르타샤스트라』는 12세기까지 인도 문헌에서 계속 인용되다가 이후 거의 1,000년 동안 시야에서 사라졌다. 마침내 산스크리트어로 된 『아르타샤스트라』를 1904년 재발견해 1909년 출판한 사람은 샤마샤스트리(R. Shamashastry) 박사인데, 당시 그는 마이소르(Mysore) 동양도서관(현재는 동양연구소)의 사서였다. 첫 영역판은 원본이 나오고 나서 2,000여 년이 지난 1915년에 출간되었다. 『아르타샤스트라』는 곧바로 인도 고전의 선두로 자리매김했다. 샤마샤스트리에 따르면, 1927년 그에게서 한 권을 증정받은 비폭력의 사도 마하트마 간디도 『아르타샤스트라』를 칭송했다. 독립한 인도의 초대 총리 자와할랄 네루는 독립 직전 옥중에서 쓴 고전적 대중 역사서 『인도의 발견(The Discovery of India)』에서 『아르타샤스트라』를 여러 번 언급했다. 『아르타샤스트라』에 열광한 21세기 인사들 가운데 인도의 수석 외교차관과 국가안보보좌관을 역임한 시브샨카르 메논(Shivshankar Menon)은 2012년 카우틸랴와 『아르타샤스트라』에 관한 학술회의에서 다음과 같이 말했다.

> 『아르타샤스트라』는 위대한 책의 유일한 필수 기준을 충족시킨다. 즉, 읽고 또 읽을 가치가 있다. 이 책을 읽을 때마다 우리는 무언가 새로운 것을 배우며 사건에 대한 새로운 시각을 발견한다. … 이 책은 국가경영, 즉 어떻게 국가를 이끌어갈 것인가에 관한 진지한 매뉴얼로, 더 상위의 목적인 법(다르마, dharma)의 가르침에 따르며, 국가경영을 실제 경험한 결과로서 그 처방이 분명하고 정확하다. 『아르타샤스트라』는 규범적인 글일 뿐만 아니라 국가경영술에 관한 현실주의적인 처방이다.

전략적 사고의 역사는 식민지 시대보다 한참 앞선다는 것을 인도인들에게 상기시키기 위해서도 『아르타샤스트라』 연구가 필요하다는 것이 메논의 견해다.

　　우리는 근대 이전의 역사를 무시하는 병에 걸려 있으며, 다수가 서방의 동양학자들이 묘사한 인도의 캐리커처를 믿는다. 인도의 전략적 접근이 일관성이 없다고 하는 것은 사실 식민주의의 생각이며, 인도인들이 왠지 자신들의 역사를 잊어버려서 서양인들이 되찾아준 역사를 배울 필요가 있다는 관념도 식민주의의 생각이다. 서양인들이 역사를 "되찾아주었다"라는 견해는 식민지 지배를 영속화하고 독립 후에는 자기 회의와 복종 의지를 유도하는 데 유용한 생각이었다.
　　우리끼리 솔직히 얘기하자면, 오늘날 인도에서 전략적 사고로 통하는 것은 대부분이 파생된 것으로서 다른 문화, 다른 시대, 다른 장소 및 다른 조건에서 파생된 개념, 교리, 어휘 등을 사용하고 있다. 이것이 전략적 사고가 우리의 필요에 부응하거나 정책에 영향을 주지 못하고 국내와 국제 담론에서 자리를 잡지 못하는 이유다. 물론 여기에는 인도의 자생적인 핵 독트린처럼 훌륭한 예외도 몇 있다.

　　그러나 『아르타샤스트라』를 '국가경영에 관한 현실주의적 처방'으로 간주하려면 보다 선별적인 읽기가 요구된다. 『아르타샤스트라』는 국가안보보좌관의 책무 속에는 무엇보다도 어떻게 전체 인도 국민에 대한 감시활동을 수행할 것인가, 어떻게 가짜 남녀 성직자를 스파이로 채용할 것인가, 어떻게 국내외의 적을 (필요하면 독약으로) 제거할 것인가 등에 관한 정부 자문이 포함되어 있음을 분명히 가리키고 있다. 이러한 주제에 관한 구절은 시브샨카르 메논이 권고한 것처럼 '읽고 또 읽을' 대상이 아닐 것이다.

『아르타샤스트라』와 달리,『손자병법』은 20세기 들어 중국 내에서뿐 아니라 국제적으로도 큰 명성을 얻었다. 믿을 만한『손자병법』의 첫 영역판이 1910년 출판되었는데(『아르타샤스트라』보다 5년 앞선 것이다), 그 번역자는 대영박물관 동양문헌부의 라이오넬 자일스(Lionel Giles) 박사였다. 영국 정부 관리 중에 이 출판에 가장 진지한 관심을 기울인 사람은 그 전년도에 설립된 방첩국(Counter-Espionage Bureau, 현 MI5의 전신)의 수장 버논 켈(Vernon Kell)이었을 것이다. 켈은 영국 역사상 중국어 통역사 자격을 가진 유일한 정보기관 수장이었으며, 서양에 반대하는 의화단운동 때 중국에 있었다.『손자병법』에서 정보 기반의 전쟁과 기만의 역할을 강조한 대목(당시 서양 문헌에서 유례가 없었다)이 켈에게 충격을 준 것이 틀림없는데, 마침 자일스의 번역판이 출판되었을 무렵 켈이 독일의 영국 내 스파이활동을 막는 데 전력투구하고 있었다는 사실이 그 충격을 배가시켰다. 당시 켈은 독일의 스파이활동이 전쟁 준비의 일환이라고 우려했다.

중국 내에서는 마오쩌둥(毛澤東)이 역대 황제들보다 더 면밀하게『손자병법』을 연구했을 것이다. 공산주의자들과 국민당 정부 간의 내전 기간에 마오는 적지에 측근들을 보내『손자병법』을 한 권 구해오게 했다. 후일 고대 중국의 주요 사상가들 중에서 손자만이 유일하게 마오쩌둥의 문화대혁명에서 다치지 않고 빠져나왔다. 1975년 발간된 소책자에서 마오는 '우익 기회주의자들의 군사 노선과 유학자들의 반동적 견해를 비판'하는 유용한 지침을 제시했다. 서양에서도 마오와 이념적으로 가장 대척점에 있는 인사들 일부 또한 손자를(혹은 누가 썼든『손자병법』의 저자를) 똑같이 존경했다. 1953년부터 1963년까지 CIA 부장을 역임한 앨런 덜레스는 손자가 "최초로 스파이활동 방법을 뛰어나게 분석했으며 최초로 조직화된 정보기관에 관한 권고를 저술"했다고 칭송했다. "손자의 책이 마오쩌둥의 애독서이며 중국 공산당 전술가들의 필독서인 것은 당연하다. 그들은 군사작전과 정보수집을 수행할 때 손자의 가르침을 분명히 실천에 옮긴다." 후일 헨리 키신저는 베트남전에서 미군 사령관들이 『손자병법』에 주목하지 않았다고 비판했다. "호치민(胡志明)과 보응우옌잡(武元甲) 장군은 프랑스와 미국에 대항해 손자의 간접 공격과 심리전 원칙을 사용했다. … 그러한 준칙을 무시한 것이 미국이 아시아전쟁에서 좌절한 주요인이라는 주장이 나올 수 있다."

1970년대 마오쩌둥, 저우언라이(周恩來) 등 중국의 고위 정책결정자들과 협상을 벌였던 키신저는 그들의 세련됨이 고대의 전략적 지혜, 특히 무엇보다도 손자에 의지할 수 있는 그들의 능력에서 파생된 것이라고 확신했다. 키신저는 마오쩌둥의 외교정책이 레닌보다 손자에 더 의지한 것이라고 믿었다. 마오는 "일견 모순되는 전략을 동시에 추진할 만큼 손자의 충실한 추종자"였다.

> 오늘날에도 손자의 텍스트가 읽히는 것은 손자가 세계 최고의 전략가 반열에 오를 정도로 직접성과 통찰력을 갖추고 있기 때문이다. … 손자가 서방의 전략 저술가들과 구별되는 점은 그가 순수한 군사적 요소보다 심리적·정치적 요소를 더 강조한다는 것이다.

그러나 마오쩌둥과 그의 후계자들은 또한 『손자병법』에서 적국 내부에 '최고로 후한' 보상이 주어지는 이중간첩을 심는 것이 중요하다고 주장한 대목을 명심한 것으로 보이는데, 이에 대한 키신저의 언급은 없다. 그러한 이중간첩으로 중국 태생의 미국 시민 래리 우타이 친(Larry Wu-tai Chin)이 있었는데, 그는 CIA에 근무하면서 중국에서 100만 달러를 받은 것으로 보인다. 한편, CIA는 1980년 친이 (CIA가 잘못 안 것이지만) 장기간 탁월하게 근무했다고 그에게 훈장을 수여했다. 친은 간첩 혐의 재판에서 베이징에 전달한 비밀문서 가운데에는 리처드 닉슨이 1972년 미국 대통령 최초의 역사적인 중국 방문을 앞두고 작성한 비밀 메모가 들어 있었다고 인정했다. 그는 법정에서 "나는 닉슨 대통령이 180도 정책을 전환한 데에 놀랐다. 나는 저우언라이가 그 메모를 봤으면 했다"라고 말했다. 저우언라이 또한 닉슨의 메모를 마오쩌둥에게 보고했을 것이다.

21세기 초 CIA 정보연구소는 약 반세기 전 앨런 덜레스가 정보활동의 역사상 손자의 중심적인 역할을 인정한 바를 그대로 이어받았다. 정보활동에 관한 손자의 가르침에 대해 저술한 최고의 영어권 사학자는 마이클 워너(Michael Warner) 박사인데, 그는 미국 CIA, 국가정보장실(ODNI), 국가안보국(NSA) 등에서 잇달아 사관으로 근무했다. 중국의 스파이활동이 특히 과학·기술 분야(이는 손자가 몰랐던 스파이활동 분야다)에서 증가했지만, 21세기에도 미국에서는 『손자병법』의 인기가 식지 않았다. 『손자병법』은 육군사관학교를 비롯한 여러 미군 학교에서 교과서로 지정되어 쓰이고 있다.

2006년 후진타오 주석이 백악관을 방문했을 때, 비단에 영어와 중국어로 인쇄된 『손자병법』을 조지 부시 대통령에게 선물했다. 후진타오의 방미 자체는 약간 황당한 오해로 빛이 바랬다. 중국은 그 방문을 국빈방문으로 생각했지만 백악관은 그렇게 생각하지 않았으며, 주요한 국가행사 시에 제공되는 만찬 대신 오찬만 대접했다. 오찬이 시작되기 전에 중화인민공화국(People's Republic of China)의 국가가 대만의 공식 국명인 중화민국(Republic of China)의 국가로 잘못 소개되었다. 이러한 결례에도 불구하고 승승장구한 손자는 미국의 공항 서점에서 숭배의 대상이 되었다.

후진타오가 백악관을 방문했을 무렵, 손자에 대한 미국의 주된 전략적 관심은 이제 전쟁과 스파이활동에 관한 그의 가르침이 아니라 『손자병법』과 '연성국력(soft power)' 개념 간의 연관성에 있었다. 하버드대 교수와 미국 국가정보

위원회(NIC) 의장을 역임한 조지프 나이(Joseph Nye) 교수가 1990년 고안해 2004년에 더욱 발전시킨 연성 국력 개념은 '강압이나 지불보다 매력에 의해 원하는 것을 얻을 수 있는 능력'을 의미한다. 『손자병법』은 주로 지형지물 이용부터 스파이 역할까지 군사적 승리를 얻는 데 필요한 방안에 관한 것이지만, 손자는 또한 가장 위대한 성취는 "싸우지 않고 적을 제압하는 것"이라고 말하고 있다. 공식 보고서에 따르면, 후진타오 주석은 2007년 중국 공산당 제17차 전국대표대회(全大)에서 행한 기조연설에서 '중국의 연성 국력으로서 중국 문화를 고양할 필요성을 강조했다'. 1년 뒤 나이 교수가 직접 연성 국력과 『손자병법』 간의 연결점을 가리켰다. 그는 손자가 '전투 개시는 정치적 실패를 의미하므로 싸울 필요가 없는 것이 최고로 잘하는 것'이라는 결론을 내렸다고 말했다. '똑똑한(smart)' 장수가 '강압의 거친 힘뿐 아니라 매력의 부드러운 힘도' 파악했음이 틀림없다. 나이 교수는 "유혹이 언제나 강압보다 더 효과적이며, 민주주의, 인권, 개인의 기회 등과 같은 여러 가치는 매우 유혹적이다"라고 썼다. 중국의 문제점은 거대한 경제력에도 불구하고 중국식 민주주의와 인권이 '매우 유혹적'이 되고 있다는 신호가 전혀 보이지 않는다는 점이다.

그러나 손자는 미국 출판업자들에게 매우 유혹적이었다. 2011년 아마존은 『손자병법』의 가르침을 토대로 한 1,500여 종의 페이퍼백 책을 판매했다. 그 가운데 주요한 것을 들자면, 『성공을 위한 손자: 당신 인생에서 도전을 제어하고 중요한 목표를 성취하기 위해 어떻게 손자병법을 사용할 것인가?(The Art of War : among them Sun Tzu for Success: How to Use the Art of War to Master Challenges and Accomplish the Important Goals in Your Life)』(제럴드 마이컬슨·스티븐 마이컬슨 공저), 『여성을 위한 손자(Sun Tzu for Women)』(베키 시츠-런클 저), 『골프와 손자병법: 손자의 영원한 전략이 어떻게 당신의 게임을 바꿀 수 있는가?(Golf and the Art of War: How the Timeless Strategies of Sun Tzu Can Transform Your Game)』(돈 웨이

드 제) 등이 있다. 손자는 또 명사들을 추종자로 얻었다. "어디를 가든 튀게 옷을 입어라. (다른 사람들 속에) 묻히기에는 인생이 너무 짧다"라는 경구를 만든 패리스 힐튼(Pairs Hilton)은 『손자병법』을 공부하는 모습이 사진에 찍혔다.

이상하게도, 미국 내 중국의 스파이활동과 미국 책 시장 내 손자의 인기가 모두 사상 최고조에 이른 시기에, 스파이활동에 관한 손자의 격언은 미국 출판계와 명사들의 관심에서 훨씬 더 멀어졌다. 스파이활동이 국가 활동에서 핵심적으로 중요하다고 주장한 최초의 인물이 손자라는 사실이 대체로 잊힌 듯했다. 그러나 베이징에서는 잊히지 않았다. 중국 정권이 소프트파워에 열성적인 것처럼, 스파이활동에 관한 손자의 가르침에도 열성적이라는 사실을 의심할 이유는 없다. 21세기 중국이 서방에서 아마 사상 최대 규모로 펼치고 있는 과학·기술 정보공작은 "가장 총명한 사람을 스파이로 쓸 수 있는 정부와 군사령관은 확실히 대업을 성취한다"라는 『손자병법』 말미의 주장과 잘 일치한다.

제5장

로마제국과 열등 민족

기원전 44년 율리우스 카이사르의 암살도 로마공화국을 구하지는 못했다. 이후 거의 20년 동안 이어진 내전은 카이사르의 종손이자 양자로서 야망에 불탄 옥타비아누스(Octavian)의 승리로 끝났다. 애초에 공화주의자 얼굴로 등장한 옥타비아누스는 기원전 27년 아우구스투스(Augustus) 황제가 되어 율리우스-클라우디우스(Julio-Claudian) 왕조를 창건했으며 기원후 14년 죽을 때까지 로마를 통치했다.

이후 두 세기는 흔히 '팍스 로마나(Pax Romana)'로 불리는 황금시대로 기억되는바, 이 기간에는 로마의 지배가 유럽 전역에 걸쳐 평화를 유지했다. 그러나 기원후 9년 아우구스투스 군대가 지금의 오스나브뤼크(Osnabrück) 바로 북쪽의 토이토부르크(Teutoburg) 숲에서 게르만 야만족에게 참혹한 패배를 당했다. 그 결과, 팍스 로마나가 라인 강 동쪽으로 확장되지 못했다. 그 패배는 로마군의 정보 실패를 극적으로 보여주었는데, 아우구스투스는 율리우스 카이사르보다 정보에 대한 이해가 부족했다. 당시 그 패배의 주된 희생양이 된 푸블리우스 쾽크틸리우스 바루스(Publius Quinctilius Varus)는 그 2년 전인 기원후 7년 게르마니아 총독으로 임명되어 그 지방을 로마의 법과 과세에 복속시키라는 임무를 부여받았었다. 과거 북아프리카와 중동에서 활약한 바루스의 이력에 비추어 볼 때, 그가 군사령관으로서 능력이 없었다고 볼 근거는 없다. 그러나 로마인들 대부분과 마찬가지로 바루스도 야만족에 대한 이해에 심각한 결함이 있었으니, 바로 그들을 열등 민족(Untermenschen, 2,000년 뒤에 나치당원들이 슬라브족을 조롱한 표현)으로 간주한 것이다. 바루스는 다행히도 게르만 야만족 가운데 세게스테스(Segestes)라는 고위급 두더지(적 조직의 내부에서 활동하는 스파이_옮긴이)를 두고 있었다. 세게스테스는 라인 계곡 북부에 사는 케루스키(Cherusci) 부족의 지도자급 귀족으로서 아우구스투스로부터 로마시민권을 받고 로마에 충성을 맹세했었다. 기원후 9년 그는 자신의 동족 부족민들이 겉으로는 고분고분하지만, 자신의 주된 정적 아르미니우스(Arminius, 현대 독일어로는 헤르만)의 지휘하에 로마의 지배에 반대하는 큰 반란을 일으키려 한다고 바루스에게 경고했다. 한 연회 석상에서 세게스테스는 바루스 옆에 편하게 앉아 아르미니우스 등 모든 케루스키 지도자들을 일단 체포한 다음(의심을 피하기 위해 자신도 포함해) "죄인과 무고한 사람을 가려내라"라고 제안했다. 그러나 바루스는 케루스키 부족이 후진적이고 겉보기에 순종적이기 때문에 그들이 반란을 일으킬 것이라는 예상을 진지하게 받아들일 수 없었다. 로마의 역사가 벨레이우스 파테르쿨루스(Velleius Paterculus)는 후대에 "이제 운명이 바루스의 정신의 눈을 가렸다"라고 썼다.

기원후 9년 가을에 바루스는 세 개의 군단과 비(非)로마인으로 구성된 보조부대를 선두에서 이끌고 베저(Weser) 강 서쪽의 여름 진지를 떠나 라인 강 부근의 겨울 병영으로 향했다. 그의 군대가 뒤따르는 보조원들과 섞여서 9마일에 이르는 긴 행렬을 이루었다는 사실은 그가 매복 공격에 대한 대비책을 거의 세우지 않았음을 강하게 시사한다. 그리하여 바루스의 군대는 아르미니우스가 이끄는 케루스키 군대의 기습공격에 압도당했다. 최근 토이토부르크 전투 장소에서 진행된 고고학적 조사에 따르면, 로마군은 폭 1km의 산길에서 매복 공격을 당해 반격을 위한 기동이 불가능했다. 3일 동안 지속된 그 전투에서 로마군은 폭우와 진창 속에서 꼼짝하지 못했다. 이후에 벌어진 살육전에 대해 역사가 루카이우스 안나이우스 플로루스(Lucius Annaeus Florus)는 소름 끼치게 기술했다.

거기 늪과 숲에서 일어난 것보다 더 잔인한 살육은 결코 없었으며, 야만인들이 가한 것보다 더 참을 수 없는 모욕은 결코 없었다. … 그들은 로마인들의 눈알을 빼고 손을 잘랐다. 그들은 먼저 혀를 잘라낸 다음 입을 꿰맸으며, 한 야만인은 그 혀를 손에 쥐고 "이 독사 같은 놈, 마침내 찍소리 못하는구나"라고 외쳤다.

바루스는 그러한 끔찍한 죽음을 피하려고 자살을 택했다. 아우구스투스는 그 재난 소식을 듣고 팔라티노(Palatine) 언덕에 있는 자기 집 벽에 머리를 부딪치며 거듭 소리를 질렀다. "바루스여, 나의 군대를 돌려다오!" 나중에 게르마니쿠스(Germanicus, 아우구스투스의 후임 황제인 티베리우스의 조카)가 독일로 돌아가 케루스키 부족에 복수했으며, 그에 대한 포상으로 로마에서 야만인 포로 행렬과 함께 승리의 행진을 벌였다. 그 행진의 초대석에는 여전히 로마에 충성하는 두더지 세게스테스가 포함되었다.

엘베 강까지 진출하려는 로마의 야심을 끝낸 토이토부르크의 재난은 정보 실패의 뚜렷한 본보기다. 그러나 그 실패는 정보의 수집보다 정보의 사용에 실패한 것이다. 로마군으로서는 케루스키 부족의 봉기 위협에 대해 계속 첩보를 제공할 수 있는 스파이로서 세게스테스보다 더 좋은 위치에 있는 사람은 없었을 것이다. 그러나 바루스는 야만적인 '열등 민족'의 열등성을 과신한 나머지 주의를 기울이지 않았는데, 이는 2,000년 뒤에 히틀러가 동유럽 정복 전쟁을 벌이면서 슬라브족의 저항 능력을 한심하게 과소평가한 것과 똑같다. 토이토부르크 전투가 끝나고 반세기 뒤에는 이와 비슷하게 야만적인 이세니족(Iceni, 영국 동부에 살던 고대 켈트족_옮긴이)의 위협을 과소평가한 탓에 로마가 영국을 계속 지배할 수 있을지 의심스러운 지경에 놓이기도 했다.

로마제국의 건국 이후 가장 가시적인 정보수집의 변화는 제국의 변경 지역에서가 아니라 로마 내에서 일어났다. 황제들이 자신에 대한 반대 음모(진짜와 가상 모두)를 걱정해 제보자를 점점 더 많이 사용했던 것이다. 아우구스투스는 자신의 신변안전에 세심한 주의를 기울였다. 수에토니우스의 기록에 따르면, 기원전 18년 원로원 숙청 기간에 양아버지 율리우스 카이사르와 같은 운명을 피하려고 노심초사한 아우구스투스는 칼을 차고 다니고 튜닉 속에 흉갑을 착용했으며 10명으로 구성된 경호대의 호위를 받았다. 원로원 의원들은 먼저 숨긴 단검을 찾는 몸수색을 거쳐 한 번에 한 명씩 그에게 접근하도록 허용되었다.

아우구스투스에게 반대한다는 음모와 관련해 밀고자(delator, 아우구스투스 통치 이전에는 이 라틴어가 밀고자라는 뜻이 아니었다)들이 대부분의 정보를 제공했다. 아우구스투스는 그들이 제공한 정보를 처리하는 데 직접 관여했다. 때때로 그는 정보수집과 성적 유희를 결합했다. 아우구스투스의 성적 취향을 거의 경외한 듯 보이는 수에토니우스의 기록에 따르면, 아우구스투스의 친구들은 그를 위해 억지로 뚜쟁이 노릇을 하면서 미혼녀와 기혼녀를 불문하고 여자의 나체가 황제의 요구에 맞는지 확인하기 위해 여자들에게 마치 시장에 나온 노예처럼 옷을 벗으라고 명령했다. 수에토니우스에 따르면, 아우구스투스는 기혼녀들과 수없이 성관계를 맺으면서 가끔 남편이 황제에 반대하는 음모를 꾸미고 있는지 캐물었다. 그는 여자관계를 굳이 숨기려고 하지 않았다. 마르쿠스 안토니우스(Mark Antony)에 따르면, 한 만찬 파티에서 그는 집정관급 인사의 아내를 침실로 데려갔는데, 거기서 그녀는 '머리카락이 심하게 헝클어지고 양쪽 귀가 빨개져서' 나왔다. 여자관계와 달리, 그는 자신의 비밀에 대해서는 철저하게 보호했다. 아우구스투스는 자신의 비서 탈루스(Thallus)가 500데나리온(은화)의 뇌물을 받고 자신의 편지 내용을 누설한 것을 알고는 그의 양 다리를 직접 부러뜨렸다. 아우구스투스가 자신의 신변 보호에 성공했음은 그가 거의 77세까지 황제로서 통치를 계속하다가 자연사했다는 사실로 입증된다. 유일하게 그보다 나이가 많았던 고르디아누스(Gordian) 1세는 238년―여섯 황제의 해―79세에 황제가 되었으나 한 달만 통치하고 자살했다.

아우구스투스를 계승한 티베리우스(Tiberius) 황제(기원후 14~37년 재위) 치하에서는 밀고자의 수가 상당히 늘었는데, 이는 그가 점점 더 음모를 두려워했기 때문이다. 역사가 타키투스의 기록에 따르면, 밀고자 직업은 공공의 이익보다 사적인 이익 때문에 추구되었으며 그 덕분에 가난한 사람이 부자가 되어 '경멸의 대상 대신에 두려움의 대상'이 된 사람들도 있었다. 티베리우스 치하에서 밀고자에 의해 해를 입은 사람들 가운데에는 카프리 섬의 절벽 꼭대기에 있는 그의 궁전에서 벌어진 난잡한 술판에 관해 근거가 없지는 않았을 이야기를 퍼뜨린 사람도 있었다(수에토니우스와 타키투스가 그 파티의 외설성을 상세히 묘사했다). 스토아학파 철학자이자 정치가인 세네카에 따르면, "티베리우스 카이사르 치하에서 반역 혐의자를 고발하는 광풍이 거의 일반화됨으로써 로마 시민의 목숨을 내전보다 더 많이 앗아갔다".

세네카의 기술은 모두가 진실은 아니겠지만 티베리우스 재위 기간에 탄핵 문화에 의해 조성된 공포 분위기를 포착하고 있다. 수에토니우스에 따르면, 칼리굴라(Caligula)로 더 알려진 가이우스(Gaius) 황제는 즉위하자마자 민중의 지지를 얻기 위한 시도로 자신은 "밀고자들에게 들을 귀가 없다"라고 선언했다. 네로(Nero) 황제는 기원후 54년 클라우디우스(Claudius) 황제를 계승한 직후 밀고자들에 주는 포상금을 1/4로 삭감한다고 발표했다. 하지만 칼리굴라와 네로는 자신의 약속을 지키지 않았다. 네로는 옛 친구이자 심복인 세네카에게 그가 아무런 역할도 하지 않았을 음모에 가담했다는 이유로 자살을 명했다.

율리우스-클라우디우스 왕조에서 아우구스투스를 계승한 네 명의 황제(티베리우스, 칼리굴라, 클라우디우스 및 네로)는 후대의 여러 황제와 마찬가지로 밀고자뿐 아니라 징조와 전조, 점술에도 많은 관심을 기울였을 것이다. 수에토니우스에 따르면, 점성술사 실라는 칼리굴라의 암살을 예고했으며 희생제 도중에 홍학의 피가 튀는 등 나쁜 징조도 있었다. 칼리굴라는 안티움(Antium) 신전에서 신탁을 통해 카시우스가 황제에 반대하는 음모를 꾸미고 있다고 들은 후, 아시아 지방의 총독인 카시우스 롱기누스(Cassius Longinus)의 처형을 명령했다. 그러나 그는 엉뚱한 카시우스를 골랐던 것이었다. 기원후 41년 암살 음모의 진짜 주동자는 카시우스 카이레아(Cassius Chaerea)였다. 타키투스는 보통 터무니없이 글을 쓰는 스타일이 아니지만, 그가 율리우스-클라우디우스 왕조에서 정권 교체를 알리는 전조를 기술한 대목은 때때로 우스꽝스러울 정도다. 그의 기술에 따르면, 기원후 54년 클라우디우스 황제의 죽음이 다가온다는 사실이 '일련의 영검들'에 의해 예고되었다. 그러한 영검들로는 하늘에서 내려와 군인들의 천막과 깃발에 불을 붙인 불꽃, 주피터 신전(Capitol) 꼭대기에 집을 지은 벌 떼, '매의 발톱을 가진 돼지'의 출생, '양성아' 등이 있었다. 클라우디우스를 승계한 네로는 자신이 죽인 어머니의 유령이 자신을 괴롭힌다고 믿고 '어머니의 분노를 달래기' 위해 마법 의식으로 그 유령을 불러내려고 했다. 칼리굴라처럼 네로도 점성술사에게 도움을 구하고 델포이 신전에서 신탁을 청했다.

네로가 재위하는 동안 로마제국의 지배에 대한 주된 위협은 영국에서 비롯되었다.[1] 역사가 타키투스와 카시우스 디오(Cassius Dio)[2]는 로마군이 오늘날의 영국 동부에 살았던 고대 켈트족인 이세니 부족에 당한 큰 패배에 관해 기술했다. 두 사람 다 로마군이 영국의 야만족에 관한 기초적 군사정보가 부족했다는 사실보다 당면한 재난의 징조와 전조에 주의하지 않았다는 점을 훨씬 더 강조했다. 반세기 전 토이토부르크에서 대패하기 직전처럼 로마의 근본적인 문제점은 여전히 야만적인 '열등 민족'을 합당한 적으로 간주하지 않았다는 데 있었

---

1   이세니족 봉기의 직접적인 원인은 무능한 로마 관료들의 학정이었다.
2   타키투스(기원후 56~117년)는 자신의 생애 동안 발생한 사건에 관해 서술했다. 카시우스 디오(기원후 150~235년)의 기술은 한 세기 뒤에 쓴 것이다.

다. 로마가 영국 남부를 정복하고 나서 17년이 지난 기원후 60년에 이세니족이 반란을 일으켰을 때 그 지도자는 여자인 부디카(Boudicca) 여왕이었다. 그렇기 때문에 로마군은 이세니족을 진지하게 대하기가 더 어려웠다. 로마 병사들은 이미 부디카에게 공개적으로 채찍질을 가하고 그의 두 딸을 강제로 강간한 상태였다. 더 이상의 모욕이 필요 없을 정도였다. 그러나 후대에 카시우스 디오는 부디카가 당당한 풍채, 거친 목소리, 근엄한 눈빛을 지니고 있었고 목에 황금 목걸이를 두르고 다채색 외투와 짙은 망토 위로 긴 황갈색 갈기를 드리웠으며 보통 여자 이상의 지성을 갖추었다고 인정했다.[3]

그러나 이세니족을 지배한 로마인들에게는 부디카의 외모보다 이상한 전조들이 훨씬 더 걱정스러웠다. 타키투스에 따르면, 기원후 60년 당시 로마의 지방수도였던 카물로두눔(Camulodunum, 오늘날의 콜체스터) 주민들은 일련의 극적인 흉조들로 불안해졌다. 우선, 승리의 여신 빅토리아상이 명확한 원인도 없이 받침대에서 떨어져 땅바닥에 엎어졌다. '마치 로마의 적에게 항복하는 것처럼' 말이다. 게다가 집단 히스테리가 뒤따랐다. 카시우스 디오가 전하는 바에 따르면, 몹시 흥분한 여자들이 거리로 뛰쳐나와 '미친 듯이 비명을 지르며' 재앙을 예언했으며, 외국인 억양의 '섬뜩한 아우성'이 의사당 내부에 울려 퍼지고 '사납게 울부짖는 소리가 극장을 채웠다'. 템스 강 하구 부근에서는 폐허가 된 로마 식민지의 모습이 수면 아래 나타났고, 바다는 핏빛으로 물들었으며, 썰물로 인해 모래사장에서 인체 자국이 드러났다. 로마인들이 '절망에 빠지는 모습을 보고 영국인들은 영광스러운 승리를 예상했다'. 카물로두눔에는 허울뿐인 수비대만 있었기 때문에 겁을 먹은 주민들이 지방장관 카투스 데키아누스(Catus

---

3 카시우스 디오는 큰 금목걸이를 언급하고 있지만, 이는 고대인들이 쓰던 목걸이(torc)를 의미하는 것이 거의 분명하다. 이 목걸이들은 옛 이세니족 땅에서 다수 발견되어 그중 200개가 대영박물관과 노리치 성에 '스네티샴(Snettisham) 보물'로 전시되어 있다.

Decianus)에게 증원군을 요청했다. 데키아누스는 여자가 이끄는 이세니 야만족이 심각한 군사적 위협을 가할 수 있을 것이라고는 꿈에도 생각지 못하고 200명에 불과한, 그나마 일부는 부실하게 무장한 병력을 보내 수도 방위를 맡겼다.

부디카는 문맹이었지만, 카물로두눔 수비대 내부에 있는 그의 스파이들 덕분에 로마군에 관해 잘 알고 있었는데, 이는 이세니족에 관한 데키아누스의 무지와 비교된다. 카시우스 디오는 '은밀한 적군'이 수도 방위를 위한 '만반의 대비'를 뚫었다고 인정한다. 반대로 로마 사령관들은 이세니족 가운데서 스파이를 채용할 생각을 하지 못했다. 부디카 군대에 압도당한 카물로두눔은 '불과 칼로 인해 폐허로 변했다'. 클라우디우스 황제에게 봉헌된 카물로두눔의 신전은 이세니족에 의해 파괴되었지만, 그 신전에서 나온 것으로 보이는 클라우디우스의 청동 두상은 현재 대영박물관에 있다. 부디카는 계속 진격해 론디니움(Londinium, 현재의 런던)과 베룰라미움(Verulamium, 현재의 세인트올번스)의 로마 식민지를 불태웠다. 한동안 로마의 영국 지배가 존속될지 의심스러웠다. 그러나 재정비한 로마군은 '워틀링 가도(Watling Street)의 전투'[4](기원후 60년 또는 61년으로 추정)에서 부디카에게 참패를 안기고 이세니족 영토 전역에 일련의 수비대 진지를 구축했다. 이 진지들 덕분에 로마군은 봉기 이전보다 이세니족의 동향을 더 잘 파악하게 되었다. 현장에서 사라진 부디카는 자살했다고 전해졌다. 이후 로마가 영국을 지배한 3세기 동안 더 이상의 봉기는 없었다.

율리우스-클라우디우스 왕조와 마찬가지로 후속 로마 황제들도 대부분 제국의 안전보다 자신의 신변안전에 영향을 미치는 정보에 더 주의를 기울였다. 그러나 정보활동이 빈약했다. 어수룩하거나 돈을 탐하는 밀고자들이 지어내는 가짜 음모와 진짜 위협을 구별할 적절한 수단이 없었다. 그런 요인이 일부

---

4   '워틀링 가도의 전투'가 벌어진 정확한 장소는 여전히 논란의 대상이다.

작용한 결과, 역대 황제의 약 3/4이 왕권을 노리는 자들에 의해 암살되거나 전복되었다.[5] 황제 경호의 주된 책임은 근위대에 있었다. 아우구스투스가 창설한 근위대는 다른 군대보다 더 좋은 조건과 보수를 받는 정예부대였을 것이다. 새 황제가 즉위하면 근위대의 충성심을 확보하기 위해 그들에게 명목상 보너스로 포장해 후한 뇌물을 주었다. 특별히 후했던 클라우디우스는 근위병들에게 연봉의 다섯 배를 '증여'했다. 그러나 근위대는 특전을 누렸음에도 가끔 제국 로마의 살인 정치에 휘말렸다. 기원후 41년 칼리굴라가 팔라티노 언덕 경기장에서 돌아오다가 암살되고 뒤이어 그의 처자식까지 살해당한 사건에 근위대 구성원들이 연루되었다. 근위대는 또한 클라우디우스와 네로의 즉위에 앞선 음모에도 관련되었다. 황제는 근위대의 충성심에 의지할 수 없는 한 자신의 안전도 확신할 수 없었다.

근위대 음모가 최악에 이른 것은 192년 근위대장이 포함된 음모의 결과로 콤모두스(Commodus) 황제가 암살된 사건이었다. 근위대의 다른 구성원들은 이 암살사건에 연루되지 않았지만, 이후 6개월 동안 세 명의 황제를 배출한 계승 위기에 휘말렸다. 역사가 헤로디아누스(Herodian)[6]에 따르면, 근위대는 페르티낙스(Pertinax) 황제를 죽인 후 제위를 최고 입찰자에게 주겠다고 내놓았다. 그 경매는 각 근위병에게 은화 2만 5,000냥을 제시한 디디우스 율리아누스(Didius Julianus)에게 돌아갔다. 그러나 두 달 뒤 율리아누스를 죽인 장군 셉티미우스 세베루스(Septimius Severus)가 황제가 되어 211년까지 통치했다. 세베루스는 페르티낙스를 암살한 근위병들을 처형하고 나머지는 해고했다. 이후 근위

---

5   암살 숫자에 관해서는 정확한 통계를 낼 수 없다. 예를 들어 클라우디우스 황제가 자연사했는지 독살되었는지 불확실하다.

6   시리아의 헤로디아누스 또는 안티오크의 헤로디아누스로 불리며, 자신의 생애와 비슷한 기원후 180~238년 기간의 로마 역사를 그리스어로 저술했다(옮긴이).

대는 일반 군대와 별 차이가 없었으며 로마에 주둔하는 시간보다 원정 나가는 시간이 더 많았다.[7] 로마제국의 황금시대를 종식시킨 3세기 중엽의 위기는 황제 경호가 충분치 못했음을 극적으로 보여주었다. 235년 알렉산데르 세베루스(Alexander Severus) 황제가 자신의 군대에 의해 암살된 후에는 혼돈의 반세기가 시작되었다. 이 기간에는 주요 군사령관 20여 명이 황제를 칭하며 제국의 전부 또는 일부 지배를 놓고 다투었다.

황제가 프루멘타리(frumentarii)를 활용한 것은 정보 장교단 설립에 매우 근접했는데, 이들은 이름처럼 처음에 군수용 곡식(frumentum)의 매입과 분배를 담당했었다. 이들은 제국의 곳곳을 돌아다녔기 때문에, 점차 제국 행정에 유용한 첩보를 들고 로마로 돌아왔다. 이들의 정보 역할은 주로 황제가 자신의 권위를 위협하는 지방의 도전에 대해 조기경보를 원했기 때문에 촉진되었으며, 이들의 활동은 2세기 초부터 시작된 것으로 보인다.[8] 하드리아누스(Hadrian, 117~138년 재위)는 심지어 자신의 친구들을 염탐하는 데도 프루멘타리를 활용했다고 전해졌다.

하드리아누스는 친구들의 모든 비밀을 캤는데, 너무 교묘해서 친구들은 그가 스스로 폭로하기 전까지는 자신들의 사생활까지 아는 줄 전혀 몰랐다. … 어떤 사람의 처가 남편에게 편지를 써서 쾌락과 목욕에 푹 빠져 집에 들어오지 않는다고 불평한 일이 있었는데, 하드리아누스는 이 사실을 개인 첩자를 통해 알아냈다. 그리고 그 남편이 휴가를 청했을 때, 하드리아누스는 쾌락과 목욕이 그렇게 좋으냐고 책망했다. 그러자 그 남자가 소리쳤다. "뭐라고요? 내 처가 나

---

7 근위대는 312년 콘스탄티누스 황제에 의해 최종적으로 해산되었다.
8 황제들이 정보와 치안 목적으로 프루멘타리를 활용하기 시작한 시점을 특정하기 어려운 이유는 이들이 곡식을 공급하는 일도 계속했기 때문이다.

한테 쓴 편지를 폐하한테도 보낸 겁니까?"

프루멘타리는 여기저기서 정보를 수집하는 것 외에 전령, 보급관, 징세관, 경찰관 등의 역할을 수행했으며, 때로는 비밀 암살자 역할도 수행했다. 로마 역사서에 언급된 한 프루멘타리 백인대장은 '원로원 의원들을 살해한 것으로 유명'했다고 한다. 기독교 박해 기간에 그들은 또한 기독교도들을 색출했다. 로마제국의 그리스어 사용권에서는 프루멘타리가 종종 징세관으로 불렸다. 서로마제국에서는 프루멘타리가 '염탐꾼'으로 알려졌다. 세금징수 외에 '염탐하기'와 내부 감시까지 하는 프루멘타리에 대해 당연히 세간의 평이 안 좋았다. 역사가 아우렐리우스 빅토르(Aurelius Victor)에 따르면, "그들은 가는 곳마다(특히 아주 먼 지역에서) 악랄하게 거짓 혐의를 지어내고 공포를 불러일으켜 모조리 약탈하는 만행을 저질렀다". 아시아 지방의 한 백인대장 프루멘타리를 기린 송덕비에서는 그가 백성을 억압하지 않았다고 칭송하고 있는데, 이는 그가 당시의 관행에서 예외였음을 시사한다. 프루멘타리에 대한 원성이 높아지자 결국 디오클레티아누스(Diocletian) 황제가 그들을 해체하고 무미건조하게 이름을 붙인 '일반 관원들(general agents)'로 대체했다. 이들은 프루멘타리와 거의 같은 정보활동을 수행했지만, 전임자들과 달리 이들은 문민이었으며, 궁정 직으로 신설된 총무장관(Minister of Offices)에게 보고했다. 또 이들은 수가 엄청나게 늘어 약 1,200명에 이르렀는데, 이는 냉전 초기 영국 보안부(MI5)와 거의 같은 규모다.

후속 황제들은 자신들의 개인적 권위를 위협하는 것에 대한 조기경보를 바랐음에도 불구하고 단지 대전략이 없었기 때문에 오늘날의 이른바 전략정보와 같은 것에 관해서는 거의 관심을 두지 않았다. 메리 비어드(Mary Beard)는 "제국 경영을 위한 종합정책이나 군사적 배치를 위한 포괄적 전략 같은 것이 없었다"

라고 결론을 내리고 있다. 기원후 1세기 말 무렵 국경 지역을 제외한 로마제국의 영토 대부분은 수비가 허술했는데, 이는 심각한 반란이 일어날 가능성이 희박했기 때문이다. 제국 내 잠재적 반란자들도 대부분 로마의 압도적 군사력에 도전할 수 없다는 것을 깨닫고 있었다. 3세기 중엽 위기가 닥친 혼란기에도 로마에 복속된 백성들은 심각한 반란을 일으키지 않았다. 따라서 그들에 관한 정보활동은 우선순위가 높지 않았다.

로마제국 말기에 이루어진 최대의 정책변화는 종교적인 것으로서, 312년 콘스탄티누스(Constantine) 황제가 기독교를 국교로 채택한 것이었다. 콘스탄티누스는 비공식적인 이교도 관행을 관용했지만, 이교도들이 동물을 희생시켜 그 창자로 점을 치는 행위는 '역겨운 공해'라고 공개적으로 비난했다.[9] 그의 개종과 395년 테오도시우스(Theodosius) 황제의 이교도 의식 폐지 사이의 거의 한 세기 동안 신탁과 직업 점술가들이 살아남으려는 투쟁을 오래 끌었지만 궁극적으로 성공하지 못했다. 전통적으로 로마의 전쟁에서 군사정보보다 우위에 섰던 점술은 357년 불법화되었고 계속 점술을 시행한 자에 대한 처벌이 규정되었다. 독실한 기독교 전승에 따르면, 델포이 신전의 처녀 사제 피티아는 마침내 배교자 율리아누스(Julian the Apostate) 황제(360~363년 재위) 치하에서 패배를 다음과 같은 운문으로 인정했다.

그대 왕에게 말하라, 조각으로 만든 집이 썩어 무너졌다고.

아폴로 신이 예언하는 방이 사라지고 경당마저 남아 있지 않네.

말하는 샘도 사라졌네. 그토록 할 말이 많았던 물줄기가 이제 말라버렸구나.[10]

---

9   디디마(Didyma)와 제우스 필리오스(Zeus Philios) 신전의 신탁은 막시미누스 2세(Maximin Daia, 305~313년 재위) 치하의 안티오크에서 공개되어 4세기 초 기독교도 박해를 부추기는 데 중요한 역할을 했다.

피티아는 성스러운 아폴로 신전에서 일부 역할을 계속할 수 있도록 타협을 바랐을 것이다. 그리스 지방 총독이 고대의 신비를 폐지하면 그리스인들의 삶이 견딜 수 없게 될 것이라고 발렌티아누스(Valentian) 황제(364~375년 재위)에게 탄원하자 황제가 한발 물러서긴 했지만, 그 유예는 일시적이었다. 공식적인 점술 시대의 종식이 군사정보의 중요성에 대한 새로운 인식으로 대체된 것은 아니었으나, 중세 기독교 유럽의 장군들은 로마의 이교도 선배들처럼 원정을 나가면서 신성한 닭을 가둔 닭장과 희생된 동물 내장을 검사하는 점술사들을 거추장스럽게 동반하지는 않았다. 부분적으로 이러한 이유에서, 고대 전쟁보다 중세 전쟁에서 스파이활동의 역할이 더 컸다. 콘스탄티누스가 개종한 후 천 년이 지나 발발한 백년전쟁에서 활동한 스파이들은 그리스와 로마의 모든 전쟁에서 활동한 스파이들보다 수적으로 더 많았을 것이다.[11]

콘스탄티누스 치하에서는 로마제국 권력의 핵심축이 서에서 동으로 이동했다. 즉, 과거 영광의 기념비였던 허물어지는 로마에서 보스포루스 해협의 '새 로마'—건립자의 이름을 딴 콘스탄티노플—로 이동했다. 337년 콘스탄티누스가 세상을 떠난 후 반세기 동안 동쪽에 하나, 서쪽에 하나, 두 명의 황제가 로마제국을 공동으로 통치했다. 395년에는 로마제국이 공식적으로 둘로 분할되었고 황제도 분리되었다. 동서 양쪽에서 제국은 점차 인종적으로 다양해졌다. 212년 안토니우스 칙령(Antonine Constitution)으로 제국 내 거의 모든 거주자에게 로마 시민권이 부여되었다(물론 노예는 제외되었다). 서로마제국을 무너뜨린 것은 내부 붕괴가 아니라 외부 야만족의 공격이었다.[12]

---

10   20세기에 번역되어 여기에 인용된 '델포이 신전의 마지막 발표'가 진짜라고 보는 견해가 있다.

11   중세 전쟁에서의 정보의 역할에 관한 연구는 아직 진행 중이다. 그 연구로 스파이 사용에 관한 새롭고 중요한 출처 자료가 발견되었지만, 스파이들의 조직과 효과는 여전히 불분명하다.

12   야만족의 침공이 서로마제국의 붕괴를 이해하는 열쇠라는 견해가 현재 지배적이다. 그러나 19세기에 나온 이 통설에 대해서는 여전히 이론이 제기되고 있다.

토이토부르크 전투 이후 두 세기 동안 로마제국의 변방 야만족에 관한 군사 정보는 거의 개선되지 않았다. 로마인들은 라인 강과 다뉴브 강 건너 야만족들과의 접촉이 많아졌으면서도 '열등 민족'에 대해 거들먹거리는 태도는 줄어들지 않았다. 군사정보의 결핍을 뚜렷하게 보여준 것은 3세기 중엽의 위기 시에 고트족(Goths)이 다뉴브 강을 건너 로마를 기습적으로 침공한 사건이었다. 고트족은 기원후 247년 로마가 로물루스(Romilus)에 의한 건국 1,000주년을 기념하고 있던 순간에 발칸반도 일대를 황폐화했다. 그때까지 야만족들은 이 정도 규모의 대혼란을 일으킬 능력이 없다고 생각되었다. 이후 로마는 경계선인 라인 강과 다뉴브 강 건너편에서 비협조적인 부족과 전쟁을 벌일 용의가 있고 게르만 세계에서 '무력함을 보완해 친(親)로마 균형'을 유지할 용의가 있는 부족장 고객을 찾으려고 했다. 순종하는 부족은 로마 군단의 동맹자(foederati)로서 보조금과 고용을 보상으로 기대할 수 있었다. 반대로 말썽을 일으키는 야만족은 매년 수천 명 중에서 특선되어 로마의 콜로세움과 기타 제국의 유희장에서 소름 끼치는 죽음에 처해졌다. 306년 콘스탄티누스 황제는 라인 강 변경의 평정을 기념해 생포한 두 게르만족 왕을 트리어(Trier, 독일 남서부의 도시_옮긴이)에 있는 경기장에서 야수의 먹이로 던지라고 명령했다.[13]

4세기 로마제국에 대한 야만족의 위협 가운데 가장 심각한 것은 중앙아시아의 유목민 훈족(Huns)에서 비롯되었다.[14] 로마인들은 370년대 초 흑해 북쪽에 흉포한 기마 전사들이 나타났다는 보고가 다뉴브 강 주둔군에게 올라올 때까지 훈족에 관해 들어본 적이 없었다. 372년 훈족은 볼가 강을 건너, 가장 동쪽

---

13   로마 콜로세움(기원후 80년 완공)에서만 참혹한 죽음을 맞이한 사람의 합계가 약 20만 명에 이르며, 그중 다수가 야만족이었다.
14   유목민 훈족이 어디서 왔는지는 아직 불분명하다. 몽골에서부터 카자흐스탄까지 가능성이 다양하다.

의 게르만 부족인 동고트족(Ostrogoths)을 급속하게 압도했다. 그들의 서쪽 이웃인 서고트족(Visigoths)은 일찍이 다키아(Dacia) 지방(현재의 루마니아)에 정착했는데, 서진해 오는 훈족에게 이웃처럼 예속될까 봐 두려워했다. 이들은 376년 로마인들을 설득한 끝에 다뉴브 강을 건너 제국 내에 피난하도록 허용되었다.[15] 호전적인 고트족도 두려워하게 만든 훈족의 능력을 보고도 로마인들은 기묘하게도 그들에 관해 호기심이 없었다. 로마인들의 호기심 결여는 모든 야만족에 대해 오래 간직해 온 문화적 경멸을 반영했다. 이러한 경멸로 인해 3세기 전 토이토부르크에서 그리고 로마 지배하의 영국에서 군사적 재앙을 겪은 적이 있었다. 나중에 작성된 동로마(비잔티움)제국의 군사 매뉴얼은 자신들의 경험뿐 아니라 서로마제국의 실패도 반영했을 것이다. 이 매뉴얼은 "야만족들을 과소평가하지 말라. 왜냐하면 그들도 지혜와 타고난 이성, 교활함의 힘을 보유하고 있기 때문이다"라고 경고했다.

훈족은 문맹이었다. 따라서 자신들에 관해 아무런 문헌 기록을 남기지 않았다. 그들에 관한 기술은 4세기 말 로마인이 간접적으로 쓴 것이 유일하게 현존한다. 390년경에 쓴 그 기술의 저자는 로마의 주요 역사가이자 전직 군인인 암미아누스 마르켈리누스(Ammianus Marcellinus)였다. 암미아누스는 훈족을 단지 야만적인 '열등 민족'의 또 다른 변종으로 간주했으며, 제국에 대한 군사적 위협을 평가하기보다 그들의 문화적 타락과 추한 외모, 냄새나는 의복을 경멸하는 데 더 관심을 쏟았다.

훈족은 흉포하기 이를 데 없다. … 그들은 소름 끼치게 추해서 두 발 달린 짐승으로 오인될 정도다. … 그들은 맛있는 음식을 필요로 하지 않는다. 그들은

---

15 서고트족은 오늘날 프랑스 서남부 아키텐 지방에 평화롭게 정착했다.

재배되지 않는 식물을 먹고 모든 종류의 동물을 반 날고기로 먹는다. 그들은 이 고기를 허벅지와 말잔둥 사이에 넣어두어 약간 데운다.

… 그들은 일단 (칙칙한 색의) 튜닉을 걸치면 썩어서 누더기가 되고 조각조각 떨어져 나갈 때까지 오랫동안 갈아입거나 벗지 않는다.

훈족은 보병 전투에 그리 익숙하지 않다. 훈족은 말에 착 달라붙어 있는데, 이는 확실히 거칠지만 추하기도 하다. …

그들은 생각이 없는 동물처럼 옳고 그름의 차이를 전혀 모른다.

암미아누스는 훈족에게 요리용 대형 가마솥이 없었다고 확신했으나 이러한 가마솥은 고고학적 발굴로 다수 발견되었다. 그러나 그의 기술은 일부 진실한 요소를 포함하고 있다. 오늘날의 타르타르스테이크(일종의 쇠고기 육회 요리_옮긴이)는 유목민 타타르족(Tartars)과 훈족이 말안장 밑에 보관한 날고기를 소비하던 고대 관행에서 유래한다. 훈족의 경멸스러운 야만성에 사로잡힌 나머지, 로마와 콘스탄티노플의 황제들처럼 암미아누스도 그들이 가장 위험한 공격 전력을 가지고 유럽에 나타났다는 사실을 파악하지 못했다. 그들은 말 위에서 활을 반복해서 정확하게 쏠 수 있는 빠른 기동력과 치명적인 화력을 겸비했다. 그러나 훈족은 강력한 중앙집권적 리더십이 부재했기 때문에 다뉴브 강에 도달한 이후 반세기 남짓 동안 로마나 콘스탄티노플에 직접적인 위협을 가할 수 없었다.

434년 훈족의 아틸라(Attila) 왕이 즉위하기까지 로마제국에 대한 직접적인 주된 위협은 훈족이 아니라 고트족[16]에서 나왔다. 아이러니컬하게도 로마인들이 스스로 그 위협을 증대시켰다. 다뉴브 강의 로마 경계에서 약 300km 떨어

---

16   고트족의 지리적 연원은 아직 논란의 대상이다.

진, 4세기 서고트족의 거주지였던 소바리 마을을 최근 발굴한 결과, 1만 4,000개의 기왓장, 16개의 돌기둥과 약간의 유리창이 발견되었다. 로마의 화폐와 상품이 라인 강과 다뉴브 강 건너로 흘러들자 부와 권위가 증대된 전사 엘리트들이 등장했는데, 이들은 수하에 더 많은 전사를 끌어들이고 더 많은 약자와 이웃들이 자신의 군주 지위를 인정하도록 회유하거나 강압하는 데 그 부와 권위를 사용했다. 변경 지역에 있는 '부족들 가운데 유용한 고객을 찾으려고 했던' 로마의 외교가 그와 같은 과정에 이바지했다.

제국의 결속에 대한 최초의 주요 도전은 376년 훈족으로부터 피난했던 서고트족에서 나왔다. 서고트족이 평화로운 동맹자(foederati)가 될 것이라는 희망은 빠르게 무너졌다. 초기에 서고트족과 교역 및 외교적 접촉을 했음에도 동로마 황제 발렌스(Valens)는 서고트족 지도자 프리티게른(Fritigern)이 지휘하는 군대의 힘을 전혀 몰랐다. 그의 무지는 문화적으로 열등한 야만족을 과소평가하는 로마의 전통과 정찰대의 명확한 실패에서 비롯되었다. 정찰대는 프리티게른의 병력 규모가 발렌스 군대의 약 1/3 수준인 1만 명에 불과하다고 보고했다.[17] 발렌스는 이 정보 실패로 인해 378년 아드리아노플(Adrianople, 오늘날 유럽쪽 터키령 에디르네) 전투에서 엄청난 대가를 치렀다. 발렌스는 프리티게른에 대한 승리를 자신만만하게 기대했고 그 공로를 독차지하고 싶은 욕심에 서로마 황제 그라티아누스(Gratian)의 지원군을 기다리지 않기로 했다. 그는 또한 서고트족의 로마제국 내 영주권과 평화를 교환하자는 프리티게른의 제의도 일축했

---

17 로마제국의 멸망과 야만족의 침입에 관해 연구한 최근의 주요 사학자들은 발렌스가 입수한 정보의 부정확성을 간단히 언급하고 있으나 그 출처에 관해서는 논하지 않고 있다. 피터 헤더(Peter Heather) 교수는 『로마제국의 멸망(The Fall of the Roman Empire)』(2005)에서 1만 병력이라는 부정확한 숫자는 또 다른 고트족인 그레우팅기(Greuthingi) 부족과 프리티게른의 테르빙기(Thervingi) 부족의 병력을 합산하지 않고 후자만으로 오해한 데서 비롯되었을 것임을 시사하고 있다.

다. 발렌스가 프리티게른의 군대가 자신의 군대와 같은 규모이고 더 잘 통솔되고 전투 준비가 더 잘된 군대임을 알았을 때는 이미 너무 늦었었다. 군인이자 역사가인 암미아누스 마르켈리누스는 그 전투에 관해 당대 최고의 기술을 남겼는데, 그에 따르면 로마군의 약 2/3가 죽었다고 한다. "칸나에 전투(기원전 216년)를 제외하고 우리 역사에서 그 정도의 대학살을 당한 전투가 없었다."[18]

아드리아노플 전투는 야만족보다 천부적으로 우월하다고 자신하는 로마인들이 4세기 전 로마제국의 건국 이래 군사정보를 거의 개선하지 않았음을 보여주는 증거였다. 로마공화국의 가장 유능한 두 장군, 즉 제3차 포에니 전쟁의 스키피오 아프리카누스와 갈리아 전쟁의 율리우스 카이사르에 비견될 만큼 군사정보를 파악한 로마제국의 사령관은 아무도 없었다. 그러나 암미아누스는 군사정보의 결여가 아드리아노플 재앙의 주된 원인이라는 점을 생각하지 못한 것 같다. 기독교도들에게 관대하긴 했지만 이교도였던 암미아누스는 발렌스가 프리티게른의 군대에 관해 무지했다고 비난하기보다 예언자들과 점술사들이 자신들이 관찰한 기이한 전조들을 토대로 전쟁에서의 패배와 그의 전사를 예언했는데도 발렌스가 이를 무시했다고 비난했다.

늑대들이 울부짖을 때 개들이 뒤로 풀쩍 뛰었고, 밤새들은 일종의 애절한 비가를 울렸으며, 태양이 어둠 속에서 떠올라 맑은 아침빛을 흐리게 했다. … 게다가 아르메니아 왕의 유령 모습과 (발렌스에게 반대하는 음모를 꾸몄던) 테오도루스의 몰락과 연계되어 직전에 처형되었던 자들의 애처로운 유령들이 밤에 장송곡 형태의 무서운 노래를 악을 써서 불러서 끔찍한 공포로 많은 사람을 괴롭혔다.

---

18   로마군의 총규모에 관한 추정은 크게 엇갈리고 있다.

아드리아노플 전투는 동로마에서 벌어졌지만 가장 직접적인 영향을 받은 쪽은 서로마로, 야만족들이 엄청나게 유입되었다. 410년 또 다른 서고트족 지도자 알라리크(Alaric)가 로마를 점거한 것은 서로마제국의 종말을 알리는 서막이었다. 마지막 서쪽 황제 로물루스 아우구스툴루스(Romulus Augustulus)는 475년 로마가 아닌 라벤나(Ravenna)에서 즉위했으며 이듬해 폐위되었다. 로물루스는 일부 전임자들처럼 암살된 것이 아니라 단순히 해직되었다. 서로마 황제는 이제 있으나마나 한 존재가 되었던 것이다. 마지막 순간에 서로마제국은 무너진 것이 아니라 단지 쓸모없어져 폐기 처분되었다.

5세기 동로마제국에 대한 가장 심각한 위협은 훈 제국(Hunnic Empire)으로부터 왔다. 훈 제국은 전성기의 영토가 우랄 강에서 라인 강까지, 다뉴브 강에서 발트 해까지 뻗었다. 434년 아틸라(Attila)가 훈 제국의 통치자가 되고(처음에는 자신의 형인 블레다(Bleda)와 공동으로 통치하다가 나중에 형을 죽였다) 처음으로 강력한 중앙집권적 리더십을 세운 이후 로마에 대한 위협이 커졌다. 아틸라에 관해서는 여전히 신비에 싸인 부분이 많다. 그의 등장에 관한 당대의 기술이 없으며, 수도의 위치조차 아직 밝혀지지 않고 있다. 그러나 아틸라 시대가 시작될 무렵, 훈족은 번창하는 공동체들로부터 정기적인 공물을 요구하는 것이 노략질하는 것보다 수익성이 더 좋다는 것을 알고는 (오늘날의 폭력단처럼) 보호 대가를 징수하는 사업을 대규모로 운영했다. 동로마 황제 테오도시우스(Theodosius) 2세(408~450년 재위)는 훈족이 시행한 보호 사업의 주된 피해자가 되기 전까지는 그들에 관해 거의 알지 못했다. 그는 422년 훈족에게 매년 금 350파운드를 지불하기로 동의했는데, 이 물량은 439년 아틸라의 요구로 연간 700파운드로 배가되었다. 그러나 다뉴브 지방에 훈족이 대거 침입하면서 전쟁이 터졌다. 연속된 패전 끝에 테오도시우스는 447년 물량을 세 배로 늘려 매년 금 2,100파운드를 지불하고 추가로 6,000파운드의 체납금을 지불하기로 동의했다. 역사가 파니

움의 프리스쿠스(Priscus of Panium)는 황제와 그의 장군들이 훈족에게 보인 비굴함 때문에 이처럼 거의 불가능한 보호금 요구를 수락하게 되었다고 그들을 탄핵했다. "한때 번창했던 사람들이 아내의 보석류와 가구를 시장에 내다 정리하고 있었다."

테오도시우스와 그의 수석 보좌관들은 아틸라가 평화의 대가로 엄청난 양의 금을 요구하면서 계속 비용을 인상하는 것을 끝낼 (유일한 방안은 아니라도) 최선의 방안은 그를 암살하는 것이라고 결론을 내렸다. 아틸라의 측근에 잘 포진된 스파이를 충원하는 것이 필요한 공작이었다. 449년 봄 절호의 기회가 저절로 찾아왔는데, 아틸라의 특사 에데콘(Edekon)이 콘스탄티노플에 있는 황제 궁전에 도착했던 것이다. 그는 조신들의 비단 도포 속에 모피 띠 망토를 걸치고 가죽으로 된 조끼와 바지를 입은 이상한 모습(일반적으로 황제 앞에서 금지된 복장)이었다. 에데콘은 테오도시우스 앞에 엎드려 절하고 궁정 예법에 따라 황제의 자주색 도포 단에 입맞춤한 다음 아틸라의 편지를 건넸다. 그 편지는 여러 가지 요구와 불만 사항을 제기하면서 테오도시우스가 특사를 보내 이에 답하도록 요청하는 내용을 담고 있었다. 이후 에데콘은 다른 방으로 안내되어 환관 크리사피우스(Chrysaphius)를 만났는데, 그는 제국 근위대의 사령관이자 테오도시우스의 심복이었다. 그날 저녁 사적인 만찬 자리에서 크리사피우스는 아틸라를 암살하는 음모를 주도하도록 에데콘을 애써 설득했는데, 여기에는 황제의 사전 승인이 틀림없이 있었을 것이다. 만찬이 파할 무렵, 크리사피우스는 설득에 성공했다고 믿었다. 프리스쿠스에 따르면, "크리사피우스는 에데콘에게 아틸라를 죽이고 로마 측으로 돌아오면 영화로운 삶을 살고 상당한 부를 얻게 될 것이라고 말했다. 에데콘은 그렇게 하겠다고 약속했다". 에데콘은 암살 음모에 아틸라의 근위병들을 끌어들이기 위해 50파운드의 금을 요구했다. 크리사피우스는 적절한 시기에 아틸라의 궁에서 그에게 몰래 금을 전달하겠다고 약속했다.

그해 말 아틸라의 요청대로 테오도시우스는 (프리스쿠스를 포함한) 사절단을 자신의 궁으로 보냈다. 그 사절단을 이끈 막시미노스(Maximinos)는 고위 군사 참모로서 암살 음모를 몰랐던 것으로 보인다. 그러나 음모를 실행할 의도가 없었던 에데콘은 아틸라에게 이실직고했다. 막시미노스 사절단에 이어 곧 비길라스(Bigilas)라는 훈족 말을 하는 콘스탄티노플 특사가 통역관 역할을 수행하기 위해 아틸라 궁에 도착했다. 그 특사가 50파운드의 금을 가져왔는데, 이는 당초 에데콘이 아틸라의 근위병들을 매수하는 데 쓰기로 약속한 돈이었다. 비길라스는 자기 짐 속에서 금이 발견되자 음모를 자백했고 50파운드의 금을 더 내놓지 않으면 아들의 목숨이 달아날 것이라는 협박을 받았다.

아틸라가 암살 음모에 대응한 방식은 (자신이 몹시 언짢을 때 하는 방식과 달리) 로마 사절단을 찔러 죽이지 않고 두 명의 훈족 사절 오레스테스(Orestes)와 에슬라스(Eslas)를 콘스탄티노플로 보내 테오도시우스의 궁에서 그에게 굴욕을 안기는 것이었다. 목격자였던 프리스쿠스에 따르면, "오레스테스는 당초 비길라스가 에데콘에게 주기로 한 금을 넣어두었던 주머니를 목에 두르고 황제에게 가라는 지시를 아틸라로부터 받았다. 그는 황제와 환관 크리사피우스에게 그 주머니를 보여주고 그들이 알아보는지 물을 요량이었다". 에슬라스는 테오도시우스 황제가 아틸라와 달리 고귀한 혈통에 스스로 먹칠했다고 황제에게 말하라는 지시를 받았다. 프리스쿠스 역사서의 다음 부분은 현존하지 않기 때문에 우리는 오레스테스와 에슬라스가 어떻게 아틸라의 지시를 이행했는지 또는 지시를 이행하기는 했는지 여부를 알지 못한다.

아틸라는 453년 갑자기 죽었는데, 사인은 암살이 아니라 여러 아내를 두었던 그의 마지막 결혼식에서 활기찬 축하연이 벌어지는 동안 심한 출혈이 있었기 때문이었던 것으로 보인다. 스파이들은 다뉴브 강둑 부근에서 치러진 정교한 장례식에 관해 동로마 황제에게 보고했다. 동양 비단으로 감싼 아틸라의 시신은 과거 로마 황제들로부터 공물로 받은 값비싼 보석들로 장식되어 삼단 관에 안치되었다. 가장 안쪽 관은 금으로 덮고 두 번째 관은 은으로 덮었는데, 모두 그가 축적한 대표적인 약탈품이었다. 바깥의 철제관은 그의 전쟁 승리를 상징했다. 무덤은 노획한 보물과 무기들로 채워졌다. 기마대가 장례식장을 돌면서 만가(挽歌)를 읊조렸는데, 프리스쿠스가 스파이들로부터 보고받은 그 가사는 다음과 같다.

> 아틸라 왕이여,
>
> 훈족의 우두머리여,
>
> 아비 문트주크(Mundiuch)에게서 태어나
>
> 가장 용감한 부족들의 주군이 되었도다.
>
> 도시를 정복하고
>
> 로마인들과 그들의 제국에
>
> 두려움을 안겼으니 …

최종적으로, 아틸라의 무덤을 장만했던 하인들은 그 위치를 비밀에 부치기 위해 살해되었다(적어도 근대에는 그 무덤이 발견되지 않았다).[19] 장례식을 지켜본 로마의 스파이들이 발각되었다면 그들 역시 살해되었을 것이다.

아틸라를 암살하기 위해 동로마 황제가 기획한 비밀공작이 소극(笑劇)으로 끝났지만, 그 배후의 계산은 합리적이었다. 아틸라는 훈 제국을 결속시키고 그 군사자원을 활용해 로마제국에 직접적인 위협을 가할 만큼 충분한 권위를 확

---

19   중세의 무덤 도굴꾼들이 아틸라의 무덤을 털었을지도 모른다.

립한 최초의 지배자였다. 따라서 아틸라가 사라지면 훈족 군대가 해체되고 콘스탄티노플에 대한 위협도 종식되리라고 충분히 기대할 만했다. 그리하여 453년 아틸라의 갑작스러운 자연사 이후 그런 일이 발생했다. 그의 세 아들이 서로 싸움으로써 그의 제국은 신속하게 무너졌다. 454년 현재의 슬로베니아에서 벌어진 전투에서 분열된 훈족을 참패시킨 것은 과거 그들에게 복속했던 백성들 일부가 결성한 동맹이었다.[20]

에데콘을 이용해 아틸라를 죽이려던 시도는 적 진영에서 첩자를 채용해 다른 국가의 수반을 암살하려는 로마의 비밀공작으로서 처음이자 마지막으로 기록된 사례였다. 암살은 진(秦) 제국이 천하를 통일하기 이전부터 중국의 정치적 전통에 속했으며 『아르타샤스트라』에 의해 인도 아대륙의 마우리아 왕조에도 강력히 권고되었지만, 서양에서는 외국 통치자를 암살하기 위해 비밀 첩자를 사용하는 일이 드물었다. 로마제국의 종말 이후 1,000년 동안 유럽에서는 성공한 사례가 없다가, 1584년 스페인 왕 펠리페(Philip) 2세의 사주로 네덜란드 지도자 오렌지 공(公) 빌렘(William) 1세가 암살되는 일이 발생했다. 20세기 냉전 기간에는 (스탈린의 지령으로) 유고슬라비아 지도자 티토 원수(Marshal Tito)를 죽이려는 KGB의 시도와 (아이젠하워와 케네디 대통령의 결정으로) 피델 카스트로(Fidel Castro)를 죽이려는 CIA의 시도가 있었으나 이들 시도는 1,500년 전 아틸라를 죽이려는 음모처럼 성공을 거두지 못했다.

---

20   슬로베니아 전투의 정확한 위치는 앞으로 밝혀내야 한다.

제6장

무함마드와 이슬람 정보활동의 발흥

예수가 제자들에게 설명하려고 했던 것처럼, 예수의 왕국은 이 세상의 것이 아니었다. 여호수아가 '약속된 땅'을 정복했을 때처럼, 자신이 하느님의 뜻을 행하고 있다고 확신한 무함마드는 개종뿐 아니라 무력에 의해서도 아라비아 반도에서 이슬람교도의 지배를 확립했다. 그는 모두 합해서 27번의 전투를 치르고 약 50차례의 무장습격을 주도했다. 당대의 한 이슬람교도 전기 작가의 기술에 따르면, "무함마드의 업적이 매우 위대해서 그의 사후에 추종자들은 당시 최강이었던 두 제국—비잔틴 제국과 페르시아 제국—을 패퇴시킬 수 있었다". 군사령관으로서의 무함마드는 정보수집에 세심한 주의를 기울였다. 코란은 이슬람의 적의 음모에 관해 다음과 같이 말하고 있다. "그들은 우리가 자신들의 비밀과 음모에 관해 듣지 못한다고 생각하는가? 사실은 듣고 있다. 우리의 메신저가 그들과 함께 있으면서 기록하고 있다." 코란에는 정보, 스파이, 요원, 정찰, 정탐하기, 기만, 가장하기 등을 뜻하는 아랍어 용어들이 반복해서 언급되고 있다.[1] 이슬람교가 탄생하기 한참 전부터 스파이활동은 아라비아 반도에 있는 부족들 간의 싸움에서 이미 확립된 전통이었다.[2]

예수의 모든 사목활동은 공개적으로 수행되었지만, 무함마드의 사목활동은 비밀리에 시작되었다. 610년 무함마드가 산속 동굴에서 잠자는 동안 최초로

[1] 코란에도 구약성경과 비슷하게 스파이활동에 관한 언급이 들어 있다. 특히 모세와 여호수아가 가나안 땅에 보낸 스파이들이 언급되어 있는데, 모세와 달리 여호수아의 이름은 나오지 않는다.
[2] 부족 간 갈등에 관한 믿을 만한 역사 기록은 없지만, 이슬람 이전 시대부터 10세기에 이르기까지 아랍의 시와 운문을 모은 문집이 있다. 알-아스바하니(Al-Asbahani)가 편찬한 이 유명한 문집은 부족들이 서로 상대가 보낸 내부의 스파이를 색출하려는 시도에 관한 이야기다.

신의 계시를 받았을 때, 그는 성도 메카에서 문맹이지만 존경받는 40세의 상인이었다. 무함마드는 아라비아 초원지대에 출몰하는 것으로 여겨지는 불의 영혼 중 하나인 정령(jinn)이 자신을 공격하고 있다고 두려워하면서 큰 고통 속에 산비탈을 달려 내려와 첫째 아내(그때는 유일한 아내였다) 카디자 빈트 쿠와일리드(Kadijah bint Khuwaylid)에게 이 사실을 이야기했다. 카디자가 안심시키자, 무함마드는 자신이 받은 메시지가 정령에게서가 아니라 알라(Allah)에게서 온 것이며 가브리엘 천사를 통해 전달되었음을 깨닫기 시작했다. 이후 다른 메시지와 환영이 이어지다가 2년간의 침묵이 뒤따랐다. 이 침묵 때문에 무함마드는 알라가 자신의 부족함을 알아차리고는 자신을 버렸다고 두려워했다. 그러던 어느 날 '아침 시간에, 고요한 밤에' 하느님이 무함마드를 하느님의 메신저로 선택했다는 하느님의 확약을 얻었다. 무함마드는 아브라함과 모세, 예수를 포함한 예언자들, 즉 인류에게 하느님의 뜻에 온전히 굴복하도록 가르치는 임무를 부여받은 예언자 계열에서 마지막이었다. 무함마드가 창시한 종교 이슬람(Islam)과 이슬람을 신봉하는 교도 무슬림(Muslim)은 남의 뜻에 온전히 굴복한다는 뜻의 아랍어 동사 이슬라마(aslama)에서 파생되었다.

이슬람교 역사에서 첫 3년은 후대에 '비밀의 단계'로 알려졌는데, 이 기간에 무함마드의 모든 움직임과 추종자 접촉은 은밀하게 이루어졌다. '열린 단계'가 시작되면서 동포 아랍인들을 새로운 신앙으로 개종시키려는 이슬람교도의 공세는 메카에서 격렬한 반대에 직면했다. 이 반대파는 무함마드 자신이 속했던 당시의 지배적인 쿠라이시(Quraish) 부족으로서, 다신교를 믿는 이교도들이었다. 622년 무함마드는 메카에서 쿠라이시 부족에 의한 암살 기도를 간신히 모면했다. 부족의 지도자들은 무함마드를 죽이거나 생포한 자에게 100마리의 암낙타를 포상으로 내걸었다. 무함마드는 가장 가까운 동지 아부 바크르(Abu Bakr)와 함께 메카 부근의 동굴에서 잠재적 암살자들을 피해 있는 동안 아부 바크르의 아들 압둘라를 스파이로 채용했고, 그에게 쿠라이시 부족들과 어울려 그들의 최신 암살 계획을 알아내라는 임무를 부여했다. 사흘 동안 밤마다 압둘라는 자신이 알아낸 것을 보고하기 위해 동굴을 찾았다. 그러다 압둘라가 현상 수배령이 해제되었다고 보고하자 무함마드는 아부 바크르와 함께 낙타를 타고 야트리브(Yathrib, 현재의 메디나)로 달아났다. 메카에서 북쪽으로 320km 떨어진 메디나는 그의 여생 동안 고향이 되었다. 오늘날의 16억 이슬람교도(세계 인구의 23%)에게는 무함마드가 메디나로 이동한 것[혜지라(Hijrah)]—그가 압둘라에게서 받은 정보가 그 타이밍을 결정했다—이 세계 역사의 일대 전환점이었다. 이슬람력(Muslim calendar)은 무함마드가 메디나에 도착한 때로부터 시작된다.

무함마드가 메디나에서 최초의 이슬람국가를 수립하자마자, 그와 수하의 군사령관들은 메카의 반대를 극복하기 위한 공세를 시작했는데, 먼저 메카와 외부 세계의 교역 연결을 차단했다. 경제 봉쇄를 구축하기 위해서는 메카 대상(隊商)들의 동향과 관련된 정보가 필요했다. 무함마드는 자신의 사촌 압둘라 이븐 자흐시(Abdullah ibn Jahsh)가 이끄는 감시팀에 대상 통로를 감시하도록 지시하는 한편 메카 내부에 스파이망을 부식했다. 그 스파이망에는 비밀리에 이슬람교로 개종한 비(非)아랍인들, 메디나 이슬람교도들의 비(非)이슬람 친척들, 주류인 쿠라이시 부족에 의해 박해받는 비(非)쿠라이시 부족 등이 포함되었다. 2011년 발견된 알카에다(Al Qaeda) 훈련 매뉴얼에서는 무함마드의 스파이망을 성전(지하드) 스파이공작의 모델로 칭송하고 있다. "예언자—알라께서 그를 축복하고 지키소서—가 메카에 심은 현지 협조자들은 이슬람교도의 안녕에 해를 끼칠지 모르는 크고 작은 모든 일을 그에게 보고했다."

메카 스파이망의 우두머리는 무함마드의 숙부인 아부 알-파들 알-아바스(Abu Al-Fadl Al-Abbas)였는데, 조카보다 몇 살 위인 그는 부유한 상인으로서 헤지라 이후 7년까지 이슬람교로 개종하지 않았다. 그러나 그의 아내 움 알-파들

(Umm Al-Fadl)은 절친 카디자, 즉 무함마드의 첫째 아내에 바로 뒤이어 두 번째로 이슬람교도가 되었다고 한다. 움 알-파들이 무함마드에 대해 개인적으로 얼마나 걱정을 많이 했는지는 성스러운 하디스(Hadiths, 예언자 무함마드의 언행록)를 보면 분명하게 알 수 있다. 한 하디스에서 그녀는 무함마드가 메카를 떠나기 전의 일을 회상했다. "나와 함께 있었던 사람들은 예언자(평화가 그분과 함께하기를)에 관해 의견이 갈렸다. 그가 금식하고 있다는 이들도 있었고 그렇지 않다는 이들도 있었다. 그래서 나는 낙타를 타고 있는 그에게 우유 한 항아리를 가져갔는데, 그가 그 우유를 마셨다." 무함마드가 메디나로 옮기자, 움 알-파들은 메카의 쿠라이시족이 무슨 일을 꾸미고 있는지 그가 제대로 알기를 갈망했음이 틀림없다. 그녀의 남편 아부 알-파들 알-아바스는 상거래 네트워크를 가진 부유한 상인으로서 메카를 오가는 대상들의 동향에 관해 보고하기에 좋은 위치에 있었다. 그 네트워크에서 나온 정보의 도움으로 무함마드 군대는 623년 메카 대상들을 여러 차례 공격했다. 2011년 알카에다 훈련 매뉴얼은 이러한 정보 기반의 공격을 찬양하고 있다. "예언자—알라께서 그를 축복하고 지키소서—는 대부분의 공격에서 제보자들을 사용했다."

624년 3월 무함마드는 여러 정보 출처로부터 낙타 1,000마리의 대상이 쿠라이시족 지도자 아부 수피얀(Abu Sufyan)의 인솔하에 시리아에서 메카로 향하고 있다는 것을 파악하고, 300여 명의 병력을 보내 메디나에서 남서쪽으로 155km 떨어진 바드르(Badr) 오아시스에서 이들을 가로채게 했다. 바드르에서 전투가 벌어지기 전에, 쿠라이시족을 위해 물을 길어 나르는 흑인 노예 하나가 무함마드 군대에 잡혔는데, '동지들' 몇 명이 아부 수피얀의 소재에 관해 심문했다. 그 노예는 다른 세 명의 쿠라이시족 요인에 관한 첩보를 제공했으나 "아부 수피얀에 관해서는 아무것도 모른다"라고 말했다. 그러자 '동지들'은 그 노예가 아부 수피얀에 관해 무언가 안다고 보고 이를 실토하게 하기 위해 그를 구타했다. 그러나 구타가 멈추어도 노예는 그에 관해 아무것도 모른다고 거듭 말했다. 그러자 '동지들'은 그 노예가 아부 수피얀에 관한 첩보를 만들어낼 때까지 그를 다시 구타했다. 무함마드는 바드르 전투를 앞두고 기도를 끝내면서 밖에서 벌어지는 소동을 관찰한 후, 다음과 같이 선언했다. "나의 삶을 지배하는 알라의 권능으로 말하노니, 너희는 그가 진실을 말할 때는 때리더니 거짓을 말하니까 보내주는구나." 이리하여 무함마드는 심문 시의 가혹행위를 윤리적인 이유에서가 아니라(혹은 단순히 윤리적인 이유에서만이 아니라) 나쁜 정보를 생성할 가능성이 있다는 이유로 비난한 최초의 종교지도자가 되었다.

바드르를 지나는 쿠라이시족 대상을 보호하기 위해 메카에서 보낸 병력은 수적으로 이슬람교도를 압도했음에도 불구하고 몇 시간의 전투 끝에 무너져 달아나버리고 말았다. 하지만 대상들은 메카로 탈출했다. 코란에 따르면, 가브리엘과 수천의 천사가 하늘에서 내려와 쿠라이시족을 겁먹게 했다. 하디스에 따르면, 전투가 끝나고 가브리엘 천사가 무함마드에게 바드르에서 싸운 자신의 군대를 어떻게 평가하느냐고 물었다. 예언자는 "그들은 이슬람교도 중에서 최고"라고 대답했다. 가브리엘이 천사들도 최고를 데려왔다고 부언했다. 정보가 전투계획을 결정하는 데 중요한 역할을 했지만, 코란은 그 결과가 하느님과 하느님의 뜻에 충실하게 복종하는 하느님의 메신저에 의해 결정되었다고 강조한다. 전쟁 역사상의 주요 전투를 기준으로 할 때, 바드르 전투에서 대치한 병력은 적었지만 그 승리는 결정적이었다. 만일 패배했더라면 당시 유일한 이슬람교도의 보루가 박살났을 것이다.

무함마드는 비밀 요원을 단순히 정보수집에만 쓰지 않았다. 그는 또한 비밀 요원들에게 암살 수행을 지시하는 경우가 많았다. 무함마드의 가장 유명한 암살 표적은 자신이 받은 하느님의 메시지와 자신을 조롱하는 시를 쓴 두 유대인 캅 이븐 알-아슈라프(Kab ibn Al-Ashraf)와 아부 라피(Abu Rafi)였는데, 둘 다 624

년 말 암살되었다. 캅을 겨냥해 선발된 암살단 우두머리 무함마드 이븐 마슬라마(Muhammad ibn Maslama)는 예언자에게 자신의 임무 수행을 위해 캅을 거짓말로 기만해도 되는지 물었다. 무함마드는 "좋다"라고 대답했다. 무함마드 이븐 마슬라마는 구실을 만들어 캅을 찾아간 후, "이보다 더 좋은 냄새를 맡은 적이 없습니다"라고 말하며 향수 뿌린 캅의 머리카락에 감탄하는 체했다. 우쭐해진 캅이 "최고급 향수를 사용할 줄 아는 최고의 아랍 여인이 있습니다"라고 자랑했다. 무함마드 이븐 마슬라마가 "머리 냄새를 맡아도 되겠습니까?"라고 공손히 물었고, 캅이 좋다고 했다. 마슬라마는 향수에 감탄하는 체하면서 캅에게 헤드록을 걸고 다른 암살단원에게 그를 칼로 찌르라고 말했다. 하디스가 기술한 결말에 따르면, "그래서 그들은 캅을 죽이고 예언자에게 가서 알렸다".

얼마 후 무함마드는 압둘라 이븐 아티크(Abdullah ibn Atik)를 우두머리로 한 암살단을 아부 라피에게 보냈다. 또다시 암살 음모는 기만을 바탕으로 했다. 압둘라는 밤중에 아부 라피의 성에 접근하면서 아부 라피의 하인 중 하나로 행세하는 데 성공해 문지기가 그를 들여보냈다. 어둠 속에서 압둘라는 아부 라피가 어느 방에서 잠자고 있는지 알 수 없어서 그의 이름을 큰 소리로 불렀다. "누구냐?"라고 아부 라피가 대답했다. 압둘라는 목소리를 향해 가면서 긴 칼로 아부 라피를 찔렀으나 표적이 보이지 않아 그를 죽이지 못했다. 압둘라는 방에서 도망쳤다가 돌아와 아부 라피의 도와달라는 외침에 응하는 체하면서 다시 긴 칼로 그를 찔렀다. 이번의 일격 역시 치명적이지 못했다. 그러나 세 번째 시도에서 압둘라는 "칼끝을 그의 복부에 꽂아 척추에 닿을 때까지 눌렀으며, 그가 죽었다는 것을 알았다"라고 나중에 회상했다. 그러나 압둘라는 성을 빠져나오다가 계단에서 굴러 다리가 부러졌다. 그는 상처를 터번으로 싸맨 다음 다른 암살단원들의 도움을 받아 낙타를 타고 간신히 집으로 왔다. 압둘라와 그의 동지들은 메디나로 돌아와 무함마드에게 성공을 보고했다. 예언자 무함마드는 압둘라에게

"다리를 뻗어라"라고 말하고는 문질러주었는데, 그 다리가 기적처럼 나았다.

무함마드가 살해를 명령했다는 사건 가운데 가장 논란이 된 것은 메디나에 사는 아스마 빈트 마르완(Asma bint Marwan)이라는 여자를 살해한 사건이다. 그녀는 무함마드에 대항하는 폭력을 선동한 혐의를 받은 데다가 캅과 아부 라피처럼 무함마드와 그의 메시지를 조롱하는 시를 지었다. 이 암살사건에서는 비밀 요원을 쓰지 않았는데, 그녀를 죽이겠다고 자원한 우마이르 이븐 아뒤 알-카트미(Umayr ibn Adiy al-Khatmi)가 장님이었기 때문에 역사상 가장 개연성이 낮은 암살자가 되었다. 알-카트미는 밤에 빈트 마르완의 집에 잠입해 아이들과 함께 자고 있던 그녀 가슴에 칼을 푹 찔렀다.[3] 캅과 아부 라피와 마찬가지로, 그녀가 암살당한 죄목은 무함마드의 감정을 건드린 것이 아니라 알라가 무함마드에게 위탁한 메시지를 모독한 것이었다.

1989년 이란의 시아파 지도자 아야툴라 호메이니(Ayatollah Khomeni)는 한 파트와(fatwa, 이슬람법에 따른 결정이나 명령)를 발표했는데, 그는 이 파트와에서 무함마드의 본보기를 따르고 있다고 주장했다. 그 파트와는 소설 『악마의 시(Satanic Verses)』가 예언자와 이슬람교도의 성스러운 신앙을 모욕했다는 이유로 영국인 저자 살만 루시디(Salman Rushidie)와 출판업자를 살해하라고 요구하는 내용을 담고 있었다.[4] 암살을 요구한 호메이니의 파트와는 "이 대의를 위해

---

3   대부분의 이슬람교도 신학자들이 무함마드의 전기 작가 가운데 최초이자 가장 중요한 이븐 이샤크(Ibn Ishaq)를 믿을 만한 출처로 간주한다. 무함마드에 관한 직접적인 언급이 아홉 번밖에 없는 코란은 그를 알라의 메신저와 동일시하지만, 세부적인 전기를 제공하지는 않는다. 이 때문에 우리는 전기 작가(특히 이븐 이샤크)와 하디스에 의존한다.
4   호메이니는 '모든 용감한 이슬람교도'에게 루시디를 죽일 기회가 있다면 죽이라고 촉구했지만, 주된 암살 임무는 이란 정보보안부(MOIS)에 맡겨졌다. 1992년 영국 보안부(MI5)는 MOIS 런던 거점의 메흐디 세예드 사디기(Mehdi Seyed Sadighi)가 루시디 암살에 필요한 공작 정보를 수집하는 책임자라는 것을 알았다. 사디기는 그 공작에 관여해 추방된 두 번째 MOIS 요원으로, 이란의 영국 유학생으로 가장해 활동했었다. 루시디를 겨냥한 MOIS의 다른 정보공작이 1990년대 말까지 단속적으로 이어졌지만 성공하지는 못했다.

죽는 자는 순교자가 될 것"이라고 선언했다. 호메이니는 이것이 예언자의 가르침과 일치한다고 믿었다. 무함마드는 비밀 임무를 수행하다가 죽은 자신의 스파이를 천국에서 한자리를 차지하는 순교자(전사자도 순교자다)로 간주했다. 628년 예언자는 바드르 전투에 참전했던 아심 이븐 타비트(Asim ibn Thabit)를 우두머리로 삼아 열 명의 스파이를 파견했는데, 이들이 그런 순교자의 운명이라고 믿어졌다. 적대적인 바니 리히안(Bani Lihyan) 부족 사람들은 그 열 명의 야영지 중 한 곳에서 메디나산(産) 대추야자 씨를 발견하고 그들의 발자국을 추적했다. 그들은 스파이들의 은신처를 발견하고 항복하면 목숨을 살려주겠다고 약속했다. 스파이 세 명이 그 약속을 믿고 투항했으나, 열 명 모두 살해당했다. 쿠라이시 부족은 이심 이븐 타비트가 죽었다는 것을 알게 되자 그의 시신을 훼손하기 위해 사람들을 보냈다. 그러나 하디스에 따르면 "알라가 벌 떼를 보내 이심의 시신을 보호했다". 무함마드는 신의 계시 덕분에 그들이 살해당한 날 자신의 추종자들에게 스파이들의 순교를 발표할 수 있었다.

하디스에 따르면, 무함마드의 정보수집은 그의 군사작전과 마찬가지로 신의 도움을 받은 경우가 많았다. 한번은 예언자가 세 명의 추종자에게 말을 타고 라우다트-카크(Raudat-Khakh)에 닿을 때까지 가라고 지시하면서, 그곳에 가면 하티브 이븐 아부 발타아(Hatib ibn Abu Balta'ah, 무함마드의 동지 중 하나)가 메카의 이교도에게 보내는 편지를 지닌 이교도 여인이 있을 것이라고 말했다. 그들이 라우다트-카크에서 낙타를 탄 여인을 붙잡았을 때, 그 여인은 편지를 지닌 것을 부인했다. 그 3인조가 나중에 무함마드에게 보고한 바에 따르면 "그때 우리는 낙타를 꿇어앉히고 그녀를 수색했으나 편지를 찾지 못했"다고 한다. 그러나 하티브 편지에 관한 무함마드의 정보가 정확하다고 굳게 믿은 그들은 그 여인이 옷 속에 편지를 숨겼으리라고 확신했다. 그들은 여인에게 "편지를 꺼내라. 그러지 않으면 우리가 너를 알몸으로 만들겠다"라고 말했다. 그러자 그 여인은 하티브의 편지를 속옷에서 꺼냈다. 무함마드가 하티브의 편지를 보았을 때, 그의 동지 중 하나인 우마르(Umar)가 그에게 말했다. "오, 알라의 사도여! 하티브가 알라와 그의 사도와 그를 믿는 이들을 배신했습니다! 제가 그의 목을 베도록 허락해 주십시오!" 무함마드는 이를 거절하고 하티브에게 왜 그 편지를 썼는지 물었다. 하티브는 메카에 아직 남아 있는 자신의 가족들을 보호하기 위해 쿠라이시족에게 (아마도 무함마드의 동정에 관해) 편지를 썼다고 대답했다. 무함마드는 하티브가 바드르 전투에 참전했었기 때문에 그의 목숨을 살려주었다.

메디나와 메카 간의 싸움은 바드르 전투 이후 6년간 계속되었다. 유명한 하디스의 한 대목에 따르면, 무함마드는 1,000년 전 중국의 손자처럼 "전쟁은 기만"이라고 선언했다. 630년 그의 메카 정복은 이 격언의 본보기가 되었다. 무함마드는 그 정복을 개시하기 전에 자신의 군대가 시리아로 향하고 있다는 것을 쿠라이시족이 믿도록 설계된 허위정보를 퍼뜨렸다. 메카 공격을 마지막으로 준비하는 기간에는 어느 누구도 메디나 출입이 허용되지 않았다. 무함마드의 군사령관들조차 출발 직전까지 목적지를 몰랐다. 기습을 한 것이 이슬람교도들의 성공에 공헌했다. 메카의 쿠라이시족 지도자들은 마침내 이슬람교도의 위협이 어느 정도인지 깨닫고는 무함마드를 만나기 위해 밤새 여행했다. 그들은 도착 후 무함마드의 1만 병력이 아침기도 시간에 메카를 향해 엎드리는 것을 보고 충격을 받았다. 쿠라이시족의 으뜸가는 지도자 아부 수피얀은 메카로 돌아가는 길에 자신의 추종자들에게 말했다. "오, 쿠라이시족이여, 당신들에게 닥친 이 무함마드 군대에 당신들은 저항할 수 없습니다." 무함마드는 아부 수피얀의 보호에 의탁했던 모든 사람의 목숨을 살려주기로 약속했다.

무함마드는 메카를 거의 무혈 정복했다. 무함마드처럼 성스러운 도시에 극적으로 입성한 종교지도자는 일찍이 없었다. 십자가에 못 박히기 며칠 전 수난주일(Passion Sunday)에 예루살렘에 입성한 예수도 그러지 못했다. 무함마드는 메카 중심에 있는 카바(Kaaba, 정육면체) 신전을 일곱 바퀴 돌았다. 카바 신전은 이슬람교에서 가장 신성한 곳으로, 아브라함이 천국에서 내려온 검은 돌(처음에는 흰색이었다) 둘레에 건설했다고 이슬람교도들이 믿는 곳이다. 무함마드가 "알라후 아크바르!(Allahu Akhbar!)"(알라는 위대하다는 뜻의 아랍어_옮긴이)라고 외치자 이슬람교도 군대가 그 말을 이어받아 도시 전체에 울려 퍼졌다. 그리고 무함마드는 다신교도들이 신봉하는 이교도 신들의 상(像)을 하나씩 파괴하면서 "진리가 도래하고 거짓이 사라졌도다. 분명 거짓은 사라지게 되어 있다"라고 외쳤다.

메카를 정복한 직후, 아라비아 반도 내 다른 지역의 일부 부족은 이슬람교로 개종하고 무함마드의 권위에 복종했다. 저항한 부족도 일부 있었다. 베두인족 지파인 하와진(Bedouin Hawazin) 부족은 이슬람교도들을 공격하기 위해 다른 동맹자들과 함께 2만 명의 병력을 모았다. 그러나 무함마드는 하와진 진영에 심어둔 자신의 스파이들을 통해 그들의 계획을 알아냈다. 반대로 이슬람교도 진영에서 발각된 하와진 스파이들은 사지 일부를 절단당한 채 고향으로 돌아가 동포를 실망시켰다. 메카 정복 후 14일 만에 벌어진 후나인(Hunayn) 전투(바드르 전투를 제외하고 코란에 이름이 언급된 유일한 전투다)에서 무함마드는 적의 낙타 2만 4,000마리를 노획하고 대승을 거두었다. 코란에 따르면, 바드르 전투와 마찬가지로 하느님이 천사들을 보냈다. "알라가 메신저와 믿는 이들에게 자신의 침착함을 불어넣었으며 너희 눈에 보이지 않는 군대를 내려 보냈다. 그분은 믿지 않는 이들을 벌했다. 이런 식으로 그분은 믿음이 없는 이들에게 응답한다." 632년 예언자가 죽었을 때에는 아라비아 반도의 거의 전부가 이슬람교도 지배하에 있었다. 무함마드가 하느님의 메신저가 되었을 무렵, 콘스탄티노플을 수도로 하여 동쪽에서 존속한 로마제국(오늘날에는 비잔틴 제국이라고 부르지만 당대인들은 아니었다) 당국은 변경의 야만족에 관해 서로마제국이 멸망하기 이전보다 더 많이 알았다. 비잔틴 문헌은 특히 불가리아인, 크로아티아인, 체코인(또는 모라비아인), 헝가리인, 세르비아인 등에 관해 '깊은 호기심'을 보여주고 있다. 5세기 이후 비잔틴 황제들은 '야만족청(Bureau of Barbarians)'을 두어 야만족들과의 관계를 담당케 했다.[5] 6세기 말에 나온 『스트라테지콘(Strategikon)』은 마우리키우스(Maurice) 황제가 썼다고 전해지는 유명한 전쟁 매뉴얼인데, 이 책에는 '여러 민족의 특징과 전술'에 관한 항목이 있다. 이 항목에서는 '두려워서 통치자에게 굽실거리며 순종하는 페르시아인들'과 '자유에 큰 가치를 부여하는 금발의 민족들'을 대비시키고 있다. 비잔틴 제국의 군사 매뉴얼도 사령관들에게 모든 가용 수단을 동원해 정보를 수집하라고 촉구했는데, 여기에는 상인으로 가장해 활동하는 스파이와 가능한 경우 적 진영의 '비밀의 친구'(고정간첩)를 활용하는 첩보 활동이 포함되었다.

비잔틴 제국은 아라비아에 '비밀의 친구'가 없었으며, 그 북쪽과 동쪽에 있는 야만인들과 페르시아인들에 관해서보다 아랍인들에 관해서 훨씬 더 몰랐다. 마우리키우스의 『스트라테지콘』에는 아랍인에 관한 언급이 없다. 그러나 비잔틴 제국으로서는 좋은 정보가 있었어도 무함마드의 후계자들이 제기한 위협에 대비하지 못했을 것이다. 에드워드 러트왁(Edward Luttwak) 교수는 632년 무함마드가 죽었을 때 "이집트와 시리아를 포함해 그 사이에 있는 모든 땅을 여섯 세기 동안 차지했던 로마제국이 646년까지 그 모두를 잃으리라고는 이성적인 사람이라면 아무도 예견하지 못했을 것이다"라고 쓰고 있다.

칼리프(Caliph, '후계자' 또는 '제2인자')라는 칭호를 쓴 무함마드의 직속 후계자들, 즉 이제 노인이 된 아부바크르(Abu Bakr, 632~634년 재위)와 금욕주의자 우마르 이븐 알-카타브(Umar ibn al-Khattab) 치하에서는 아랍 군대가 중동 대부분을

---

5   논란이 된 일각의 주장에 따르면, 그 '야만족청'은 정보기관이었으며, '생각할 수 있는 모든 출처'
     (사제들까지 포함)에서 첩보를 수집해 누가 영향력이 있는지, 누가 뇌물에 약한지, 일국의 역사적
     뿌리가 무엇인지, 그들에게 감동을 주는 것은 무엇인지 등에 관해 파일을 유지했다.

장악했다. 그들은 천년 제국 페르시아를 멸망시키고 로마제국을 콘스탄티노플 중심의 작은 도시국가로 전락시켰다. 이슬람교도 군대의 근간이 된 베두인 족은 타고난 전사로서 어릴 적부터 말 타는 법, 칼 휘두르는 법, 활 쏘는 법, 힘든 지형을 여행하는 법 등을 배웠다. 그러나 그들로 하여금 최초로 아라비아 반도를 넘어 세계를 침략하도록 고취한 것은 이슬람교였다. 로마제국과 페르시아 제국을 패퇴시킨 아랍 군대로서는 살든 죽든 하느님이 자신들에게는 상을 내리고 적에게는 벌을 내리리라는 것이 신조였다. 아랍 출처와 비(非)아랍 출처 모두가 인정하는 사실은, 무함마드가 신앙을 위해 죽는 모든 이는 천국을 약속받는다는 성전(Holy War, 군사적 지하드) 교리를 설파했다는 점이다. 무적의 힘을 발휘한 초기 이슬람교도의 맹공을 완벽하게 보여주는 것은 이슬람교도 장군 중에서 가장 위대한 '알라의 검'인 칼리드 이븐 알-왈리드(Khalid ibn al-Walid)의 경력이다. 그는 패전을 기록하지 않은 몇 안 되는 장군의 하나로서 이라크와 시리아에서 승리한 군대를 지휘했다. 오늘날 이슬람교 세계 전역에는 그를 기리는 거리 이름들이 있다. 숭고한 전승에 따르면, 무함마드가 마지막 순례 길에서 이발했을 때 칼리드가 그의 머리카락을 가지고 붉은 모자를 짰으며 원정시에 항상 그 모자를 썼다. 칼리드에 따르면, 예언자가 그에게 "이것만 지니고 있으면 너는 언제나 승리할 것"이라고 말했다고 한다. 칼리드는 또한 무함마드를 본보기로 삼아 군사정보에 대해 강한 신념을 가졌다.

칼리드의 리더십과 휘하 군대의 사기가 승리의 관건이었지만, 그 역시 정보를 '전력 승수'로 활용했다. 파키스탄의 군사 사학자 아크람(A. I. Akram) 장군은 (때때로 모순되는) 문헌들을 연구했을 뿐만 아니라 칼리드가 참전했다는 모든 전장을 현장에서 조사한 유일한 사학자인데, 그가 쓴 전기는 칼리드가 정보에 '특별한 주의'를 기울였다는 결론을 내리고 있다. 칼리드는 작전 시에 오늘날의 이른바 정보참모를 대동했는데, 이들은 그가 싸운 모든 주요 지역—아라비아, 이라크, 시리아, 팔레스타인 등—에서 선발한 사람들이었다. 이들이 맡은 책임은 정보수집, 스파이 운용, 칼리드에게 정례 브리핑하기 등이었다. 아크람 장군에 따르면, 정보참모들은 로마 군대 내부에서 스파이를 채용하는 데 성공했다. 세부 증거는 현존하지 않지만, 636년 비잔틴 제국의 시리아 통치를 종식시킨 야르무크(Yarmouk) 전투에서 칼리드가 수적으로 우세한 로마군에 대승을 거둔 데에는 우수한 정보활동이 일정한 역할을 했을 것이다. 이어진 카디시야(Qadisiyya) 전투에서는 아랍이 페르시아 제국에 승리함으로써 이슬람교도의 이라크 정복 길을 터주었는데, 사기가 떨어진 페르시아 병력이 대량 귀순한 것이 이 승리를 도왔다.[6] 그 전투가 시작되기 전에 아랍인들은 "스파이활동, 적진 잠입, 적의 텐트 줄 끊기, 적의 말 훔치기 등을 통해 적 내부에 불안을 확산시키는 데 능하다"라는 평판을 받았었다.

21세기 알카에다의 스파이 훈련 매뉴얼은 칼리드를 역할 모델로 삼고 있다. "칼리드 이븐 알-왈리드—알라께서 그를 마음에 들어 하시기를—는 정교 크리스천들과의 모든 전쟁에 제보자와 스파이들을 대동했다. 그는 그들을 신중히 선발해 잘 대우했다." 칼리드가 말했다는 어록 가운데 가장 유명한 것은 그가 페르시아 제국의 메소포타미아 총독에게 보낸 메시지로, "이슬람교도 군대는 죽음을 사랑하지만, 당신은 삶을 사랑한다"라는 문장이다. 특히 이 문장은 현재 파키스탄 국방부의 웹사이트에 올라 있다. 일반적으로 21세기 성전주의자들도 똑같은 주장을 펴고 있다. 9·11 직후 오사마 빈 라덴은 다음과 같이 선언했다. "우리는 죽음을 사랑한다. 미국은 삶을 사랑한다. 이것이 우리 사이의 큰 차이다."

칼리드를 제외하면, 초대와 제2대의 칼리프 치하에서 가장 성공적인 이슬람

---

6   카디시야 전투의 역사 기록에 혼선이 생겼다. 최근까지는 그 전투가 636년에 일어났다는 견해가 일반적이었으나, 최근의 연구로 640년이 더 가능성이 큰 것으로 나타났다.

교도 사령관은 아므르 이븐 알-아스(Amr ibn al-As)였을 것이다. 이슬람교도의 팽창을 연구한 영국의 한 사학자는 그를 가리켜 "초기 이슬람 군대의 교활한 오디세우스"라고 표현했다. 아므르는 아라비아에서 군대를 이끌고 시나이 반도를 건너, 당시 기독교가 압도적이었던 비(非)아랍 이집트를 2년(639~641년) 만에 정복했다. 639년 12월 막 이집트 국경을 넘으려고 할 때 아므르는 칼리프 우마르의 편지를 가지고 뛰어오는 전령을 보았다. 아므르는 우마르가 재고하고 있다고 염려해 그날의 행군을 마친 뒤 그 편지를 개봉하겠다고 말했다. 그때쯤이면 그는 이미 이집트 내에 있을 터였다. 그가 염려한 대로 그 편지에는 귀국하라는 지시가 들어 있었다. 그러나 다행히도 칼리프는 다음과 같은 추신을 달았다. "당신이 이미 이집트로 진입했을 때 이 편지를 받는다면, 진격해도 좋다. 알라가 당신을 도울 것이며 나도 당신에게 필요할 증원군을 보내겠다." 칼리드와 마찬가지로, 아므르도 이집트 정복 시에 정보활동(적에게는 결여되었을 것으로 보인다)을 전력 승수로 활용했다. 그는 적 진영을 정탐하기 위해 스파이들을 보냈을 뿐만 아니라 가끔은 몸소 정탐한 것으로 평판이 나 있었다.

레반트 지역에서 마지막으로 남은 아랍군의 주요 표적은 비잔틴 제국의 팔레스타인 지방수도 케사리아(Caesarea)였다. 당시 케사리아는 동지중해 최대의 항구도시였으며, 도시를 방어하는 2.5km의 성벽이 잘 구축되어 있었다. 무함마드의 처남 무아위야 이븐 아부 수피안(Muawiyah ibn Abu Sufyan)이 이끄는 아랍 군대는 케사리아를 포위해 그 도시를 방어하는 로마군의 증강에 관해 좋은 정보를 갖고 있었지만, 케사리아는 여러 해를 버텼다. 일반적으로 신뢰받는 후대의 역사가 알-발라두리(Al-Baladhuri)에 따르면, 도시 내에서 활동하던 유세프(Yusef)라는 유대인 스파이가 641년으로 추정되는 최종적인 케사리아 정복에 결정적인 조력자 역할을 했다. 유세프는 가족의 안전을 약속받고 그 대가로 숨겨진 수로를 통해 아랍군을 케사리아 성내로 끌어들였다. 승승장구한 무아위야는 20년 뒤에 우마이야(Umayyad) 왕조의 초대 칼리프가 되었다. 우마이야 왕조는 칼리드가 정복한 다마스쿠스(Damascus)를 수도로 삼아 750년까지 전체 이슬람교도 세계를 통치했다.

이슬람교를 비잔틴 제국 내 기독교 존재에 대한 근본적인 위협으로 공표한 최초의 황제는 현제(賢帝) 레온 6세(Leo VI 'The Wise', 886~912년 재위)였다. 그가 썼다고 전해지는 두꺼운 군사 매뉴얼 『탁티카(Taktika)』에서는 7세기 이후 이슬람교도 군대를 그토록 위험하게 만든 것은 그들의 호전성이라고 인식했다. "그들은 어릴 때부터 칼 하나만으로 살고 죽도록 훈련을 받는다." 그러나 레온 6세는 이슬람교를 신성모독적인 미신으로 격하했기 때문에 그들의 호전성을 종교적 헌신이 아닌 기질 탓으로 돌렸다. "그들은 그토록 뜨거운 기후에서 살기 때문에 기질도 뜨겁다." 비잔틴 제국의 장군들은 "신뢰하는 스파이를 통해 아랍인들을 주시"하라는 권고를 받았다. 그러나 '신뢰받는 스파이'는 공급이 부족했다. 그 특별한 이유는 비(非)이슬람교도를 위해 일하는 이슬람교도 첩자는 단순한 반역자가 아니라 배교자로 간주되었기 때문이다(급진적 이슬람주의자들은 그런 배교자가 21세기에도 있다고 주장한다). 레온 6세가 군사정찰의 필요성을 주장한 것은 더 실제적이었다. "전쟁은 사냥과 같다. 야생 동물은 힘으로 잡는 것이 아니라 수색, 잠복, 포위 등과 같은 책략으로 잡는다. 그래서 우리는 적군이 많든 적든 간에 그와 똑같은 방식으로 전쟁에 응해야 한다."

무함마드의 전쟁 방식에서는 군사정보가 불가결한 일부였지만, 이슬람교도끼리 서로 염탐하는 것은 대부분 금지되었다. '염탐하기'에 관한 코란의 언급 가운데 가장 많이 인용되는 부분을 보면 이슬람교도에게 다음과 같이 말하고 있다. "오, 너희 믿는 자들아! (될 수 있는 한) 의심을 피하라. 어떤 경우에 의심은 죄악이기 때문이다. 그리고 서로 염탐하거나 서로 등 뒤에서 험담하지 말라." 다시 믿는 자들에게 말하기를, "집주인의 허락이 있다고 확신하지 않는 한, 자기 집이 아닌 어떤 집에도 들어가지 말라". 대부분의 이슬람교도 통치자는 국내의 반체제 활동을 추적하기 위해 이러한 금지에서 스스로 면제되었다. 칼리프의 정부 시스템에서의 핵심은 지방과 소통하기 위해 사용한 바리드(Barid)라는 메신저 서비스였다. 전근대의 다른 우편 시스템처럼, 메신저에게 음식, 물, 잠자리와 생생한 말을 공급하기 위해 사람과 말이 여러 공식 경로를 따라 일정한 간격으로 주둔했다. 우마이야 왕조의 칼리프와 그 후계자들은 바리드를 이용해 공식적인 명령과 법령을 지방에 공표했으며, 각 지방은 현지 정세에 관한 비밀 보고서를 중앙에 보냈다. 750년 우마이야 왕조가 잔인하게 전복되자 일부 이슬람교도 저자들은 왕조가 전복된 직후 글을 써서 반대 세력 증대에 관한 경고가 바리드 보고서에 없었던 사실에 대해 비난했다. 바리드에 관해 서술한 한 저자는 "'정보의 중단 없이 권력을 잃은 왕국은 일찍이 없었다'라는 말이 있다. 우마이야 왕조가 정보의 중단으로 권력을 잃었다는 생각이 나에게 미쳤다"라고 결론을 내렸다.

또 다른 중세 이슬람교도 논객의 견해에 따르면, 우마이야 왕조가 멸망한 주된 원인은 정보를 무시한 것이 아니라 '정보를 은폐한 것'이었다. 그러나 바리드 보고서는 현존하지 않으며, 현대사에서 흔히 보듯이 정보 수집의 실패가 아니라 정보 분석의 실패였을 가능성이 있다. 다수의 이슬람교도 저자에 따르면, 말기의 우마이야 칼리프들은 정치정보를 무시했는데, 그것은 아마도 반대 세력의 위협을 과소평가했기 때문일 것이다. 수집의 실패이든 분석의 실패이든 간에 우마이야 왕조는 이러한 정보 실패로 인해 혹독한 대가를 치렀다. 마지막 우마이야 칼리프 마르완(Marwan) 2세는 이집트에서 무함마드의 한 숙부의 후손이라고 주장하는 아바스 가문(Abbasids) 반란군으로부터 도망치다가 살해되었다. 우마이야 왕조는 현존하는 역사 기록 가운데 가장 소름 끼치는 만찬에서 그 종말을 맞이했다. 우마이야 왕조의 마지막 대표자들은 새로운 아바스 왕조의 칼리프인 아불 아바스 아스-사파(Abu'l Abbas As-Saffah) 앞에 불려와 면전에서 살해되었다. 그들의 시신은 그의 발아래 카펫으로 덮어놓고 연회 테이블로 사용되었다. "그리고 현장에 있던 사람들은 숨을 내쉬는 희생자들의 목구멍에서 가래 끓는 소리가 아직 들리는 가운데 음식을 먹었다"라고 전해진다.

이슬람제국의 수도를 다마스쿠스에서 바그다드로 옮긴 초기 아바스 왕조는 바리드를 내부감시 수단으로서 전례가 없을 정도로 잘 활용했다. 아바스 왕조의 제2대 칼리프 알-만수르(Al-Mansur, 754~775년 재위)는 바리드 보고서를 통해 받은 정보에 너무 심취해 사람들은 그가 외부 세계에서 일어나고 있는 일을 그에게 보여주는 마법의 거울을 가지고 있다고 믿었다. 바리드의 주요 우선순위는 봉기를 미리 경고하는 것이었지만, 지방의 우체국장들 또한 지방 총독의 사소한(또는 중요한) 잘못에 관해 칼리프에게 보고했다. 알-만수르는 알-마흐디 (Al-Mahdi, 나중에 칼리프를 계승했다)가 시가(詩歌)에 너무 많은 돈을 쓴다는 보고를 받았으며, 어느 총독이 경거망동으로 국사에 소홀하다는 보고도 받았다.

아바스 왕조의 칼리프에 관해 저술한 가장 위대한 아랍인 알-자히즈(Al-Jahiz, 776~868년)는 비밀 유지, 공직자에 대한 면밀한 감시 필요성 등 다양한 주제에 관해 유력한 견해를 나타냈다. 그의 저서로는 『침묵을 지키는 기술(The Art of Keeping One's Mouth Shut)』, 『공직자에게 대항하다(Against Civil Servants)』등이 있다. 그는 자신의 서재에서 무너진 큰 책 더미에 깔려 92세에 죽었다고 한다. 알-자히즈는 다음과 같이 주장했다. "일반대중의 비밀뿐 아니라 측근 인사들의 비밀도 캐는 것이 칼리프의 책무다. 통치자는 언제나 그들에게 스파이를 붙여야 한다. 통치가 안정되고 튼튼하려면 이보다 더 중요한 것이 없다." 아바스 왕조의 칼리프들은 여기에 동의한 것 같다. 알-마문(Al-Mamun, 813~833년 재위) 치하의 한 고위 군사령관은 칼리프의 아들에게 이집트를 통치하는 데는 스파이 정보활동이 매우 중요하다고 조언했다.

방방곡곡에 신뢰하는 요원을 임명해 당신이 파견한 관리들이 어떻게 일을 하는지, 그리고 책무를 제대로 수행하는지 끊임없이 당신에게 보고하도록 해야 합니다. 그들의 편지에 힘입어 당신은 마치 그 관리들 모두와 함께 있는 것처럼 현안을 파악하고 최신 동향을 알게 될 것입니다.

10세기의 유명한 아랍 문집 겸 백과사전인 『노래의 책(Kitab al-Aghani)』을 편찬한(부분적으로는 칼리프 하룬 알-라시드(Harun al-Raxhid)를 위해서였다) 아부 알-파라즈 알-이스파하니(Abu al-Faraj al-Isfahani)는 비밀 요원의 최우선순위는 칼리프와 그 행정부의 안전을 지키는 것이라고 선언했다.

무함마드가 정보수집에 중요성을 부여하는 전쟁의 전통을 이슬람교도 세계에 유산으로 남겼지만, 그 또는 다음 세 세기 동안 그를 계승한 칼리프들이 사용한 스파이 기법 가운데 독창적인 것은 없는 것 같다. 이슬람교도 정보활동의 첫 주요 혁신은 9세기 '지혜의 집'이라는 바그다드과학원에서 시작된 이슬람 과학·수학의 황금시대의 산물이었다. 오늘날의 바그다드에는 '지혜의 집'이나 호화로운 아바스 궁전이 현존하지 않는다. 그리스·로마의 대리석·석조 기념물과 달리, 그것들은 햇볕에 말린 흙벽돌로 지어져 화재, 홍수, 침입군 등의 참화에서 살아남지 못했다. 그러나 1,000년 전에는 지금은 사라진 '지혜의 집'이 과학과 수학을 공부하고 연구하는 세계 최고의 중심이었다. '지혜의 집'의 가장 큰 업적은 외국어 문헌을 아랍어로 번역한 것이었다. 아리스토텔레스 등 위대한 그리스 저술가들의 작품이 유럽에서 사라지고 있을 때, 그들의 작품은 아랍어로 보존되고 있었으며 때로는 새로운 주석이 붙었다.

주로 '지혜의 집' 덕분에 아랍어는 과학 연구의 주 언어로서 그리스어를 대체했다. 최고의 물리학자 이븐 알-하이삼(Ibn al-Haytham)은 최근 (논란은 있지만) 아르키메데스와 뉴턴 사이의 2,000년 기간에 등장한 가장 위대한 물리학자로 일

컬어진다. '지혜의 집'에서 가장 유명한 수학자 알-콰리즈미(al-Khawarizmi)는 오늘날 대수학의 아버지로 기억되며, 대수학(algebra)이라는 단어도 그의 저서 『키타브 알-자브(Kitab al-Jab)』(대수학책이라는 뜻을 지닌 아랍어_옮긴이)에서 유래 되었다. 가장 왕성한 학자는 야쿱 이븐 이샤크 알-킨디(Yaqub ibn Ishaq al-Kindi) 로서, 그는 '아랍의 철학자'로 알려진 뛰어난 박식가였다. 그만큼 광범위한 주 제에 걸쳐 저술한 학자는 거의 없다. 알-킨디의 저술 가운데 일부만 현존하지 만 10세기 서점 카탈로그 목록에는 그의 저서가 약 300종 올라와 있다. 알-킨 디는 '지혜의 집'에서 자신보다 덜 성공적이고 덜 다작인 일부 학자들에게 질투 를 불러일으킨 것 같다. 알-킨디의 도서관이 그의 경쟁자 두 사람의 농간으로 몰수되었다가 진실이 밝혀진 후 반환되었다. 알-킨디의 저서 40여 종은 철학, 정치철학, 논리학 및 윤리학(아리스토텔레스에 관한 주석서 포함)의 여러 측면에 관 한 것이었다. 알-킨디의 철학적 관심은 신학과 일부 겹쳤다. 그는 9세기 중엽 바그다드에서 일어난 이슬람 신학 사변(思辨)의 백가쟁명에도 적극적으로 참 여했다. 또 그는 칼리프 왕실이나 부유한 후원자의 요청에 따라 보석, 칼, 향수, 얼룩 제거 등 다양한 주제에 관해 대부분 짧은 논문도 썼다. 그러나 철학과 신 학을 제외하면, 알-킨디의 주된 학문적 관심은 수학, 과학 및 의학에 있었다.

알-킨디는 암호(아주 정확한 용어는 아니지만, 통칭 암호해독)에 대한 선행 지식 없 이 오늘날의 암호분석(암호화된 메시지를 해독하는 과학)을 발명한 선구자였다. 아 바스 왕조가 조세 기록부터 국사에 이르기까지 다양한 비밀문서를 암호화하기 위해 빈번히 암호를 사용함으로써 9세기 바그다드는 세계에서 처음으로 암호 술의 중심지가 되었다. 알-킨디의 독보적인 작품 『암호 메시지의 해독에 관한 논고(Manuscript on Deciphering Cryptographic Messages)』는 제한적으로 배포되었 겠지만, 후대에 분실되었다가 1987년 이스탄불의 쉴레이마니에 오토만 서고 (Süleymaniye Ottoman Archive)에서 재발견되었다. 서양에서 암호분석가가 등장하기 500여 년 전에 알-킨디는 '빈도' 원리, 즉 모든 알파벳에는 더 빈번히 사용되는 글자가 있다는 사실을 발견했다. 예를 들어 영어와 프랑스어에서 가장 흔하게 나타나는 글자는 E와 T다. 따라서 대체 암호를 사용하는 메시지에서 가장 일반적인 두 기호는 이 두 글자를 표시할 가능성이 높다. 빈도 원리를 수립함으로써 약 1,000년 전 율리우스 카이사르가 사용한 암호를 최초로 해독할 수 있게 되었다.

수학자들뿐 아니라 이슬람교도 신학자들의 연구 활동도 알-킨디의 발견을 고취했다. 이슬람교도 신학자들 대부분은 무함마드가 받은 하느님의 계시가 무함마드의 생애 동안 다양한 필경사에 의해 단편적으로 기록되었다고 믿는다. 당시 코란을 기록한 아랍어 알파벳은 오늘날의 아랍어 알파벳보다 더 단순했지만, 이러한 단편들을 모아 114장으로 구성된 코란으로 조립한 이는 무함마드를 계승한 세 명의 칼리프였다. 신학자들은 계시들을 연대순으로 정리하기 위해 각 계시에 사용된 단어의 빈도를 계산했다. 비교적 근래에 진화된 단어가 포함된 계시는 연대순에서 뒤쪽으로 생각되었다. 9세기 중엽 세 편의 주요한 하디스 선집이 발간되기 전까지 이슬람교도 신학자들은 어원과 문장 구조에도 면밀한 주의를 기울였다. 이는 이미 알려진 무함마드의 어휘와 말씀 패턴에 따르는지 여부를 검토함으로써 하디스의 진위(이슬람교도 학자들 사이에 약간의 논란을 초래한 주제)를 결정하기 위한 시도였다. 이러한 연구 활동은 사상 최초로 아랍어 알파벳의 글자들이 사용된 상대적 빈도—알-킨디가 암호분석을 발명한 출발점이었을 것이다—에 대한 식별로 이어졌다. 정보활동의 역사에서 수학과 신학 연구의 결합으로 이렇게나 일대 전환을 이룬 다른 사례는 찾을 수 없다.[7]

---

7 아바스 왕조 등 이슬람교도 통치자들이 얼마나 암호분석을 사용했는지는 아직 미상이다. 아바스 왕조가 근대 초기 유럽의 일부 통치자들이 설립한 '검은 방(cabinets noir)'과 유사한 암호분석 기관을 설립했다는 증거는 아직 나오지 않았다.

제7장

종교재판과 대전복활동

20세기 일당독재 국가를 정의하는 특징 중 하나는 보안·정보기관이 정치적 진실에 대한 자신들의 독점적 권리를 보호하기 위해 이른바 '이념적 전복'(KGB가 사용한 용어)을 과도하게 감시하고 억압한다는 것이었다. 이러한 기관이 벌인 대전복(對顚覆, counter-subversion)활동의 일부 측면은 중세와 근세 초기의 유럽에서 로마가톨릭교회에 의해 시행된 훨씬 더 작은 규모의 종교재판에서 예견된 바 있다. 물론 종교재판이 근절하려고 했던 전복은 정치적인 것이 아니라 종교적인 전복이었다. 조직화된 대전복활동에는 발전된 관료체제와 기록유지 능력이 모두 요구된다. 중세에는 오직 교회만이 그 두 가지를 다 보유하고 있었다. 중세의 어떤 세속국가도 교황 관료체제가 지닌 규모 및 정교함과 경쟁할 수 없었고 전 세계 기독교 국가에 뻗어 있는 교황 특사의 네트워크와 경쟁할 수 없었다.

　로마제국의 멸망 이후 거의 600년 동안 서유럽에서 처형된 이단자는 없었다. 12세기 말까지는 이단자 화형이 정기적인 사건이 아니었다.[1] 13세기 이후로 종교재판은 성직자 계층이 종교적 진실에 대한 독점을 강화하는 기제의 일부가 되었다. 교황이 신성로마제국과 벌인 '서임권 투쟁'에서 승리한 후 가톨릭 국가들에 대한 교황직의 권위가 강화되어 이념적 전복을 근절하려는 교황청(Papacy)의 결심이 더욱 굳어졌다. 종교재판이 시행되기 전에는 이단적인 카타

---

[1]　최초로 기록된 중세의 이단자 처형은 1022년 프랑스 왕 로베르(Robert) 2세의 명령으로 오를레앙에서 16명을 화형에 처한 것이었다. 1028~1163년 기간에 서유럽의 여러 곳에서 이단자 화형이 여섯 차례 더 있었다.

리파(Cathars)에 대항해 알비주아 십자군(Albigensian Crusade)이 결성되었다. 카타리파는 세계는 악한데 하느님은 악을 일으킬 수 없으므로 세계는 악마의 작품임이 틀림없다고 믿었다. 1208년 3월 14일 시토 수도회 수사(Cistercian monk)이자 교황의 특사인 피에르 드 카스텔노(Pierre de Castelnau)는 론 강을 건너려고 준비하다가 노새에서 떨어졌는데, 창으로 공격한 신원불명의 자객에 의해 치명적인 부상을 입었다. 경건하지만 그럴듯한 전승에 따르면, 피에르 드 카스텔노는 죽으면서 하늘을 향해 두 팔을 올려 그 살인자를 용서했다고 한다.

　교황 인노켄티우스(Innocent) 3세는 덜 관용적이었으며 그 살인에 대해 툴루즈의 백작 레몽(Raimon) 6세를 비난했다. 피에르 드 카스텔노는 레몽 6세가 자신의 영지 내 이단(대부분 카타리파였다)에 대해 공개적으로 규탄하는 포고령을 내리지 않았다고 그를 파문한 바 있었다. 인노켄티우스 3세는 그 백작과 지금의 프랑스 남서부에 해당하는 랑그도크 지방의 이단자들에 대해 십자군을 선포했다. 그 이전 십자군의 목표는 성지(예루살렘)를 이슬람교도 통치에서 떼어내는 것이었다. 알비주아 십자군은 한 기독교 국가가 다른 (비록 이단이지만) 기독교도들에 대해 최초로 일으킨 것이었다. 이단에 대한 십자군 운동은 이단자들을 찾아내기 위해 속임수가 필요했다는 점에서 부분적으로 정보 전쟁이었다. 처음으로 교황청이 명시적으로 기만을 승인했다. 인노켄티우스 3세는 자신의 특사들에게 "사려분별에 의해 속임수가 필요하다고 판단되는 환경에서는 간계와 기만술을 무기로 사용"하라고 지시했다. 교황의 기만 옹호를 고취한 신학적 배경은 시토 수도회를 창설한 클레르보 수도원의 성 베르나르(St Bernard of Clairvaux)였는데, 당시 시토 수도회는 가톨릭 유럽에 영성적 영향을 지배적으로 미치고 있었으며 드 카스텔노가 소속된 수도회였다. 성 베르나르는 예수가 성스러운 기만으로 사탄의 의표를 찔렀다고 가르쳤다. 사탄이 그리스도의 죽음을 초래함으로써 그리스도가 하느님 아버지(God the Father)의 마음에 들 수 있었고 인류 구원이 가능해졌다는 것이었다. 인노켄티우스 3세는 사탄이 고취했음이 틀림없는 이단자들을 속이는 것 역시 성스러운 기만이라고 믿었다. 교황은 십자군 전사들에게 이단자가 성지를 점령한 이슬람교도보다 "더 사악하다"라고 말했다. "사라센인들보다 더 용감하게 이단 추종자들을 공격하라." 초기의 십자군 전사들은 그의 말을 곧이곧대로 믿었다.

1209년 7월 베지에(Béziers) 시민들이 그들 속에 있는 이단 혐의자를 넘겨주지 않자, 당시 십자군 전사들을 이끌던 교황 특사 아르노 아말릭(Arnaud Amalric)은 인노켄티우스 3세에게 그 도시에 대해 "하느님의 복수가 기적적으로 이루어졌다"라고 보고했다. "우리 병사들이 지위·성별·나이와 관계없이 한 사람도 남기지 않고 약 2만 명(과장된 것으로 보인다)을 칼로 찔렀다." 나중에 한 시토회 수사의 기록에 따르면, 그 대학살이 이루어지는 동안 한 십자군 전사가 이단자와 독실한 가톨릭교도를 어떻게 구별하느냐고 묻자, 아르노 아말릭은 "모두 죽여라! 확실히 주님께서 골라내실 것이다"라고 대답했다고 한다. 이후 20년 동안 산발적으로 전쟁이 벌어졌다. 베지에 대학살과 같은 규모의 전쟁범죄는 더 이상 없었지만, 참혹한 일화가 더러 있었다. 1211년 십자군이 라보르(Lavaur) 마을을 장악한 후, 한 목장에서 거대한 화장용 장작더미 위에 400명의 카타리파 혐의자를 올려놓고 불태웠는데, 이는 중세 최대 규모의 이단자 화형이었을 것이다. 1229년 백작 레몽 6세의 아들인 레몽 7세가 교회와 프랑스 왕권에 굴복을 맹세하고 영토의 2/3 이상을 루이 9세 왕에게 넘겨주었을 때 마침내 알비주아 십자군이 종료되었다.

이제부터 이단 근절의 주역을 맡은 것은 십자군이 아니라 성직자의 종교재판이었는데, 처음에는 랑그도크 지방에 잔존한 카타리파에 집중되었다.[2] 몇

---

2   1271년 마침내 랑그도크 전역이 프랑스에 병합되었다.

년 지나지 않아 주요 종교재판관의 대다수가 최근 설립된 도미니코 수도회(Order of Preachers)에서 선발되었다. 도미니코 형제들(Dominican Friars)로 더 유명한 그 수사들은 당시 이단자들에게 그들의 방식이 잘못되었음을 설득시키고 지역민들에게 이단자 추종을 단념시키는 데 가장 유능하다고 생각되었다. 1233년의 교황 칙서에서 교황 그레고리우스(Gregory) 9세는 자신이 프랑스에 파견한 도미니코 수도회 종교재판관들을 예수의 사도들에 비유했다.[3] 13세기 도미니코 수도회 종교재판관인 로마인들의 엉베르(Humbert of Romans)는 각 방문지에서 먼저 지역민들에게 "내가 파견된 목적인 이단자를 찾아서 체포하는 일을 도와달라"라고 호소했다.

도미니코 수도회 종교재판관들의 관료적 전문성은 급성장해 1245~46년 총 201일에 걸쳐 두 명의 도미니코 수도회 수사, 베르나르 드 코(Bernard de Caux)와 장 드 생-피에르(Jean de Saint-Pierre)는 인력 지원을 받아 툴루즈 남서쪽 로라게(Lauragais) 지방(인구 5,471명)의 14세 이상 모든 남자와 12세 이상 모든 여자를 대상으로 이단자와 접촉했는지 또는 이단자를 아는지 질문할 수 있었다. 이들은 모두 툴루즈에 있는 생-세르냉(Saint-Sernin)대수도원에 소환되었는데, 거의 모든 경우에 본당 신부가 동행했다. 예외는 허용되지 않았다. 나환자, 병자, 노인, 만삭의 임부 등도 질문을 받았다. 필경사들이 그들과 증인들의 답변을 라틴어로 번역해 기록했다. 기억이 안 난다고 주장하거나 가장하는 일부 사람들에게는 과거 그들이 수사 재판관 앞에 증언한 내용을 읽어주었다. 라틴어로 기록된 그들의 증언을 토착어로 읽어준 다음, 질문을 받는 모든 사람은 진실을 말했음을 맹세해야 했다.[4] 이처럼 대규모 심문을 조직하거나 관련 기록을 정교하

---

3   도미니코 수도회 수사들 가운데 소수만 종교재판관이 되었다. 대다수는 남아서 설교, 교육 및 사목 활동에 전념했다.
4   이는 중세 종교재판의 역사에서 최대의 대량 심문으로 보인다.

게 유지할 수 있었던 보안기관은 20세기 이전에는 없었을 것이다.

중세 종교재판의 이단자 색출로 전례 없이 대량의 용의자 등록부가 생산되었다.[5] 1306년 카르카손(Carcassonne)의 종교재판관 조프루아 다블리(Geoffroy d'Ablis)는 전임자가 유지한 기록에서 한 나이 많은 폐장(Pézens) 주민이 무려 56년 전인 1250년에 이단 혐의로 카르카손의 주교 앞에 출두했었음을 알아냈다. 1316년에는 여성 용의자가 1268년 이단 혐의로 처음 체포된 적이 있다는 사실이 기록에 의해 드러난 적도 있었다. 재판관들은 가끔 바로 앞에 문서 더미를 쌓아놓고 이미 많은 것을 알고 있다는 인상을 줌으로써 만일 용의자가 진실을 밝히기를 거부할 경우 더욱 궁지에 몰릴 뿐임을 겁주곤 했다. 21세기 미국의 심문 매뉴얼은 이와 비슷한 '파일과 서류 접근법'을 권고하고 있다. "파일 속에 자료를 조심스레 정리해 그 속에 실제보다 더 많은 데이터가 들어 있다는 환상을 주도록 하라. …"

일당독재 국가의 보안기관에 의해 이루어진 20세기의 심문처럼, 중세의 재판관이 던진 질문도 다수가 비난에 근거한 것이었다.[6] 풍문으로 나돈 그런 비난 중 일부는 지금 보면 우스꽝스럽지만, 당시에는 심각한 영향을 끼칠 수도 있었다. 1318년 10월 파미에(Pamiers)에서 이단 혐의로 심문을 받은 피에르 사바티에(Pierre Sabatier)가 받은 첫 질문은 다음과 같았다. "당신이 축성된 초를 죽음의 고통을 겪고 있는 사람의 항문 속에 넣는 것이 [현재의 관행처럼] 입속에 넣는 것만큼 매우 유용하다고 말했느냐?" 사바티에는 이것은 오래전에 자신의 처남이 퍼트린 악의적인 모함이며 그 처남이 죽기 전에 중상모략임을 인정하고 용서를 구했었다고 주장했다. 사바티에의 주장에 따르면, 그가 20여 년 전에 실

---

5   종교재판으로 인해 다수의 심각한 폭동이 일어났는데, 이들의 목적은 그 등록부를 폐기하는 것이었다.
6   전통적으로 교회법은 직접 증거뿐 아니라 평판과 악평에도 상당한 비중을 두었다.

제로 말한 내용은 누가 도덕적 죄를 지은 상태에서 죽어가고 있을 때, 따라서 구원의 희망이 없을 때 축성된 초를 그의 입속에 넣는 것은 항문 속에 넣는 것만큼이나 그에게 아무런 소용이 없다는 것이었다. 그러나 사바티에는 사제들이 '거짓말과 저속한 농담'을 하는 죄를 저질렀다고 술에 취한 상태에서 말한 적이 있음을 인정했다. 그리고 그 잘못을 진심으로 뉘우친다고 주장했다. 6개월 뒤 사바티에는 감옥에서 석방되었지만 회개하는 이단자의 표시로 옷 위에 노란 십자가를 걸쳐야 했다. 이러한 사건 처리가 지금에는 가혹하게 보이지만, 일곱 세기 뒤에 한 소련 국민이 스탈린체제의 공산당 관리들에 대해 '거짓말과 저속한 농담'을 일삼는다고 비난했다면 그처럼 관대하게 처리되지 않았을 것이다.

중세 도미니코 수도회 종교재판의 증가와 행정적 효율성에 견주어볼 때, 그들이 일소하고자 했던 이단에 대한 이해는 깊지 못했다. 경건한 13세기 전승에 따르면, 도미니코 수도회의 창설자 성 도미니코 구스만(St Dominic Guzman)에게 인정된 성인 덕목 증거에는 그의 종교재판에서 일어난 기적들이 포함되었다. 한 사례를 보면, 성 도미니코가 이단에 반대하는 설교를 하던 중 크고 괴이하며 역한 냄새가 나는 고양이 한 마리가 그의 설교에 고취된 듯이 회중 속에 뛰어들어 기적적으로 카타리파 한 사람을 식별했다고 전한다.

이단자들을 화형대 위에 올려놓고 불태운 사건은 흔히 생각하는 것보다 그 수가 적으며 교회가 아닌 '세속 기관'에 의해 집행되었지만, 도미니코 수도회는 창설 시부터 그 책임의 많은 부분을 차지하고 있다. 툴루즈의 도미니코 수도회 종교재판관 기욤 펠리송(Guillaume Pelhisson)이 쓴 연대기(1229~44년, 현존하는 몇 안 되는 연대기 중 하나)는 초기 도미니코 수도회의 사주로 툴루즈 지역에서 회개하지 않는 이단자들을 화형에 처한 일련의 사건을 자랑스럽게 언급하고 있다. 예를 들어 그의 서술에 따르면, 새로 시성(謚聖)된 그들의 창설자 도미니코 성인의 첫 축일인 1234년 8월 5일, 툴루즈의 도미니코 수도회 형제들이 방금 미사 집전을 마친 동료 형제 레몽(Raymond du Falga de Miremont) 주교와 막 식사하려던 참이었다. 식사가 시작되기 전에 '하느님의 섭리와 복된 도미니코 성인의 공로가 역사해' 저명한 카타리파 교도의 위독한 장모가 근처 집에서 '이 단 의식을 행하고' 있다는 뉴스가 들어왔다.[7] 주교와 도미니코 수도원 원장이 그 집으로 서둘러 갔는데, 몸져누워 있던 그 노파는 그들을 동료 카타리파로 오인하고 자신의 이단 신앙을 인정했다. 그가 가톨릭 신자로의 회두(回頭)를 거부하자 레몽 주교가 세속의 정의를 대표하는 지방 판사의 입회하에 공식적 으로 그를 이단자로 탄핵했다. 그 판사의 명령으로 노파는 침대에 누운 채 가 까운 들로 실려 가 모닥불에 태워졌다. 그리고 주교, 수도원장과 도미니코 형 제들은 식사 자리에 앉아, 이단에 대해 거둔 이 승리에 대해 '하느님과 복된 도 미니코 성인에게 기꺼이 감사를 드렸다'. 기욤 펠리송은 그들과 즐거움을 나누 었다. "주님께서 복된 도미니코 성인의 첫 축일에 이 일을 하셨으니 그분과 그 분 종의 이름으로 영광과 찬미를 바치며, 믿음을 찬송하고 이단자들과 그들의 신앙을 제압하도다."

최근의 연구 결과는 중세의 교황청과 그 종교재판관들이 카타리파로 탄핵 한 이단은 대부분 전혀 카타리파가 아니었음을 시사하고 있다. 이는 일곱 세기 뒤에 스탈린주의 공포체제에서 숙청된 트로츠키주의자 다수가 레온 트로츠키 와 아무런 관련이 없었던 것과 똑같다. 중세의 교황청은 20세기 크렘린과 마찬 가지로 그 이념적 독점에 대한 여하한 도전도 그 정당성을 용납하지 않았기 때 문에, 이단자들이 비밀리에 매달린 것에 대한 교황청의 견해는 냉철한 정보 평 가보다 적대적 캐리커처에 기인했다. 교황청과 크렘린 모두 이념적 전복자의

---

7   당시 교회가 '이단 행위'로 탄핵한 것은 보통 파르페(parfait, 카타리파 성직자)가 임종을 앞둔 이에 게 행하는 정화 의식이었으며 카타리파는 이를 위령 안수 예식(consolamentum)이라고 불렀다.

타락 증거를 제공하는 보고를 무비판적으로 이용했다. 이단자는 정의(定義)상 타락한 자였다. 교황 그레고리우스(Gregory) 9세가 임명한 종교재판관들은 '이단적 타락'을 수사할 책임을 부여받았다.

그레고리우스 9세는 뛰어난 법률가로 평판이 났지만, 자신에게 제시된 타락의 일부 증거에 대한 반응을 보면 우습게도 어수룩한 면이 있었다. 1233년 그는 도미니코 수도회의 한 형제가 보고한 일단의 이단자들에 대해 조치를 취하도록 마인츠(Mainz)의 대주교에게 분연히 요구했다. 교황이 특히 충격을 받은 것으로 보이는 대목은 이단파의 이른바 입교식에서 입교자가 '일종의 개구리'나 두꺼비에게 키스해야 한다는 것이었다. "두꺼비의 꽁무니에 키스하는 자도 있고 동물의 혀를 빨며 입에 키스하는 자도 있으며 키스 후에는 침을 흘린다. 때로는 두꺼비 크기가 정상적이지만, 거위나 오리처럼 큰 경우도 있다." 다음으로 입교자는 '얼음처럼 차가운' 수척한 몸을 가진 '두렵도록 창백한 사람'과 키스해야 했다. 그리고 '제법 큰 개 크기의' 검은 고양이가 주재하는 연회가 이어졌는데, 입교자와 다른 참석자들이 그 고양이 항문에 키스했다. 섹스 파티가 이어진 것은 불가피했다.[8] 도미니코 수도회의 두 번째 성인이자 종교재판관인 베로나의 베드로(Peter of Verona, 순교자 베드로라고도 한다)는 이단을 일종의 악마주의라고 선언했다. 카타리파는 신빙성 있는 아무런 증거 없이 일반적으로 섹스 파티, 수간, 근친상간, 유아살해 풍습 등의 혐의를 받았다.

스탈린주의 공포통치 기간에 진정한 트로츠키주의자가 러시아에서 거의 사라졌듯이 14세기 초반 프랑스 남부에서는 살아남은 카타리파가 거의 없었다. 그러나 여섯 세기를 사이에 두고 크렘린과 교황청은 이념적 전복활동의 흔적

---

8   그러한 판타지는 민중문화 속에 흔했었지만, 그레고리우스 9세가 마인츠의 대주교에게 보낸 편지
     는 그러한 관행과 현상의 실재성에 대한 믿음이 고위문화 속에 침투되었음을 나타낸다.

은 아무리 작더라도 존속을 허용할 수 없다는 데 동감했다. KGB 의장 유리 안드로포프(Yuri Andropov, 나중에 소련 지도자가 되었다)는 1979년 KGB 회의에서 다음과 같이 말했다. "우리는 여기서 아무리 작은 계산 착오도 허용할 권리가 전혀 없다. 왜냐하면 정치적 영역에서는 모든 종류의 이념적 사보타주(sabotage)가 우리의 체제에 대해 직간접적으로 반대를 일으키려고 의도하기 때문이다."

중세 성기의 교황청도 종교적 영역에서 그와 똑같은 태도를 보였다. 1318년 파미에(Pamiers) 주교 자크 푸르니에(Jacques Fournier)가 장기 종교재판에 착수했다. 이 재판은 몽타이유(Montaillou)라는 피레네 산맥 농촌에 마지막으로 생존해 있을 랑그도크 지방의 카타리파 이단을 근절하기 위해 설계된 것이었다. 이후 7년간 그는 일정한 간격을 두고 총 578차례의 심문을 주재했는데, 이 심문은 단순히 이단의 존재를 찾아내기 위해서가 아니라 이단이 정착한 공동체 전체에 대한 세밀한 그림을 그리기 위해 고안된 (지금까지 알려진 바로는) 최초의 심문이었다. 그의 질문에 대한 마을 주민들의 응답에 포함된 주제는 일상사(친구와 친척들이 서로 머리에서 이를 잡아주는 것)부터 영적인 잘못(본당 신부의 한 애인이 그와 열정적인 밤을 보내도 "하느님을 불쾌하게 만들지 않을 것"이라고 주장하는 것)에 이르기까지 다양했다. 여섯 세기 반 뒤에 위대한 프랑스 사학자 에마뉘엘 르루아 라뒤리(Emmanuel Le Roy Ladurie)는 푸르니에의 독특한 세부 심문 기록을 역사서 저술의 기초로 활용할 수 있었다. 라뒤리가 쓴 1294~1324년 몽타이유의 역사는 중세의 일상생활에 관해 지금까지 나온 연구서 가운데 가장 내밀하며 흥미로운 사실을 드러낸다. 푸르니에가 카타리파 이단에 치명적 일격을 가했다는 평판은 그가 1334년 교황 베네딕투스(Benedict) 12세로 선출되는 데 일조했을 것이다. 그는 교황이 된 최초의 종교재판 수장이었는데, 두 세기 이상 그러한 인물이 나오지 않았다.

모든 시대를 통틀어 권위주의 체제에서 전복활동을 감시한 재판관과 수사관들이 대개 그러했던 것처럼, 자크 푸르니에도 가끔 이상한 음모론에 의해 오도되었다. 그런 음모론 중에 1321년 나환자들이 상수원에 독을 푼다는 소문이 프랑스 전역을 휩쓸었다. 그 소문을 믿은 필리프 5세('키 큰') 왕이 책임 있는 모든 나환자를 화형대에 올려 태우고 그들의 재산을 몰수하도록 명령했다. 이 음모론의 피해자들 가운데에는 파미에 교구의 나환자 구역을 담당하는 사제가 있었는데, 자신도 나환자인 그 사제의 이름은 기욤 아가스(Guillaume Agasse)였다. 1321년 6월 아가스는 (푸르니에가 드물게 사용했던) 고문에 못 이겨 자기 구역의 나환자들이 독약을 구하기 위해 툴루즈에 갔었다고 푸르니에에게 자백했다. 그 독약을 파미에의 우물, 샘, 강 등에 풀면 그 물을 마신 사람이 죽거나 나환자가 될 것이라고 그는 말했다. 나아가 그는 프랑스 전역의 나환자 구역이 이 음모에 가담했다고 주장했다. 추가 고문을 모면하려는 목적이었겠지만, 아가스는 신성모독적인 괴이한 가루 제조법을 발명했다. 나환자들이 상수원을 오염시키려고 계획했다는 그 가루 독약은 성체(聖體, 축성된 빵)와 곱게 빻은 뱀, 두꺼비, 도마뱀, 인분 등의 가루를 섞은 것이었다.[9]

실재하지 않았던 1321년의 나환자 음모는 유대인들이 꾸몄던 것이라고 주장되기도 했다. 중세의 박해에 관한 최고 역사가인 무어(R. I. Moore) 교수가 지적했듯이, 중세의 음모론에서 "이단자, 유대인과 나환자는 호환성이 있었다". "이들은 출처가 같았고 그 성질이 같았으며 제기하는 위협이 같았다. 그 위협은 악마가 이들을 통해 기독교 질서를 전복하고 세상을 혼란에 빠트리려고 역사한다는 것이었다." 푸르니에의 종교재판 기록을 보면, 기독교로 개종했다가 (박해가 두려워 개종하는 일이 흔했다) 나중에 자신들의 옛 신앙으로 돌아간 유대인

---

9   통상적인 관행에 따라 그리고 틀림없이 추가 고문이 두려웠을 아가스는 고문에 의해 제시했던 증거를 나중에 확인했다.

들은 예컨대 '토한 것을 도로 먹는 개들' 등으로 규탄되었다.

필리프 5세 왕의 조카이자 후계자인 필리프 6세(1328~50년 재위) 왕은 반유대주의 등의 음모론에 사로잡혔다. 1321년 그가 앙주(Anjou)의 백작이었을 때, 그는 바나니아스라는 한 유대인이 이슬람교도 통치자들에게 편지를 보내 파리시와 프랑스 왕국 전부를 그들에게 주기로 한 사실을 교황 요한 22세에게 보고했다. 이슬람교도들이 그 대가로 예루살렘을 유대인들에게 넘기기로 했다는 것이었다. 그 편지는 황당무계한 이야기였지만, 교황은 이를 진지하게 받아들여 회칙(回勅)에 포함했다. 기독교 이단자, 유대인과 이슬람교도의 살인 음모에 대한 믿음은 1330년대 백년전쟁 발발 후 프랑스 궁정에서 영국인들에 관한 세속의 음모론을 키웠다. 백년전쟁에 관한 최고 사학인인 조너선 섬프션(Jonathan Sumption) 교수에 따르면, 필리프 6세는 영국인들을 위해 일한다는 '음모자들과 제오열(第五列)'을 극도로 두려워하는 비이성적인 공포증'에 걸렸다. 그의 망상 가운데에는 저지대(Low Countries, 베네룩스 3국) 제후들이 그의 전 가족을 독살하려고 음모를 꾸미고 있다는 확신도 포함되어 있었다. 가상의 반역 행위로 인해 처형된 사람들 가운데에는 파르쿨(Parcoul)의 프랑스 수비대 사령관이 있었는데, 그는 1337년 영국인들에게 공격 지점을 보여주기 위해 도시 방어의 취약지점을 분필과 숯으로 표시했다는 이유로 유죄판결을 받았다.[10]

초자연적 존재에 대한 언급이 없는 것을 제외한다면, 여섯 세기 뒤 소련 NKVD(내무인민위원회)[11]가 스탈린 공포통치의 희생자들에게 강요한 일부 자백은 14세기 프랑스 왕국의 백성들에게서 뽑아낸 자백만큼이나 황당무계했다.

---

10 필리프 6세의 피해망상증 경향은 예외적이었지만, 백년전쟁 기간 전체적으로 외국의 스파이와 제오열에 대한 두려움이 커졌는바, 이는 전시 불안정한 사회의 변함없는 특성이었다. 당시 프랑스나 영국은 해외 스파이들 보고의 진위를 가려낼 마땅한 수단이 없었다.

11 NKVD는 1934년 설립되어 국내외 경찰·보안·정보 기능을 폭넓게 담당하다가 1946년 내무부(MVD)로 개편되었고 1954년 보안·정보 기능을 담당하는 KGB가 분리되어 나갔다(옮긴이).

예를 들어 1937년 NKVD는 '아주 악랄한'(그리고 전적으로 허구인) 형태의 '세균학적 전복활동'을 밝혀냈는데, 그 전복활동이 동물들에게 '전염병'을 감염시킴으로써 수십만 마리의 동물들을 죽였다는 것이었다. 정치국(Politburo)은 가상의 음모자들에 대한 여론 조작용 공개재판(show trial)을 열도록 소련 내 모든 공화국과 지역에 명령했다.

스탈린의 NKVD가 고도로 중앙집중화된 대(對)전복활동을 벌인 것과는 달리, 중세의 종교재판에는 통일된 형태가 없었다. 모든 종교재판은 특정 지역에서 특별수사 형태로 진행되어 교황청에 보고되었으며, 가끔 서로 정보를 교환하기도 했다. 로마에 중앙집중식 상설 종교재판소를 설치하자는 아이디어는 13세기에 처음 제시되었지만 1542년에 비로소 현실로 되었다. 지역별 종교재판이 수행한 종교적 대전복 활동과 현대 일당독재 국가가 수행한 세속적 대전복 활동은 그들이 이단 근절에 부여한 우선순위와 그들이 사용한 수사 기법의 양 측면에서 비교된다. 둘 다 대규모 제보자 네트워크에 의존했으며, 고발당한 사람은 제보자의 신원을 알 수 없었다. 중세 가톨릭교도에게 '자신의 능력에 따라 이단자를 박해'하고 이단자를 신속히 당국에 보고하는 책무가 부과된 것은 스탈린의 러시아에서 소련 국민에게 자신들 속에 있는 이념적 전복자를 탄핵하도록 책무가 부과된 것과 비교된다. 1936년 7월 소련 정치국은 다음과 같이 선언했다. "현 상황에서 모든 볼셰비키의 양도할 수 없는 자질은 당의 적이 아무리 잘 위장하고 있더라도 그를 찾아내는 방법을 아는 것이어야 한다." 종교적 이단자를 보고하지 못한 중세 가톨릭교도들과 마찬가지로 이른바 '인민의 적'을 탄핵하지 않는 소련 국민은 이단 혐의를 받았다. "교회 밖에서는 구원이 없다"라는 성 키프리아누스(St Cyprian)의 격언과 당 밖에서는 정치적 구원이 없다는 소련 시대의 교리가 나란히 대비된다.

스탈린주의 공개재판처럼 중세의 이단자에 대한 처벌도 억제와 공중 교육이라는 두 가지 효과를 노렸다. 되도록 많은 구경꾼을 모으기 위해 이단자에 대한 화형은 대개 공휴일에 집행되었다. 주변 지역 교회와 세속의 저명인사들이 초대되어 특별히 마련된 단상에 앉았으며 재판관은 설교에 이어 죄질의 경중에 따른 오름차순으로 과거와 현재의 이단 행위에 대한 선고를 낭독했다. 사형이 선고된 사람은 장작더미 위에 높이 올려놓아 군중이 죽음의 고통을 볼 수 있도록 했다. 이후 사형집행인들은 희생자의 거슬린 잔해를 잘게 부순 다음 모닥불에 던져 넣어 되도록 아무것도 남지 않도록 했다. 랑그도크 지역의 종교재판에서 사형집행 비용에 대해 남긴 세심한 기록 가운데 현존하는 사례를 보면, 사형집행인들은 희생자 1인당 20솔(sol)을 받았는데, 이는 화형대, 큰 통나무, 불을 지피기 위한 마른 포도나무, 이단자를 묶는 밧줄 등의 총비용보다 약 10% 적었다. 1323년 4월 카르카손에서 집행된 네 명의 이단자 화형식에서는 거기 모인 저명인사들의 음주와 식사에 든 비용이 사형집행인들이 받은 경비와 보수보다 많았다. 중세 영국에서 집행된 화형은 유럽대륙보다 횟수가 적었지만, 그 목적은 똑같았다. 1401년 제정된 영국의 '이단자화형법(De Heretico Comburendo)'은 재발한 이단자는 세속 기관에 넘겨 '사람들이 보는 높은 곳에서' 화형에 처하도록 규정했다. 그 목적은 '그러한 처벌이 다른 사람의 마음속에 공포를 일으킴으로써 그처럼 사악한 교리와 잘못된 이단적 견해가 유지되거나 사람들이 걸려들지 않도록' 하는 데 있었다.[12]

현대의 일당독재 국가는 반대파 억압뿐 아니라 미디어 통제나 검열을 통해서도 진실의 독점을 유지하려고 했다. 현대 미디어 검열의 기원은 중세 성기에

---

12 15세기 영국에서 화형당한 이단자의 수는 비교적 적었다. 현존 기록에 따르면, 1423~1503년 기간에 이단자 화형이 열 차례 있었다.

발달하기 시작한 교회검열의 전통으로까지 거슬러 올라간다. 1440년대에 가동 활자 인쇄술이 발명된 이후에는 비정통적·이단적 저술이 제기한다는 위협이 대폭 증가했는데, 로마교황청(교회의 중앙행정부)의 일각에서는 이 인쇄술을 악마의 작품으로 간주했다. 1500년경에는 인쇄기가 생산한 책이 이미 2,000만 권을 돌파했다. 마르틴 루터(Martin Luther)가 1517년 모든 성인의 날 (11월 1일) 전야에 비텐베르크의 성교회(Castle Church) 문에 교황의 면죄부를 반박하는 95개 논제를 내건 이후, 인쇄기는 종교개혁의 급속한 확산에 긴요하게 작용했다. 개신교(Protestant) 이단과 가톨릭 내부의 반대파에 의해 제기된 도전에 대처해 1542년 교황 바오로(Paul) 3세는 이단 수사를 중앙집중식으로 통제하기 위한 로마종교재판소를 설립했다. 검사성성(檢邪聖省, Holy Office)으로도 불리는 종교재판소는 교황청의 유일한 부처였으며 장관 없이 교황이 직접 관장했다. 바오로 3세는 성 베드로 성당 건축을 여러 해 중단하고 거기 투입된 인부를 종교재판소 청사 신축에 돌릴 정도로 종교재판소를 매우 중시했다. 로마종교재판소에는 야심만만한 성직자들이 빠르게 영입되었다. 그들 가운데 대(大) 재판관 안토니오 기슬리에리(Antonio Ghislieri)는 나중에 교황 비오(Pius) 5세(1566~72년 재위)로 선출되었다. 비오 5세는 나중에 시성(諡聖)되어 로마종교재판소의 수호성인이 되었다.[13]

설립된 지 1년 만인 1543년 검사성성은 '잘못되고 불미스럽고 선동적이고 의심스럽고 이단적인 작품'의 판매를 금지하는 칙령을 공포함으로써 대전복활동 업무를 확대했다. 그러나 초기에는 어떤 출판물이 이 범주에 속하는지 식별하는 일이 독자와 세관원, 인쇄업자에게 맡겨졌다. 한 사학자는 "이에 따라 무능력과 협박이 공존했다"라고 말한다. 1559년이 되어서야 비로소 검사성성은

---

13   1570년 영국 여왕 엘리자베스 1세가 성 비오 5세의 파문을 받았다.

1,000여 종의 금서와 그 저자 목록을 자체적으로 만들었다. 그러나 혼란은 계속되었다. 1571년 금서목록성(禁書目錄省)이 신설되었어도 혼란은 해소되지 않았다. 예수회 신학자 로베르토 벨라르미노(Robert Bellarmine, 나중에 시성되었다) 같이 훌륭한 학자들이 금서목록성의 "무능하고 멍청하며 서투른 사람들"(벨라르미노의 전기를 쓴 작가는 그렇게 불렀다)과 함께 작업했다. 로마의 캄포 데이 피오리(Campo dei Fiori) 광장에서 불태워진 책들 중에는 승인받지 않고 토착어로 번역된 성서도 들어 있었다.[14]

모든 권위주의 체제에서는 검열 시스템이 우스꽝스러워지기 마련이다. 창조적 저술과 대전복활동이 만나면 불가피하게 황당무계한 일이 벌어진다. 검사성성이 그 길을 앞장섰다. 1580년 위대한 프랑스 저술가 미셸 몽테뉴(Michel Montaigne)가 로마에 도착했을 때, 그에게서 압수한 저서들 가운데에는 이단자들을 공격하는 다수의 저서가 포함되었다. 그 책들을 압수한 이유가 특이한데, 그 책들이 이단자들 이름을 거명해 규탄함으로써 그 이단자들을 더 유명하게 만들었다는 것이었다. 몽테뉴의 유명한 『수상록(Essais)』은 사실 성직자의 검열에 찬동했음에도 불구하고 역시 압수되었다. 몽테뉴는 "가톨릭교회가 다윗 시편의 무분별한 사용을 금지하는 것이 옳다"라고 아마도 조롱조로 썼었다. 『수상록』 개정판에 대한 출판 승인을 받기 위해서 그는 검열에 찬동할 뿐 아니라 "나의 행동, 저술과 사상까지도 통제할 수 있는 사람들의 판단에 따르고 싶다"라는 것을 (아슬아슬하게 위장된 풍자를 통해) 강조할 필요가 있다고 생각했다. 소련 작가들, 특히 스탈린 시대의 작가들은 그보다 더 심했는데, 기존에는 롤모델이었으나 갑자기 격하되어 신분적으로 매장된 인물을 자신의 출판

---

14 캄포 데이 피오리 광장에서 화형에 처해진 가장 유명한 인물은 이단 혐의를 받은 지오다노 브루노(Giodano Bruno)인데, 그는 도미니코 수도회 수사로서 철학자, 수학자, 천문학자 겸 점성술사였다.

물 개정판에서 정기적으로 제거함으로써 자신의 정통성을 입증해야 했다. 소련 정보기관 수장으로서 대를 이은 세 명―겐리흐 야고다(Genrikh Yagoda), 니콜라이 예조프(Nikolai Yezhov), 라브렌티 베리야(Lavrenti Beria)―이 모두 가상의 범죄(영국을 위한 스파이활동을 포함해) 혐의로 처형되었으며, 따라서 역사 기록에서 말소되어야 했다. 1953년 베리야가 처형된 후『소비에트 대백과사전(Great Soviet Encyclopedia)』의 구독자들은 '작은 칼이나 면도날'을 사용해 베리야에 관한 항목을 제거하고 이를 베링 해(Bering Sea)에 관한 항목으로 대체하라는 지시를 받았다.

대전복활동에서 가톨릭교회와 후대 소련 사이의 주된 차이점은 중앙 집중의 강도가 크게 달랐다는 점이다. 1542년 검사성성이 설립되긴 했으나 로마가 가톨릭 지역의 종교재판에 대해 중앙집중식 통제를 가한 것은 모스크바가 제2차 세계대전 후 수립된 소련권(Soviet Bloc)의 대전복활동에 대해 행사한 통제에 비하면 아무것도 아니었다. 종교개혁이 시작된 이후 로마종교재판소는 신교도 박해를 주도하지도 않았다. 일부 신교도 국가는 적어도 로마종교재판소가 설립되기 15년 전에 신교 '이단자들'(특히 재세례파)을 처형하기 시작했다. 1555~64년의 10년 동안 가톨릭 지역에서 집행된 신교도 처형 가운데 단 2%만 검사성성에서 담당했다. 대재판관 출신의 교황 비오 5세 임기 중에는 그 비율이 증가했지만, 검사성성의 주된 우선순위는 여전히 신교도 박해보다 교회 내부의 반대파 처리에 있었다.[15]

볼셰비키 혁명 후 6주 만에 설립된 체카(Cheka, KGB의 전신) 이전에 이념적 통일성을 높이려는 대전복활동 기관의 역량을 가장 선명하게 보여준 사례는 15

---

15 이단 혐의로 처형된 신교도의 합계는 1555~64년 882명에서 1566~72년 385명, 1581~90년 52명으로 감소했다. 이 기간 동안 로마종교재판소는 각각 15건, 40건, 16건의 처형을 담당했다. 반(反)종교개혁(가톨릭 내부의 자기 개혁 운동)의 선봉장 비오 5세는 1712년 시성되었다.

세기 말과 16세기에 스페인에서 벌어진 종교재판의 역할이었다. 대부분의 중세 기간에 스페인은 유럽에서 가장 다문화적인 지역이었다. 카스티야(Castile) 국왕 페르난도(Ferdinand) 3세(1217~52년 재위, 나중에 시성되었다)는 스페인 내 이슬람교도 무어(Moorish) 왕국과 전쟁을 벌였음에도 스스로를 '3대 종교(기독교·이슬람교·유대교)의 왕'이라고 칭했다. 세비야(Seville) 대성당에 있는 그의 무덤에는 초기 카스티야 언어뿐 아니라 세 가지 신앙의 언어가 새겨져 있다. 세 신앙 간의 관계가 결코 평등한 것은 아니었지만, 유대인들이 영국(1290년), 프랑스(1306년) 등지에서 추방되고 있을 때, 스페인의 10만 유대인은 당시 세계 최대의 유대인 공동체였다. 1474년 아라곤(Aragon) 왕국의 페르난도 1세와 카스티야 왕국의 이사벨라(Isabella) 1세가 두 왕국을 통합해 공동 통치자가 되었을 때, 그들의 측근 참모 중에는 유대인 의사들과 재무관들이 있었다.

그러나 스페인 도미니코 수도회를 이끄는 두 형제, 즉 왕실의 고해성사 사제인 토머스 데 토르케마다(Tomás de Torquemada, 나중에 스페인 초대 종교재판소장이 되어 가공할 평판을 받았다)와 왕실의 강론 사제인 알론소 데 오헤다(Alonso de Hojeda)는 기독교로 개종한 유대인 다수가 몰래 유대교를 고수하고 있어 왕의 권위뿐 아니라 교회의 통일성도 심각하게 위협받고 있다고 페르난도와 이사벨라를 설득했다. 이를 믿은 페르난도와 이사벨라는 스페인에 국한된 종교재판에 대해 교황의 승인을 구했으며, 1478년 11월 교황 칙령으로 종교재판소가 설립되었다. 교황 식스투스(Sixtus) 4세는 유럽의 모든 다른 종교재판과는 달리 스페인 종교재판을 국왕의 통제하에 두었는데, 이로써 국왕이 사상 최초로 이단 근절에 주도적인 역할을 맡게 되었다. 스페인 종교재판소는 나중에 신대륙을 포함해 스페인 왕국의 모든 영토에 걸쳐 권한을 가진 유일한 기관이 되었으며, 이에 따라 왕의 권위가 제한된 지방에서도 왕명으로 종교재판이 시행될 가능성이 생겼다. 이리하여 스페인 종교재판소는 대전복활동에 전념하는 최초의 주요 국가통제기관이 되었으며, 현대 권위주의 정권의 보안기관 출현에 이르는 중요한 이정표가 되었다.

오늘날 스페인 종교재판은 아우토다페(auto da fé; act of faith, 신앙 행위)라는 속죄 의식 때문에 가장 유명한데, 그 의식에서 회개하는 이단자는 군중 속으로 행진했고, 회개하지 않고 재발한 소수의 이단자는 화형에 처해졌다. 1481년 세비야에서 열린 첫 아우토다페에서 처형된 여섯 명의 남녀는 모두 기독교 개종자에서 유대교로 돌아간 혐의와 국왕에 반대한 음모 혐의 둘 다에 대해 유죄판결을 받았다. 아우토다페가 후대에 남긴 주된 이미지는 종교적 봉헌보다 투우와 더 관련된 축제 같은 분위기지만, 그 주된 목적은 항상 되도록 많은 이단자를 사적 회개뿐 아니라 공적 회개를 통해서도 교회의 우리 안으로 다시 끌어들이는 것이었다. 1486년 톨레도에서 열린 첫 아우토다페에 관해 당대에 기술한 것을 보면, 이른바 재발한 개종자 700여 명이 줄을 지어 공개적으로 교회로 '회두'했다.

> 그들은 (외곽 구역에서 엄청 많은 사람이 그들을 보러 왔기 때문에) 수많은 구경꾼으로부터 모진 냉대와 수치와 모욕을 받으면서 큰 소리로 울부짖고 머리카락을 쥐어뜯으면서 나아갔는데, 하느님께 지은 죄보다 그들이 겪고 있는 수치 때문에 더 그랬을 것이 틀림없다. 이렇게 그들은 수난 속에 거리를 지나 … 마침내 성당에 이르렀다. 성당 문 앞에서 두 사제가 각 사람의 이마에 성호를 그으며 말했다. "성호를 받으시오. 당신이 기만을 당해 부인하고 잃어버렸던 성호입니다."[16]

---

16 이 사건에서 '재발한' 개종자는 사형을 면했지만, 신앙을 버려야 했고 재산의 1/5을 벌금으로 냈으며 공직 자격을 영구히 박탈당하고 정장 착용을 금지당했다.

스페인의 아우토다페는 초기에는 매우 잔인했다. 종교재판이 열린 첫 50년 동안 약 2,000명의 이단자가 화형에 처해졌는데, 이 숫자는 다음 한 세기 반 동안 처형된 이원의 세 배에 달했다. 다른 1만 5,000여 명은 교회로 '회두'했다.

현대 일당독재 국가의 보안기관과 마찬가지로, 스페인 종교재판도 이념적 전복활동의 위협을 크게 과장했다. 1481년 치러진 첫 아우토다페처럼 종교재판의 주된 우선순위는 이른바 사기성 개종자나 재발한 개종자를 근절하는 데 있었다. 주민들에게는 이웃에 전복적 종교 활동의 기색이 있는지 살펴보라고 공고했다. 예를 들어 겨울철에 토요일마다 연기가 나지 않는 집 굴뚝은 그 집안이 유대교 안식일을 지키고 있다는 표시일 수 있었다. 실제로 당시 스페인에 비밀리에 함께 모여 유대교를 신봉한 개종자 집단은 없었을 것이다. 당대의 애절한 한 유대인 기록자는 박해받은 개종자들 가운데 "극히 일부만 유대교도로 죽었으며, 이들 대부분이 여자였다"라고 적었다(다른 사람들도 그와 같은 말을 했다). 박해로 인해 조성된 공포 분위기 속에 소수집단인 개종자들은 다른 종교를 비난함으로써 자신들이 종교적으로 정통 가톨릭임을 입증하려고 했다. 재발한 개종자에 대해 벌인 종교재판의 공세와 관련해 한 연구는 "대다수가 이웃의 험담, 개인적 악의, 공동체적 편견 및 단순한 풍문에 근거해 재판소에 끌려온 것으로 보인다"라고 결론짓고 있다.

그러나 페르난도와 이사벨라는 개종자들이 가톨릭 신앙과 자신들의 왕권에 심각한 위협을 가하고 있다는 확신을 유지했다. 반유대주의가 대중적인 뿌리를 다소 갖고 있긴 했지만, 1492년 기독교 세례를 거부하는 모든 유대인을 스페인에서 추방한다는 그들의 결정에 주된 영향을 미친 것은 스페인 종교재판에 대한 불필요한 걱정을 담은 보고서였다. 다음은 국왕 페르난도가 한 말이다.

종교재판의 검사성성은 일부 기독교도들이 유대인들과의 접촉과 소통으로 인해 위험에 처해 있다는 것을 알고 유대인들이 우리의 모든 영역과 영토에서 추방되어야 한다고 규정했으며, 우리가 이를 지지하고 동의하도록 우리를 설득했다. 우리는 지금 전술한 검사성성에 대해 책무와 빚을 지고 있어 그 규정을 지지하고 동의한다. 우리는 우리 자신에게 큰 해가 돌아옴에도 불구하고 우리 자신의 이익과 개인들의 이익보다 영혼의 구원을 우선하기 때문에 이렇게 하는 것이다.

종교개혁이 시작된 후 40여 년 동안 스페인에서는 개신교가 가톨릭교회의 권위에 크게 도전하지 않았다. 그러나 개신교의 주요 근거지였던 유럽의 다른 두 지역, 즉 신성로마제국과 영국은 스페인과 왕실끼리 강한 유대관계를 맺고 있었다. 1516년 신성로마제국의 황제 카를(Charles) 5세는 스페인 국왕(카를로스 1세)을 겸직했고(대체로 상주하지 않았다) 1556년 아들 펠리페(Philip) 2세에게 스페인 국왕을 양위할 때까지 겸직을 유지했다.[17] 카를 5세는 신성로마제국의 독일어 사용권에서는 신교도가 통치하는 제후국들의 종교개혁 물결을 막아낼 권위가 없었다. 그러나 자신이 직접 통치하는 저지대(당시 합스부르크 왕가의 네덜란드)에서는 아들 펠리페 2세처럼 이단을 근절하려고 결심했다. 그들 부자와 측근 참모들은 '하나의 신앙, 하나의 왕, 하나의 법률' 원칙을 신봉하도록 양육되었으므로 개신교를 합스부르크(Habsburg) 왕가에 대한 반역과 동일시했다. 카를 5세는 1556년 퇴위한 후 이단 색출이 자신의 건강을 심하게 해쳤을 뿐만 아니라 "내가 표현할 수 있는 것 이상의 걱정과 고통을 나에게 안겼고 아직도 안

---

[17] 펠리페 2세는 스페인과 그 해외제국, 그리고 저지대의 통치자가 되었다. 카를 5세의 동생 페르디난트(Ferdinand)는 신성로마제국의 황제가 되었다.

기고 있다"라고 썼다. 그가 스페인 모델에 따라 중앙집중식의 강력한 종교재판을 저지대에 수립하는 것은 불가능했다.

나는 일부 백성이 이웃인 독일과 잉글랜드, 그리고 프랑스에서도 잡아 온 이단자들을 처벌하기 위해 종교재판을 도입하고 싶었다. 모두가 이에 반대한 이유는 (스페인 종교재판의 주된 표적인) 유대인 백성이 없다는 것이었다. 마침내 일정한 구체적(이단적) 범주에 해당하는 자는 그 국적과 처지를 불문하고 모두 그 사실로 인해 화형에 처하고 재산을 몰수한다는 명령이 발표되었다. 필요성이 나를 이렇게 행동하도록 강요했다.

많은 이단자가 종교재판보다 세속 법원에서 사형선고를 받았는데, 합스부르크 왕가가 통치하던 네덜란드에서는 종교재판관들이 교황과 황제 둘 다에게 충성하고 있었다. 오직 플랑드르(Flanders, 현재의 벨기에 북부) 지방에서만 종교재판이 세속 법원과 다소 독립적으로 운영되면서 이단자 기소의 주된 동력이 되었다. 그러나 펠리페 2세가 인정했듯이, 중앙집중식 통제가 없었음에도 네덜란드의 이단자 색출은 '스페인보다 더 혹독했다'. 적어도 1,300명의 이단자가 1523~66년 기간에 저지대에서 화형을 당했는데, 이 수치는 같은 기간 신앙 때문에 처형된 유럽의 신교도들을 합한 수의 2/3 이상을 차지했다. 그러나 이런 화형으로도 네덜란드 전역에 가톨릭 정통을 수립하는 데 실패했다. 1566년 당시 신교도가 압도적이었던 7개 주가 연합(United Provinces)을 이루어 오랜 독립 투쟁을 시작했는데, 이 투쟁이 궁극적으로 성공해 네덜란드공화국 수립으로 이어졌다.

16세기 중반 신교도 화형으로 가장 악명이 높았던 국가는 구교도 메리 여왕 (Queen Mary, 1553~58년 재위) 통치하의 잉글랜드였다. 1554년 메리 여왕은 스페인의 펠리페 2세(대부분의 시간을 모국인 스페인에서 보냈으며 2년 후 스페인의 국왕이 되었다)와 결혼했다. 메리 여왕은 이단을 색출하는 데 펠리페 2세의 성원이 필요 없을 만큼 열성을 보였는데, 부재 중인 남편과 마찬가지로 개신교를 종교적 위협뿐 아니라 정치적 위협으로도 간주했다. 노리치(Norwich)의 주교 존 홉튼(John Hopton)은 잉글랜드의 복음주의 신교도들이 교회의 권위뿐 아니라 군주의 권위도 전복하려 한다고 비난했다. 그는 화형을 선고받은 한 사람에게 "그대 스스로 하느님의 법을 거스른 공개된 적임을 드러내면서 불복종을 통해 왕과 여왕의 권좌에서 위엄을 뽑아내려고 했다"라고 말했다. 1555~58년 기간에 화형당한 280명의 신교도는 수적으로 같은 기간 다른 유럽지역에서 처형된 사람들보다 많았으며, 그 이전에 잉글랜드에서 화형당한 이단자들의 합계보다도 많았다. 그러나 잉글랜드에서는 종교재판이 시행되지 않았는데, 이는 네덜란드의 경우처럼 신교도들을 화형에 처하려고 결심한 열성 통치자는 전문적 종교재판관의 도움을 필요로 하지 않았다는 추가적인 증거다.

저지대에서와 마찬가지로 잉글랜드에서도 화형은 그 목적을 달성하지 못했다. 이후 수세기 동안 잉글랜드에서 가톨릭에 대한 평판은 '피의 메리(Bloody Mary)' 기억으로 얼룩졌으며, 신교도 순교자들의 피는 엘리자베스 1세가 성공회(Church of England)를 창설하는 데 초석이 되었다. 잉글랜드 역사에서 가장 유명한 최후진술 가운데 하나는 전(前) 주교 휴 라티머(Hugh Latimer)가 1555년 옥스퍼드에서 화형당하기 직전에 동료 개혁가 토머스 리들리(Thomas Ridley)에게 한 말이다. "기운 내시게, 리들리 선생. 우리는 오늘 영국에서 하느님의 은총으로 초 하나에 불을 붙일 걸세. 나는 그 촛불이 꺼지지 않을 것이라고 믿네." 한 구교도는 1556년 똑같은 장소에서 메리 여왕의 첫 캔터베리 대주교였던 토머스 크랜머(Thomas Cranmer)가 개신교 이단 혐의로 화형당한 사실을 기록했다. 적대적인 그 기록자도 크랜머가 일찍이 신앙 철회에 서명했던 자신의 손을 불꽃 속으로 내미는 용기를 보고 감동했다. 그 기록자는 진정한 종교를 위해 크랜머 한 사람만 죽었더라면 "나는 보람되게 그 본보기를 추천해 고대 사제들의 명성과 견줄 수 있었을 것"이라고 한탄했다.

스페인 도미니코 수도회의 한 수사의 기록에 따르면, 메리 여왕의 잉글랜드와 합스부르크 왕가의 네덜란드에 존재하던 이단의 손길이 1558년까지 "스페인에 영향을 미치지 않았다". 그러나 그해에 귀족들이 일부 포함된 신교도 그룹들이 스페인의 두 주요 도시 세비야(Seville)와 바야돌리드(Valladolid)에서 열린 종교재판에서 발각되었다. 신교도들(14명)을 화형에 처하기 위한 첫 아우토다페가 1559년 5월 21일 바야돌리드에서 펠리페 2세의 누이 후아나(Juana, 국왕이 잉글랜드에 잠시 체류하는 동안 섭정을 맡았던 인물이다)와 왕실 인사들이 임석한 가운데 열렸다. 다음 아우토다페는 10월 8일 역시 바야돌리드에서 열렸는데, 이번에는 스페인으로 돌아온 펠리페 2세가 임석했다. 4명의 수녀를 포함한 12명의 신교도가 화형을 당했다. 바야돌리드 신교도들의 지도자 카를로스 데 세소(Carlos de Seso)는 크랜머처럼 앞선 신앙 철회를 취소했는데, 그의 최후진술도 크랜머만큼 감동적이고 당당했다. "예수 그리스도 안에서만 나는 희망이 있으며, 나는 그분만 믿고 흠숭한다. 그리고 그분께서 선택하신 이들에게 하신 약속을 누리기 위해 합당치 않은 나의 손을 그분의 성스러운 옆구리에 들이밀며 그분 피의 덕을 보는구나." 그러나 데 세소의 최후진술은 라티머의 최후진술이 잉글랜드 역사에 반향을 울린 것처럼 스페인 역사에 큰 반향을 일으키지는 않았는데, 그것은 개신교 교회가 종교재판에서 살아남지 못했기 때문이다. 이후 3년에 걸쳐 세비야에서 아우토다페가 네 차례 더 이어졌다. 헨리 케이멘(Henry Kamen) 교수에 따르면, "이러한 화형식으로 인해 토착 개신교가 스페인에서 거의 완전히 소멸했다". 스페인 종교재판이 스페인에서 유대교와 개신교의 실행을 근절하는 데 성공한 것은[18] 중앙집중식의 강력한 대전복 기관을 가진 강한 권위주의적인 정부가 자신의 종교적 또는 정치적 진실 독점에 도전하는 시도를 무력화할 수 있음을 보여주는 우울한 증거사례다. 그러한 능력을 훨씬 더 심하게 보여주는 것이 20세기의 훨씬 더 강력한 일당독재 국가인데, 이들은 훨씬 더 침투적인 보안기관을 보유했다.

종교재판에 관한 역사를 처음으로 기술한 사람은 스페인 도미니코 수도회 소속의 루이스 데 파라모(Luis de Páramo)였다. 신학박사인 그는 1584~1605년 기간에 레온(Leon, 스페인 북부지방의 주와 그 주도_옮긴이)의 사제로서 스페인이 지배하는 시칠리아 섬의 종교재판관을 지냈다. 1598년 그의 세 권짜리 저서 『성스러운 종교재판소의 기원과 발전에 관하여(De origine et progressu officii sanctae Inquisitionis)』가 마드리드에서 출판되었다. 당시 그는 펠리페 2세의 왕궁에서 일했는데, 국왕은 죽기 직전 그의 책에 내용을 승인하는 서문을 기고했다. 파라모는 최초의 종교재판의 장소와 최초의 종교재판관을 모두 알아냈다고 주장한 최초의 인물이었다. 그가 주장한 최초의 종교재판은 아담과 하와가 선과 악을 알게 하는 나무에서 금단의 열매를 따 먹은 후 에덴동산에서 열렸다. 하느님 당신이 최초의 재판관이었다. 공인된 창세기의 기술에 따르면, 하느님이 '저녁 산들바람 속에 동산을 거니실' 때 아담과 하와는 '주 하느님 앞을 피해 동산 나무 사이에 숨었다. 그리고 주 하느님께서 아담을 부르시며, 너 어디 있느냐? 하고 물으셨다'. 파라모에 따르면, 이것이 재판관이 물은 첫 질문이었다. 아담은 하느님의 다음 질문에 대답해, 자신과 하와가 금단의 열매를 먹었다고 인정했다. 그러자 하느님이 그들을 에덴에서 추방했다. 파라모는 하느님이 아담과 하

18　헬렌 롤링스(Helen Rawlings) 교수는 종교재판이 개신교가 스페인에 착근하는 것을 성공적으로 막았다고 주장한다. 케이멘 교수는 개신교가 종교재판의 박해를 받기 전인 1520년대에 에라스무스(Erasmus)의 인문주의 열풍이 스페인에 불었었다는 점을 감안할 때, 박해가 없었어도 개신교가 스페인에 착근하지 못했을 것이라고 주장한다. 종교재판이 없었다면 무슨 일이 일어났을까라는 질문은 사실에 반하기 때문에 확답이 있을 수 없다.

와를 추방한 후 그들에게 입으라고 준 동물 가죽을 재판관들이 회개하는 이단자들에게 준 십자가가 표시된 옷에 비유했다. 또 놀라운 것은 예수 그리스도가 '복음전파법하의 첫 종교재판관'이었다는 파라모의 계시였다. 파라모는 세례자 요한과 열두 사도 역시 재판관이었다고 밝힘으로써 스스로 만족했으며 자신의 역사서를 후원한 위엄 있는 인사들도 만족시켰다. 신학자 페드로 로페즈 데 몬토야(Pedro López de Montoya)가 파라모의 저서에 쓴 출판허가(Approbatio)는 그 속에 '가톨릭 신앙이나 선량한 도덕에 반하는 내용이 전혀 없음'을 인증하고 있다.

스페인 종교재판이 장기적으로 남긴 유산 하나는 그 심문 방법이었다. 21세기 CIA 심문관들은 9·11 이후 체포된 고위 알카에다 요원들로부터 정보를 캐기 위해 가장 논란이 많은 '강화된 심문' 기법을 사용했는데, 그 기법은 모의로 익사시키는 '물고문'이었다. 이것은 이미 500년 전에 스페인에서뿐 아니라 신대륙에서 열린 스페인 종교재판에서도 사용한 기법이었다. 미군은 1898년의 미국-스페인 전쟁 이후 필리핀에서 물고문을 알게 되어 필리핀 반군을 진압하기 위해 물고문을 사용했다. 윌리엄 하워드 태프트(William Howard Taft)는 미국 대통령과 대법원장을 잇달아 역임한 유일한 인물인데, 그가 1902년부터 1904년까지 필리핀 총독으로 재직했을 때 물고문 사용을 용인했다.[19] 한 세기를 지나 법무부와 CIA의 법률가들이 물고문이 합법적이라고 선언한 후 조지 W. 부시 대통령도 물고문 사용을 용인했다. "내가 고위 알카에다 지도자들에 대한 물고문을 승인하지 않았다면, 나는 미국이 공격당할지도 모르는 더 큰 위험을 받아들여야 했을 것이다. 9·11의 여진 속에 이것은 내가 받아들이고 싶지 않은

---

19   1902년 5월 22일 자 ≪라이프(Life)≫ 잡지는 표지 그림에서 '물 치료'(물고문)를 행하는 미군을 보여주었다.

위험이었다." 부시에게는 자신이 스페인 종교재판에서 악명을 떨쳤던 관행을 승인한다는 생각이 전혀 없었던 것으로 보이는바, 그는 물고문이 고문이 아니라고 확신하고 있다. "그 방법이 거친 것은 틀림없지만, 지속적인 해를 끼치지는 않는다고 의료 전문가들이 CIA를 안심시켰다." 그래도 스페인 종교재판은 지각이 있었다. 즉, 물고문을 고문의 한 형태로 간주했었다. 20세기와 21세기에 물고문을 당한 사람들은 그러한 평가가 옳다는 것을 믿어 의심치 않는다.

제8장

르네상스 베네치아와
서양 정보활동의 발흥

르네상스 시대의 베네치아는 비밀 및 그 비밀의 유지에 사로잡혀 있었다. '가장 평온한 공화국'에서 보안활동 등 많은 업무를 담당했던 10인위원회(Council of Ten) 위원들[1]은 "맹세하라, 포기하라, 비밀을 누설하지 말라"라고 선서했다. "적지 말라"라는 것은 공식 기록에 공통으로 나타난 지시였다. 정부 공문서는 비밀로 취급되어 베네치아 총독(선출되는 종신직 공작으로서 수석 치안판사를 겸했다)조차 공무원 입회 없이는 볼 수 없었다. 전통적으로 공문서 관리인은 내용을 읽지 못하도록 문맹인 자였다. 한 이야기에 따르면(아마도 가공의 이야기일 듯하다), 한 관리인이 종이 위에 무언가를 휘갈기고 있는 모습이 포착된 적이 있었다. 총독이 "그렇다면 넌 쓸 수 있구나!"라고 말했다. 그러자 그 관리인은 "아닙니다, 각하. 저는 그림을 그리고 있습니다"라고 대답했다. 총독들은 알 수 없는 분위기를 자아냈는데, 이는 화가 벨리니(Bellini)가 그린 16세기 초의 총독 레오나르도 로레다노(Leonardo Loredan) 초상화에 잘 드러나 있다. 한 총독에 대해서는 "그가 어떤 것을 좋아하는지 아니면 싫어하는지 아무도 모른다"라는 이야기가 있기도 했다.

1481년 10인위원회는 원로원, 대학 및 비밀스러운 국가평의회의 모든 구성원에게 각국 대사 및 베네치아 공화국이 고용하지 않은 기타 외국인과 접촉하는 것을 일절 금지하고 그들에게 외국인이 접근하면 즉시 보고하도록 명령했

---

1   실제로는 10인위원회가 17명으로 구성되었다. 명칭이 유래한 10인 외에 6명의 공작이 추가되고 총독이 위원장으로 참가했다.

다. 이를 위반하는 자는 2년간의 추방과 1,000두카트(ducat)의 벌금에 처해졌다. "이 벌금 중에서 절반은 신원의 비밀이 보장될 고발인의 몫이고 나머지 절반은 이 (10인)위원회의 금고에 귀속된다."[2] 공무상 비밀을 누설하는 자는 발각 시 사형당할 위험을 감수해야 했다. 1498년 3월 어느 날 밤 베네치아의 일기 작가이자 역사가인 마린 사누도(Marin Sanudo)는 산마르코 광장을 지나가면서 놀라운 장면을 보았다. 70세인 문서청(Chancery) 장관 안토니오 디란도(Antonio di Lando)의 몸이 성 마르코(St Mark) 기둥과 성 테오도로(St Theodore)[3] 기둥 사이의 전통적인 사형장에 세워진 교수대에 매달려 있었던 것이다.

그 일에 관해 아는 사람이 없었기 때문에 모든 시민이 놀랐다. 그는 소매가 긴 관복을 입은 채 밤에 교수형을 당했다. 그리고 사건의 진상은 그가 주안 바티스타 트레비산(Zuan Battista Trevisan)이라는 사람에게 비밀을 누설했기 때문에 일어난 것이었다. 트레비산은 문서청에 근무하다가 해고되어 사실상 만토바(이탈리아 북부의 도시) 후작들(Marquis of Mantua)의 비서 노릇을 하고 있었다.

디란도의 몰락이 시작된 것은 그가 트레비산과 불법 거래를 하고 있다는 것을 그의 정부(情婦)가 알았을 때였다. 그녀는 그 증거를 입수하려고 디란도와 섹스하는 동안 자신의 다른 애인을 침대 밑에 숨겨두고는 그가 공무상 비밀 누설에 관해 털어놓도록 설득했다. 그녀의 애인은 들은 내용을 당국에 신고했으

---

2   이 포고령은 베네치아 지배계급의 외국인 접촉이 초래하는 근자의 국가안보 위협보다 10인위원회의 과도한 비밀주의를 반영했다. 그 포고령이 인정했듯이 10인위원회가 주목한 가장 최근의 위협은 '얼마 전'이었다.
3   성 마르코는 마르코 복음서 저자로서 베네치아의 수호성인이다. 그 이전에는 성 테오도로가 수호성인이었다(옮긴이).

며, 아마도 500두카트의 포상금(디란도 연봉의 약 3배)을 받아 디란도의 정부와 나누었을 것이다. 디란도는 정부의 침대 밑에서 수집된 증거에 의해 유죄판결을 받아 잔인한 야간 사형집행에 처해졌다. 교수형 집행인들은 밧줄을 찾지 못했는데, 가게 문이 닫혀 새 밧줄을 살 수도 없었다. 결국에는 무기고에서 꺼낸 밧줄로 그를 매달다가 밧줄이 뚝 끊어졌다. 디란도는 땅에 떨어져 팔이 부러졌지만, 재차 시도해 산마르코 광장 교수대에서 교수되었다.

'가장 평온한 공화국'이 비밀과 비밀주의에 집착한 것은 중세 최대의 무역제국이라는 베네치아의 역할에서 비롯되었다. 베네치아는 부피가 작은 고가품, 특히 향신료와 사치품을 동방에서 사다가 큰 이윤을 붙여 유럽 시장에 팔아 부유해졌다. 20년 이상을 중국에서 보냈을 마르코 폴로(Marco Polo)는 그런 식으로 재산을 모은 수천 명의 중세 베네치아 상인들 가운데 가장 유명한 사람일 뿐이다. 오늘날에는 향신료가 너무 싸서 이해하기 쉽지 않지만, 당시에는 향신료가 맛을 높이는 데만 쓰인 게 아니라 유통기한이 한참 지난 식품을 위장하는 데도 쓰였으므로 인도와 동남아산 후추는 무게로 (금까지는 아니더라도) 은과 같은 가치였다. 베네치아의 상업적 성공은 자신의 상업 비밀을 보호하고 경쟁자와 무역 상대방의 상업 비밀을 몰래 입수하는 데 의존했다. 프라리(Frari) 성당 옆에 있는 커다란 중앙문서고(Archivio Centrale)에는 특히 직물, 대포, 거울, 도자기 등의 새로운 생산기술에 대해 보고하도록 해외에 파견한 비밀 사절단에 관한 기록이 수없이 많다.

베네치아는 상업적 정보활동에서와 마찬가지로 정치정보 수집에서도 선두주자였는데, 이 역시 중세의 상업제국이라는 역할에서 비롯되었다. 콘스탄티노플, 알렉산드리아, 아크레(Acre, 이스라엘 북부의 항구도시), 베이루트, 알레포(Allepo, 시리아 북부의 도시) 등의 원격지 무역 공동체에서와, 아드리아 해, 에게 해와 지중해 연안을 따라 산재한 식민지에서는 베네치아로 상업정보뿐 아니라 정치정보도 보냈다. 중앙문서고는 단일 도시가 모은 문서고로서 중세와 르네상스 시대의 최대 규모다. 블레츨리 파크(Bletchley Park, 제2차 세계대전 시 영국의 암호해독센터_옮긴이) 출신의 사학자 잭 플럼(Jack Plumb) 경에 따르면, "1450년경 베네치아는 교황청을 제외하고 이탈리아에서 유일한 강대국으로서 참으로 범세계적이었으며, 국익을 위해 큰 함대뿐 아니라 복합적 정보시스템도 필요로 했다".[4] 그 국력이 정점에 이르렀을 때 르네상스 베네치아가 가졌던 넓은 시야는 1450년경 프라 마우로(Fra Mauro)와 그의 조수 팀이 완성한 『세계지도(Mappa Mundi)』에 잘 요약되어 있다. 베네치아 석호에 있는 무라노(Murano) 섬의 수사인 프라 마우로는 상인과 군인 경력을 거쳤다. 당시까지 생산된 세계지도 가운데 가장 상세하고 정확했던(또 아마도 최대였을) 그 지도는 수백 개의 삽화와 함께 3,000여 곳의 장소 표시도 담았다.

르네상스 시대의 베네치아는 정보활동에서 세계의 선두주자였으며 그 뒤를 유럽의 다른 나라들이 이었는데, 그러한 위치는 미국이 독립할 때까지 심각한 도전을 받지 않았다. 르네상스 시대의 각국 정부와 엘리트가 정보활동에 대한 관심을 늘린 배경에는 유럽 역사상 가장 크게 발동한 지적 호기심이 핵심으로 자리하고 있었다. 그 지적 호기심을 자극한 것은 잃어버린 고전 원문을 재발견한 것이었으며, 이는 다시 르네상스 휴머니즘의 기초가 되어 그 사상이 15세기 말의 인쇄술 혁명으로 전례 없는 속도로 확산했다. 위대한 휴머니스트 데시데리우스 에라스무스(Desiderius Erasmus)는 1517년 "은혜로우신 하느님, 제가 새로 동트는 세계를 보다니요! 왜 저는 다시 젊어질 수 없나요?"라고 썼다. 이와 동시에 1490년대에 시작된 '발견의 시대'가 다른 문화와 비견되지 않는 외부 세

---

4 플럼 경은 블레츨리 파크에서 근무한 경험 덕분에 르네상스 이탈리아를 연구하는 사학자 대부분보다 정보활동의 중요성을 더 잘 이해하게 되었다. 사학자 대부분은 그 점을 언급하지 않는다.

계에 대한 호기심을 자극했다. 유럽의 지도제작자들은 아직 발견되어야 할 세계가 얼마나 남아 있는지 표시하기 위해 빈 여백을 포함하기 시작했다. 프라 마우로의 빽빽한 『세계지도』나 16세기 다른 유럽 문화에서 제작된 지도들 대부분과 달리, 카를 5세 황제가 교황 특사 조반니 살비아티(Giovanni Salviati) 추기경에게 선물한 1525년 세계지도에는 1492년 콜럼버스의 첫 항해 이후 발견된 '신세계'의 해안선 일부가(다른 부분은 거의 공백이지만) 들어 있다. 오스만 터키인들(Ottomans)은 육군과 해군의 표적을 표시한 작전 지도(스파이들로부터 입수한 정보가 일부 포함되었다)를 제작했지만,[5] 신세계에 대해서는 거의 관심을 보이지 않았다.[6] 중국에서 아메리카를 보여주는 최초 지도가 1602년에 나왔지만, 그것은 중국인 지도제작자가 아니라 예수회 선교사가 제작한 것이었다.[7]

'발견의 시대'는 르네상스의 상상력에 불을 지르고 유럽의 지도 제작을 바꾸었지만, 베네치아의 상업 패권에는 종말을 가져왔다. 포르투갈의 탐험가이자 항해사인 바스쿠 다가마(Vasco da Gama)가 1498~99년 희망봉을 돌아 유럽에서 인도로 처음 항해하고 난 2년 뒤, 리스본에 있는 베네치아 스파이가 포르투갈이 인도에서 바다를 통해 향신료를 직접 수입하기 시작했다고 보고했다. 리알토(Rialto, 베네치아의 양대 섬의 하나) 상인들의 압력으로 무역 규모를 결정하기 위

---

5 오스만 제국은 1570년 키프로스를 침공하기 전에 철옹성 같은 키프로스 항구도시 파마구스타(Famagusta)의 상세한 방어 계획을 스파이들을 통해 입수했다. 그 도시는 11개월 동안 포위된 끝에 함락되었다.

6 신세계에 관해 무관심한 오스만 터키인들 가운데, 피리 레이스(Piri Reis)로 더 유명한 아흐메드 무히딘 피리(Ahmed Muhiddin Piri)는 드문 예외였다. 그는 지도 제작에 관심을 가진 사략선(私掠船) 선장이었으며 나중에 오스만 제국 함대의 선장이 되었다. 1513년 그는 신세계가 포함된 세계지도를 준비했는데, 현존하지 않는 콜럼버스가 만든 지도를 포함해 유럽인 지도에 근거했다고 한다. 1553년 80대 중반이었을 피리가 처형되었을 때 그는 제독이었다.

7 1418년에 제작되었다는 한 중국 지도가 2006년에 나타났다. 그 지도는 중국의 위대한 제독 정화(鄭和)가 콜럼버스보다 한 세기 먼저 세계 일주 항해를 했음을 보여주는 것이었다. 알래스카, 유카탄 반도, 미시시피 강, 세인트로렌스 강 등을 포함해 남북 미주대륙을 상세히 보여주는 그 지도는 명백히 장난질이었다.

해 리스본에 파견된 공식 사절단도 나쁜 소식을 가지고 돌아왔다. 유명한 베네치아의 일기 작가 기롤라모 프리울리(Girolamo Priuli)의 기록에 따르면, 바스쿠 다가마의 항해가 리스본에서는 '최대의 경축'으로 이어졌지만, 베네치아에는 '최대의 고통과 우울함'을 초래했다. 10년 만에 포르투갈 사람들이 인도 말라바르 해안과 실론 섬의 향신료 무역을 장악했다. 인도양에서 '발견의 시대'는 베네치아를 우회했으며, 신세계와의 대서양 횡단 무역도 그랬다.[8]

그러나 유럽 내에서는 베네치아가 르네상스 시대 내내 외교·정치 정보활동에서 선두 위치를 고수했다. 그때까지 대사들은 특정한 임무를 위해서만 파견되었다. 그러나 르네상스 이탈리아의 도시국가들은 경쟁 상대를 주시하기 위해 새로운 상주 대사 시스템을 수립했는데, 이것이 나중에 유럽 외교의 모델이 되었다. 대부분의 대사는 자국 정부를 대표할 뿐 아니라 정보도 수집할 것으로 기대되었다. 그들은 이제 외국 수도를 단순히 방문하는 것이 아니라 외국 수도에 상주하게 되었다는 사실로 인해 스파이를 채용하기도 더 쉬워졌다. 16세기 안드레아 스피놀라(Andrea Spinola)는 "군주의 계획과 비밀을 염탐하는 것은 대사의 온당한 업무"라고 주장했다.

베네치아 대사들은 최고의 외교정보 수집가라는 평판을 마땅히 받았을 것이다. 대다수 대사가 외교업무를 수행하면서 스파이 네트워크도 운용했다. 1591년 토리노(Turin)에서 베네치아 대사의 스파이가 체포된 후, 스페인 대사가 자신의 베네치아 동료에 대해 일절 비난하지 않은 것은 당시 대사들이 '관행적으로' 스파이를 활용했기 때문이다. 그러나 베네치아 서고에는 스파이들이

---

8 그러나 베네치아가 유럽 최대의 무역제국 지위를 상실했다고 해서 자신들의 상업적 비밀을 보호하려는 결심은 줄지 않았다. 베네치아의 유리 부는 직공(glass-blower) 두 명이 자신들의 직업 비밀을 해외로 가져간 사건이 있었다. 1745년 그 두 사람을 독살하기 위해 암살단이 파견되었지만, 그 임무에 성공했는지는 미상이다.

수집한 정보보다 대사관의 스파이 채용에 관한 자료가 더 많다. 이는 10인위원회가 직접 채용한 요원들에게도 해당하는 사실이었다. 거래차 베네치아로 여행해 첩보를 전달한 외국 상인들도 많았다. 그들이 상업적·정치적 동향에 관해 전달한 첩보는 대부분 공개 출처로부터, 특히 가동 활자의 발명으로 가능해진 소식지로부터 나온 것이었다. 사학자 노엘 맬컴(Noel Malcolm)에 따르면, "16세기 지중해는 뉴스에 굶주린 세계였다".

16세기 베네치아의 주된 위협이자 동지중해의 최강대국은 1529년 빈을 함락할 뻔했던 오스만 제국이었다. 오스만 제국은 강한 군사력에도 불구하고 외교적·정치적 정보활동이 베네치아와 주요 기독교 경쟁국보다 한참 뒤졌다. 콘스탄티노플(오스만 제국)은 장기적으로 자신들이 초래한 두 가지 약점을 심각하게 안고 있었다. 첫째는 유럽의 각국 수도에 특정한 업무를 수행하기 위해 특별대사만 파견하는 중세의 관행을 계속했다는 점이다. 따라서 베네치아와 일부다른 유럽 국가가 파견한 상주 대사는 정보의 흐름을 끊임없이 제공했지만, 오스만 제국은 그러한 흐름이 없었다. 베네치아 대사들은 임기를 마치고 귀국한 후 자신들이 신임장을 제정했던 국가의 정치·군대·재정·경제에 관한 보고서를 원로원에 제출했다. 콘스탄티노플이 1453년 오스만 제국에 함락된 직후, 베네치아는 그곳에 상주 대사관을 설치했다. 프랑스는 1535년에, 오스트리아합스부르크 제국은 1547년에, 그리고 잉글랜드는 1578년에 콘스탄티노플에 대사관을 설치했다. 오스만 제국의 견지에서 볼 때, 술탄이 다른 모든 통치자보다 우월하므로 술탄보다 하위인 군주들의 왕궁에 상주 대사관을 세우는 것은 그의 위엄을 훼손하는 일이었다. 반면, 콘스탄티노플에 대사관을 유지하는 것은 그들의 책임이었다. 술탄이 치사스럽게 해외에 상주 대사관을 설치한 것은 오스만 제국이 눈에 띄게 쇠퇴한 18세기부터였다.

오스만 제국이 외부 세계를 이해하는 데 훨씬 더 큰 제약을 스스로 가한 것은 인쇄를 금지한 결정이었다. 인쇄를 금지한 주된 목적은 코란이 전통적인 필사 대신에 가동 활자에 의해 옮겨지는 모욕을 면하기 위한 것으로 보인다. 이리하여 오스만 제국은 인쇄술이 유럽에서 공개 출처 정보를 폭발시키고 있을 때 이로부터 자신을 차단했다. 대조적으로 베네치아는 15세기 말 인쇄 중심지가 되었다. 최초로 인쇄된 코란이 1537~38년 (콘스탄티노플이 아닌) 베네치아에서 기독교도 출판업자들에 의해 생산되었다. 그 업자들은 오스만 제국으로 수출할 의도였겠지만, 뒤늦게 오스만 제국의 인쇄 금지령 때문에 시장이 없다는 것을 깨달았다. 모든 사본이 분실되거나 폐기되었다고 여겨지다가 1987년 안젤라 누오보(Angela Nuovo) 교수가 베네치아 산 미켈레(San Michele) 섬에 있는 프란치스코 수도회 도서관에서 사본 한 권을 발견했다. 최초의 코란 번역서(이슬람교도들은 아랍어 원본을 대체할 수 있는 것은 없다는 이유로 주해서로 간주한다)도 1547년 베네치아에서 이탈리아어로 출판되었으며, 베네치아 유대인 구역의 한 랍비가 연구했다고 한다. 오스만 제국의 인쇄 금지령은 21세기 정부가 인터넷 사용을 금지하는 결정과 거의 같은 것이었다. 20세기 위대한 터키 지도자 무스타파 케말 아타튀르크(Mustafa Kemal Atatürk)는 그 금지령이 장기적으로 터키가 지적으로 쇠퇴한 주된 원인임을 식별해 냈다.

터키가 1453년 콘스탄티노플을 정복한 승리와 이후 세계 역사의 전개에서 터키가 차지한 위치를 생각해 보라. 전 세계에 맞서 이스탄불을 영구히 터키국민의 소유로 만든 힘과 권력은 법률가들의 불길한 저항을 극복해 거의 같은 시기에 발명된 인쇄술을 터키에 도입하기에는 너무 약했다.

16세기 오스만 제국은 유럽에서 적잖은 스파이를 운용했는데, 그 스파이들은 아주 다양한 주제에 걸쳐, 특히 루터의 교황과 신성로마제국의 권위에 대한 도전에 관해 보고했다. 그 스파이들 중에는 테살로니키(Thessalonica, 오늘날 마케도니아의 항구도시_옮긴이)의 정교회 대주교 키오스의 마카리오스(Makarios of Chios)가 있었다.[9] 그러나 오스만 제국의 정책결정자들은 정례적인 외교관 보고가 없었고 인쇄된 소식지 등 발간물에 접근할 수 없었기에 스파이활동으로 입수한 정보를 해석하는 능력에 한계가 있었다. 1550년대 초 베네치아 바일로(bailo, 대사 역할과 상인공동체 책임자를 겸임한 직책)가 오스만 제국의 대제독(Grand Admiral) 시난 파샤(Sinan Pasha)와 만난 자리에서 로마를 언급했을 때, 그는 시난이 로마를 들어본 적이 없다는 것을 알았다. 시난은 로마가 어디 있느냐고 물었다. 베네치아 사람들은 로마에 관해 상인들에게서 알아낸 것인가? 1565~79년 수상(Grand Vizier)으로서 3대에 걸쳐 술탄을 섬긴, 대제독 출신의 유능한 메흐메드 소콜루 파샤(Mehmed Sokollu Pasha)조차 이탈리아 지리에 관해 혼란스러워했다. 1567년 그는 풀리아(Puglia)와 로마를 공격하려는 오스만 해군의 계획을 바일로에게 드러냈다. 바일로는 소콜루에게 넌지시 로마가 내륙임을 일깨워 주었다.[10]

콘스탄티노플에서 최고위급에 대한 접근을 확보한 베네치아 스파이들은 주로 '배교자' 계열에서 충원되었는데, 이탈리아, 크로아티아, 헝가리 등에서 온 이들은 이슬람교로 개종해 오스만 행정부에서 일자리(때로는 고위직)를 갖고 있었다. 이들 중 다수가 언어 능력 때문에 통역으로 그리고 외교통신 담당 비서로 채용된 사람들이었다. 기독교 가정 출신으로 10대 때 포섭되어 유럽 문화에 대해 일말의 충성심을 견지한 사람들도 있었지만, 대개 성공적으로 매수되었

---

9   1551년 마카리오스가 트리엔트 공의회(Council of Trent, 가톨릭의 반종교개혁 운동에 핵심적인 역할을 했다)에 참석하러 와서 카를 5세 황제의 궁을 방문했다. 거기서 그는 오스만 제국에 대한 비밀 음모와 관련된 자신의 역할을 제의했다. 합스부르크 왕실은 끝내 그가 오스만 제국의 스파이임을 알아차렸다.
10   오스만 터키인들은 루터파와 칼뱅주의자 간의 차이에 관해서도 마찬가지로 혼란스러워했다.

다. 베네치아의 신임 바일로는 콘스탄티노플에 도착하면 으레 관리들에게 두루 돈 봉투를 돌렸다. 한 바일로의 1592년 기록에 따르면, "많은 오스만 사람들이 선물을 바라고 바일로 집을 끊임없이 방문했는데, 마치 꿀단지 주위의 벌들 같았다". 일부는 선물의 대가로 첩보를 제공했다. 로렌조 베르나르도(Lorenzo Bernardo)가 바일로로 재직한 1585~87년 기간에 루카(Lucca) 출신의 술탄 수석 통역관이 그의 보수지급 명단에 있었으며, 역시 그 명단에 있던 외무장관의 비서들은 유럽의 통치자들이 술탄에게 보낸 편지 원본(터키어로 번역된 후 통상 버려졌다)을 다수 그에게 제공했다. 베네치아 사람들이 '배교자들'을 가장 적극적으로 활용했겠지만, 다른 유럽 강국에 협조한 '배교자들'도 있었다. 콘스탄티노플의 유대인 공동체는 또 다른 주요 스파이 공급원이었다. 그런 유대인 가운데 베네치아 의사 솔로몬 나탄 아슈케나지(Solomon Nathan Ashkenazi)가 가장 유명한데, 오스만 제국 수상 소콜루가 그의 환자였다. 10인위원회는 아슈케나지에게 활동의 대가로 1576년부터 매년 300두카트를 지급했다. 그는 합스부르크 제국, 프랑스, 스페인에도 여러 차례 정보를 제공했다.

베네치아의 해외 스파이들을 대사가 채용했건 10인위원회가 채용했건(나중에는 국가조사청도 채용했다), 그 스파이들에 대한 의존도가 크게 달라졌다. 인쇄술, 르네상스 휴머니즘, 그리고 근대 외교의 초창기 발전으로 정보가 폭발하자 국가나 왕조에 대해 충성심이 강하지 않은, 파트타임 또는 풀타임 스파이 직업이 등장했다. 이들은 자신이 입수한 첩보를 가장 마음에 들거나 최고액을 부른 고객에게 팔 준비를 하고 있었으며, 이들의 정체성은 시간이 흐르면 바뀔 수도 있었다. 콘스탄티노플 주재 프랑스 대사관이 스파이로 채용한 니콜로 리날디(Nicolò Rinaldi)는 합스부르크 제국과 교황청에도 첩보를 제공했다고 한다. 오스만 제국이 리날디를 투옥했을 때 잉글랜드 대사가 그의 보석금을 지급했는데, 잉글랜드 대사도 그에게서 첩보를 공급받았을 것이다. 리날디는 베네치아, 프랑스 및 합스부르크 대사들이 자신의 서비스를 받았음에도 불구하고 보석금 지급을 도와주지 않았다고 불만을 토로했다. 드문 경우겠지만, 베네치아 대사들의 충성심도 의심스러웠다. 1591년 10인위원회는 콘스탄티노플에 주재하는 바일로인 기롤라모 리포마노(Girolamo Lippomano)가 합스부르크 제국에 국가기밀을 팔았음을 알았다. 그러자 새 바일로가 콘스탄티노플에 파견되어 명예가 실추된 전임자의 베네치아 귀환을 주선했다. 리포마노는 배가 베네치아에 도착하기 직전에 갑판에서 뛰어내려(혹은 떠밀려서) 아드리아 해에 빠져 죽었다.

리포마노의 반역에도 불구하고 베네치아로서는 대사들이 대체로 가장 믿을 만한 해외정보 공급원이었다. 일부 대사는 스파이를 고용하기도 했지만 직접 활동해 신임장을 제정한 왕궁의 내부 첩보를 입수하는 데 뚜렷한 성공을 거두었다. 아주 노련한 외교관 세바스티아노 주스티니아니(Sebastiano Giustiniani)가 1514년 초 23세의 헨리 8세 궁정 주재 대사로 잉글랜드에 도착했을 때, 그는 이미 대부분의 다른 유럽 군주들을 만났었다. 주스티니아니는 재빨리 자신보다 한참 어린 헨리 왕의 신뢰를 얻었다. 1514년 봄 그는 베네치아에 다음과 같이 보고했다. 어느 날 저녁 식사 후에 왕이 "격식도 없이 나를 껴안았으며, 장시간 나와 아주 친밀하게 여러 주제에 관해 라틴어와 프랑스어로 대화했다. 그는 라틴어와 프랑스어를 정말 잘한다. 폐하는 내가 지금까지 만난 통치자들 가운데 가장 잘생겼다. … 정말이지 그는 모든 면에서 역량이 아주 뛰어난 군주다. …" 주스티니아니가 헨리 왕과의 관계에서 거둔 성공은 부분적으로 젊은 왕의 허영심을 이용하는 그의 능력에서 비롯되었다. 그는 1514년의 또 다른 일에 관해 다음과 같이 베네치아에 보고했다.

폐하가 … 나를 불러 프랑스어로 말했다. "잠시 나와 얘기합시다! 프랑스 왕이 나만큼 키가 큽니까?" 나는 거의 차이가 없다고 대답했다. 왕이 계속 "그가 나만큼 건장합니까?"라고 묻고 나는 그렇지 않다고 말했다. 그리고 왕이 다시 "그의 다리는 어때요?"라고 묻기에 나는 "가늡니다"라고 대답했다. 그러자 왕이 입고 있던 더블릿 앞을 열고 허벅지에 손을 얹으며 말했다. "여기 보세요! 그리고 내 다리는 종아리도 굵어요."

헨리 왕은 주스티니아니가 만난 통치자들 가운데 가장 잘생겼다는 그의 장담에 흐뭇해져서 최근 프랑스에서 벌인 군사 공세의 모든 상세 내용을 그에게 계속 누설했다.

주스티니아니는 또한 헨리 왕이 교황을 자기 마음대로 움직일 수 있다고 과시하고 있음을 꿰뚫어 보았다. 1515년 헨리 왕은 주스티니아니에게 "내가 교황에 대해 충분한 힘을 가지고 있으므로 내가 어느 쪽을 선택하든 교황이 내 편을 들도록 할 자신이 있습니다"라고 말했다. 1517년 그는 "교황은 내 편"이라고 착각하게 되었다. 이러한 착각은 나중에 헨리 왕이 '중대한 문제'에서 취한 정책으로 그대로 이어졌는데, 자신이 교황을 설득해 아라곤의 캐서린(Catherine of Aragon, 후일 메리 여왕의 어머니)과의 결혼을 취소할 수 있을 것으로 잘못 생각했던 것이다.

주스티니아니는 1514년 대법관(Lord Chancellor)에 오른 울지(Wolsey) 추기경과 자주 만난 덕분에 헨리 왕에 대한 울지의 영향력이 커지고 있다고 보고할 수 있었다.

울지가 왕과 전체 왕국을 모두 지배하고 있다. 내가 잉글랜드에 처음 도착했을 때, 울지는 나에게 "폐하가 이러저러할 것"이라고 말하곤 했다. 나중에 그는 점차 자신도 모르게 "우리는 이러저러할 것"이라고 말하기 시작했다. 현재 그는 그 정점에 이르러 "나는 이러저러할 것"이라고 말한다. 46세쯤 된 그는 매우 말쑥하고, 학식이 있고, 극히 유창하며, 지칠 줄 모르는 엄청난 능력의 소유자다. 그는 베네치아의 모든 판사와 관청들, 평의회가 하는 분량의 업무를 민사건 형사건 혼자서 다 처리한다. 그리고 국사도 마찬가지로 무슨 일이든 그가 처리한다.

주스티니아니를 비롯해 외국인 관측통 누구도 울지가 10년 뒤 실각하리라고는 예견하지 못했다.

주스티니아니의 후임 베네치아 대사 중에서 카를로 카펠로(Carlo Cappello, 1531~35년 재임)가 또한 헨리 8세와 긴밀한 관계를 형성했다. 그는 왕이 아라곤의 캐서린과 이혼하고 비운의 앤 불린(Anne Boleyn)과 비밀 결혼하는 과정의 우여곡절에 관해 내부자로서 기술했다.[11] 카펠로의 보고에 따르면, 1533년 5월 카펠로가 함께 식사한 일행 중에 앤 왕비의 아버지와 오라버니가 있었는데 "이들은 나를 보고 가장 반가워했으며, 왕이 나와 얘기하고 싶어 한다고 전했다".

그들과 식사를 마치고 나는 왕의 방으로 들어갔는데, 왕이 많은 신사와 함께 있었고 앤 왕비도 많은 부인·처녀들과 함께 있었다. 폐하가 갑자기 내 손을 잡아끌었고, 나는 왕의 만복을 기원하면서 일상적인 말로 우리 시뇨리아(Signoria, 정부)의 이름으로 그를 축하했다. 폐하는 그 축하 말을 듣고는 기쁘다는 표시를 했다.

---

11   그러나 그 이혼에 관해 연구한 최근의 사학자 캐서린 플레처(Catherine Flatcher)는 카펠로를 '곧잘 흥분하는 사람'으로 본다.

헨리 8세는 카펠로에게 베네치아가 "10인위원회와 원로원의 비밀을 누설하는 죄에 대해 … 사형의 고통을" 금지하는 데는 찬성하지만, 베네치아의 일들이 런던에서 널리 논의되고 있다고 말했다. 최근의 연구로 확인된 바에 따르면, 베네치아의 통치자들이 목표한 비밀 유지 수준을 완전히 달성하기는 불가능하다는 헨리 왕의 주장이 옳았다. 셰익스피어의 『베니스의 상인』에 나오는 "리알토(Rialto, 베네치아의 상업 중심지)에 무슨 소식이?"라는 유명한 물음도 그 주장과 같은 취지다. 리알토뿐 아니라 술집, 약국, 이발소 등과 공공장소에서 나도는 소문으로 인해 10인위원회가 거의 완전한 정보 통제라는 소기의 목적을 달성하기는 불가능했다.

16세기 유럽에서 정보수집의 최대 혁신은 신호정보(SIGINT)의 역할이었는데, 이후 수세기 동안 유럽은 이 분야에서 다른 대륙보다 크게 앞섰다. 10인위원회는 유럽 최고의 정보통 대사들을 거느리고 콘스탄티노플에 최고의 스파이망을 구축했을 뿐 아니라 유럽 최초의 암호해독기관을 설립했다. 1506년 임명되었을 초대 수장 조반니 소로(Giovanni Soro)는 유럽 최초의 위대한 암호분석가였지만, 르네상스 시대의 박식가 레온 바티스타 알베르티(Leon Battista Alberti)의 초기 업적에 의지했을 것이다. 알베르티는 건축가, 화가, 시인, 산문작가, 사제, 철학자, 작곡가, 음악가였으며 60대 초반 몇 년 동안은 암호전문가였다. 알베르티는 1467년 발간된 자신의 저서 『암호론(De Cifris)』에서 재미있는 비화를 소개하고 있다. 그는 교황의 비서실장인 친구 레오나르도 다티(Leonardo Dati)와 바티칸 정원을 거닐면서 암호에 관해 상의했다. 교황청은 요한 22세 교황(1316~34년 재위) 시절에 암호를 처음 사용했지만, 그다음 세기까지 암호가 얼마나 정규적으로 사용되었는지는 미상이다. 다티는 교황청이 가로챈 외교통신에서 더 정교했을 다른 암호가 사용된 것을 보고는 교황 비서실의 현용 암호를 개선하고 싶었을 것이다. 그는 알베르티에게 암호해독에 관해 호기심이 생겼다고 말하면서, "이들의 암호해독에 대해 어떻게 생각하시오? 당신이 직접 해본 적이 있소?"라고 물었다. 알베르티는 그런 적은 없지만 시도해 보겠다고 동의했다. 그 결과로 나온 알베르티의 저서 『암호론』은 암호분석에 관한 유럽 최초의 주요 업적이었다. 그 책은 모든 알파벳에는 더 자주 사용되는 글자가 있다는 사실('빈도' 원리)에 힘입어 알파벳의 각 글자를 다른 글자나 기호로 대체한 암호를 풀 수 있음을 보여주었다. 알베르티는 더 신중한 다른 르네상스 시대 암호 전문가들의 업적에 의지했을 테지만, 그들의 작품은 현존하지 않는다. 그러나 약 500년 전 아바스 왕조 바그다드 '지혜의 집'의 위대한 이슬람교도 수학자 알-킨디가 이미 빈도 원리를 발견했었다는 사실을 알베르티가 몰랐던 것은 거의 확실하다. 알베르티는 또한 암호 원반(cipher disc)을 사용해 그때까지 유럽에서 사용된 것 중에서 가장 정교한 암호를 고안해 냈다. 그 암호 원반에는 글자와 숫자가 두 개의 동심원으로 표시되어 있는데, 암호화하면서 그 글자와 숫자의 위치를 바꾸면 같은 메시지라도 일부의 의미가 달라진다. 이후 암호전문가들은 이 방식을 '복식 치환법(複式置換法, polyalphabetic substitution)'이라고 부른다. 알베르티는 자신의 새로운 암호 시스템을 '왕들이 쓸 만한' 것이라고 자랑스럽게 표현했으며 해독할 수 없는 것이라고 오판했다.[12]

그러나 알베르티가 직접 현용 암호 메시지를 해독했다는 증거는 없다. 조반니 소로는 1506년경 취임 시부터 1544년 죽을 때까지 거의 40년 동안 가로챈 서신을 총독궁 밀실에서 직접 해독했다. 소로가 정확히 어느 방에서 작업했는지는 미상이다. 그러나 사치스럽게 호화로운 라운지와는 극히 대조적으로 총독의 최고위 관료들도 총독궁 2층의 작은 방에서 근무했는데, 소박한 목조 벽

---

12 알베르티의 『암호론』이 출간되고 나서 7년이 지난 1474년 밀라노의 정치인 프란체스코 시모네타
   (Francesco Simonetta, 1410~80년)도 암호해독에 관한 책을 냈다. 그러나 그 책은 알베르티 저서
   에 비해 상당히 수준 미달이었다. 시모네타가 직접 암호 서신을 풀었다는 증거는 없다.

과 서류용 선반 외에는 가구가 거의 없었다. 여름에는 사무실이 오늘날처럼 숨 막히게 더웠다.[13] 소로는 베네치아 공화국을 위해 암호분석관으로 근무했을 뿐 아니라 암호해독에 관한 책도 썼다. 소로의 책은 현존하지 않지만, 이탈리아 역사상 위중한 시기에 그의 암호분석 실적이 어느 정도였는지 보여주는 단편적인 증거는 충분히 많다. 1494년에 시작해 1559년에 끝난 일련의 이탈리아 전쟁에서 베네치아 정부와 교황청이 심각한 패배를 겪었음에도 고스란히 살아남은 것은 그 둘뿐이었다. 베네치아로서는 캉브레 동맹(League of Cambrai) 전쟁의 초기가 가장 위험한 순간이었을 것이다. 그 동맹이 결성된 1508년 교황청, 신성로마 황제, 프랑스 및 아라곤(Aragon) 왕국이 베네치아의 부를 나누어 갖고 싶어서 베네치아에 대한 공격에 합세했다. 베네치아는 영토를 일부 잃었지만, 다행히 적들이 나가떨어졌다. 전쟁이 막바지에 이른 1516년 4월 신성로마제국 황제 막시밀리안(Maximilian) 1세의 군대가 롬바르디아주 로디(Lodi)에 주둔하고 있었는데, 그 사령관 마르코 안토니오 콜로나(Marco Antonio Colonna)가 황제에게 발송한 서신을 베네치아 측이 가로채서 소로가 '아주 힘들게' 해독했다. 그 서신에 따르면, 콜로나는 돈이 떨어져 병사들 봉급을 줄 수 없다면서, 막시밀리안 황제에게 군대를 먹이고 지급할 자금을 급히 보내거나 직접 로디로 오라고 호소했다. 10인위원회로서는 크게 안도할 내용이었다.

부호와 암호를 만들고 푸는 면에서 오스만 제국은 베네치아 등 유럽 강대국뿐 아니라 500년 전의 이슬람교도 아바스왕조에도 한참 뒤졌다. 오스만 정부(Sublime Porte)는 아바스 칼리프 치하의 바그다드 지혜의 집에서 발전시킨 암호

---

13   오늘날 대부분의 총독궁 방문객은 2층의 작은 방들을 볼 수 없으며, 근세 초의 베네치아 주재 대사들처럼, 총독궁의 내부가 한결같이 넓고 화려하게 장식되어 있다는 잘못된 인상을 받는다. 2층에 억지로 들인 두 개의 방은 검소하고 엄격하며 많은 일행을 들이기에는 너무 작고 올라가는 계단도 너무 좁다. 2층 방에 올라가고 싶은 사람은 추가 입장권을 예매해야 하는데, 소그룹으로 궁의 '은밀한 통로'로 안내된다.

술 전문지식을 상실했었다. 1567년 오스만 당국은 베네치아 바일로에게 그가 사용하는 암호 내역을 먼저 제공하기 전에는 본국으로 암호화된 서신을 발송하지 말라고 지시했다. 바일로는 이 지시를 무시했을 것으로 보이는데, 만약 오스만 사람들이 베네치아의 발송물을 해독할 수 있었다면 그런 지시를 내리지 않았을 것이다. 1570년 수상 소콜루는 메시지를 어떻게 암호화하는지 오스만 관리들에게 가르쳐줄 것을 바일로에게 요청했다. 소콜루는 얼굴에 미소를 띠고 요청했지만, 이는 오스만 제국 암호술의 후진성을 반영했다. 바일로는 관리들에 대한 암호 교육이 너무 오래 걸려 실용성이 없다고 완곡하게 거절했다.

오스만 정부는 반세기 전 소로가 거둔 성공담을 적어도 희미하게는 알게 되었을 것이다. 재직 중에는 신원의 비밀이 공식적으로 유지되는 20세기와 21세기 암호분석관들과 달리, 소로는 국제적 명사가 되었다. 예를 들어 1530년 4월 살레르노(Salerno, 나폴리 남쪽의 항구도시_옮긴이)공국의 군주가 베네치아를 방문했는데, 그는 도착하자마자 총독의 따뜻한 환대를 받았으며 세 명의 베네치아 최고 명사를 만나고 싶다고 요청했다. 그 세 명은 초기 이탈리아어 문법서 저자이며 나중에 추기경이 된 산마르코 성당의 사서(司書) 피에트로 벰보(Pietro Bembo), 최고의 역사가 마린 사누도(Marin Sanudo), 그리고 '암호 대가' 조반니 소로였다(사누도는 소로의 성공담을 일부 알고 있었다).

국가기밀을 그토록 열성적으로 보호한 베네치아 당국자들이 왜 자신들의 가장 중요한 정보관이 국제적 명사가 되도록 허용했는지는 여전히 의문이다. 그 부분적 이유는 베네치아로서는 이탈리아전쟁 기간에 가끔은 동맹국이 절실히 필요했기 때문이었을 것이다. 예를 들어 1526년 6월 폴라(Pola, 유고슬라비아의 항구도시_옮긴이)의 주교가 교황특사 자격으로 베네치아를 방문하면서 카를 5세 황제의 로마 주재 대사가 나폴리로 보낸 암호 편지를 가로채서 가져왔다. 그 특사는 암호 편지의 해독을 소로에게 요청하면서 소로의 암호해독 기량이 "전

세계에서 독특하다"라고 선언했다. 베네치아위원회(Collegio, 총독과 22명의 고위급 위원으로 구성)는 논의 후 특사의 요청을 수락했다. 두 달 뒤 비슷한 요청이 프랑스 궁정에서 왔는데, 푸아티에(Poitiers, 프랑스 서부의 도시_옮긴이) 시정부가 보낸 암호 편지를 가로채서 소로에게 해독해 달라는 것이었다. 베네치아 외교관 안드레아 로소(Andrea Rosso)의 보고에 따르면, 소로가 그 편지를 성공적으로 해독하자 프랑스 당국자가 그의 암호해독 기량을 '천부적'이라고 칭송했다.

10인위원회는 이 밖에도 있었을 여러 경우에 소로에게 교황청과 프랑스를 위해 외국 암호를 해독하도록 승인했음에도 불구하고, 1539년 공직자의 비밀엄수 기준이 너무 느슨하다는 결론을 내렸다.

> 이 위원회가 취한 모든 조치에도 불구하고, 우리의 비밀 기관들이 다루는 가장 중요한 사안들이 외부로 알려지고 공개되는 것을 막을 수 없다는 것이 이제 분명해졌다. 각처에서 들어오는 신빙성 있는 첩보를 통해 우리가 아는 바와 같이, 이는 수치스러운 상황이며 우리는 이보다 더 국가에 위해를 끼치는 일을 상상할 수 없다.

이에 따라 10인위원회는 자체에서 세 명의 국가조사관을 임명해 위반자들을 가장 성실하게 조사하도록 했다. 조사관들의 회의실은 비교적 수수한 크기였지만, 총독궁 2층 고위 관료들의 소박한 사무실보다는 훨씬 더 컸다. 도메니코 틴토레토(Domenico Tintoretto)가 회의실 천장에 그린 장엄한 그림은 예수가 비유한 '방탕한 아들'의 귀환을 보여주고 있다.[14] 틴토레토의 걸작(정보기관이나

---

14   보통의 총독궁 입장권으로는 조사관실이나 고문실에 들어갈 수 없다. 그런 방에 가고 싶은 사람은

보안기관 수장 사무실용으로 제작된 작품 중에서 최고의 작품일 것이다)은 일탈한 베네치아 사람들을 공적 비밀주의에 대한 시민적 미덕과 존중의 길로 귀환시킨다는 조사관들의 자아상을 전형적으로 보여주었다. 20세기 억압체제의 일부 보안기관은 그와 비슷하게 시민적 미덕의 옹호자로서의 가식적인 자아상을 발전시켰다.[15]

베네치아가 공적 비밀주의를 유지한 이유는 국가안보상의 요구를 넘어섰다. 정부 행위에 관한 이견을 은폐하는 것은 거의 완벽한 조화를 이루고 있다는 환상을 유지하는 데 필수적이었으며, 그 조화는 '가장 평온한 공화국'으로서 베네치아 자아상의 핵심이었다. 마린 사누도가 보기에 '비밀주의는 집단적 명예의 문제'였다. 1583년 국가조사관들에게 권한을 부여한 법률은 '선정(善政, buon governo)'은 '비밀(segretezza)'을 요한다고 선언했다.

최근 권위주의 정권의 여러 보안기관처럼, 베네치아 조사관들도 가끔 심문 중에 고문을 사용했다. 총독궁에 있는 고문실에는 조사관들이 상습적으로는 아니지만 수시로 사용했던 '스트라파도(strappado)'라는 형틀이 아직 남아 있다. 피의자의 양손을 뒤로 묶고 밧줄을 도르래에 걸어 공중으로 들어 올린 다음 갑자기 떨어뜨렸는데, 바닥이 패여 종종 관절이 삐기도 했다. 스페인 종교재판도 '고문의 여왕'이라고 부른 스트라파도[스페인어로는 라 가루차(la garrucha)]를 사용했다.

조사관으로 집약되는 공식적인 비밀주의 전통과 더불어 비공식적이지만 제대로 확립된 또 다른 베네치아 전통은 개인 신원의 은폐였다. 가면은 유럽 내

추가 입장권을 예매해야 하는데, 소그룹으로 궁의 '은밀한 통로'로 안내된다.

15   1979년 유리 안드로포프가 소련 지도자가 되기 전 KGB 의장으로 있을 때, 그는 극비의 소련 안보 회의에서 '이념적 전복' 행위에 대해 전년도에 KGB로부터 경고를 받은 1만 5,580명 중에서 단 107명만 재범을 저질렀다고 당당하게 자랑했다.

어디보다 베네치아에서 더 유행했다. 이 풍습은 13세기 사순절을 앞둔 축제에서 유래했는데, 이후 다섯 세기 동안 변덕스럽게 늘었다. 베네치아 사람들이 가면에 매료된 이유에 대해서는 단일한 설명이 없다. 고도로 계층화된 사회에서는 일부가 사회적 상위자나 하위자와 익명으로 대화하는 기회를 즐겼다. 가면은 또한 성적 밀회를 촉진했다. 18세기 초의 영국 작가 조지프 애디슨(Joseph Addison)은 가면이 제공하는 익명성이 '수많은 애정 행각'을 부추겼다고 지적했는데, 오늘날 같았으면 '섹스 관광의 증가'를 부언했을 것이다. 애디슨은 "베네치아에서의 정사는 다른 나라에서의 정사보다 더 흥미로운 무엇이 있다"라고 썼다. 열성적인 가면 애호가이자 베네치아 역사에서 가장 유명한 난봉꾼 자코모 카사노바(Giacomo Casanova)도 여기에 동의했다.

가면은 또한 스파이활동에도 도움이 되었는데, 스파이와 협조자들은 다른 도시보다 베네치아에서 신분을 가장하기가 더 쉬웠다. 예를 들어, 베네치아 조사청의 서고에 있는 보고서 가운데 가면 쓴 협조자가 쓴 보고서가 있다. 그 협조자는 가면 쓴 스파이가 가면 쓴 스페인 대사의 아들에게 10인위원회, 조사관들, 그들의 협조자들에 관해 제보하는 것을 엿듣고 그 대화 내용을 조사청에 보고했던 것이다. 이러한 일화들이 쌓여 1608년 법령에서는 베네치아 주민과 방문객들이 축제 기간을 제외하고 도보나 배로 시내를 여행할 때 가면 쓰는 것을 금지했다. 하지만 가면이 베네치아 문화에 너무 깊이 배어 있어서 그러한 금지령은 전혀 실효성이 없었다. 1626년 베네치아 의회(Great Council)는 "살인 등의 중범죄를 포함해 가증스러운 계획을 들키지 않고 실행하기 위해 가면을 쓰는" 자들을 통렬히 비난했다. 18세기 무렵 베네치아 사람들은 초가을부터 사순절이 시작될 때까지 약 반년 동안 가면을 썼다.[16]

---

16   1797년 베네치아 공화국이 멸망한 후 가면이 금지되었다. 그러나 이후 축제 기간에 가면이 재도입

10인위원회와 국가조사청(State Inquisition)이 촉진했던 은밀한 고발 문화는 21세기 베네치아에 가시적인 흔적이 남아 있다. 가장 뚜렷한 흔적은 사자의 입(bocca di leone) 투서함인데, 시민들에게 국가 권위를 전복한 사람의 이름을 적어서 여기에 넣도록 권장했다. 총독궁 벽에는 두 개의 투서함이 현존한다. 한 사자의 입은 불특정 고발을 위한 것이고, 다른 입(사자 대신에 근엄한 관료의 머리 모양이다)은 더 구체적으로 은밀한 뇌물과 특혜를 받은 관리들을 '은밀하게 고발'하기 위한 것이다.[17] 다른 장소에 현존하는 몇몇 사자의 입 투서함은 일반적인 고발과 구체적인 고발 둘 다 받는다. 예를 들어, 피에타의 성모 마리아 (Santa Maria della Visitazione) 성당 벽에 박혀 있는 15세기 사자의 입은 "도르소두로(Dorsoduro) 구역의 공중보건과 관련된 고발"을 청한다. 이것은 어떤 전염병 의심 환자를 베키오 (섬) 격리병원(Lazzaretto Vecchio)에 수용하지 못한 책임자를 추적하는 첩보를 바라고 있는 것이 거의 틀림없다. 당시 베네치아 석호에 있는 베키오 섬에서 돌아온 사람은 거의 없었다. 마크 트웨인은 1860년대 베네치아를 방문한 후, '무서운 사자의 입'에 관해 다음과 같이 썼다.

적이 한밤중에 이 목구멍 속에 몰래 투입한 익명의 고발장으로 많은 사람이 탄식의 다리(Bridge of Sighs)를 건너 지하 감옥으로 끌려갔다. 그 감옥에 들어간 사람은 다시 햇빛을 보지 못했다. … 옛날 그 시절에 적을 제거할 수 있는 가장 영리한 방법은 3인위원회(국가조사관들) 앞으로 "이 자는 반정부 음모를 꾸미고 있다"는 쪽지를 써서 사자의 입속에 넣는 것이었다.[18]

되었다.

17 두 번째 투서함에는 "특혜와 서비스를 감추는 자와 그들로부터 받은 진짜 수입을 감추려고 공모하는 자에 대한 은밀한 고발"이라고 새겨져 있다.

18 마크 트웨인의 생각과는 달리, 유죄로 고발당한 사람들 가운데 투옥되기 전 탄식의 다리 창을 통해 베네치아를 마지막으로 힐끗 본 사람은 거의 없었다. 왜냐하면 그 다리는 고발 사태가 정점을 지

그러나 사자의 입속에 투입된 고발장은 익명이 아니었다. 고발한 사람은 자신의 이름을 밝혀야 했다. 하지만 그 신원은 보호되었다. 피고발인의 체포에 앞서 철저한 수사가 이루어졌을 것이다. 그러나 악의적 고발에 의한 혐의가 유죄인 사람뿐 아니라 무고한 사람까지 투옥시키거나 그 이상으로 이어지지 않았을 것이라고 보기는 어렵다.

베네치아의 정교한 정보시스템도 오스만 제국에 대한 군사적 열세를 극복하지 못했다. 오스만 제국이 1453년 콘스탄티노플을 정복한 후, 베네치아의 해외 제국은 대부분 군사적으로 크게 우세한 오스만 제국 수중에 떨어졌다. 베네치아는 다음 한 세기 동안 세 차례 전쟁에서 네그로폰테(Negroponte) 섬, 렘노스(Lemnos) 섬, 모레아(Morea, 펠로폰네소스 반도에 위치), 키클라데스 제도(Cyclades, 티노스 섬 제외), 스포라데스 제도(Sporades) 등을 잃었다. 신성동맹(Holy League)이 제4차 오스만-베네치아 전쟁(1570~73년) 기간에 벌어진 레판토(Lepanto) 해전에서 오스만 함대를 격파했고 베네치아는 신성동맹의 일원이었지만, 결국 키프로스도 오스만 제국에 빼앗겼다.

이와 대조적으로 스페인이 1521년 군사 강국 아즈텍(Aztec) 제국[19]을 빠르게 정복하고 누에바 에스파냐(Nueva España(뉴 스페인), 스페인이 통치하던 기간의 멕시코 이름)를 건설한 것은 가장 유능한 스페인의 정복자 에르난 코르테스(Hernán Cortés)가 군사령관으로서도 뛰어났지만 정보도 능숙하게 활용했기 때문이었다. 34세의 코르테스가 1519년 4월 12일 고작 600명의 부하를 이끌고 멕시코

난 1602년 이후에 건설되었기 때문이다. 바이런(Byron)이 오늘날 세계에 알려진 그 다리 이름을 짓기까지는 다시 두 세기가 흘렀다.

19   아즈텍 제국은 사학자들이 일반적으로 쓰는 용어지만, 엄밀하게는 부정확한 용어다. 코르테스가 정복한 멕시코 중부의 나와틀(Nahuatl) 언어를 사용하는 제국의 정확한 명칭은 멕시카(Mexica)였다.

해안에 상륙했을 때, 어떤 상대가 기다리고 있는지에 관해 아무런 정보가 없었다. 그는 4월 24일 부활절에 지방 추장(cacique)과 만난 자리에서 멕시코 내륙 어딘가에 몬테수마(Montezuma) 2세라는 강력한 아즈텍 황제가 있으며 그의 영토와 속국이 해안 평원까지 뻗어 있다는 것을 알았다. 아즈텍인들은 코르테스보다 스파이활동 경험이 훨씬 더 풍부했다. 스파이의 지위는 중세 유럽보다 중미지역에서 더 높았는데, 특히 아즈텍 제국에서는 스파이가 낮은 귀족 대우를 받았다. 적지에서 붙잡힌 스파이는 장기수로서 잔인하게 처형되었는데, 이는 중미지역에서 스파이의 역할이 중요했다는 추가적인 증거다.[20]

그러나 아즈텍인들은 자신들의 제국이 세계의 거의 전부라고 믿었기 때문에 인접국 너머로 해외에서 스파이활동을 한다는 개념이 없었다. 그들은 남미의 존재조차 거의 알지 못했으며, 코르테스가 도착할 때까지는 스페인이 한 세대 동안 카리브제도를 대부분 이미 점령했다는 사실조차 전혀 모르고 있었다. 몬테수마는 코르테스가 멕시코 해안에 상륙했다는 것을 알자마자 사절단을 보냈다. 그들은 금과 귀중한 깃털을 선물로 가져갔으며 코르테스와 그의 부하들에 관한 정보를 수집하라는 지시를 받았다. 사절단은 코르테스의 말, 갑옷, 화약 등에 놀랐지만, 아스텍 지배자와 그 보좌진의 주된 관심은 턱수염과 흰 피부의 침입자들이 신인가 인간인가 하는 것이었다. 코르테스의 부하들은 깃털에는 큰 감명을 받지 않았다. 하지만 금에 대한 그들의 반응은 그들이 신이 아니라 인간임을 보여주었다. "그들은 원숭이처럼 금을 낚아챘다. 그리고 만족하고 포식하고 기뻐하는 것 같았다. 사실을 말하자면 그들은 금에 몹시 굶주려 있었다. 그들은 금으로 배를 채우고 … 돼지처럼 금을 탐했다." 코르테스는 사절

---

20 아즈텍 제국의 페예르바리-메이어 문서(Codex Fejérváry-Mayer)에는 스파이들을 처형하는 소름 끼치는 그림이 들어 있다. 이 문서는 스페인의 멕시코 정복에서 살아남은 원주민들이 작성한 희소한 원고 중 하나다.

단을 돌려보내기 전에 한 방의 대포를 발사했는데, 이는 아즈텍의 공격을 단념시키려는 의도가 분명한 것으로 사절단을 눈에 띄게 겁먹게 만들었다. 코르테스 원정대가 그 단계에서 공격을 받았더라면, 아즈텍 병력만으로도 압도되었을 것이다. 몬테수마가 공격하지 못한 것은 2년 내에 그 자신의 죽음과 아즈텍 제국의 멸망으로 이어졌다.

코르테스가 훨씬 더 강력한 상대를 결정적으로 패퇴시킨 데는 몬테수마와 그의 속국·동맹국들 사이의 갈등 관계에 관한 정보가 긴요하게 작용했다. 코르테스에게 이 정보를 제공한 사람은 라 말린체(La Malinche)라는 여자 노예였다. 코르테스는 멕시코에 도착한 후 현지 추장으로부터 10대 후반에서 20대 초반의 여자 노예 20명을 받았다. 나와틀어(아즈텍인들의 언어)와 마야어(Mayan)를 모두 사용하는 말린체는 코르테스가 아즈텍 및 지방 부족들과 교섭할 때 통역했으며 어디든 그를 수행했다.[21] 말린체는 나중에 코르테스의 정부가 되어 아들을 하나 낳았다. 아즈텍 문서 속의 그림과 그림문자를 보면 코르테스 옆에 항상 그녀가 있다. 코르테스의 하사관 베르날 디아스 델 카스티요(Bernal Díaz del Castillo)가 그 정복에 관해 최고의 회고록을 썼는데, 거기에는 말린체가 가톨릭 개종자로서 세례명을 따라 마리나 부인(Doña Marina)이라는 경칭으로 언급되고 있다. 디아스의 표현에 따르면, 그녀는 "진정으로 위대한 공주, 추장의 딸, 속국의 안주인이다. 이는 그녀의 외모로 보아 매우 분명했는데 ⋯ 아름답고 총명하며 자신감이 넘쳤다". 그녀의 언어 능력이 "우리 성공의 위대한 시작"이었다.

코르테스가 주요 정보활동에서 처음으로 성공을 거둔 것은 상륙 후 몇 주 지

---

21 나와틀어는 못하지만 마야어를 하는 스페인 사제 알론소 에르난데스 푸에르토카레라(Alonso Hernandez Puertocarrera)가 초기 통역을 도왔다. 말린체가 스페인어를 배우기 전에는 그녀가 먼저 나와틀어를 마야어로 통역한 다음 그 사제가 다시 스페인어로 통역했다.

나 토토나카(Totonac) 부족 지도자들이 캠프를 방문했을 때였다. 이때 말린체가 그들의 말을 통역했다. 디아스에 따르면, 코르테스는 그들로부터 몬테수마의 적들에 관한 정보를 받고 "크게 기뻐했다". 코르테스가 토토나카 부족의 구릉 도시들을 방문한 직후, 셈포알라(Cempoala)의 추장은 몬테수마에 관한 불평불만을 털어놓았다. 최근 몬테수마가 자신을 복속시키고 모든 귀금속을 빼앗아갔으며 자신과 부족민을 아주 혹독하게 압박했다는 것이었다. 그리고 몬테수마가 많은 도시와 지방의 주인이며 수많은 속국 통치자들과 전사 군대를 거느리고 있어 그에게 복종할 수밖에 없다는 것이었다. 다음날에는 키아위츨란(Quiahuitzlan)의 주민들이 코르테스에게 "그들은 매년 자신들에게 아들과 딸들을 제물로 바치도록 요구하며 … 아내와 딸들이 예쁘면 몬테수마의 세리(稅吏)들이 데리고 가서 강간한다"라고 말했다. 코르테스는 마침 자신이 방문했을 때 도착한 세리 다섯 명을 신속하게 체포했다. 디아스의 기록에 따르면, 토토나카 부족은 기쁨을 감출 수가 없었다고 한다.

코르테스가 만면에 미소를 머금고 그 자신은 물론 함께 있는 형제들이 그들을 방어할 것이며 그들에게 해를 끼치려는 자는 누구든 죽이겠다고 대답했다. 추장들과 그 주민들은 하나같이 우리 편이 되고 우리가 내리는 어떤 명령에도 복종하며 몬테수마와 그 동맹군에 대항해 우리 군대에 합세하겠다고 약속했다.

코르테스는 20개가 넘는 토토나카 부족의 구릉 도시 지도자들과 동맹을 체결했다.

코르테스의 다음 동맹 대상이 된 틀락스칼라(Tlaxcala)는 역사적으로 아즈텍과 오랜 적대관계를 가진 연합체였다. 틀락스칼라 지도자들이 코르테스가 자신들의 영토를 정복하려고 한다고 의심해 9월 초 양측의 짧은 충돌이 일어났음에도 불구하고, 코르테스는 9월 말 몬테수마에 대항하는 동맹에 합의했다. 코르테스는 협상하는 동안 중미지역의 관습에 의거해 동맹군의 스파이활동을 관용하지 않을 것임을 잔인하게 보여주었다. 디아스에 따르면, 그는 "틀락스칼라 스파이를 17명 체포해 일부는 손을 자르고 일부는 엄지를 잘라 그들의 군사령관인 시코텐가(Xicotenga)에게 보내면서, 이는 우리 진지를 감히 염탐하러 온 데 대한 처벌이라는 메시지도 함께 보냈다".

아즈텍 수도 테노치티틀란(Tenochtitlan, 오늘날의 멕시코시티)으로 향하는 코르테스의 다음 주요 목적지는 성스러운 도시 출룰라(Cholula)였다. 출룰라는 멕시코 중부에서 테노치티틀란 다음으로 큰 도시였다. 디아스에 따르면, 말린체는 한 추장의 아내로부터 얻은 정보를 통해 출룰라가 몬테수마의 묵인 아래 스페인군에 대해 기습공격을 계획하고 있음을 알아냈다. 코르테스는 기습을 받기 전에 선제공격해 비무장의 출룰라 전사들을 수백 내지는 수천 명 학살했다. 디아스가 나중에 기록한 바에 따르면, "과거에 우리가 용감하다는 평판을 받았다면, 지금부터는 우리를 마법사로 보며 아무리 은밀한 음모라도 우리에게 발각되지 않을 수 없다고 그들이 말했다".[22]

몬테수마가 코르테스의 위협에 대응해 치명적인 무력함을 보인 것은 코르테스 군대의 행동에도 불구하고 적어도 초기에는 몬테수마가 코르테스를 케찰코아틀(Quetzalcoatl) 신이라고 믿었기 때문이라는 통설이 있는데, 이는 논란의 여지가 있긴 하지만 그럴듯한 통설이었다. 케찰코아틀은 한때 아즈텍을 지배했으며 언젠가 왕좌에 복귀할 것이라고 신봉되었던 신이다. 멕시코 정복 이후

---

22 코르테스는 말린체가 출룰라의 음모를 알아낸 것을 카를 5세에게 간단히 보고했다. 코르테스는 말린체가 입수했다는 정보를 출룰라 사람들을 공격하기 위한 구실로 삼았던 것으로 추정된다.

쓰인 스페인 문헌에 따르면, 몬테수마의 점성술사들이 케찰코아틀이 돌아올 것이라고 기대한 해가 아즈텍 달력으로 1519년이었다. 코르테스가 1519년 키아위틀란에서 승리한 후 몬테수마는 "우리(스페인 사람들)가 자신의 조상들이 예언한 대로 자기들 나라로 오고 있는 사람들이며 따라서 자신의 일족임을 이제 확신한다"라고 말했다고 한다. 아즈텍 스파이들이 공급한, 코르테스에 관한 정보의 분석은 종교적 신화에 의해 왜곡되었다.

코르테스와 그의 군대는 촐룰라를 동맹으로 끌어들인 후 테노치티틀란으로 진군하면서 몬테수마에게 자신들이 평화롭게 오고 있다는 잘못된 안도의 메시지를 보냈다. 코르테스가 아즈텍 수도에 관해 받았던 정보가 미비했기에 그와 그의 부하들은 1519년 11월 테노치티틀란에 도착했을 때 그 장엄함에 놀랐다. 호수 한가운데 있는 섬에 자리 잡은 테노치티틀란의 '황홀한 광경'을 보고 충격을 받은 디아스는 "정말이지, 어떤 병사들은 이 모든 게 꿈이 아닌지" 물었다고 적었다. 코르테스는 몬테수마로부터 성대하지만 수상쩍어하는 환영을 받은 후, 그 황제가 스페인 지도자들을 위해 준비한 호화로운 숙소에 그를 연금시켰다. 말린체는 노예 출신임에도 불구하고 디아스의 말대로 '남자 같은 용감성'을 더욱 발휘했다. 대부분의 아즈텍인들이 자신들의 황제 얼굴 보기를 두려워했지만, 말린체는 코르테스의 지시에 따라 코르테스에게 협조하면 해를 당하지 않을 것이라고 황제에게 말했다. 그러지 않으면, "당신은 죽은 목숨입니다". 몬테수마는 마땅히 협조했는데, 코르테스의 명령대로 하면서도 자신이 여전히 황제이며 코르테스는 단순히 자신의 손님으로 보이도록 행세하는 것은 허용되었다. 그는 또한 신의 도움을 바라면서 일일 인신 공양을 계속했다.

아니나 다를까, 여러 달이 지나면서 황제가 권력을 유지하고 있다는 행세가 점차 옅어지고 신의 도움도 도래하지 않자, 아즈텍 엘리트들은 쿠데타를 시도해 새 황제를 선출하고 스페인 사람들을 테노치티틀란에서 몰아냈다. 몬테수마는 살해되었는데, 아즈텍 반대파의 소행인지 스페인 사람들의 소행인지 아니면 양측의 합작인지 아직 불분명하다. 코르테스는 테노치티틀란에서 추방되었음에도, 아즈텍 지배에 반대하는 세력에 관한 정보에 대해서는 몬테수마를 계승한 새 정권보다 더 밝았을 것이다. 또 유럽의 질병들이 갑자기 들이닥쳐 저항력이 전혀 없는 아즈텍인들을 휩쓸었다. 1520년 하반기 몇 달 동안 테노치티틀란 인구의 적어도 1/3이 천연두로 사망했다. 이 재앙에 대해 통치자들은 자신들 신의 증오를 탓하거나 스페인 사람들의 마법을 탓했다. 1521년 5월 코르테스는 사기가 떨어진 수도를 포위 공격하기 시작했다. 그의 군대 대다수는 스페인의 침공을 아즈텍 지배에서 벗어날 기회로 여긴 토착민 출신이었다. 80일 동안의 참혹한 포위 공격 끝에 1521년 8월 13일 테노치티틀란이 항복했다.

코르테스가 아즈텍 제국을 정복한 이후 10년도 안 된 1530년 12월, 또 다른 정복자 프란시스코 피사로(Francisco Pizarro)가 코르테스 군대의 1/3도 안 되는 병력으로 훨씬 더 큰 남미의 잉카제국을 침공했다. 피사로가 성공할 수 있었던 것은 잉카제국이 중미지역에 관해 아무런 정보를 갖고 있지 않기 때문이었다. 잉카제국의 통치자들은 제국을 확장하고 싶은 욕심에서 이웃 영토에 가끔 스파이들을 보냈지만, 스페인에 의해 아즈텍 제국이 멸망한 사실에 관해서는 전혀 몰랐다. 따라서 피사로는 코르테스의 승리 전략을 따라 할 수 있었다. 즉, 스페인 국왕의 평화사절단을 자처하며 잉카 통치자 이타우알파(Atahualpa)와의 회동을 마련했고, 그 자리에서 그를 납치했다. 코르테스처럼 그도 잉카인들에게 적대적인 현지 동맹군과 함께 정복 전쟁에 착수했다. 그러나 문맹인 피사로에게는 코르테스 같은 정보 재능이 없었다. 온통 황금 사냥에 골몰한 피사로와 그의 부하들은 '권력자에게 진실 말하기' 문제의 극단적인 본보기를 보여준다. 그들은 잉카제국 주민들에게 황금이 숨겨진 곳을 밝히라고 주저 없이 고문을 사용했지만, 심문받는 사람들이 고문을 피하기 위해 잉카 황금의 양을 때로는 엄청나게 과장하기 쉽다는 것을 깨닫지 못했다. 그러한 심문이 황금의 도시 엘도라도(El Dorado)에 대한 신화를 키웠다. 후속 원정대들도 엘도라도를 찾았지만 모두 허사였다.

코르테스가 아즈텍 제국을 정복할 때 거둔 정보의 성공과 대조적으로 유럽에서는 스페인이 해외 정보활동에서 성공한 사례가 없었다. 신성로마제국의 황제 카를 5세(스페인 국왕 카를로스 1세)는 외국 궁정에서 정치정보를 얻는 것보다 자신의 영토 내의 이단을 근절하는 데 더 부심했다. 그의 아들 펠리페 2세가 1556년 그를 승계해 스페인과 그 해외영토 및 저지대 국가들을 통치했는데, 우선순위가 아버지와 비슷했다. 펠리페 2세는 1554년 잉글랜드의 메리 여왕(구교도인 그녀는 신교도들을 처형하는 열성을 펠리페 2세와 공유했다)과 결혼함으로써 잉글랜드 왕궁에 특별한 영향력을 행사할 기회를 얻었다. 그러나 그들 사이에 후사가 없었으며, 1558년 메리 여왕이 41세의 나이로 죽자 엘리자베스 1세 여왕이 뒤를 이었다. 엘리자베스 1세는 펠리페 2세의 청혼을 거절한 인물이자 1570년 교황 칙령에 의해 이단자이자 '범죄의 종'이라고 파문을 당한 인물이다. 펠리페 2세 치하에서 스페인의 해외 정보활동은 엘리자베스가 통치하는 잉글랜드나 그의 암호 일부를 해독한 네덜란드 반군들보다 못했다. 펠리페 2세 자신이 암호해독을 전혀 이해하지 못했으며 암호해독을 마법과 연결된 것으로 의심했다.

16세기 유럽 국가 가운데 어느 국가에서 신호정보(SIGINT) 활동이 가장 활발했는지는 당시 최고의 암호술 재능을 가진 소수 인물이 어디 국적이냐에 따라 달랐다. 16세기 초에는 베네치아의 조반니 소로가 최고의 암호술 천재로 외교계 내에서 널리 인정되었지만, 16세기 말 무렵에는 베네치아 외교관들도 인정했듯이 프랑수아 비에트(François Viète)가 최고의 암호해독가였다. 당시 프랑스의 법률가이자 수학자였던 비에트는 오늘날에는 근대 대수학의 주된 창설자로 알려져 있다. 비에트는 (최고 수학자로서는) 비교적 이른 49세의 나이에 암호해독가로서 명성을 얻었는데, 당시는 1562년 시작되어 신교도와 구교도들이 모질게 싸운 프랑스 종교전쟁(유럽 역사상 두 번째로 희생자가 많은 종교분쟁으로서 위그노 전쟁이라고도 한다)이 막바지에 이른 시기였다. 비에트는 나바르(Navarre)의 왕이자 신교도인 앙리(Henry)의 참모였다. 그의 해독물 가운데 앙리의 주목을 받은 것은 1588년 파르마(Parma)의 공작 겸 스페인령 네덜란드 총독인 알레산드로 파르네세(Alessandro Farnese)가 보낸 발송물인데, 그 속에는 스페인이 프랑스 가톨릭동맹을 지지한다는 정보가 들어 있었다.

1589년 나바르의 앙리는 앙리 4세로서 프랑스 왕위에 오르기 위해 "파리는 미사를 드릴 만하다"라는 유명한 결정을 내리고 가톨릭으로 개종했다. 마옌(Mayenne)의 공작 샤를 드 기즈(Charles de Guise)가 이끄는 가톨릭동맹은 스페인 국왕 펠리페 2세의 강력한 지원하에 앙리의 즉위에 계속 반대했다. 비에트는 펠리페 2세와 그의 프랑스 주둔군 사령관 코멘다도르 모레오(Comendador Moreo) 및 그의 가톨릭동맹 주재 대사 베르나르디노 데 멘도사(Brenardino de Mendoza) 사이에 오간 서신을 절취해서 해독하는 데 성공했다. 놀랍게도 비에트는 1590년 출간한 소책자에 모레오가 펠리페 2세에게 보낸 1589년 10월 28일 자 서신을 해독한 내용을 실었다. 비에트가 그렇게 한 부분적 이유는 그가 앙리 4세에게 말한 대로 자신이 풀 수 없는 스페인 암호는 없다는 오만한 자신감 때문이었다. "그들이 암호를 바꾸고 또 바꾸었음에도 그들의 속임수는 들켰고 앞으로도 늘 들킬 것이다." 앙리 4세는 서신의 공개가 마옌 공작을 망신시킬 것이라고 믿었기 때문에 그 출간을 승인했을 것이다. 마옌 공작은 프랑스 왕위를 차지하려는 자신의 야심을 추진하기 위해 프랑스 북부 피카르디(Picardy) 지방의 도시들을 스페인 지배로 넘기려고 계획하고 있었는데 그 서신으로 인해 이러한 계획이 폭로되었다. 비에트는 앙리 4세에게 편지를 썼다. "이들 도시와 지사들, 그리고 여전히 가톨릭동맹에 속고 있는 모든 프랑스인이 이러한 진실을 알아야 합니다. 시기상조라고는 전혀 생각되지 않습니다."

펠리페 2세는 모레오의 서신을 공개한 데 움찔해 병든 교황 식스투스(Sixtus) 5세에게 편지를 써서 앙리 4세가 스페인 암호를 풀기 위해 틀림없이 마법을 쓰고 있다고 불평했다. 교황이 시큰둥했던 것은 특히 그 자신도 잘 알았다시피 교황청 암호분석관들이 30년 전에 펠리페 2세의 일부 서신을 해독한 적이 있었기 때문이었다. 앙리 4세의 참모인 연대기 작자 자크 오귀스트 드 투(Jacques Auguste de Thou)는 펠리페의 불평이 '경멸과 분노'만 자아냈다고 비웃었다.[23] 비에트는 해독한 스페인 서신들을 추가로 출간할 계획이 있었는데, 마엔 공작의 추종자들과 펠리페 2세가 짜고서 마엔 공작을 희생시키려고 한 뒷거래를 공개하면 마엔 공작의 사기가 저하될 것으로 생각했다. 이 서신들이 공개되지는 않았지만, 마엔 공작은 이와 관련된 이야기를 개인적으로 들었을 것이다. 1594년 마침내 그는 앙리 4세를 프랑스 국왕으로 인정했다.

소로와 마찬가지로 비에트도 국제적 명사가 되었다. 놀랍게도 그는 자신의 암호해독 성공사례에 관해 외국 외교관들에게 즐겨 자랑했다. 1595년 프랑스 주재 베네치아 대사 조반니 모체니고(Giovanni Mocenigo)는 본국의 10인위원회에 다음과 같이 보고했다.

비에트가 신성로마제국 황제, 스페인 국왕 등 여러 군주에게 발송되는 암호

---

23 교황 식스투스 5세는 1590년 9월에 죽었고 그를 잠깐 뒤이은 우르반(Urban) 7세는 취임 14일 만에 세상을 떠났다. 다음 교황 그레고리우스(Gregory) 14세는 펠리페 2세에게 상당히 동정적이었으며, 짧은 재위 기간(1590년 12월~1591년 10월)에 앙리 4세에게 반대하는 가톨릭동맹을 지원하기 위해 병력과 자금을 보냈다.

편지를 수없이 가로채서 해독하고 번역했다고 나에게 말했다. 그리고 내가 엄청나게 놀랐다는 표시를 하자, 그는 "귀국 정부에 그 실제 증거물을 주겠습니다"라고 말했다. 그는 즉시 자신이 해독한 군주들의 편지 다발을 나에게 가져와서는 "내가 귀국 암호를 알고 있고 번역한다는 것을 당신도 알았으면 합니다"라고 덧붙였다. 나는 "내가 직접 보기 전에는 믿을 수 없습니다"라고 말했다.

나는 세 종류의 암호를 가지고 있었는데, 첫째는 내가 사용한 보통의 암호이고, 둘째는 사용하지 않은 다른 암호, 그리고 셋째는 '달레 카셀레(dalle Caselle)'라는 암호였다. 그는 첫째 암호를 알고 있음을 내게 보여주었다. 그리고 나는 그렇게 중요한 문제를 더 파악하기 위해 그에게 물었다. "당신은 틀림없이 우리의 달레 카셀레 암호를 알고 있지요?" 그러자 그가 "그 암호에 대해서는 많이 건너뛰어야 합니다"라고 대답했는데, 이는 그 일부분만 안다는 의미였다. 나는 그에게 해독된 편지를 보여달라고 부탁했고 그도 그러기로 약속했지만, 이후 그는 그 일에 관해 추가로 언급하지 않았으며 내가 떠난 후로 더는 그를 보지 못했다.

비에트의 경솔한 행동에도 불구하고, 암호해독가들 가운데 자신들의 업무가 국가안보에 극히 중요하다는 것을 비에트만큼 열정적으로 확신한 사람은 거의 없었다. 1603년 초 임종 당시 비에트는 자신은 신부와 의사는 필요 없다고 말했다.[24] 그의 주된 심취 대상은 신호정보(SIGINT)였다. 비에트는 죽기 전에 앙리 4세의 수상인 쉴리 공작(duc de Sully)을 위해 기록을 남길 것을 결심했는데, 그것은 '국왕과 프랑스 국가에 봉사하기 위해 스페인과 이탈리아의 암호

---

24 비에트는 결국 자기 딸이 무신론자의 딸로서 상속권을 박탈당하지 않도록 신부에게 고해하기로 동의했다.

를 푸는 방법'에 관해 자신이 발견한 것을 기록하기로 한 것이었다. 스페인의 암호분석 지식은 한참 뒤처졌다. 프랑스의 암호해독이 마법의 결과라는 펠리페 2세의 불평은 오스만 제국의 수상 소콜루가 베네치아 대사에게 암호 교육을 요청한 것만큼이나 후진성을 고백하는 것이었다.

스페인은 암호 보안도 허술했다. 스페인 기관에 복무하는 플랑드르 태생의 한 암호 서기는 스페인의 지배에 반대하는 네덜란드독립전쟁의 지도자 성-알드공드 공(Philips of Marnix, Lord of Saint-Aldegonde)에게 수년간 암호 자재를 보내다가 1581년 체포되었다. 알드공드는 작가와 신학자로서 명성이 높은 박식가였으며 오늘날에는 독립전쟁 기간에 작곡되어 세계에서 가장 오래된 네덜란드 국가(國歌) 「빌헬무스(Wilhelmus)」의 작사자로 기억되고 있다. 그는 스페인의 암호 자재에 고무되어 암호해독을 시도했다. 1577년 알드공드는 프랑스에서 절취한 스페인 발송물을 해독해 출간했는데, 그 발송물은 저지대 국가의 총독 돈 후안 데 아우스트리아(Don Juan of Austria)가 펠리페 2세에게 보낸 것으로 네덜란드 독립을 무력으로 진압할 필요성을 강조하는 내용이었다. 돈 후안은 자신의 비밀 서신이 출간된 데 대한 개인적 분노를 혼란스럽고 다소 코믹한 성명으로 표시했다.

그러한 행위는 … 현저한 모욕이며 반역죄다. 그리고 군주의 편지를 가로채서 개봉하는 것은 불경죄(lèse-majesté)다. … 그들은 변명할 수 없다. 그들이 즐겨 해독하는 것을 더 많이 출간할수록, 다시 말해서 그들이 맞다고 생각하는 대로 조립할수록 그만큼 더 자신들의 평판에 흠집이 생긴다. 설령 그들이 말하는 대로 우리가 썼더라도 우리는 국왕에게 현황을 전했다. 그리고 우리는 상황이 여전히 나빠서 유감이다.

알드공드는 이에 대응해 발송물을 추가로 해독해 출간했다. 그는 플랑드르 출신의 암호 서기가 1581년 체포된 후에도 스페인의 통신문을 해독하려는 시도를 계속했으며 때때로 성공을 거두었다. 암호술에서 도전을 받은 펠리페 2세는 알드공드가 비에트처럼 스페인 암호를 풀기 위해 마법을 쓰고 있다고 의심했다. 1590년 알드공드는 석 달을 파리에서 보냈는데, 거기서 비에트와 만나 암호분석을 토론했을 것이다. 알드공드는 나아가 스페인 해독물 사본을 앙리 4세 궁정과 엘리자베스 1세 궁정에도 보냈는데, 당시 둘 다 스페인과 전쟁 중이었다.

펠리페 2세는 암호해독을 오해했음에도 불구하고 유럽 정보활동의 발전에 중대한 영향을 끼쳤다. 유럽에서 가장 강력한 그의 군대가 제기하는 위협에 대응해 앙리 4세의 궁정에서(비에트 시대에는 세계 선두였다), 그리고 스페인 지배로부터 독립하기 위해 싸우는 네덜란드 반군들 속에서 암호해독이 활성화되었다. 그러나 스페인의 위협이 정보시스템의 발전에 끼친 가장 큰 영향은 잉글랜드에서 나타났다. 1580년대 후반 잉글랜드는 사상 최대의 침략군 침입과 엘리자베스 1세에 대한 암살 음모(펠리페 2세가 지원했다)라는 두 가지 위협을 동시에 받았다. 이러한 위협에 대응해 정보활동이 정책 결정에 잘 반영되었는데, 이는 잉글랜드 역사상(어쩌면 세계 역사상) 일찍이 보지 못했던 양상이었다.

제9장

폭군 이반 4세와
러시아 국가보안활동의 효시

겨우 세 살이었던 1533년에 모스크바 공국의 대공(Grand Prince of Moscow)이 되고 1547년 첫 '전(全) 러시아의 차르'가 된 폭군 이반 4세(Ivan IV 'the Terrible')는 16세기 유럽의 군주들 가운데 가장 무섭고도 신비로운 군주로 전해진다. 대부분의 전기와 다수의 러시아 역사서에 그의 초상화가 들어 있지만, 모두 상상으로 그린 것이다. 이반 4세의 진품 화상(畵像)은 전혀 현존하지 않는데, 이는 동시대 영국 튜더 왕조와는 선명하게 대비된다. 문헌 출처 역시 16세기 다른 통치자들에 비해 더 단편적이며 신빙성이 없는 경우도 더 많지만, 당시 비밀리에 보관되었던 영국 상인과 외교관들의 보고서가 러시아 측 기록의 일부 공백을 메우고 있다.

폭군 이반 4세의 통치는 후대 러시아의 정보·보안 역사에 길고 잔인한 그림자를 드리웠다. 그를 가장 존경한 20세기 인물 스탈린은 그를 "위대하고 현명한 통치자"로 불렀지만, 충분히 포악하지 않았다고 비난하기도 했다. 스탈린의 주장에 따르면, 이반 4세가 다섯 귀족 가문만 더 '베었더라면' 차르의 권위가 유지되었을 것이며 1584년 그의 사후 20년 가까이 러시아가 혼돈에 빠진 '혼란의 시기'도 오지 않았을 것이다. 스탈린 자신은 그런 실수를 저지르지 않았는데, 1936~38년 '대공포(Great Terror)' 시기에 대부분 가상의 반역자들인 수백만 명이 살해당하거나 투옥되었다. 1941년 1월 스탈린은 위대한 영화제작자 세르게이 에이젠시테인(Sergei Eisenstein)에게 폭군 이반에 관한 영화를 만들라는 지시를 내렸다. 스탈린은 이반 4세의 폭정이 필요했음을 보여주는 영화를 주문함으로써 자신의 폭정을 정당화하려고 했다.[1]

이반 4세는 자신에 대한 음모를 끊임없이 두려워하며 살았다. 1564년 12월 그는 크렘린을 떠나 모스크바에서 북동쪽으로 약 100km 떨어진 알렉산드롭스카야 슬로보다(Alexandrovskaya Sloboda)에 있는 요새화된 시골 사유지로 향했다. 거기서 그는 귀족들과 모스크바 궁정 관리들의 '반역 행위'에 대해 비난했다. 심지어 그는 성직자들이 반역자들을 '은폐'하고 있다고 주장했다. 1565년 1월 그는 자신의 영토를 둘로 쪼개려는 의도를 공표했다. 즉, 오프리치니나(oprichnina, '분리'라는 뜻이 내포되어 있다)는 자신이 직접 통치하고, 젬시치나(zemshchina, '땅'이라는 뜻이다)는 모스크바의 귀족들이 다스린다는 것이었다. 이반 4세가 영토를 둘로 나눈다는 그 분할은 완전하게 확립되지 않았으며, 그도 대부분의 시간을 시골보다 모스크바 크렘린에서 보냈다. 그러나 오프리치니나를 수립하는 칙령은 차르에게 '반역을 근절'하고 '반역자'를 처형하는 무제한의 권력을 부여했다.

이반 4세는 반역자를 찾아내서 처리하는 책임을 신설된 제국 호위대 오프리치니키(oprichniki)에 부여했는데, 기이하게도 그는 이 조직은 수도회이고 자신은 '수도원장'이라고 생각하는 것을 좋아했다.[2] 오프리치니키는 정보의 수집과 분석을 넘어서는 업무를 담당했지만, 러시아 최초로 조직화된 보안기관이다. 검은 옷을 두르고 검은 말을 탄 그들이 지나가는 광경은 세상의 종말을 보는 듯했을 것이다. 각 대원이 상징적으로 (반역을 냄새 맡고 공격하기 위한) 개의 머리와 (반역자를 일소하기 위한) 빗자루를 안장에 달고 다녔다. 알렉산드롭스카야 슬로

---

1   영화제작 지시는 즈다노프(A. A. Zhdanov)의 편지로 전달되었다. 그러나 예이젠시테인은 즈다노프가 스탈린의 명령대로 움직이고 있다는 것을 확신했으며, 나중에 스탈린에게 보낸 편지에서 '당신의 지시'라고 언급했다.

2   오프리치니키의 총인원은 계산하기 어렵고 불가능할 것이다. 이반 4세는 처음에 1,000명을 언급했다. 나중에 인원이 늘었지만, 최근에 6,000명(오늘날 영국 보안부 MI5의 두 배 규모)으로 추정한 것은 과장되었을 것이다.

보다 박물관에 보존된 17세기 은촛대에는 개의 머리와 빗자루를 달고 말을 탄 이반 4세의 모습이 들어 있다.[3]

오프리치니키가 개의 머리를 사용한 것은 아주 섬뜩하기는 했으나 전적으로 새로운 것이었다. 서유럽인들처럼 러시아인들도 지옥문을 지키는 개, 개의 머리를 가진 인간과 괴물 등에 관한 민간설화와 오랫동안 친숙했지만, 말에 개의 머리를 달고 다니는 것을 상상한 작가나 예술가는 그전에 없었다. 러시아인들은 박제할 줄 몰랐으며, 따라서 서유럽처럼 집 벽에 동물들 머리를 걸어놓지도 않았다. 그러나 피를 뺀 개의 머리가 러시아의 겨울철에는 얼었기 때문에 이반 4세가 오프리치니나를 창설한 1565년 1월에는 오프리치니키 말들이 개의 머리를 달고 다닐 수 있었다. 그러나 봄철에는 개의 머리가 부패하기 시작했기 때문에 개의 머리를 정기적으로 공급받을 수 있는 오프리치니키 대원들도 연중 6개월밖에 사용하지 못했다.

개의 머리는 지금까지 보안기관이나 정보기관이 고안한 상징 가운데 가장 섬뜩하며 나치 친위대(SS)가 해골에다 뼈를 교차시켜 만든 상징보다 훨씬 더 섬뜩하다. 그것은 또한 강력한 경쟁에 맞서는 오프리치니키 수장 말류타 스쿠라토프(Maliuta Skuratov)―본명은 그리고리 루카노비치 스쿠라토프-벨스키(Grigory Lukyanovich Skuratov-Belski)―에게도 알맞은 상징이었다. 그는 러시아 정보 역사상 가장 혐오스러운 인물일 것이다. '닳아빠진 양가죽'을 의미하는 '스쿠라토프'는 말류타가 자기 아버지한테서 물려받은 별명인데, 그의 거친 피부를 지칭한 것이었다. '말류타'는 그의 작은 키를 지칭했다. 스탈린 시대의 위대한 작가 미하일 불가코프(Mikhail Bulgakov)는 자신의 걸작인 금서 『거장과 마르

---

3   그 은촛대 받침에는 "차르가 형제들과 함께 도시를 떠나 수도원으로 갔다"라고 새겨져 있다. 그 박물관이 개관했을 때, 소름 끼치게 개의 머리 상징물을 구내식당에 전시해 손님들이 '폭군 이반 4세'처럼 식사하고 있다는 기분을 느끼도록 했다.

가리타(The Master and Margarita)』에서 다음과 같이 썼다.

> 가이우스 카이사르 칼리굴라 또는 메살리나(Messalina, 로마 황제 클라우디우스의 음탕한 아내_옮긴이)도 마르가리타의 홍미를 끌지 못했으며 왕, 공작, 기병, 자살자, 독살범, 흉악범, 여자 뚜쟁이, 감옥 간수, 그리고 사기꾼, 사형집행인, 밀고자, 반역자, 미치광이, 탐정, 창녀 등도 마찬가지였다. 이 모든 이름이 그녀의 머릿속에 뒤죽박죽되었고 그 얼굴들은 합쳐져 하나의 거대한 부침개가 되었다. 그리고 한 얼굴만 그녀의 기억 속에 고통스럽게 박혀 있었다―참으로 불같은 수염을 가진 말류타 스쿠라토프의 얼굴이었다.[4]

별난 우연의 일치지만, 스탈린의 정보기관 수장들 가운데 최악의 살인광이었던 니콜라이 예조프(Nikolai Yezhov)―스탈린의 공포통치 시대는 그의 이름을 따서 예조프시치나(Yezhovshchina)로 불렸다―도 말류타처럼 아주 작고 추남이었다. 그의 별명은 '독 난쟁이(Poison Dwarf)'였다. 예조프가 스쿠라토프보다 훨씬 더 많은 사람을 죽였지만, 스쿠라토프가 사형집행인 우두머리 역할로서 보인 열성 면에서나 희생자들을 고문하고 불구로 만들면서 느낀 가학적 쾌락 면에서 예조프 등 스탈린의 정보기관 수장들은 그를 따라가지 못했다. 스탈린은 자신의 정보기관 수장들보다 스쿠라토프를 더 존경했다. 1940년 예조프는 터무니없는 반역 혐의로 비밀재판에 회부되어 유죄판결을 받았는데, 사형장으로 끌려가면서 신경질적으로 살려달라고 애원했다. 그는 곧바로 과거의 인물이 되어 공식

4　불가코프는 집필하는 데 12년이 걸린 자신의 걸작이 자신의 (또는 스탈린의) 생애 중에 출판될 수 없다는 것을 알았다. 1940년 그가 죽었을 때 그 작품은 그의 집 깊숙이 숨겨져 있었다. 25년 뒤에 그 걸작이 출판되었지만, KGB는 여전히 그 작품을 서방의 '소련에 대한 이념적 사보타주'에 이용될 '위험한 무기'로 간주하고 깊이 우려했다.

사진이 지워졌다. 이와 반대로 스탈린은 스쿠라토프의 역사상 기록을 계속 칭송했다. 1941년 스탈린은 영화 〈폭군 이반(Ivan the Terrible)〉의 제작을 논의하기 위해 에이젠시테인과 만난 자리에서 "말류타 스쿠라토프는 위대한 장군이었으며 죽을 때도 영웅답게 리보니아(Libonia, 오늘날의 에스토니아와 라트비아)와의 전쟁에서 죽었다"라고 공언했다. 이반 역을 연기한 배우 니콜라이 체르카소프(Nikolai Cherkasov)가 1569년 스쿠라토프가 모스크바 대주교(Metropolitan of Moscow) 필리프 콜리체프(Filipp Kolychev, 이반의 살인 행각을 공개적으로 비난했다)를 목 졸라 죽이는 대목이 영화에 나올 수 있는지 물었을 때, '스탈린은 역사상으로 정확한 만큼 이 대목을 넣는 것이 필요하다'고 말했다. 필리프는 현재 러시아 정교에서 성인이 되어 있다. 스쿠라토프는 이반의 최측근 가운데 모반 가능성을 의심받지 않은 유일한 인물이었을 것이다.

스쿠라토프의 악랄한 숙청에 대한 궁극적인 책임은 차르 자신에게 있었다. 이반의 전쟁 방식은(그는 차르 재위 기간 동안 3년을 제외하고 줄곧 전쟁을 벌였다) 당시의 기준으로도 잔인했다. 러시아가 리보니아를 침공했을 때인 1561년 제작된 독일 인쇄물은 알몸의 여인들이 나무에 매달려 있고 그 밑에 배를 가른 아이들 시체가 있으며 러시아 궁사들이 그들을 연습용 과녁으로 사용하는 장면을 보여준다. 그 여인들 머리 옆에는 아이들의 심장이 매달려 있다. 희소한 러시아 문헌에는 이러한 잔학행위를 뒷받침하는 증거가 없지만, 우리는 이반이 자신의 러시아 백성들에게도 그와 같이 소름 끼치는 잔학행위를 저질렀다는 사실을 알기 때문에 그가 리보니아 사람들이라고 잔학행위에서 제외했을 것 같지는 않다.

네 세기 뒤 스탈린의 공포시대처럼, 이반의 최측근(아마도 스쿠라토프는 제외하고) 가운데 이반에 반대하는 음모 혐의를 받지 않으리라고 스스로 확신할 수 있는 사람은 없었다. 이반의 음모론에 걸려든 뜻밖의 사람들 가운데 이반 페트로

비치 첼리아드닌-페도로프(Ivan Petrovich Cheliadnin-Fedorov) 공이 있었다. 그는 이반의 어린 시절 선생으로서 이반을 자기 집에서 키웠으며 그의 아내는 이반의 유모였다. 오프리치니나가 수립된 첫 2년 동안 그는 이반과 가까웠다. 그러나 1568년 이반의 스파이는 첼리아드닌-페도로프가 이반을 권좌에서 쫓아내기 위한 음모를 주동하고 있다고 밀고했는데, 아마 잘못 알고 그랬을 것이다.

차르 궁정의 독일어 통역관 알베르트 슐리흐팅(Albert Schlichting)이 직접 기술했을 문헌에 따르면, 이반이 페도로프를 크렘린으로 소환해 그에게 자신의 의자에 앉고 왕의 옷을 입고 왕의 홀을 잡으라고 명령했다. 이반은 그에게 절하고 무릎을 꿇고서 말했다. "이제 당신은 당신이 추구하고 얻으려고 애썼던 것을 가졌습니다. 모스크바 대공(Grand Prince of Muscovy)이 되고 나의 자리를 차지하는 것 말입니다. 나는 당신을 이 자리에 앉힐 힘이 있으니까 당신을 여기서 내쫓을 힘도 있습니다." 그러고선 이반은 단검으로 페도로프의 심장을 여러 차례 찔렀다. 슐리흐팅의 섬뜩한 기술에 따르면, 오프리치니키 대원들이 "폭군이 보는 앞에서 그의 위와 내장이 쏟아져 나오게끔" 단검 가격을 추가했다. 그리고 이반을 우두머리로 한 오프리치니키는 페도로프의 영지를 공포에 빠뜨렸다. 오프리치니나에서 근무한 독일인 폰 스탄덴(von Standen) 남작에 따르면, "교회와 부락마다 불을 지르고 교회 장식물, 성상 등 그 속에 있는 모든 것을 불태웠다. 강제로 부인들과 여자아이들의 옷을 벗기고 나체 상태로 들판의 닭을 잡게 했다". 1569년 이반의 사촌 블라드미르 스타리츠키(Vladimir of Staritsa)가 왕위 찬탈을 계획하고 있다는 소문(페도로프 사건처럼 근거가 없었을 것이다)이 나자, 스쿠라토프는 그에게 강제로 독약을 먹이고 옆에 있던 그의 자식들까지 죽였다.

1930년대 스탈린의 공포와 마찬가지로 이반의 공포통치도 진정한 러시아 안보와 무관했다. 이반의 공포통치는 1570년 오프리치니키가 러시아의 제3대도시 노브고로드(Novgorod) 주민을 대량학살하면서 절정에 달했다. 그 발단은 이반이 그들의 집단적 반역을 의심한 데 있었다. 오프리치니키의 폭력 수준은 중앙의 통제를 벗어났겠지만, 그 폭력이 사전에 계획되고 이반이 직접 지시한 것임은 분명하다. 이반은 오프리치니키 대원들과 함께 노브고로드에 진입하기 전에 부하 사령관 하나를 수행원들과 함께 변장시켜 보내 약탈과 처형의 주요 대상을 염탐하고 정찰하도록 했다. 그리고 주교 궁을 약탈한 후에는, 스탄덴 남작에 따르면,

> 이반은 가장 큰 종을 비롯해 원하는 것이면 무엇이든 교회에서 가져갔다. 그는 매일 일어나 다른 수도원으로 이동했다. 그는 자신의 무자비함에 탐닉했으며 수사들을 고문하고 많이 죽였다. 도시 안팎에 있는 300개의 수도원 가운데 온전한 곳이 없었다. 그리고 도시 약탈이 시작되었다. …
>
> 그 도시에서 고통과 참상이 6주 동안 중단 없이 이어졌다. … 매일 대공(이반)이 고문실에 직접 들렀다. … 오프리치니키가 수천 명의 주민의 딸들을 데려갔다.

당시 독일의 소식지에 실린 기술에 따르면, 노브고로드에서 가상의 반역에 대한 승리를 거두고 모스크바로 개선하는 행렬에서 선두에 선 오프리치니키 대원은 새로 절단한 큰 잉글리시 개(불 마스티프로 추정된다)의 머리를 안장에 매달았다. 이반의 말에는 은으로 만든 개의 머리 복제품을 달았는데, 말발굽의 움직임에 맞추어 턱이 열리고 닫혔다.

스탈린 시대에는 이반의 공포통치 기간 동안 이루어진 학살이 그의 성격상의 피해망상적인 강박으로 인한 것임을 시사하는 내용이 일절 금지되었다.[5] 이반의 공포통치에 관한 괴담이 러시아 사학자들의 금기시되는 주제에서 벗어난

것은 오래되었지만, 오늘날의 러시아 해외정보부(SVR)의 공식 역사(제1권이 차르 시대의 정보활동에 관한 기술이다)에서는 이를 소홀히 취급하고 있다. 그 역사서는 오프리치니키의 수장 말류타 스쿠라토프의 역할은 물론 이름조차 언급하지 않고 있다. 그 역사서는 이반의 잔학성이 부분적으로 그가 음모와 무자비한 경쟁으로 분열된 궁정에서 혼란스럽게 양육된 탓이라고 한다. 이반의 통치에 관한 공식 연대기에 따르면, 이반은 13세 때 안드레이 미하일로비치 슈이스키(Andrei Mikhailovich Shuisky) 공을 잔인하게 죽이라고 명령했는데, 그가 더러운 장화 발을 왕의 침대에 걸쳐 불경죄를 범했다는 이유에서였다. 크렘린의 사냥개와 경비견 떼가 슈이스키를 갈기갈기 찢었다.

SVR 공식 역사서는 이반 3세 대제(이반 4세의 조부로서 1462년부터 1505년까지 통치했다)가 몽골 '황금 군단(Golden Horde)'의 러시아 지배를 종식시킨 점을 들어 그의 역사적 업적을 인정하고 있다. 그러나 그 역사서는 러시아 외교와 해외 정보활동의 기원에 대한 주된 공적을 이반 4세와 그의 참모 이반 미하일로비치 비스코바티(Ivan Mikhailovich Viskovaty)에게 돌리고 있다. 1549년은 러시아가 아직 해외에 상주 대사를 파견하지 않았을 때였는데도 비스코바티는 러시아의 첫 외교수장이 되었다. 당시에는 외교와 정보활동 간에 명확한 업무 구분이 없었기 때문에 SVR은 또한 비스코바티를 러시아의 첫 해외정보 수장으로 타당하게 간주하고 있다. 그의 최대 업적은 1562년 덴마크 왕 프레데릭(Frederick) 2세와 모자이스크(Mozhaysk) 조약을 타결한 것일 텐데, 양국은 이 조약에 따라 리

---

5   양 대전 사이에 소련에 관한 최고의 사학자였던 세르게이 플라토노프(Sergey Platonov)는 혁명 전에 차르 자녀들에게 역사를 가르쳤다. 그는 이반이 귀족과 왕족 계급을 타파하고 국가에 봉사하는 귀족들로 새로운 지배계급을 수립하기 위해 오프리치니나를 설립했다고 주장했다. 그러나 플라토노프 역시 이반의 공포통치 시 잔학행위에 대해 이반의 개인적 책임을 강조함으로써 정치적으로 부정확한 잘못을 저질렀다. 1930년 그는 왕정주의 음모에 가담했다는 조작된 혐의로 교직에서 해고되어 국내 귀양길에 올랐다. 그는 2년 뒤 귀양지에서 궁핍 속에 죽었다.

보니아(오늘날의 에스토니아와 라트비아)에 대한 영토권을 상호 인정했다. SVR 공식 역사서는 비스코바티가 "오늘날의 전문 정보용어로 '영향력 있는 협조자들(agents of influence)'을 획득"함으로써 덴마크 왕의 강한 초기 반대를 극복했다고 결론을 내리고 있다. "왕에게 영향을 미칠 수 있는 적시 적소의 덴마크 귀족들을 은밀하게 포섭하기 위해서는 돈과 함께 꽤 강력한 설득이 필요했다."

폭군 이반은 어린 시절 러시아 궁정에서 일어나는 내부 반목을 경험했기 때문에 자연히 자신이 상대한 타국 궁정의 내부 분열에 흥미를 느꼈다. 예컨대, 비스코바티는 이반에게 덴마크 궁정의 동향을 계속해서 보고했다. 그러나 이반이 쓸모없는 첩보를 제공하는 자들에게도 그들을 정보수집 활동에 붙들어두기 위해 포상했다고 전해짐에도 불구하고, SVR 공식 역사서는 이반이 "대외정책을 정확하게 지향하는 데 도움이 된 정보를 높이 평가했다"라는 식으로 과장하고 있다. 이반의 공포통치 괴담에서 보듯이, 그는 깊게 의심하는 본성으로 인해 진짜 위협과 가상의 위협을 구별하기가 특별히 힘들었다. 후대에 그를 흠숭한 이오시프 스탈린도 제2차 세계대전 발발 시에 똑같은 문제로 고생했다.

비스코바티의 판단력은 차르보다 훨씬 더 나았지만, 그도 주요 서방국가의 고관들과 비교해서 두 가지 큰 제약을 안고 있었다. 첫째, 러시아는 터키처럼 외국에 상주 대사관을 두지 않았다. 러시아 대사들은 특정 임무를 위해 해외에 파견되었다가 그 임무가 완수되거나 실패한 뒤에 귀국했다. 따라서 러시아에는 영국 등 유럽 국가 대사들이 제공하는 끊임없는 정보의 흐름이 없었다. 또 러시아에는 서방에서 정보혁명을 일으킨 인쇄문화가 없었는데, 이러한 사정은 터키보다 덜했지만 거의 비슷했다. 모스크바 최초의 인쇄소는 서유럽에서보다 한 세기 늦은 1553년 설립되었다. 이반 4세와 모스크바 및 전 러시아 대주교 마카리(Makarii)에 의해 설립된 그 인쇄소의 목적은 종교 서적을 인쇄하는 것이었다. 그 인쇄소는 전통적인 필경사들에게 큰 불만이었으며, 1568년 폭도들에 의해 소실된 것으로 보인다. 이 때문에 인쇄소 운영의 주된 책임자인 크렘린 부제 이반 페데로프(Ivan Federov)는 리투아니아로 도망가야 했지만, 이내 인쇄가 재개되었다. 엘리자베스 시대 영국에서는 여행 서적이 엄청난 인기를 누려, 예를 들어 셰익스피어에게 그의 희곡 13편의 배경이 된 이탈리아에 관해 세부 지식을 제공했다. 하지만 러시아에는 그런 책이 없었다. 다른 국가와 문화에 대한 공개 출처 지식이 극히 제한되었다.

이반과 비스코바티가 서유럽에서 최초이자 가장 긴밀하게 외교 관계를 맺은 나라는 잉글랜드였다. SVR 공식 역사서가 인정하듯이, 그 외교 관계는 러시아의 정책 결정 결과로 시작된 것이 아니라 한 젊은 잉글랜드인의 실패한 시도가 빚어낸 뜻밖의 결과였다. 20대 초반의 상인 모험가 리처드 챈슬러(Richard Chancellor)는 북동쪽의 북극 통로를 통해 중국에 가려고 1553년 8월 24일 백해(White Sea)에 있는 북드비나(Northern Dvina) 강 하구에 도착했다. 그곳은 장차 아르한겔스크(Archangel) 항이 들어설 곳이었지만 당시에는 작은 어촌에 불과했다. SVR의 기술에서는 외국인의 러시아 영토 내 불시착을 당국에 알리기 위해 고안된 이반의 '통지 시스템'이 이처럼 멀고 인구가 희박한 지역에서도 아주 효과적으로 작동했다고 강조하고 있다.

그 지방의 지사는 챈슬러의 배에 올라 '먹을 것을 제공'하기로 동의했으며, 차르로부터 추가 지시를 받기 위해 전령을 보냈다. 넉 달이 지나도 아무런 지시가 내려오지 않자, 챈슬러는 11월 25일 자신이 직접 모스크바로 가기로 결정하고 말이 끄는 썰매를 타고 '아주 길고 괴로운' 여정을 출발했다. 960km 여정의 막바지에 그는 반대 방향에서 오는 크렘린 전령을 만났다. 일찍이 길을 잃었던 그 전령은 이반 4세가 '아주 정중하게' 쓴 초대장을 가지고 있었다. 챈슬러와 그의 부하들은 모스크바에 도착해 12일 동안 감시를 받다가 비스코바티로부터 차르가 자신들을 접견할 예정이라는 통보를 받았다. 챈슬러가 나중에 기록한 바에 따르면, 왕궁에 가니 "100명이나 되는 매우 고결한 신하들이 앉아 있었는데, 모두 발목까지 내려오는 황금색 복장을 하고 있었다". 옥좌가 있는 접견실에서 챈슬러 부하들은 '황제 폐하(차르)에게 경탄'하게 되었다.

> 그의 좌석은 옥좌답게 높이 솟아 있었고, 그는 머리에 황금 왕관을 쓰고 온통 금장한 예복을 입었으며, 손에는 온갖 보석으로 장식된 홀을 쥐고 있었다. 그밖에 모든 … 그의 얼굴에는 고귀한 신분에 어울리는 위엄이 서려 있었다. …

챈슬러와 그의 부하들은 엄청난 만찬에 초대되었는데, 그 자리에서 이반 개인의 독재적인 성격을 뜻밖에 간파할 수 있었다. 식사 도중에 이반은 다수 귀족과 다른 참석자들을 일일이 호명하며 말을 건넸다. "러시아인들이 우리에게 한 말에 따르면, 그렇게 하는 이유는 황제가 그 집안 사정을 알기 위한 것이며, 동시에 이런 방법으로 황제의 마음에 들지 않는 것들이 알려진다."

공식 러시아 문서에서는 '챈슬러'라는 성을 키릴 문자로 바꾸기가 어려워 '리처드'라는 이름만 썼다. 챈슬러는 1554년 잉글랜드로 돌아온 후, 러시아와 교역하기 위해 런던에 머스코비(Muscovy) 상사를 설립했다. 발트 해 연안에 아직 러시아의 출구가 없었을 때, 그 신설 상사는 서방과의 중요한 교역 고리 역할을 했으며, 사치품뿐 아니라 이반의 여러 전쟁에 쓰일 무기와 탄약의 소중한 공급원 역할도 했다. 머스코비 상사(나중에 러시아 상사로 불렸다)는 또한 모피와 조선용 자재를 수입해 수지맞는 장사를 했다. 1555년 챈슬러가 두 번째로 러시아로 여행한 후, 이반은 크렘린 성내에 잉글랜드 외교관과 상인들을 위한 대사관 건축을 지시했으며, 머스코비 상사에 대해 러시아 관세를 면제시켜 주었다. 서방의 기술과 대체로 일치하는 SVR 공식 역사서에 따르면,

성공으로 상기된 챈슬러는 1556년 자신의 배에 많은 화물과 (영국 주재) 초대 러시아 대사 오시프 네페야(Osip Nepeya)를 싣고 귀국했다. 폭풍우가 몰아치는 밤 스코틀랜드 연안에서 그 배가 암초에 부딪혔다. 챈슬러는 러시아 대사를 구하려고 애쓰다가 자신의 아들 및 승무원들 대부분과 함께 죽었다. 네페야는 간신히 탈출했으며, 런던에서는 그를 위해 상인들이 준비한 환영식이 성대하게 거행되었다.

네페야는 1557년 챈슬러의 후계자인 노련한 선장 앤서니 젠킨슨(Anthony Jenkinson, 러시아 문서에는 '안톤 이안킨(Anton Iankin)'으로 나온다)의 배를 타고 러시아로 귀환했다. 젠킨슨은 모스크바 주재 잉글랜드 대사와 머스코비 상사 대표를 겸임했다. 네페야의 요청으로 잉글랜드인 장인들, 의사들과 금은 탐광업자들도 동승했다. 아니나 다를까, 런던행 여행에서 고초를 겪은 네페야는 러시아로 안전하게 귀국하자마자 '큰 기쁨'을 표시했다.

네페야와 젠킨슨의 서로 다른 역할은 이반 4세가 지배하는 러시아에 대한 잉글랜드의 지식과 튜더 왕조가 지배하는 잉글랜드에 대한 러시아의 이해 사이에 간극이 있었음을 예시하고 있다. 네페야는 챈슬러가 시작한 교역 관계를 공고히 하기 위한 임시적 외교 임무로 런던에 간 것이었다. 그는 런던에 러시아 대사관이나 후임 대표를 남기지 않았다. 러시아로서는 튜더 왕조 잉글랜드에 대한 직접적인 정보 출처가 없었기 때문에 에드워드 6세의 죽음, 메리의 왕위 계승과 펠리페 2세와의 결혼, 메리의 죽음과 엘리자베스의 왕위 계승 등의 뉴스가 챈슬러와 젠킨슨에 의해 모스크바에 전해졌을 것으로 보인다. 차르와 그의 보좌진이 이러한 정권교체의 정치적·종교적 복합성을 이해했을 가능성은 거의 없다. 그들로서는 라틴어로 된 튜더 왕조의 외교 통신문을 번역하는 데 문제를 안고 있었을 뿐 아니라 그 통신문이 대체로 혼란스러웠다. 나중에 이반 4

세는 엘리자베스 1세에게 불평했다. "이번에 우리는 너무 많은 서한을 받았습니다. 그리고 모두 봉인이 다릅니다! 이것은 왕실의 관습이 아닙니다. 그리고 어느 국가에서도 그러한 문서를 믿지 않습니다. 국가 통치자는 단 하나의 옥새를 가지고 있습니다." 그러나 이반은 그 모든 문서를 믿었으며 엘리자베스가 요청한 대로 했다고 주장했다.

런던에 주재한 네페야와 달리 젠킨슨은 모스크바에 잉글랜드의 상주 대사관과 무역대표부를 설립했다. 그는 곧장 이반의 궁정에서 가장 영향력이 큰 외국인이 되었다. 젠킨슨이 1557년 12월 크렘린에서 메리 여왕과 부군 펠리페 2세의 서한을 이반에게 전달했을 때 따뜻한 환영을 받은 것은 네페야가 잉글랜드로 부임하는 항해 도중에 챈슬러가 어떻게 자신의 목숨을 구한 뒤 익사했는지 잘 설명한 덕분이었을 것이다. 뒤이어 1557년 성탄절 만찬이 거창하게 열렸다. 챈슬러가 자신의 첫 크렘린 방문에 관해 기술한 것을 읽은 젠킨슨은 그 만찬에서 차르의 호의가 어느 정도인지 판단할 수 있으리라는 걸 미리 알고 있었다. 이반은 궁정 전체에 젠킨슨이 특별히 명예로운 손님임을 알렸다. 차르는 자신의 식탁 옆자리에 젠킨슨을 손수 앉혔고 "황제가 자신의 손으로 갖가지 벌꿀 술과 포도주잔, 그리고 여러 고기 접시를 그에게 건넸다". 이반은 크렘린궁에서 열린 십이야(Twelfth Night, 성탄절로부터 12일이 지난 1월 6일 주님 공현 대축일의 전야_옮긴이) 만찬에서 다시 한번 호의를 보였다. 젠킨슨의 기록에 따르면, "나는 종전처럼 황제 바로 옆에 혼자 앉았으며, 황제가 나에게 고기, 빵과 술을 건넸다". 차르의 환대에도 불구하고 젠킨슨은 이반의 폭군체제에 대해 환상을 가지지 않았다. "그는 자신의 백성들을 철저하게 복종시켰다. 모든 문제가 아무리 사소한 것이더라도 그의 판단을 거쳤다."

챈슬러와 젠킨슨이 폭군 이반 4세의 궁정에서 선구적으로 수행한 임무를 기술한 것이 오늘날에는 중요한 사료로 인정되고 있지만, 당시 그 기록은 머스코비 상사와 튜더 궁정에서 정보보고서로 취급되어 비밀이 유지되었다. 챈슬러의 러시아 체류에 관한 회고록은 이반이 죽은 후 5년이 지난 1589년까지 출판되지 않았다. 특히 이반과 비스코바티는 챈슬러의 솔직한 논평, 예컨대 이반의 폭군 통치, 차르의 궁정('아름답고 우아한 잉글랜드 왕궁보다 훨씬 못하고 열악하다'), 러시아 정교회의 일부 신앙('무식한 야만인들의 유치하고 어리석은 망령이다') 등에 대한 논평에 분노했을 것이다. 챈슬러는 정치정보뿐 아니라 군사정보도 제공했는데, 특히 「러시아인들의 전쟁 규율에 관해」라는 제목의 보고서를 제출했다. 이 역시 공개되었으면 크렘린의 비위를 건드렸을 것이다. 그러나 챈슬러는 차르가 "전시에 적군에 대항해 30만 명 이하로 병력을 동원한 적이 없다"라고 몹시 과장된 주장을 펼쳤는데, 이는 크렘린에서 자랑삼아 떠벌린 것을 옮겼을 것으로 추정된다. 머스코비 상사는 논란거리가 아닌 러시아 주요 도시에 관한 챈슬러의 보고서도 잠재적 경쟁자들에게 너무 소중한 정보라서 공개할 수 없는 상업정보로 간주했다.

젠킨슨은 이반의 개인적 호의 덕분에 무제한으로 러시아 전역을 여행하고 국경을 넘나드는 자유를 누렸다. 그는 위험한 중앙아시아 탐험을 마치고 1559년 9월 크렘린으로 귀환하면서 6명의 타타르 사절단 외에 노예 상태에서 구출한 25명의 러시아인을 함께 데리고 옴으로써 영웅 대접을 받았다. 이후 젠킨슨만큼 크렘린에서 호의를 받은 영국 대표는 아직 없다. 젠킨슨은 1년을 런던에서 보낸 후, 1561년 세 번째로 러시아에 입국했다. 그리고 더 동쪽으로 자진 여행하면서 러시아 차르의 밀사로 쓰인 최초의 잉글랜드 사절이 되었다.[6] 1562년 이반은 젠킨슨에게 카프카스 산맥 동쪽에 있는 시르반(Shirvan, 오늘날의 아제르바이잔_옮긴이)의 통치자 압둘라-칸(Abdullah-Khan)한테 가는 위험한 밀사 임

---

6   두 번째는 1580년 제롬 호시 경(Sir Jerome Horsey)이었다.

무를 개인적으로 맡겼다. 젠킨슨은 1년 뒤 그곳에서 돌아올 때, 큰 비단·보석 보따리와 함께 압둘라-칸과 조지아(Georgia, 예전에는 '그루지야'로 불렸다_옮긴이) 통치자의 서한을 가져왔다(이반은 이를 호의적인 서한으로 간주했다). 젠킨슨은 이에 대한 보상으로 머스코비 상사에 대한 추가 양허를 받았다.[7]

이반은 젠킨슨이 1566년 엘리자베스 1세 여왕의 국무장관 윌리엄 세실(William Cecil)에게 보낸 편지에서 차르에 대한 음모 혐의로 귀족들을 떨게 만드는 오프리치니키의 공세를 비난한 것도 모르고 놀라울 정도로 그를 계속 신뢰했다. 1567년 여름 이반은 젠킨슨에게 자신에 대한 음모(대체로 가상적인 것으로 추정된다)로 인해 잉글랜드에 망명해야 할지 모른다고 말하기 시작했다. 젠킨슨은 1567년 9월 22일 이반의 허가를 받은 후, 차르의 공식 서한과 비밀 메시지를 가지고 잉글랜드로 돌아와 두 건 모두 11월 엘리자베스 여왕에게 직접 전달했다. 놀랍게도, 이처럼 이반은 중요한 비밀임무로 간주한 것을 러시아인 사절 대신에 신뢰하는 잉글랜드인 모험가에게 맡겼다. 그 메시지에서 이반은 젠킨슨의 협상 중재로 러시아-잉글랜드 간 동맹을 맺고 싶다고 강조했으며, 각 군주는 상대 국가에 피난할 권리를 가진다는 특별한 제안(잉글랜드 외교사에서 독특한 사례다)을 내놓았다. "황제(차르)는 여왕 폐하와 영구적인 우호·동지 관계를 맺자고 진지하게 요청했다." 이반은 당연히 자신의 정치적 망명 요청을 비스코바티를 비롯한 크렘린 관리들로부터 감추고 싶었을 것이다.

이반은 젠킨슨이 엘리자베스 여왕의 답장을 가지고 러시아로 돌아올 것을 기대했다. 그러나 젠킨슨이 교체되어 옥스퍼드대 브로드게이츠 홀(Broadgates Hall, 현재 펨브로크 칼리지(Pembroke College)] 학장 출신의 외교관 토머스 랜돌프(Thomas Randolph) 경이 새 사절이 되었다. 그는 엘리자베스 여왕의 정보수장이

---

7   그가 자진했던 이 여행은 또한 페르시아 왕(Shah)의 궁정으로 이어졌다.

자 외무장관인 프랜시스 월싱엄(Francis Walsingham) 경의 매형으로, 월싱엄이 그의 임명에 개입했을 것이다. 후에 월싱엄은 랜돌프가 메이드스톤(Maidstone) 지역의 하원의원이 되도록 세 차례 영향력을 발휘했다.[8] 랜돌프가 1568년 7월 백해 연안에 도착한 후, 오프리치니키 공포통치에 관해 무엇을 알았는지에 대해서는 아무런 기록이 남아 있지 않다. 그러나 그가 모스크바에 도착하기도 전에 윌리엄 세실에게 가능한 한 빨리 임무를 완수하고 귀국하고 싶다고 편지를 쓴 것을 보면, 자신의 개인적 안전을 우려했던 것이 분명하다. 옥스퍼드대 뉴 칼리지 연구원(Fellow of New College) 출신의 랜돌프 비서관 조지 터버빌(George Turberville)은 친구들에게 보낸 시에서 러시아인들을 "저속함을 넘어 극악으로 치닫는 사람들"이라고 사적으로 비하했다. 랜돌프가 9월 모스크바에 도착했을 때 받은 영접이 그의 걱정을 가중시켰다. 그를 마중 나온 사람이 하나도 없었으며 잉글랜드 대사관 직원들조차 "우리를 마중하는 수고"를 하지 않았다. 그가 나중에 인정했듯이, 그가 받은 첫 영접과 젠킨슨이 받은 첫 영접이 비교되어 "나에 대한 의심이 생겼다". 음식은 그에게 제공되었지만, 그가 대사관 밖으로 나가거나 방문객을 받지 못하도록 감시자로 임명된 러시아인의 적대적 태도가 그를 불안하게 했다. "우리에게 모종의 악행이 의도되었다는 것을 의심할 이유가 전혀 없었다."

랜돌프는 가택 연금 상태로 17주가 지난 후 마침내 1569년 2월 20일 차르 접견을 통보받았다. 이반은 과거 챈슬러와 젠킨슨처럼 그를 만찬에 초대하지는 않았으나 가택 연금에서 풀어주었다. "나는 오늘 할 일이 많아 식사를 함께 못

---

8   랜돌프는 1587년 파서링게이 성(Fotheringhay Castle)에서 열린 재판(스코틀랜드 메리 여왕의 처형으로 이어졌다)에 참여할 예정이었지만 "집으로 돌아와야 했는데, 복통이 심해서 너무 괴로웠다". 월싱엄은 이상하게도 매형을 '아저씨'라고 불렀는데, 아마 랜돌프의 나이가 위였기 때문일 것이다.

합니다. 그러나 나의 만찬을 당신에게 보내겠습니다. 그리고 당신 일행이 자유롭게 다니도록 허가하며, 우리 자매님 잉글랜드 여왕에 대한 우리의 사랑과 호의의 표시로 우리가 당신에게 주는 수당을 증액하겠습니다." 며칠 뒤 이반이 랜돌프를 호출해 이른 아침에 세 시간 이상 비밀리에 회담했다. 그리고 차르는 모스크바를 떠나 알렉산드롭스카야 슬로보다로 갔는데, 랜돌프는 거기에 '차르의 안식처'가 있다고 생각했다. 6주 뒤 이반이 크렘린으로 돌아와 랜돌프를 불러 추가로 회담했다. 랜돌프는 그 회담에서 머스코비 상사를 위해 추진했던 '큰 특혜'를 모두 확보했다고 주장했다.

그러나 이반은 몹시 불만스러웠다. 그는 주로 폴란드를 겨냥해 잉글랜드와 동맹을 맺기를 바랐었다. 랜돌프가 "이런 문제는 침묵으로 넘어가자"라는 자신의 방침을 고수하자, 차르는 엘리자베스 여왕에게 보낸 편지에서 여왕 사절의 "말투가 천박하고 장사꾼 같으며 우리 군주가 하는 일을 모른다"라고 불평했다. 1569년 10월 랜돌프가 잉글랜드로 귀국하는 길에 이반이 자신의 대사 알렉산드르 그리고리예비치 소빈(Alexander Grigoryevich Sovin)을 동행시켰다. 동맹조약 초안을 소지한 소빈은 거기에 엘리자베스 여왕의 서명을 받되 어떠한 수정도 수용할 수 없다는 지시를 받았다. 그의 임무는 실패가 충분히 예견되었으며, 그는 이듬해 러시아로 돌아갔다.

이반의 외교와 정보수집은 1570년 7월 25일 큰 타격을 입었는데, 이는 그가 비스코바티를 처형해 자초한 타격이었다. 비스코바티는 차르가 꾸민 음모론의 또 다른 희생양이 되었는데, 리투아니아와 음모를 꾸미고 오스만 제국과 크림(Crimea, 크림반도에 있던 국가)의 왕(Khan)에게 러시아 침공을 사주했다는 이상한 혐의를 받았다. 실제로는 당대의 기록이 보여주듯이, 리투아니아 사절단은 비스코바티와 음모를 꾸미기는커녕, 그가 자신들과의 협상에서 "호의적이지 않으며 까칠하다"라는 것을 알게 되었다. 비스코바티는 자신이 저지르지 않은 반역죄에 대해 용서 빌기를 거부하고 시장 광장에서 매달려 능지처참을 당했다. 스쿠라토프가 그의 코를 자르면서 처형을 시작했고, 다른 오프리치니키 대원이 그의 두 귀를 잘랐으며, 세 번째 대원은 그의 생식기를 쳐냈다. 이반은 비스코바티를 너무 빨리 죽였다고 불평했다. 뒤이어 100여 명이 잔인하게 처형되었는데, 모두 무고한 희생자들이었을 것이다. 비스코바티의 운명은 스탈린의 세 정보수장의 운명을 예시했는데, 막강한 권력을 지녔던 그 세 사람도 영국을 위해 스파이활동을 했다는 터무니없는 혐의를 포함해 가상의 반역 행위를 이유로 처형되었다.[9]

비스코바티 처형 이후 이반의 잉글랜드 관계가 이상해진 것은 외교 전문가를 잃었기 때문이었다. 1570년 10월 28일 이반은 엘리자베스 1세가 소빈이 전달한 동맹조약 초안에 서명하기를 거부한 데 분노해 직접 여왕에게 편지를 썼는데, 지금까지 알려지기로는 여왕이 받은 편지 가운데 가장 무례한 것이었다. 엘리자베스를 위해 준비된 번역본에 따르면, 이반은 자신이 이전에 국가의 '중대사'에 관해 여왕과 논의하려고 했던 것은 "당신이 당신 영토의 지배자였으며 당신이 명예와 국가이익을 추구했다"는 잘못된 믿음에 근거한 것이었다고 말했다. "그러나 이제 우리는 실제 지배하는 자가 따로 있으며, 인간도 아닌 천박한 장사꾼들이 폐하의 부와 명예를 추구하는 것이 아니라 자신들의 장사 이익을 추구한다는 것을 인식합니다. … 그리고 당신은 처녀 같은 영지에서 처녀처럼 잘 지내고 있습니다"라고 모욕적인 말을 보냈다. 그리고 종래 머스코비 상사에 부여한 권리를 취소한다고 통보했다. "당신 상인들에게 부여한 특권은 오

---

9   겐리흐 야고다(Genrikh Yagoda), 니콜라이 예조프(Nikolai Yezhov), 라브렌티 베리야(Lavrenti Beria)가 각각 1938년, 1940년, 1953년 처형되었다. 베리야는 스탈린 사후 권력투쟁 과정에서 처형되었다. 그들의 처형 방식은 비스코바티의 경우보다 덜 섬뜩했지만, 야고다와 예조프는 총살 전에 구타를 당했다.

늘부터 효력이 없습니다."[10]

그 무례한 편지에도 불구하고, 엘리자베스와 그 보좌진은 머스코비 상사의 무역특권은 너무 중요하기 때문에 이를 포기할 수 없다는 생각이 확고했다. 이에 따라 이반의 모욕을 무시하고 차르가 좋아하는 잉글랜드인 앤서니 젠킨슨을 잉글랜드 대사와 머스코비 상사 대표를 겸임하는 새 사절로 모스크바에 파견해 관계 회복을 도모하기로 결정했다.[11] 젠킨슨은 악조건에서 임기를 개시했다. 그가 1571년 7월 북극 해안에 도착한 후 전염병 발생으로 여행이 제한되었고, 그로 인해 그는 6개월 남짓을 오도 가도 못했다. 젠킨슨은 새로 벌리(Burghley) 남작에 봉해진 윌리엄 세실에게 보낸 첫 보고서에서 오프리치니키 공포통치 기간에 자행된 잔학행위를 추가로 상세히 보고했다. 젠킨슨은 마침내 1572년 3월 23일 크렘린에서 이반을 알현했다. 그가 받은 지시는 영-러 정치동맹 가능성을 시사함으로써 머스코비 상사의 특권을 복원하는 데 이반이 동의하도록 설득하되 구속력 있는 약속은 하지 말라는 것이었다. 젠킨슨에 대한 차르의 신뢰가 매우 두터워 5월 13일 다음 회동에서 이반은 머스코비 상사의 모든 특권 복원에 동의했으며 러시아-잉글랜드 관계 복원에 공헌한 '앤서니'의 역할을 칭찬했다. 젠킨슨이 7월 23일 잉글랜드로 귀국할 때까지 이룬 업적에 대해, 『영국 인명사전(Dictionary of National Biography)』은 "그의 경력이 정점에 이른 빛나는 순간으로서 영-러 관계 역사에서 영구적 위치를 차지했다"라고 표현하고 있다.

이반이 젠킨슨과 협상을 시작했을 무렵, 그의 주된 분노는 엘리자베스 1세

---

10 그 번역본은 일부 모욕적인 언사를 완화했다. "당신은 처녀 같은 영지에서 처녀처럼 잘 지내고 있습니다"를 보다 정확히 번역하면 "당신은 당신의 처녀국가에서 좀 늙은 미혼녀 같습니다"다.

11 젠킨슨은 "우리 국가와 문제를 다스리는 상인은 없으며 우리 문제는 우리가 직접 처리한다"라는 여왕의 메시지를 전달하라는 지시를 받았다.

가 아니라 자신의 오프리치니키로 향해 있었다. 이반은 오프리치니키가 1571
년 타타르족의 약탈적 침입으로부터 모스크바를 방어하지 못했다고 비난했다.
젠킨슨이 세실에게 보고한 바에 따르면, 타타르족의 침입으로 크렘린 외부의
도시 대부분이 황폐되었다. 1572년 이반은 공식적으로 오프리치니키를 폐지
했다.[12] 젠킨슨은 1572년 이후 러시아로 돌아가지 않았지만, 이반은 계속해서
다른 잉글랜드 외교관을 가끔 비밀리에 활용했다. 1580년 그는 모스크바 주재
잉글랜드 외교관 제롬 호시(Jerome Horsey, 나중에 나이트 작위를 받았다)에게 잉글
랜드에 대한 비밀임무라고 간주한 것, 즉 '화약, 초석, 납과 유황' 공급을 확보하
는 임무를 맡겼다. 당연히 호시는 그 비밀임무를 자신의 후원자 프랜시스 월싱
엄에게 보고했고, 나중에 그에게 러시아 여행에 관한 책을 헌정했다.[13] 모스크
바에 주재한 호시의 17년은 16세기에 흔했던 외교와 스파이활동의 중첩을 전
형적으로 보여주고 있다. 호시의 사례에서 두드러진 것은 잉글랜드 주재 러시
아 외교관이나 스파이가 없었기 때문에 (그의 전임자 젠킨슨과 마찬가지로) 호시의
복무를 월싱엄이 더 자주 활용했을 뿐 아니라 차르도 활용했다는 점이다. 이반
은 호시를 신뢰해 자신의 금고에 초대하기도 했으며, 1581년에는 병 속에 감춘
비밀 편지를 그에게 주어 엘리자베스 여왕에게 전달토록 했다.

이반은 통치 말기에 통제할 수 없는 분노의 발작을 계속 겪었다. 1581년 그
런 발작으로 자신의 후계자인 아들을 우발적으로 죽였다. 피범벅이 된 아들 이
반의 몸 위로 오열하는 차르의 모습을 보여주는 일리야 레핀(Ilya Repin)의 유명
한 그림은 차르 알렉산드르 2세가 암살되고 나서 4년이 지난 1885년에 완성되

---

12   그러나 이반은 오프리치나를 폐지한 후, 1570년대 중엽 자신의 궁정을 나누는 관행으로 복귀
     했다.
13   어쩌면 호시의 사적인 무역 거래 때문에 머스코비 상사는 그를 의심하게 되었다. 월싱엄은 1590년
     죽기 직전에 호시를 러시아 대사로 임명하는 데 대한 머스코비 상사의 반대를 일축했다.

었는데, 너무 심란해진 그의 아들 알렉산드르 3세가 그 그림을 모스크바의 트레티야코프(Tretyakov)미술관에서 임시로 치우게 했다.

SVR 공식 역사서는 이반이 아들을 죽인 후 1584년 자신이 죽기까지의 말년에 그동안 그토록 많은 처형을 명령한 것을 '뉘우치기' 시작했다고 그럴듯하게 주장한다. 1583년부터 모든 수도원이 정기적인 '처형자 추모(Remembrance of the Disgraced)'를 시작했다. 이반이 가장 후회한 것은 거의 틀림없이 비스코바티 처형이었을 것인바, 아무도 그의 전문성을 대체하지 못했다. 이반은 개인적으로 성 삼위일체 수도원에 '비스코바티의 영혼 추모'를 위해 223루블을 보내고 양초 대금으로 23루블을 따로 보냈다. 자신의 처형을 명령한 통치자로부터 이렇게 추모를 받은 정보수장은 비스코바티 외에 없다.

이반 4세의 어린 아들 표도르(Fedor) 1세가 차르를 계승했는데, 독실하지만 아둔한 그는 제롬 호시의 견해에 따르면 '바보 같은 군주'였다. 그러나 실질적인 권력은 파벌로 갈라진 섭정위원회에 있었다. 거기에서 보리스 고두노프[Boris Godunov, 오늘날 무소르그스키(Mussorgsky)의 인기 있는 19세기 오페라에 나오는 반(反)영웅으로 가장 유명하다가 궁극적으로 긴 권력투쟁의 승자가 되었다. 이반 4세 때처럼 고두노프의 비밀업무도 가끔 수행한 호시는 고두노프가 권력투쟁의 와중에 이반이 그랬던 것처럼 자신도 잉글랜드로 망명할지 모른다고 자신에게 말했다고 보고했다.[14] 호시는 고두노프가 "반반하게 생겼고 서글서글하며 호감이 가는 사람으로서 학식은 없지만 이해가 빠르고 타고난 웅변가"라고 평했다. 그러나 고두노프는 또한 미신적이고("주술에 많이 경도되었다") 복수심에 불탔

---

14 또 월싱엄이 자신의 러시아 내 사업 확장을 위해 호시를 활용한 것으로 보인다. 호시의 설명은 때때로 신빙성이 없었지만, 고두노프는 가끔 비밀임무에 그를 활용했다. 그 예로, 호시는 리보니아로 가서 마그누스 공(Prince Magnus)의 미망인인 황실 가문의 마리야 블라디미로브나(Mariya Vladimirovna)를 러시아로 데려오는 데 성공했다. 호시는 결국 고두노프와 사이가 틀어졌다. 그는 1589년 체포되었고 가일스 플레처(Giles Fletcher)의 감호하에 잉글랜드로 송환되었다.

다.[15] 그는 20세부터 오프리치니키 대원이었으며 전체 대원 가운데 가장 피에 굶주린 말류타 스쿠라토프의 사위로서 사악한 과거를 지니고 있었다. 그는 폭군 이반의 궁정에서 출세하기 위해 노브고로드와 모스크바에서 벌어진 가상의 반역자들에 대한 잔인한 처형을 열성적으로 뒷받침했을 것이 뻔하다. 고두노프는 엄청난 부를 축적했는데, 주로 자신에게 희생된 사람들에게서 빼앗은 것일 것이다. 사학자 캐서린 메리데일(Catherine Merridale)은 그를 '21세기 올리가르히(러시아 신흥재벌)'에 가장 가까운 16세기 인물로 묘사하고 있다.

그러나 고두노프는 이반 4세와 달리 대외 전쟁을 성공적으로 피했다. 그는 이반 사후 20년의 평화 시대에 대해 상당한 공적을 인정받을 만하다. 섭정 기간에 고두노프는 반역자의 공개 처형을 좋아하지 않음을 드러냈다. 대신에 그는 이면에서 움직여 대규모 밀고자 망을 구축하고 주요 경쟁자 일부를 비밀리에 제거했다.[16] 케임브리지대 킹스 칼리지 연구원(Fellow of King's College) 출신의 잉글랜드 작가 겸 외교관 가일스 플레처(Giles Fletcher)가 러시아 상사(머스코비 상사의 별칭)와 관련된 분쟁을 해결하기 위한 임무를 띠고 1588~89년 모스크바 주재 대사로 파견되었을 때, 그는 거의 계속해서 적대적인 감시를 받았다. 그가 벌리 남작에게 불평한 바에 따르면, "내가 도착한 날부터 임기가 끝날 때까지 받은 대접은 마치 그들이 그 상사의 무역과 잉글랜드 국민 전체를 극히 싫어한다는 것을 보여주기 위해 온갖 수단을 동원한 것 같았다". 결국에는 플레처가 협상을 통해 합의할 수 있었지만, 유명한 작가 토머스 풀러(Thomas Fuller)에 따르면, 플레처가 1589년 여름 귀국했을 때 "그는 그 위험한 곳에서 안전하게 돌

---

15   고두노프의 궁정적인 품성에 대한 호시의 평가는 그들 사이가 틀어져 호시가 러시아에서 추방된
      뒤에 기록되었기 때문에 더 믿을 만하다.
16   비밀리에 제거된 경쟁자 가운데 이반 4세의 재정관이었던 페트르 골로빈(Petr Golovin)이 있었
      다. 그는 모스크바에서 추방되었는데, 호시에 따르면 도중에 살해되었다.

아온 데 대해 진심으로 하느님께 감사를 드렸다. 왜냐하면 시인들이 율리시스 (오디세우스의 라틴명)가 외눈박이 거인 폴리페모스의 동굴(Den of Polyphemus)에서 빠져나온 기쁨을 표현할 수 있는 것보다 그토록 야만적인 군주의 손아귀에서 벗어난 그의 기쁨이 더 컸기 때문이었다."

1591년 플레처는 자신의 경험을 토대로 '러시아 연방론' 또는 '러시아 황제의 통치방식'이라는 제목으로 러시아 백성들의 관습과 의상을 포함한 책을 출간하려고 했다. 엘리자베스 시대의 러시아 여행자 중에서 러시아에 대해 가장 상세하게 잘 기술한 그 원고는 러시아 정치체제에 대한 플레처의 혐오를 분명히 드러냈다. "그들 국가와 정부 형태는 순전히 폭정이었다." 최악의 폭군은 이반 4세였다.

> 죽은 황제 이반 바실레비치(Ivan Vasilevich, 이반 4세)는 백성들의 목숨을 좌지우지하는 자신의 통치권을 보여주기 위해 걷거나 길을 가다가 도중에 만난 사람이나 구경하는 사람 중에 싫어하는 얼굴이나 인물이 있으면 목을 베라고 명령하곤 했다. 그 명령은 신속하게 이행되어 머리가 바로 황제 앞에 놓였다.

러시아 상사의 임원들은 한 세대 전 리처드 챈슬러가 자신의 임무에 관해 보고서를 생산했을 때 처리했던 식으로 플레처의 책을 출판하면 귀중한 상업정보가 경쟁자들에게 노출될 것이라고 틀림없이 믿었을 것이다. 그러나 그들의 주된 우려는 고두노프 정권이 자신들의 '폭군' 통치에 관해 플레처가 쓴 원고를 발견한다면, 그에 따른 보복이 모스크바에 남아 있는 직원들과 상품에 미치고 무역도 영원히 끝장날 것이라는 점이었다. 벌리 남작의 분명한 동의하에 그 책은 출판이 금지되었다. 그 내용은 두 세기 반 뒤에도 여전히 매우 민감했다. 1848년 차르 니콜라이(Nicholas) 1세는 『러시아 연방론(Of the Russe Commonwealth)』

의 러시아어 번역본 초판을 압수하고, 감히 회의록에 그 번역본을 실은 '러시아 역사·고고학 국립모스크바협회' 임원들을 엄하게 처벌하라는 지시를 내렸다. 러시아에 관한 영국의 정보보고서 가운데 그처럼 오랫동안 논란이 된 다른 사례는 없다.

1598년 표도르 1세가 죽자 보리스 고두노프가 차르가 되었다. 그의 감시 시스템에 관한 세부사항은 대부분 우리가 파악할 수 없는 것이었지만, 그의 스파이·제보자 망은 분명히 확대되었다. 하인들은 상전에 관해 제보하도록 고무되었다. 심지어 노예들도 제보자로 활용되었다. 보리스의 숙부 세멘 니키티치 고두노프(Semen Nikitich Godunov)가 그의 수석 심문관 겸 열성적 고문관 역을 맡았는데, 그는 잔인한 심문을 통해 알아냈다는 반역 증거에 관해 정기적으로 보리스에게 보고했다. 그러나 고두노프의 감시 시스템과 비밀 음모도 후계의 안전을 확보하지 못했다. 1605년 4월 보리스 고두노프가 죽자 잘 교육된 그의 16세 아들 표도르 보리스비치 고두노프(Fedor Borisovich Godunov)가 승계해 차르 표도르 2세로 즉위했다. 5월에 군대가 반란을 일으키고 다수의 사령관이 차르를 자처하는 이른바 첫 '가짜 드미트리(False Dmitrii)'의 편을 들었다. 6월에는 표도르 2세와 그의 어머니(스쿠라토프의 딸)가 드미트리 하수인들에 의해 크렘린에서 교살되고 그들의 시체가 공개되었다. 증오의 대상인 세멘 고두노프는 감방에 갇혀 굶어 죽었다. 이후 혼란한 내전과 러시아 '고난의 시대(Time of Troubles)'가 이어졌다.

제10장

엘리자베스 1세, 월싱엄과
잉글랜드 정보활동의 발흥

엘리자베스 1세가 1558년부터 1603년까지 오래 통치한 기간은 오늘날 잉글랜드 역사에서 가장 영광스러운 시대의 하나로 기억된다. 당시는 매우 불안정한 시기였다. 엘리자베스 여왕은 국내외 적의 위협을 받는 상황에서 왕좌를 지키기가 위태롭다는 것을 알고 있었다. 유럽의 가톨릭 강국들은 엘리자베스를 몹쓸 사람이자 이단자로 간주했다. 여왕이 수립한 개신교를 받아들이지 않는 잉글랜드 구교도들은 충성심이 항상 의심스러웠다. 그 처녀 여왕은 후계자 지명을 고집스레 거부함으로써 불안감을 더 키웠다. 따라서 체제의 안정은 여왕 자신의 생존에 달려 있었다. 1567년 한 하원의원이 다음과 같이 말했다. "하느님이 여왕 폐하를 데려가신다면, 후계체제가 수립되지 않아 나 자신과 내 아내, 내 아이들, 땅, 재산, 친구들이나 나라가 어떻게 될지 모르겠다." 외적의 침공 위협과 국내 가톨릭 제오열이 제기하는 위협이 겹침으로써 엘리자베스의 잉글랜드는 당시 세계에서 가장 정교한 정보활동 시스템을 만들게 되었다.

1573년부터 1590년 죽을 때까지 엘리자베스 1세의 수석국무장관을 지낸 프랜시스 월싱엄(Francis Walsingham) 경은 여왕과 수상을 매일 접견하면서 외무장관과 정보수장 두 역할을 모두 수행했다. 당시 수상 윌리엄 세실(William Cecil)은 1571년부터 벌리(Burghley) 남작으로 불렸는데, 그는 월싱엄 이전에 정보활동의 주된 책임을 맡고 있었다. 1568년 월싱엄은 세실에게 보낸 편지에서 "걱정거리가 너무 적을 때보다 너무 많을 때가 위험이 적다"라고 말했다. 이 격언은 그의 신조가 되었다. 월싱엄 개인의 리더십하에서 스파이활동, 방첩, 암호해독 및 대전복활동은 정보 역사의 과거 어느 때보다 잘 통합되었다.

월싱엄의 개인 문서가 남아 있지 않는다는 부분적 이유에서 그의 초기 경력은 대부분 신비에 싸여 있다. 심지어 그의 출생 연도(1531년경으로 추정)조차 미상이다. 그는 케임브리지대학교 킹스 칼리지에 다니다가 많은 사람이 그랬듯이 1550년 학위 없이 그만두었다. 나중에 케임브리지대가 그의 가장 중요한 정보인력 채용 기반이 되었다는 점에서 그의 학부 생활 기억은 긍정적이었음이 틀림없다. 그는 킹스 칼리지를 자퇴한 후 여러 해 동안 대륙을 여행했는데, 그때 개신교 성향의 바젤(Basel)을 특히 좋아하게 되었다. 월싱엄은 생애 후반의 힘든 시기에 가끔 '순박한 스위스로' 돌아갔으면 했다. 그는 여행을 중단하고 아버지가 회계원으로 근무했던 그레이스 인(Gray's Inn) 법학원에서 법률을 공부했다. 그러나 월싱엄이 36세쯤 된 1568년까지 그가 공직에 있었다는 기록은 전혀 없다.

그가 5년 뒤 정보수장이 되었을 때, 그는 여왕이나 다른 각료들과 마찬가지로 튜더왕조 이전의 정보활동에 관해 거의 아무것도 몰랐던 것으로 보인다. 엘리자베스의 아버지 헨리 8세는 에드워드 3세를 본보기로 삼으려고 얼마간 시도했지만, 백년전쟁 기간에 그가 거둔 정보의 성공과 실패 사례―예컨대, 에드워드 3세가 프랑스군에 갇히지 않도록 1346년 잉글랜드 첩자의 안내를 받아 솜(Somme)의 늪지를 가로질러 극적으로 탈출한 사례 같은 것―에 관해서는 전혀 몰랐던 것이 거의 확실하다.[1] 백년전쟁 기간의 잉글랜드 정부 문서(월싱엄이 거의 보지 않았다)에는 프랑스의 의도에 관한 정보를 얻기 위해 영국해협 건너로 스파이들을 파견한 일에 관한 언급이 많지만,[2] 조직화된 해외 정보활동 느낌은 나지 않는다. 대부분의

---

[1]   백년전쟁 시의 정보활동에 관한 연구는 오래 방치되었으며 현재 진행 중이다. 최근의 귀중한 연구에도 불구하고 매우 단편적인 문헌 자료에 중요한 공백이 다수 존재한다.

[2]   스파이를 라틴어로 explorator, 옛 프랑스어로 espie라고 했다.

스파이가 혼히 '모종의 메신저'같이 모호하게만 식별되는 무명의 개인들이었다. 물론 그중에는 헨리 4세 치하 런던의 금세공업자 존 브리드(John Bridd)처럼 사업차 프랑스로 여행한 일부 상인도 있었다. 스파이에게 주어진 일반적 임무는 '왕의 적들에 관해 그 의도와 계획을 알아내서 왕과 조정에 알리는 것'이었다. 그들은 혼히 '최대한 서둘러' 진행하라는 지시를 받았다. 최대의 성공을 거둔 것은 15세기 초 현재의 프랑스 지역에 있던 잉글랜드 영토, 특히 칼레와 보르도에서 활동하는 스파이들이었다. 당시 백년전쟁 중이던 프랑스는 1940년 독일의 침공을 받기 전까지는 겪어보지 못한 미증유의 내홍을 겪었다. 1406년 파리에서 활동하는 잉글랜드 스파이들은 오를레앙의 공작 루이(Louis)가 잉글랜드가 지배하는 지롱드(Gironde) 침공을 준비하고 있다고 칼레로 보고했다. 그는 프랑스를 실질적으로 지배하는 왕 샤를 6세의 동생이었다. 보르도와 기타 변경의 성읍들이 조직한 스파이망이 프랑스 군대의 움직임에 관해 대체로 믿을 만한 보고를 정기적으로 올렸다. 그들의 출처 가운데에는 오를레앙의 공작 진영 내부에 있는 한 고위급 협조자가 있었는데, 그의 정보는 보르도 시의원들(jurats, 시의회 구성원들)에게도 비밀엄수 서약을 받은 후에야 제공될 정도로 매우 중요하게 간주되었다.

잉글랜드의 프랑스 땅 소유는 1558년 프랑스군이 칼레를 점령함으로써 끝이 났는데, 이후 월싱엄은 프랑스를 잉글랜드 정보활동의 주요 기지로 사용할 수 없게 되었다. 또 그는 백년전쟁 시 해외 정보활동의 대체로 잊힌 교훈에서 무언가를 배울 수도 없게 되었다. 월싱엄은 정부 청사가 아니라 런던 올드게이트(Aldgate) 구역에 있는 자기 집에서 여왕 정보기관을 운영했다. '페이페이(Papey)'라고 불린 그의 집은 중세 병원을 개조한 것으로, 원래는 세상을 떠난 후원자들의 영혼을 위해 미사를 집전했던 궁핍하고 병약한 본당 사제들(월싱엄은 사제 직업을 몹시 못마땅해 했다)을 돌보는 시설로 건축되었다. 월싱엄 집에서 최고의 기밀문서는 '비밀정보 장부'였는데, 월싱엄은 그 장부에 스파이들의 실명과 가명, 그들에게 지급한 돈, 부호와 암호 내역 등을 기록했다.[3] 전직 정보 수장 가운데 그처럼 개인 용도를 위해 정보기밀을 포괄적으로 모아놓은 이는 없다. 현대 정보공동체의 규모, 복잡성과 관료체제에 비추어 오늘날에는 그러한 장부를 보유하는 정보수장이 없다. 그러나 엘리자베스 시대의 잉글랜드에서는 정보활동의 규모가 훨씬 더 작았으므로 특별히 근면하고 재능이 있는 한 사람의 행정가가 대부분의 정보활동을 직접 기록할 수 있었다. 그러나 월싱엄도 가끔 업무량이 너무 많다는 것을 알았다. 그는 아마도 신장 결석으로 인해 간헐적으로 건강이 나빠졌으며, 정기적으로 병가를 내야 했다. 그러나 그는 병상에 누워서도 책상 앞에 앉아 있을 때처럼 많은 것을 기록한 것으로 보인다. 20세기와 21세기의 독재 정권(일부는 비독재 정권) 정보수장들과 달리, 월싱엄은 '권력자에게 진실 말하기'를 두려워하지 않았다. 1586년 의견 불일치가 발생한 후, 격분한 엘리자베스 여왕이 슬리퍼 한 짝을 벗어 그의 머리에 던졌다. 월싱엄은 4세기 뒤 마거릿 대처(Margaret Thatcher) 총리의 한 정보수장처럼 "내가 할 일은 여왕이 알고 싶어 하지 않는 것을 여왕에게 말하는 것"이라고 믿은 것으로 보인다.

영국 국립초상화미술관에는 1585년경 존 드 크리츠(John de Critz)가 그린 월싱엄의 패널 초상화가 있는데, 어둡고 숙고하는 모습이다. 그 그림에서 월싱엄은 목에 의무적인 흰 주름 칼라를 두른 것 외에는 검은 옷을 입었으며, 검은 턱수염과 콧수염에 학자들이 쓰는 모자 아래로 간간이 은발이 흘러내리는 모습이다. 최근 그 초상화를 적외선으로 검사한 결과, 월싱엄이 몰랐던 비밀이 드러났다. 그의 초상화는 가톨릭의 성모자 상 위에 그려졌다. 월싱엄도 놀랐을

---

3   1590년 월싱엄이 죽었을 때 그의 유품 가운데 있었다고 기록된 '비밀정보 장부'는 현존하지 않는다.

것이다. 영국 국립초상화미술관의 수석 큐레이터 타냐 쿠퍼(Tarnya Cooper) 박사는 화가가 독실한 신교도인 월싱엄을 대상으로 사적으로 불경한 장난을 쳤을 것임을 시사하고 있다.[4]

월싱엄은 엘리자베스 궁정에서 가장 외곬의 개신교 옹호론자였다. 그는 "무엇보다도 하느님의 영광, 그리고 여왕의 안전을 빈다"라고 썼다. 1572년 그가 파리 주재 대사로 있을 때, 16세기 최악의 종교 참극인 성 바르톨로메오 축일(St Bartholomew's Day, 8월 24일)의 대학살이 발생했는데, 그는 나중에 "내가 목격한 가장 끔찍한 장면"이라고 썼다. 때때로 축제 분위기 속에서 적어도 2,000명의 신교도가 파리에서 살해되었고 지방에서는 더 많이 살해되었다. 교황 그레고리우스 13세는 축가로 테 데움(Te Deum, 라틴 성가)을 요청했다. 이로 인해 가톨릭에 대한 월싱엄의 혐오와 불신이 더욱 강화되었다.

그러나 이전의 스파이 수장들과 달리, 월싱엄은 자신이 이념적으로 싫어하는 상대편에서 스파이를 채용하는 것이 중요하다는 사실을 인식했다. 유럽 대륙에서 활동하는 그의 최고 스파이들 중에는 망명한 잉글랜드 구교도들이 있었다. 특히 폼페오 펠레그리니(Pompeo Pellegrini)라는 가명을 쓴 앤서니 스탠든(Anthony Standen)은 펠리페 2세의 스페인 무적함대 준비에 관해 긴요한 정보를 제공했다. 월싱엄의 가장 중요한 스파이 가운데 스코틀랜드 메리 여왕의 측근인 길버트 기포드(Gilbert Gifford)와 런던 주재 프랑스 대사관의 앙리 파고(Henry Fagot)는 둘 다 가톨릭 사제였다. 펠리페 2세였다면 남아 있는 극소수의 스페인 신교도(그가 일소하려고 결심한 사람들) 중에서 스파이를 채용한다는 것은 생각지도 못했을 것이다. 다만 무적함대 몇 년 전에 엄청난 도박 빚을 진 한 잉글랜드

---

[4] 이 경우 필요 없는 패널 그림을 단순히 재활용한 것 같지는 않다. 영국 국립초상화미술관에 있는 튜더 시대 초상화 120점을 적외선 엑스레이로 검사한 결과, 그 외에 한 점만 종교적 도상 위에 그린 것으로 나타났다.

대사가 자진해서 펠리페 2세에게 협조했다.

엘리자베스가 잉글랜드 최초의 신교도 여왕이자 성공회 수장으로서 통치한 대부분의 기간 동안 잉글랜드 구교도들과 그들의 해외 지원 세력이 여왕에 대해 꾸민 음모의 주된 목적은 스코틀랜드 왕 제임스 5세와 프랑스인 왕비 마리 드 기즈(Mary of Guise) 사이에 난 딸 메리 스튜어트를 잉글랜드 왕으로 옹립하는 것이었다. 1534년 제임스 5세가 상속할 아들 없이 죽자 메리 스튜어트가 생후 9개월의 나이로 스코틀랜드 여왕에 올랐는데, 메리 스튜어트는 대관식 내내 울었다. 어린 시절 메리 여왕의 미래는 스코틀랜드나 잉글랜드보다 프랑스에 달린 것처럼 보였다. 메리 여왕은 네 살 때 앙리 2세의 아들이자 후계자인 프랑스 황태자 프랑수아와 약혼했다. 1558년 9월 25세의 엘리자베스가 잉글랜드에서 메리 튜더 여왕을 계승하기 두 달 전에 15세의 메리가 파리에서 14세의 프랑수아와 결혼했다. 1년도 안 되어 앙리 2세가 마상 창 시합에서 급사한 후, 메리의 남편은 프랑수아 2세 왕이 되었다. 엘리자베스와 같이 헨리 7세의 후손인 메리는 잉글랜드 왕위에 대한 권리를 공개적으로 주장했다.

메리 스튜어트가 프랑스에 체류하는 동안 구교도 어머니 마리 드 기즈가 섭정 여왕으로 스코틀랜드를 통치했다. 프랑스 군대의 지원을 받는 그녀의 통치에 스코틀랜드 개신교 귀족들, 즉 '회중의 귀족들(Lords of the Congregation)'이 반기를 들었다. 1559년 '귀족들'은 윌리엄 세실에게 군사 지원을 호소했고, 세실은 자신이 사임하겠다는 위협으로 엘리자베스 여왕의 반대를 극복한 후 그 지원을 제공했다. 1560년 봄 세실은 섭정 여왕의 암호 통신문을 해독해 매우 귀중한 스코틀랜드 정보를 얻었다. 그 통신문은 일부는 스코틀랜드에서, 일부는 프랑스에서 절취되었다. 절취된 통신문 대부분이 존 소머(John Somer)에 의해 해독되었는데, 그는 사학자들이 대체로 무시한 신비의 인물로서 프랑스 주재 잉글랜드 대사 니콜라스 스록모턴(Nicholas Throckmorton) 경의 비서로 일했다. [5]

프랑스 궁정과 섭정 여왕 사이의 통신 보안은 파리에서 허술하게 지켜졌다. 스록모턴이 보고한 한 사례에 따르면, 프랑스 근위대 소속의 보몽(Beaumont)이라는 '신사 궁수'가 전령이 되어 마리 드 기즈에게 가지고 가는 편지를 두 시간 동안 소머에게 주었다. 그동안 편지는 틀림없이 해독되었고, 개봉된 사실을 감추기 위해 '교묘하게 다시 봉합'되었다. 스록모턴은 세실에게 보몽이 잉글랜드에 도착하면 '잘 활용'했다면서 적어도 100크라운을 그에게 주라고 간곡히 요청했다. "보몽은 그의 아내가 여기 프랑스인 여왕(메리 스튜어트)의 밀실에 근무하고 있어 활용할 좋은 기회가 생길 수 있고 가끔 정보도 줄 수 있습니다."

세실은 소머의 해독물 사본을 스코틀랜드의 '회중의 귀족들'에게 보냈는데, 그들도 가로챈 섭정 여왕의 통신문 일부를 세실에게 보냈다. '귀족들'은 비밀을 지키지 못했다. 귀족들 일부가 그녀를 깎아내리기 위해 절취된 통신문을 사용한 것으로 보인다.[6] 섭정 여왕의 5월 1일 자 편지를 해독한 결과, 그녀가 "자신의 편지와 프랑스 측 편지가 해독된 사실을 알았음"이 드러났다. 스록모턴은 세실에게 그 불가피한 결과로 '모든 암호를 교체'하게 될 것이라고 경고했다. 그러나 소머는 난국에 잘 대처했다. 스록모턴이 7월 19일 추밀원(Privy Council)에 추가 해독물을 보내면서 프랑스인들이 '자기네 편지가 해독되었음'을 알아챘다는 '위험한 정보'에 따라 그 해독물에 '어려운 새' 암호를 사용했지만, 소머가 이 암호 역시 풀었다고 알렸다. "많이 고생하고 멋지게 작업한 소머 씨는 보답을 받을 자격이 충분합니다." 스록모턴은 추밀원에 '하느님의 성령이 충만하

---

5 존 소머의 이력에 관해서는 알려진 것이 거의 없으며, 『옥스퍼드 영국 인명사전(ODNB)』에도 들어 있지 않다. 그전에는 소머가 메리 여왕이 파견한 프랑스 주재 대사 니콜라스 워턴(Nicholas Wotton)의 비서로 일했었다.

6 소머가 해독물의 비밀을 유지하기 위해 여러 예방조치를 취했다는 점에 비추어, 그 누설이 파리 주재 잉글랜드 대사관에서 나왔을 가능성은 거의 없다. 그는 해독물을 런던의 세실에게 보내기 전에 그것을 안전하다고 믿은 암호로 다시 암호화했으며 그 출처를 위장하는 다른 조치도 취했다.

기를 기원'하면서 끝을 맺었다.

6월 17일 에든버러 성에서는 프랑스의 포성이 울려 구교도 섭정 여왕과 신교도 '회중의 귀족들' 사이의 내전에 휴전이 타결되었음을 알렸다. 세실은 후속 평화협상에 잉글랜드 측 두 교섭자 중 한 사람으로 참가했다. 세실이 암호해독으로 제공되는 정보를 중요하게 여겼다는 것은 에든버러 성의 프랑스인 대신이 보낸 암호 편지를 가로챘지만 해독할 수 없었을 때 그가 보인 반응에서 알 수 있다. 그는 소머가 여기 있었다면 100파운드를 주었을 것이라고 말했다.[7] 7월 6일 서명된 에든버러 조약은 세실에게 승리였다. 프랑스 군대가 스코틀랜드를 떠나 프랑스로 떠났으며, 6월 섭정 여왕이 죽은 후 스코틀랜드에 신교도 섭정 체제가 수립되었다. 조약에 의해 스코틀랜드의 메리 여왕과 프랑수아 2세는 잉글랜드 왕위에 대한 자신들의 권리 주장을 포기해야 했다. 5개월 뒤인 1560년 12월 메리 여왕은 또한 남편 프랑수아가 아마도 뇌종양으로 사망함에 따라 프랑스 왕궁에서의 지위도 상실했다. 1561년 8월 그녀는 맹렬한 신교도 세력이 집권하고 있는 나라의 독실한 구교도 여왕으로 스코틀랜드에 돌아왔다. 메리 여왕은 단리(Darnley) 경과 재혼해 1566년 아들을 낳았는데, 그 아들이 장차 스코틀랜드의 제임스 6세이자 잉글랜드의 제임스 1세가 된다. 출산 후 그녀는 남편과의 접촉이 허용되지 않았다. 그녀와 스코틀랜드 신교도 귀족들 간의 분쟁은 결국 1567년 7월 메리 여왕의 퇴위로 이어졌다. 1년 뒤 메리는 잉글랜드로 갔고 그곳의 여러 성과 대저택에서 가택 연금 상태로 19년을 보냈다.

잉글랜드의 안보에 대한 주된 위협은 펠리페 2세가 교황의 축복을 받아 엘리자베스 대신 메리를 왕좌에 앉혀 잉글랜드를 가톨릭 신앙으로 복귀시키려

---

7   세실은 그 메시지를 현지에서 해독할 수 없다면 파리의 소머에게 보내 해독시키라고 지시했다. 그것은 역사적 사실이겠지만, 소머가 에든버러 조약이 서명된 7월 5일 이전에 회신했을 것 같지는 않다.

는 음모에서 비롯된다는 것이 세실과 월싱엄의 공통된 생각이었다. 엘리자베스 여왕에 대한 암살 위협의 심각성은 1570년 1월 23일 린리스고(Linlithgow, 스코틀랜드 남동부의 작은 도시_옮긴이)에서 머리(Moray) 백작 제임스 스튜어트가 사살된 사건에 의해 강조되었다. 메리 여왕이 퇴위한 후, 머리는 메리가 다시 보지 못한, 갓난 아들 제임스의 섭정이 되었었다. 머리의 암살범은 보스웰러프(Bothwellhaugh, 스코틀랜드의 한 탄광촌_옮긴이)의 제임스 해밀턴(James Halilton)이었다. 그의 살해 동기는 메리를 위해 복수하려는 마음과 개인적인 불만이었다. 머리가 말을 타고 린리스고를 지나갈 때, 해밀턴이 세인트 앤드루스(St Andrew's)의 대주교인 자기 숙부 집 창문에서 카빈총을 발사해 머리에게 치명상을 입혔다. 총으로 암살된 최초의 주요 인물인 머리의 장례식은 에든버러 세인트 자일스 대성당(Saint Giles Kirk)에서 스코틀랜드 최고 악대의 추도 속에 치러졌다. 햇필드 하우스(Hatfield House)에 보존된 세실의 문서들 가운데 해밀턴이 암살 후 도주하면서 쓴 편지가 일부 절취되어 남아 있다. 그 편지에서 해밀턴은 스코틀랜드의 메리 여왕의 시종에게 "여왕 폐하를 위한 거사 때문에 생계 수단을 모두 잃었다"면서 금전적 도움을 호소했다.

1570년 2월 교황 비오(Pius) 5세는 칙령 "높은 데서 다스림(Regnans in Excelsis)"으로 '자칭 잉글랜드 여왕이자 범죄의 종복'인 엘리자베스를 파문했는데, 이는 잉글랜드 구교도들에게 여왕에 대한 충성을 면제하는 것이었다.[8] 교황의 칙령 공표 후 엘리자베스 여왕에 대해 이루어진 첫 전복 시도는 1571년 봄에 발각된 '리돌피 음모(Ridolfi Plot)'였다. 로베르토 디 리돌피(Roberto di Ridolfi, 사건 이름은 여기서 유래했다)라는 한 피렌체 사람이 은행가로 여러 해 동안 런던에 거주했는

---

8   그 칙령은 1569년 북부의 구교도 봉기가 진압된 후에 공표되었다. 구교도 존 펠턴(John Felton)이 성바오로 성당 경내에 있는 런던 교구 주교의 사택 정문에 칙령 사본을 못으로 박았다. 펠턴은 반역죄로 처형되었으며, 세 세기 뒤 영국의 순교자로 시복되었다.

데, 그는 비오 5세와 펠리페 2세로부터 비밀리에 자금을 받아 잉글랜드 구교도들에게 전달했다. 1569년 9월 그는 약 3,000파운드를 스페인 대사 돈 게라우데 스페스(Don Guerau de Spes)에게서 스코틀랜드 구교도 존 레슬리(John Leslie)에게로 이체했다. 레슬리는 로스(Ross) 교구의 주교이자 메리 스코틀랜드 여왕의 런던 주재 대표였다. 1571년 3월 리돌피는 잉글랜드 내 구교도 봉기에 대해 교황과 스페인 국왕의 지원을 획득하고자 로마와 마드리드로 여행했다. 노퍽공작(Duke of Norfolk)이 이끈 그 봉기는 네덜란드 주둔 스페인 군대의 지원을 받았다. 메리를 가택 연금에서 구출해 노퍽과 결혼시키고 엘리자베스 대신 잉글랜드 여왕으로 옹립하자는 것이었다. 그 음모가 발각된 것은 메리 여왕과 레슬리 주교의 시종인 찰스 베일리(Charles Bailly)가 도버에서 체포된 4월이었다. 당시 그는 리돌피의 두 서한을 포함해 범죄를 입증하는 통신문을 지니고 있었다. 베일리는 런던탑(Tower of London) 고문대에서 고문을 받아 그 음모에 관해 알고 있는 모든 것을 털어놓았다. 베일리는 감방에서 타워 힐(Tower Hill) 위에 있는 사형집행인의 단두대를 볼 수 있었는데, 그는 그 벽에 지금까지 현존하는 애절한 두 메시지를 긁어놓았다. 1571년 4월로 기록된 첫 메시지는 다음과 같다. "거룩한 예수의 이름으로, 현인이라면 자기가 무슨 일을 하는지 알아야 하고 말하기 전에 검토해야 한다. 착수하기 전에 확인하고 어떤 사람들과 어울리는지 알아야 한다. 그리고 무엇보다도 누구를 믿을지 알아야 한다. … 찰스 베일리."[9]

세실과 파리 주재 대사(1570~73년)로서 정보공작에 깊이 관여한 적이 있는 월싱엄은 리돌피 음모 사건에 관해 당시 드러난 것이나 최근까지 사학자들이 생각하는 것보다 훨씬 더 많이 알고 있었다. 입증된 것은 아니지만, 최근의 연구가 시사하는 바에 따르면, 리돌피는 이중간첩이었다. 1569년 런던에 주재하던

---

9   베일리는 사형이 면제되어 1572년 런던탑에서 석방되었다.

그는 월싱엄으로부터 장시간 심문을 받았다. 그 심문은 대개의 반역 혐의 사건처럼 런던탑에서 이루어진 것이 아니라 올드게이트(Aldgate)에 있는 월싱엄의 저택에서 이루어졌다. 리돌피가 잉글랜드 구교도들에게 돈줄 역할을 하고 있음을 자백하고 엘리자베스 여왕을 메리로 대체하려는 스페인과 교황청의 계획을 폭로했을 개연성이 높다. 둘 사이에 구체적으로 무엇이 합의되었는지 불분명하지만, 리돌피는 한 달 뒤 풀려났다. 월싱엄은 리돌피를 음모의 자금책으로 삼아 메리를 잉글랜드 여왕에 앉히려는 시도를 분쇄하기 위한 최선의 방책은 리돌피를 사실상 이중간첩으로 채용해 음모 진행에 관해 정보를 제공토록 함으로써 적당한 순간에 음모를 조기 척결하는 것이라고 결정했고 세실의 승인도 받은 것으로 보인다. 베일리가 도버에서 체포되었을 때가 그 적당한 순간이었으며, 이렇게 해서 리돌피의 이중간첩 역할이 노출되지 않고 음모가 밝혀지게 되었다. 그 음모는 1572년 6월 노퍽 공작에 대한 반역 혐의 재판과 처형으로 끝났다. 노퍽 공작은 단두대에 머리를 넣기 전에 구경하는 군중에게 "리돌피는 이상한 놈이고 나쁜 놈"이라고 말했다. 이전에 그는 딱 한 번 리돌피에 대해 말한 적이 있었다. "나는 그가 잉글랜드의 고요함을 즐기는 사람이고 어떠한 흉계에도 신속하고도 준비된 재치를 발휘할 줄 아는 사람임을 알았다."

그러나 리돌피 음모 사건은 엘리자베스 암살 음모에 메리가 관여했음을 입증하고 그에 따라 메리를 처형하기 위해 월싱엄과 세실이 필요로 했던 증거를 제공하지 못했다. 메리가 일부 지지자들과 암호로 통신했기 때문에 그런 증거를 확보하는 데는 스파이활동 외에 암호분석이 필요했다. 월싱엄이 1571년 파리 주재 대사로 있을 때, 그는 리돌피가 공모자들에게 보내는 암호문 사본을 "수상쩍을 정도로 손쉽게"[메리 여왕의 전기 작가 존 가이(John Guy)의 표현] 입수했다. 월싱엄이 리돌피로부터 직접 그 사본을 입수했을 개연성이 높다. 그러나 월싱엄은 리돌피 음모 사건 이후 메리가 사용한 암호문 사본을 보유하지 않았으며 여러 해 동안 그의 참모들이 메리의 편지를 해독하는 데 애를 썼지만 성공하지 못했다. 이는 리돌피 음모 사건에서 메리의 서신을 해독하는 데 성공한 것은 잉글랜드 암호해독가들의 기량 때문이 아니라 리돌피 덕분이라는 추가적인 정황증거다.

리돌피가 추정대로 이중간첩이었어도 엘리자베스는 그 사실을 보고받지 못했으며 생각지도 못했다. 그 음모가 파헤쳐지고 노퍽이 처형된 직후, 엘리자베스는 월싱엄에게 새로 주문한 그림을 선물했다. 헨리 8세와 그의 잉글랜드 왕위를 계승한 튜더왕조의 세 명의 후계자를 그린 그 그림에서 엘리자베스는 그의 아버지와 이복 형제자매들의 미덕의 화신으로서 '풍요'를 옆에 두고 '평화'와 손을 잡고(발아래 다툼의 칼을 밟고 있는 모습) 있다. 여왕은 월싱엄에게 그 그림이 그에 대해 "백성과 자신이 만족한다는 표시"라고 설명했다. 영국(어쩌면 세계) 역사에서 월싱엄처럼 자신이 안전을 책임지고 있는 통치자와 왕조의 비범한 초상화로 보답을 받은 정보수장은 없다.

1573년 초, 메리 스튜어트 여왕 밑에서 국무장관을 역임한 레싱턴의 윌리엄 메이틀랜드(William Maitland of Lethington) 경을 비롯한 지지자들이 메리를 스코틀랜드 여왕으로 복위시키기 위해 에든버러 성을 점령했다. 스코틀랜드 섭정 (Scottish Regent)의 요청으로 엘리자베스는 군대와 포병대를 보내 그 성을 포위 공격했다. 포위가 계속된 3월 엘리자베스 군대를 수행한 잉글랜드 외교관 헨리 킬리그루(Henry Killigrew)는 암호로 쓴 편지 두 통을 미상 출처로부터 입수했다. 편지 하나는 메이틀랜드가 파리 주재 메리의 대표인 글래스고(Glasgow) 교구 가톨릭 주교한테 보내는 것이고, 다른 하나는 메리 여왕 밑에서 왕실포병대 통제관을 역임한 존 치점(John Chisholm)에게 보내는 것이었다. 스털링(Stirling) 성에 있는 섭정 궁정은 그 편지들을 해독할 수 없었기 때문에, 킬리그루는 글래스고 주교에게 발송한 암호 편지를 소머에게 보내면서 벌리와 레스터(Leicester)

백작에게 편지를 썼다. "소머 씨가 그걸 처리할 수 있으면 다른 것도 보내겠습니다." 소머가 암호를 푸는 데 성공했다는 증거는 없다. 5월 28일 에든버러 성을 점령했던 메리 지지자들이 항복했다. 그들의 군사령관은 에든버러의 시장 네거리에서 처형되었다. 메이틀랜드는 리스(Leith) 감옥에서 병으로 죽었는데, 자살했다는 기록도 있다.

  1570년대 말 잉글랜드의 암호해독이 부활한 데는 네덜란드인들의 도움이 컸다. 1575년 네덜란드독립전쟁의 지도자 오라녜 공 빌럼 1세(Prince William of Orange, 흔히 '침묵자 빌럼'이라고 불린다)는 스페인 국왕 펠리페 2세의 네덜란드에 대한 통치권을 공식적으로 배격했다. 1년 뒤 빌럼 1세의 측근인 성—알드공드(Saint-Aldegonde) 경—필립스 판 마르닉스(Philips of Marnix)로도 불린다—이 이끄는 네덜란드 대표단이 엘리자베스의 지원을 받으려고 잉글랜드에 도착했다. 빌럼 1세가 "잉글랜드에서 으뜸가는 친한 친구"로 간주한 월싱엄이 강력한 지원을 약속했다. 그러나 여왕은 대륙의 전쟁에 말려들고 싶지 않았으며 이에 월싱엄을 공개적으로 질책했다. 알드공드가 빈손으로 떠났지만, 그는 월싱엄에게 암호해독 전문지식을 전수했다. 이는 그가 마드리드 왕궁에서 근무하는 플랑드르 태생의 암호 서기로부터 스페인 암호에 관한 중요한 정보를 받고 있음을 드러내는 것이었다. 1577년 3월 알드공드는 런던 주재 스페인 대리대사 안토니오 데 구아라스(Antonio de Guaras)가 보낸 발송물을 해독해 월싱엄에게 보냈는데, 그 때문에 구아라스가 스코틀랜드인들의 여왕, 메리와 빈번히 접촉하고 있다는 사실이 드러났다. 몇 달 뒤 빌럼 1세가 잉글랜드 외교관 대니얼 로저스(Daniel Rogers)를 통해 또 다른 스페인 해독물을 월싱엄에게 전달했다. 그 속에 스페인령 네덜란드 총독인 돈 후안 데 아우스트리아(Don John of Austria)가 영국 해협에서 폭풍으로 긴급피난처를 구한다는 거짓 구실하에 스페인 군대를 잉글랜드에 상륙시킨다는 계획(실행되지는 않았다)이 들어 있었다.

거의 같은 시기에 동료 국무장관 토머스 윌슨(Thomas Wilson)이 스페인의 네덜란드 주둔군 사령관 돈 베르나르디노 데 멘도사(Don Bernardino de Mendoza)에게로 가는 발송물을 가로채서 월싱엄에게 보냈다. 멘도사는 스코틀랜드인들의 여왕인 메리의 지지자로서 나중에 런던 주재 대사가 되었다. 윌슨은 다음과 같이 믿었다. "잘 해독하면 그 속에 아주 중요한 문건이 들어 있을지 모릅니다. 알드공드나 소머 씨가 해독할 수 없으면, 파리 주재 우리 대사와 함께 있는 당신의 젊은 부하 필립스에게 보내주기 바랍니다."

소머는 암호분석관으로서의 경력이 끝났거나 곧 끝날 무렵이었다. 그의 조숙한 후계자 토머스 필립스(Thomas Phelippes, '필립스'라고 발음한다)는 당시 21세쯤 되었는데, 장차 그 세대에서 가장 위대한 잉글랜드 암호분석관이 될 인물이었다. 그러나 그가 멘도사에게 가는, 절취된 메시지를 해독하는 데 성공했는지는 미상이다. 스코틀랜드인들의 여왕 메리는 필립스가 자신의 편지를 다수 해독하고 있는 것을 몰랐는데, 나중에 그를 가리켜 "키가 작고 전신이 호리호리하며 짙은 황색 머리카락에 샛노란 수염을 길렀고 얼굴은 천연두 자국으로 얽었으며 근시"라고 경멸적으로 묘사했다. 필립스의 아버지에 따르면 그는 차분하고 은밀한 성격이었다. 그의 초기 이력 일부가 불분명한 부분적 이유는 그의 이름 철자법에 관해 기록상의 혼동이 있었기 때문이다. 그는 케임브리지대 트리니티 칼리지(Trinity College)를 졸업한 것 같다. 그는 확실히 재능 있는 언어학자로서 적어도 라틴어, 이탈리아어, 프랑스어, 독일어와 스페인어에 대한 독해력이 좋았다. 그는 1578~83년 기간에 파리 주재 잉글랜드 대사관을 자주 방문했는데, 당시 잉글랜드 대사관은 상당한 양의 절취된 통신문을 확보했었다. 필립스는 1582년 프랑스에서 월싱엄에게 부친 편지에서 "당신도 아시다시피 많은 암호를 다루어야 했습니다"라고 회상했지만,[10] 그가 당시 어떤 암호를 해독했는지를 보여주는 자료는 극히 일부만 현존한다.

필립스가 여전히 암호분석관으로서 전문성을 익히고 있는 동안, 월싱엄은 계속해서 알드공드에게 의존했다. 1578년 3월 월싱엄은 런던 주재 포르투갈 대사의 절취된 편지 사본을 잉글랜드 외교관 윌리엄 데이비슨(William Davison)에게 보냈다. "이 암호화된 포르투갈 대사 편지를 신속하게 해독하는 것이 여왕 폐하를 위해 매우 중요합니다. 그러니 이 일에 관해 알드공드와 진지하고 신속하게 처리해 주십시오. 암호는 아주 쉬워 큰 수고를 요하지 않습니다." 14일 뒤 데이비슨의 회신에 따르면, 알드공드가 떠나야 했기 때문에 편지를 해독할 시간이 없었지만 "그가 일을 처리할 다른 사람(암호분석관)을 나에게 소개시켜 주었습니다. 여기에 동봉합니다. …"

제2차 세계대전 중에 시작되어 지금까지 계속되고 있는 영-미 신호정보(SIGINT) 동맹이 역사적으로 독특하다고 흔히들 생각한다. 그러나 잉글랜드와 네덜란드 독립군 간의 암호해독 동맹은 그보다 네 세기 앞서 수립되었다. 1584년 침묵자 빌럼 1세가 암살된 후, 그의 아들 나소의 모리스(Maurice of Nassau)가 네덜란드독립전쟁의 지도자 지위를 승계했다. 모리스는 암호해독 동맹이 계속될 것이라고 월싱엄을 빠르게 안심시켰다.

저의 선친에 대한 당신의 우정, 그리고 두 분이 이곳 국가들과 잉글랜드의 교회와 왕국에 관한 문제를 함께 논의한 훌륭한 서신들을 압니다. 마침 돈 베르나르디노 데 멘도사(런던 주재 스페인 대사로, 1584년 추방되었다)가 파르마 공(Prince of Parma, 저지대 국가 주둔 스페인군 사령관)에게 보내는 어떤 편지는 제 수중에 들어왔습니다. 프랑스와 스페인 간의 협상 일부를 드러내는 이 편지들

---

10 당시 필립스는 예수회에 관한 편지를 해독하는 데 골몰하고 있었다. "예수회의 관행에 대해 주님께서 우리를 보살피시기를 … 내가 이보다 더 고심한 암호를 본 적이 없으며, 이런 경우에 내가 열심히 관찰해서 실패한 적이 없었습니다."

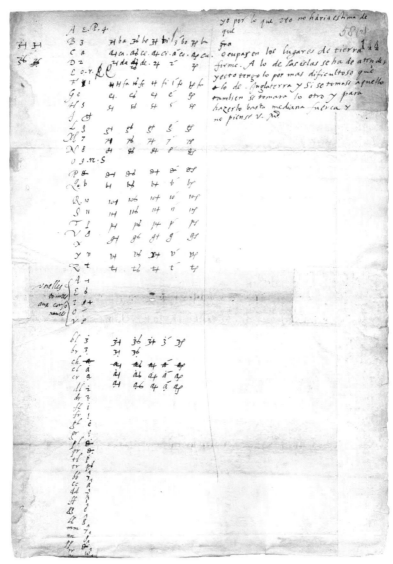

1577년 스페인 통치에 반대하는 네덜란드독립전쟁의 지도자 가운데 한 사람인 성-알드공드 경은 펠리페 2세의 이복형제이자 네덜란드 총독인 돈 후안 데 아우스트리아가 사용한 이 암호를 해독했다. 알드공드는 스페인 해독물을 월싱엄과 공유했는데, 이는 잉글랜드 최초의 암호해독 동맹이었다.

을 당신에게 보냅니다. 저보다 당신이 그 이유를 더 잘 알겠지만, 이 편지들은 해독되었고 우리는 이 암호의 비밀을 지켜야 합니다. 따라서 이 일로 우리가 동종의 다른 편지들에 대해 선입관을 갖지 않기를 바랍니다. 당신이 저를 항상 여왕 폐하의 은총 속에 지켜주시기를 빌며, 언제까지나 폐하의 아주 미천한 종이 되고 싶습니다.[11]

침묵자 빌럼 1세의 암살은 유럽 각국 궁정에 프랑스의 앙리 3세와 4세의 암살보다 더 큰 경종을 울렸다. 자객의 칼에 치명상을 입은 프랑스 왕들과 달리, 빌럼 1세는 권총으로 살해된 최초의 통치자였다. 암살자가 그의 델프트(Delft, 네덜란드 도시) 집 벽에 남긴 총알구멍들을 오늘날에도 볼 수 있다. 빌럼 1세의 죽음은 왕실 경호 역사에서 일대 전환점이 되었다. 그 사건은 유럽 각국 국가원수들의 뇌리를 떠나지 않았으며 그들의 경호책임자 머릿속을 맴돌았다. 그 사건이 발생하기 2년 전 역시 권총으로 빌럼 1세의 목숨을 노린 비슷한 시도가 실패한 후, 저지대 국가에서 활동하는 잉글랜드 스파이 윌리엄 헐(William Herle)이 엘리자베스도 죽음의 위험에 처해 있다고 주장했다. 헐은 암살자들의 잉글랜드 입국을 막기 위해 "잉글랜드의 관문과 항구를 폐쇄하고 관리들이 지키면서 모든 사람을 신발 밑창까지 수색해 음모와 반역의 편지와 문건을 찾을 것"을 요청했다.

바퀴식 방아쇠가 달린 주머니 크기의 권총이 발명되어 최초로 사전에 장전하고 준비할 수 있었다. 그 덕분에 프랑스인 암살자 발타자르 제라르(Balthasar Gérard)가 1584년 총을 몸에 숨기고 빌럼 1세를 기습할 수 있었다. 또 월싱엄과

---

11 멘도사는 그 편지들에서 "어제 국왕(앙리 3세)과 대비[카트린 드 메디시스(Catherine de Medicis)]가 나에게 베푼 환영과 친절한 대접에 대해 잉글랜드인들이 크게 좋아하지 않았다고 들었다"라고 주장했다.

엘리자베스 궁정이 그 암살사건의 보안상 교훈을 검토하면서 깊이 우려한 대목은 제라르가 네덜란드 독립군을 기만해 파르마 공이 이끄는 저지대 주둔 스페인군에 관해 정보를 제공할 스파이로 채용되었다는 사실이었다. 그러나 제라르가 극히 잔인하게 처형되기 전에 자백했듯이 그는 실제로 독실한 가톨릭 신자였으며 펠리페 2세의 충성스러운 백성이었다. 당시 펠리페 2세는 빌럼 1세의 암살에 2만 5,000크라운의 포상금을 내걸었었다. 제라르가 생전에 그 포상금을 받지 못했지만, 펠리페 2세는 그의 아버지에게 시골 땅 세 필지를 주었다. 훈제국의 아틸라(Attila)를 암살하려던 동로마 황제 테오도시우스(Theodosius) 2세의 음모가 실패한 후 천 년 만에 처음으로 한 국가수반이 한 외국 지도자(펠리페 2세는 빌럼 1세를 반란을 일으킨 백성으로 보았지만)의 암살을 성공적으로 사주했다.

엘리자베스 여왕의 안전을 지키는 문제를 더 어렵게 만든 것은 왕궁이 크고 여러 군데라는 점이었다. 여왕이 대부분의 시간을 보낸 화이트홀(Whitehall)은 유럽 최대의 왕궁으로서 넓이가 23에이커(약 9만 3,000m²_옮긴이)에 달했다. 게다가 여왕은 남부 지방을 연례적으로 순시했을 뿐 아니라 햄프턴 궁, 그리니치, 리치먼드, 웨스트민스터, 세인트 제임스, 윈저(Windsor) 성 등에서도 지냈으며, 통치 말기에는 논서치(Nonsuch) 궁에 기거했다. 보통 1,000명 이상의 사람들이 왕궁을 출입했다. 1580년 여름 여왕이 암살의 표적이 되고 있다는 우려가 급격하게 대두되었다. 켄트(Kent)와 에섹스(Essex)의 상류층 가톨릭 집안에서 일한 후 가톨릭 신앙을 철회한 왕실 관리 조지 엘리엇(George Eliot)은 여왕의 총애를 받는 레스터 백작에게 거대한 음모를 알아냈다고 말했다. 그 음모란 교황에게서 돈을 받은 50명이 무장을 하고 여왕의 순시 기간에 여왕, 레스터, 벌리 및 월싱엄을 암살할 계획이라는 것이었다. 엘리엇의 음모론은 희생 대상자들에 의해 심각하게 받아들여졌다.

구교도 암살자를 잉글랜드로 보내는 음모는 없었지만, 1580년 6월 옥스퍼드대 발리올 칼리지(Balliol College)의 연구원이자 인기 강사 출신의 로버트 퍼슨스(Robert Persons)가 인솔한 예수회 선교단이 신분을 가장해 런던에 도착했다. 퍼슨스는 육군 대위 복장을 했다. 선교단의 다른 지도자 에드먼드 캠피언(Edmond Campion)은 옥스퍼드대 세인트존스 칼리지(St John's College) 연구원 출신인데 더블린에서 온 보석상으로 가장해 안전을 이유로 일행과 떨어져 여행했다. 잉글랜드에서 비밀리에 사목활동을 할 선교 사제들을 훈련한 랭스(Rheims) 신학대학의 영적 설립자인 윌리엄 앨런(William Allen, 후에 추기경이 되었다) 박사의 기록에 따르면, 예수회 선교단의 목적은 정치적인 것이 아니라 종교적인 것으로서 "우리나라를 다시 하느님 품으로 돌리는 것"이었다. 퍼슨스와 캠피언은 정치를 토론하지 말라는 지시를 받았으며 잉글랜드의 구교도들을 엘리자베스 여왕의 권위에 저항할 의무에서 풀어주는 권한도 부여받았다. 그러나 '현재 상황이 이어지는 한'이라는 그 의무 면제의 조건은 여왕을 폐위시킬 의무가 훗날 다시 부과될 수 있음을 함축했다.

1년 동안 퍼슨스와 캠피언은 흩어진 잉글랜드 가톨릭 공동체를 찾아다니며 두루 여행할 수 있었다. 그러나 1582년 7월 엘리엇은 구교도가 큰 음모를 꾸민다는 자신의 음모론에 신빙성을 더했다. 그는 버크셔(Berkshire) 주의 리퍼드 그레인지(Lyford Grange)까지 캠피언을 추적했고, 그곳에서 오랜 수색 끝에 한 사제의 비밀은신처에 숨어 있는 그를 발견했다. 11월 캠피언은 일곱 명의 다른 사제들과 함께 받은 재판에서, 자신과 동료 피고인들은 죽을 각오가 되어 있지만 자신들이 가톨릭 신앙을 고수하는 것은 반역이 아니며 자신들은 여전히 충성스러운 여왕의 백성이라고 선언했다. 여덟 명은 모두 교수된 후 끌려 나와 사지가 절단되었다. 단두대에 오를 뻔했던 구교도 토머스 앨필드(Thomas Alfield)에 따르면, 캠피언은 12월 1일 타이번(Tyburn, 런던의 사형집행장_옮긴이)에서 처형되기 직전, "어느 여왕을 위해 기도하느냐는 물음에 그는 '당신들의 여왕과 나의 여왕을 위해'라고 대답했다. … 그리고 그는 완전한 가톨릭 신자임을 죽음으로 항변하며 자신의 영혼을 온순하고 포근하게 구세주에게 맡겼다".

캠피언과 달리 퍼슨스는 체포를 피해 대륙으로 탈출했다. 1581년 9월 그는 예수회 수장에게 다음과 같은 편지를 썼다. "케임브리지에서 저는 어떤 사제를 평민 학자나 신사로 가장시켜 바로 그곳 대학에 교묘히 입학시키고 시내에서 멀지 않은 곳에서 도움을 받도록 했습니다. 몇 달 내에 그 사제는 건장한 청년 일곱을 랭스(신학대학)에 보냈습니다." 월싱엄이 케임브리지대에 '잠입'한 가톨릭 사제의 신원(아직 미상이다)을 알았다는 증거는 없지만, 월싱엄은 자신의 스파이를 랭스 신학대학에 잠입시키는 데에는 성공했다. 로버트 퍼슨스의 기록에 따르면, 월싱엄의 목표는 "소요에 불을 붙여 부채질할 스파이와 반역자들을 보냄으로써 우리 가운데 소요를 일으키는 것"이었다. 랭스에서 활동한 월싱엄의 첫 스파이는 케임브리지대 졸업생 리처드 베인스(Richard Baines)였는데, 그는 1579년 신학대학에 입학해 1581년 가톨릭 사제로 서품을 받았다.[12] 후일 베인스는 신학대학 우물에 독을 푸는 시도에는 실패했지만, "젊은이들과 친해지는 방법을 알았기 때문에 그들이 쉽게 불평분자가 될 것으로 생각했다"고 인정했다. 베인스가 몰락한 시기는 1582년 그가 다른 신학생에게 3,000크라운의 대가를 약속하면서 월싱엄을 위해 일하도록 포섭을 시도했을 때였다. 그 신학생은 이 사실을 앨런 박사에게 알렸고, 베인스는 이듬해 투옥되었다. 월싱엄이 신학생들에 대한 독살 계획을 승인했는지는 미상이다.

월싱엄은 신학대학에 갈 계획인 케임브리지대 학생들에 관한 정보뿐 아니라 랭스에 관한 정보도 받기 위해 베인스를 대체할 스파이들을 채용했다. 그가

---

12 베인스는 크라이스트(Christ's) 칼리지에서 학사를 하고, 곤빌 앤 케이어스(Gonville & Caius) 칼리지에서 석사를 했다.

운데 시인이자 극작가인 크리스토퍼 말로(Christopher Marlowe)가 있었는데, 그는 코퍼스 크리스티 칼리지(Corpus Christi College, 케임브리지대 소속) 학생 시절에 스파이활동을 시작했다. 말로를 채용한 사람은 월싱엄의 주요 보좌관인 니컬러스 폰트(Nicholas Faunt)였을 것이다. 폰트처럼 말로도 캔터베리의 킹스 스쿨(King's School)을 나와 코퍼스 크리스티 칼리지를 졸업했는데, 둘 다 대학에서 장학금을 받았다. 그 장학재단을 설립한 매슈 파커(Matthew Parker)는 코퍼스 학장을 역임한 인물로 후에 엘리자베스 여왕의 초대 캔터베리 대주교가 되었다.[13] 1578년 폰트는 월싱엄의 수석 보좌관이 되어 대륙에서 벌인 수많은 정보공작에 참여했다. 말로는 1584년 학부를 졸업하고 석사 학업을 시작했다. 음식물 지출을 기록하는 코퍼스 크리스티 버터리 북(Buttery Book)을 보면, 말로는 1585년부터 대학 출석이 불규칙했으며 대학 출석 시에는 음식물 지출이 상당히 증가했다. 그의 출석과 음식물 지출 기록은 그가 케임브리지에서 멀리 떨어진 곳에 취업했다는 증거다. 따라서 그가 월싱엄의 비밀임무를 수행하기 시작한 것은 1585년이었을 것이다. 유일한 문헌 증거가 있는데, 추밀원이 1587년 6월 29일 케임브리지대학교에 보낸, 말로를 후원하는 서한이다. 그 서한을 보낸 것은 말로의 평판을 방어하고 여왕 폐하를 위한 해외 출타 때문에 석사학위 수여가 늦어지지 않도록 보장하려는 조치였다.

크리스토퍼 말로가 바다 건너 랭스로 가서 거기에 머물기로 했다는 소문이 있지만, 각하께서 그에게 그런 의도가 없다는 것을 보증하는 것이 좋겠다고 생각했습니다. 그가 신중하고 정연하게 처신한 모든 행동은 여왕 폐하를 위해 좋

---

13 코퍼스 크리스티 장학생 기록에 따르면, 폰트는 이전에 곤빌 앤 케이어스 칼리지에 다니다가 1573년 코퍼스에 입학했다. 음식물 지출을 기록하는 버터리 북(Buttery Book)에 따르면, 폰트는 1573년 2월 말부터 1577년 3월 초까지 만 4년을 기숙사에 있었다.

은 일이었으며 그의 충실한 일 처리는 보상받을 만합니다. 각하의 요청은 그러한 소문을 불식시키는 모든 조치를 취해야 하고, 그가 이번 졸업식에서 받기로 되어 있는 학위 절차가 진행되어야 한다는 것입니다. 왜냐하면, 조국의 이익과 관련된 일에 쓰인 사람의 명성이 그가 하는 일을 모르는 사람들에 의해 훼손되는 것은 결코 여왕 폐하의 기쁨이 아니기 때문입니다.

추밀원은 말로가 랭스에 정주하려고 한다는 거짓 소문을 잠재우기 위해 노심초사했는데, 그 소문은 그곳 신학대학을 조사하는 정보 임무에서 비롯되었을 것이다. 말로의 케임브리지대 동문 리처드 베인스(랭스 신학대학에 침투해 거주자들을 독살하려고 했던 인물)는 말로를 잘 안다고 주장했다. 그리고 베인스는 믿을 수 없는 친구임이 드러나게 되었다.

1580년대 중반 발생한 두 번의 큰 음모, 즉 1583년 스록모턴(Throckmorton) 음모와 1586년 배빙턴(Babington) 음모는 엘리자베스 여왕의 목숨에 대한 위협을 극적으로 보여주었다. 그 위협은 교황에게서 돈을 받은 추정적 암살단이 제기한 것이 아니라 메리 스튜어트를 추종하는 잉글랜드의 구교도들과 그들의 해외 지원 세력이 제기한 것이었다. 첫 번째 음모 사건 이름의 유래인 프랜시스 스록모턴(Francis Throckmorton)은 잉글랜드의 젊은 구교도로서 1583년 11월 초 "여왕 폐하가 받은 비밀정보를 근거로 추적해, 스코틀랜드 여왕이 주고받은 편지를 은밀하게 받아서 전달한 혐의"로 체포되었다. 그 정보는 런던 주재 프랑스 대사관 내부에서 나왔는데, 프랑스 대사관은 약 2년 전에 메리 여왕과 잉글랜드인 지지자들 사이의 비밀 통신을 처리하는 담당자로 스록모턴을 쓰기 시작했다. 또 프랑스 대사 미셸 드 카스텔노(Michel de Castelnau)는 메리 여왕으로 하여금 자신의 외교행낭을 이용해서 프랑스 내 지지자들과 통신하도록 했다. 1583년 봄 프랑스 대사관 내에서 '앙리 파고(Henry Fagot)'라는 가명을 쓰는 한 사제가 월싱엄에게 프랑스어로 된 정보보고서를 보내기 시작했다.[14] 4월 29일 자 그의 보고서에 따르면, "스록모턴이 대사관저에서 식사했다. 그는 이미 스코틀랜드 여왕에게 1,500크라운을 보냈는데, 그 돈은 대사의 계좌에서 나온 것이다". '파고'의 5월 보고서에 따르면, 야음을 틈타 스록모턴과 구교도 귀족인 노샘프턴(Northampton)의 백작 헨리 하워드(Henry Howard)가 정기적으로 메리의 서신을 대사관에 전달했다.

> 저는 또한 당신이 바라던 대로 대사 비서를 저의 친한 친구로 만들었기 때문에 일정 금액의 돈만 주면 그는 스코틀랜드인들의 여왕과 그 여왕이 사용하는 암호와 관련된 모든 것을 포함해 자신이 하는 일을 모두 저에게 알려줄 것임을 보고 드립니다. 그는 대사가 그 여왕에게 가는 모든 꾸러미를 검사하고 나면, 아무도 모르게 그 속에 다른 것을 넣을 수 있다고 제게 말했습니다. …
>
> 당신의 미천하고 충성스러운 종, 앙리 파고

그 '비서'는 런던 태생의 대사관 서기 로렌트 페론(Laurent Feron)으로 밝혀졌는데, 그는 월싱엄의 스파이 월터 윌리엄스가 프랑스 외교행낭의 내용물을 볼 수 있도록 조치했다. 윌리엄스는 페론이 그런 행위로 인해 '불명예뿐 아니라 죽음'의 위험도 안고 있다고 월싱엄에게 보고했다.

헨리 하워드 경은 다행히 반역 혐의로 재판에 회부되지는 않았다. 그는 1582년부터 1584년까지 스페인 대사 멘도사로부터 돈을 받고 엘리자베스 궁정의

---

14 '파고'의 신원은 미상이다. 『조르다노 브루노(Giordano Bruno)와 대사관 사건』의 1991년 초판에서 저자 보시(Bossy)는 '파고'가 이탈리아의 도미니코 수도회 수사, 철학자, 수학자, 점성가 겸 천문학자인 조르다노 브루노라고 밝혔다. 당시 브루노는 잉글랜드에서 살았으며, 후일 로마에서 이단 혐의로 화형에 처해졌다. 그러나 2002년에 나온 제3판에서 보시는 훨씬 "덜 확신"했으며 "저서가 입각한 신원 확인은 확실하지 않다"라고 결론을 내리고 있다.

첩보를 정기적으로 제공했다. 그는 모두 다섯 차례 피의자로 투옥되었지만, 정기적으로 벌리에게 편지를 써서 엘리자베스 여왕에 대한 충성심을 강변했다. 멘도사와 공모했던 스록모턴에 대한 증거는 훨씬 더 유죄를 시사했다. 월싱엄은 스록모턴을 감시하다가 1583년 11월 그의 런던 집에서 그를 체포했는데, 당시 스록모턴은 '외국 군대가 상륙하기에 적합한' 항구의 세부사항을 포함해 유죄를 입증하는 문건들을 갖고 있었다. 스록모턴이 자백을 거부하자 '사건 진실을 끌어내기 위해 고문으로 끝까지 몰아붙이도록' 영장이 발부되었다. 11월 16일 런던탑에서 그를 심문하면서 고문대 사용에 관해 공식적으로 간결하게 기술한 바에 따르면, 그를 "심하지는 않게 약간 아프도록 옥죄었다". 스록모턴은 아무것도 자백하지 않았는데, 트럼프 뒷면에 기록해 런던탑 밖으로 밀반출한 암호 메시지에서 천 번을 죽더라도 친구들을 배신하지는 않을 것이라고 멘도사에게 약속했다. 월싱엄은 이틀 후 런던탑으로 추가 고문 영장을 보내면서 "내 생각에 극단적인 고문 없이도 지난번 고문의 비통함으로 인해 그가 지금까지 견딘 것보다 더 편안해짐을 충분히 느낄 것"이라고 예측했다. 그 예측이 사실이 되었다. 스록모턴은 추가 고문 없이 프랑스 대사관과 메리 스튜어트 사이의 비밀 통신을 주선했을 뿐 아니라 스페인 대사관이 수발하는 편지들도 날랐다고 자백했다. 그는 또한 기즈(Guise) 공작의 주도로 네덜란드 주둔 스페인 군대가 가세해 잉글랜드를 침공하고 잉글랜드의 구교도 귀족들이 이를 지원한다는 계획도 폭로했다. 스록모턴은 1584년 5월 21일 길드홀(Guildhall)에서 열린 재판에서 반역의 유죄판결을 받고 7월 10일 타이번에서 교수된 후 끌려나와 사지가 절단되었다.

얼마 후, 아마도 월싱엄의 주도로 『여왕 폐하와 왕국에 대해 프랜시스 스록모턴이 실행하고 시도한 반역죄에 관한 담화』라는 제목의 선전 책자가 출간되었다. 이 책자는 고문을 반역죄에 대해 필요한 무기로 정당화했다. 또 이 책자는 잉글랜드 역사에서 반역을 탐지하고 분쇄하는 '비밀정보'의 역할을 칭송하고 그 정보가 어떻게 사용되었는지를 일부 설명한 최초의 공식 출판이었다. 스록모턴이 메리 스튜어트의 전령 역할을 했다는 정보는 애초부터 "스록모턴을 기소해야 할 만큼 명백한 어떤 증거가 있을 것이라는 취지"는 아니었다. 선전 책자에 따르면, 스록모턴은 메리 스코틀랜드 여왕의 기대를 저버렸다고 실의에 빠져 있었다. "메리 여왕은 온 세상에서 나에게 가장 소중한 분이다. … 내가 여왕에 대한 신념을 저버렸기 때문에 나는 교수형을 당해도 싸다." 그러나 그 책자는 스록모턴이 처형을 기다리면서 "나의 가장 자비로운 군주" 엘리자베스 여왕에게 개인적인 호소문을 보냈다는 사실을 숨겼다. 그는 "저는 통탄할 큰 죄를 지어 폐하의 법률을 당연히 위반"했다고 고백했지만 "폐하가 평소 베푸시는 은혜와 자비를 일부 떨어뜨려 주십사"라고 탄원했다. 그는 감형을 위해 자신의 범죄가 "억제되지 않는 젊음의 분별없는 무모함 탓"이라고 자책하기도 했다. 그러나 그 편지가 여왕에게 전달되었을 것 같지는 않다.

공식적인 선전 책자는 스록모턴의 반역을 집중 기술했지만, 실제로 그는 스페인과 프랑스에서 시작되었던 큰 음모를 지원하는 역할만 했다. 월싱엄은 1583년 프랑스 외교행낭의 내용물에 접근하고 스록모턴의 자백을 받기 전에는 스코틀랜드 구교도 세력의 침공 가능성이 엘리자베스 여왕에 대한 주된 위협이라고 생각했었다. 정보와 심문의 결과, 그게 아니라 진짜 침공 위협은 스페인이 재정을 지원하고 기즈 공작이 이끄는 군대가 서식스(Sussex)와 컴브리아(Cumbria) 해안에 상륙하는 것임이 드러났다. 스록모턴 음모 사건의 결과로 스페인 대사 돈 베르나르디노 데 멘도사는 잉글랜드에서 추방되었지만, 카스텔노는 프랑스 대사관을 통한 메리 여왕의 서신과 그의 외교행낭 내용물을 조사해 얻은 정보가 그에게 매우 불리한데도, 잉글랜드 체류가 허용되었다. 벌리와 월싱엄은 스페인·프랑스와 분쟁을 촉발할 위험을 무릅쓰지 않기로 신중히 결정했다. 그러나 스페인과의 전쟁이 1585년 시작되었다.

　월싱엄과 벌리는 메리 스튜어트가 살아 있는 한 엘리자베스의 왕위가 결코 안전하지 못할 것이라는 확신을 오랫동안 갖고 있었는데, 스록모턴 음모 사건이 그들의 그런 확신을 강화했다. 스록모턴의 처형 이후 출간된 선전 책자는 그가 마지막 순간에 엘리자베스 여왕에 대한 충성을 새롭게 다짐하는 가운데 자신의 구명을 시도한 사실을 숨기면서, 그가 메리 여왕을 위해 죽을 각오가 되어 있는 변함없는 지지자라고 묘사해 독자들을 오도했다. 그 음모 사건은 엘리자베스 여왕을 전복하거나 암살하려는 시도에 메리가 관련되었다는 것을 입증하지 못했다. 그 사실을 처음 입증한 것은 1586년 배빙턴 음모 사건이었는데, 메리 여왕의 시동 출신으로서 열렬한 지지자인 구교도 주모자 앤서니 배빙턴의 이름을 따서 그런 사건명이 붙었다. 그 음모가 적발된 것은 월싱엄의 지휘 아래 스파이와 이중 스파이, 암호해독을 총동원한 대단한 정보 성취의 결과였다. 가장 중요한 이중 스파이는 잉글랜드인 구교도 길버트 기퍼드(Gilbert Gifford)였는데, 그는 잉글랜드인 선교 사제를 양성하는 윌리엄 앨런(William Allen)의 신학대학(당시에는 프랑스 북부 두에(Douai)에 있었다)과 로마에 있는 잉글랜드대학(English College)에서 공부했었다. 기퍼드는 메리의 파리 주재 스파이 토머스 모건(Thomas Morgan), 런던 주재 신임 프랑스 대사 바롱 드 샤토뇌프(Baron de Châteauneuf), 메리, 셋 사이에서 전령 역할을 했다. 그는 1585년 12월 라이(Rye, 런던 근교에 위치)에 상륙한 후 구금되어 런던으로 끌려가 월싱엄의 심문을 받았다. 월싱엄은 그를 이중 스파이로 채용했다(그전에 이미 채용했을 수도 있다). 기퍼드는 프랑스 대사관에서 메리에게 보내는 서신을 월싱엄 참모들이 복사하고 해독할 수 있도록 배달되기 전에 입수하기로 동의했다. 한 맥주 양조업자(역시 월싱엄이 보수를 지급했다)가 메리가 주고받는 서신을 맥주통의 마개 구멍 속에 넣어 메리가 연금되어 있는 차틀리(Chartley) 성으로 '밀수'했다. 샤토뇌프가 나중에 앙리

3세에게 보고한 바에 따르면, "스코틀랜드 여왕과 주요 시종들이 기퍼드라는 사람을 크게 신뢰했으며 … 거기에서 여왕의 몰락이 시작되었다".

월싱엄을 위해 일한 또 다른 핵심 이중 스파이로 로버트 폴리(Robert Poley)가 있었는데, 그는 말로의 친구[15]로서 케임브리지대 크라이스트(Christ's) 칼리지 학부 출신이었으며 가톨릭 동조자로 가장해 배빙턴의 측근에 침투했다. 폴리가 아주 성공적으로 배빙턴의 환심을 사서 배빙턴은 그를 가까운 개인적 친구로 여겼으며 그에게 다이아몬드 반지를 주었다. 1586년 6월 2일 배빙턴과 동료 공모자들은 '폴리의 정원'(그들은 그렇게 믿었지만, 사실은 폴리를 위해 여왕의 메신저에게서 징발한 집의 정원)에서 회식을 가졌다. 폴리는 배빙턴의 문서 일부를 복사하고 있는 모습을 배빙턴에게 들킨 경우가 있었지만, 왠지 베빙턴의 신임을 잘 지켜냈다. 배빙턴은 체포된 후 폴리가 배신했을 가능성을 두려워했지만, 그가 그렇게 배반할 것이라고 확신할 수는 없었다. 그는 폴리에게 편지를 썼다. "사랑하는 로빈, 내가 그대를 대하듯 그대도 나에게 진심이라면, 잘 있거나. 작별 인사가 없으면, 두 발 달린 모든 짐승 가운데 가장 나쁜 놈일세."[16] 배빙턴 음모 사건이 일어났을 무렵, 폴리는 케임브리지대 동문이자 월싱엄 부하인 크리스토퍼 말로와 친했다. 베인스와 마찬가지로 폴리도 믿을 수 없는 친구임이 드러나게 되었다.

절취된 메리의 서신이 배빙턴의 운명뿐 아니라 그녀의 운명도 마감했다. 7월 6일 배빙턴은 '찬탈한 경쟁자(엘리자베스 1세)의 발송(암살)'에 대해 메리의 승인을 구하는 장문의 암호 편지를 보냈다. "모두 나의 개인적 친구인 고결한 신사 여섯 명이 가톨릭 대의와 폐하에 대한 열성으로 그 비극적인 처형을 실행할

---

15 말로와 폴리가 언제 친구가 되었는지는 미상이다.
16 엉큼한 폴리는 후일 크리스토퍼 말로의 피살 현장에 있었다.

것입니다." 메리에게 충성하는 잉글랜드의 지지자들이 유럽 가톨릭국가의 침입을 지원하고 배빙턴 자신은 메리를 가택 연금에서 구출할 예정이었다. 7월 17일 사자를 통해 전달된 메리의 답장은 신중했지만, 충분히 신중하지는 않았다. 또 메리가 모르는 그 사자는 답장을 필립스에게 바로 가져갔다. 메리가 암살을 공식적으로 승인하지는 않았다. 하지만 분명히 반역적인 제안인데도 거부하지도 않았다. 실제로 메리는 암살 계획에 흥미를 보이면서 "신사들이 어떤 수단으로 진행할 생각인가?" 하고 물었다. 메리는 또한 가톨릭 신앙과 그녀를 위한 배빙턴의 열성과 온전한 애정을 칭송하면서 돈 베르나디노 데 멘도사와 상의하라고 촉구했다. 멘도사는 스록모턴 음모 사건으로 잉글랜드에서 추방된 후 파리 주재 스페인 대사가 되어 있었다.

필립스가 배빙턴에게 보내는 메리의 편지를 복사하고 해독했을 때, 그는 메리가 이제 반역죄 판결을 받을 수 있는 증거를 제공했다고 확신하고서 그 사본에 교수대 표시를 해놓았다. 필립스는 월싱엄과 상의한 후, 원본 편지에는 배빙턴이 공모자들의 이름을 제공하도록 기만하기 위해 다음과 같은 암호화된 추신을 날조했다.

계획을 완수할 여섯 신사의 이름과 품성을 알고 싶습니다. 왜냐하면, 내가 그 사람들을 알아야 당신에게 필요한 조언을 더 줄 수 있을 테니까요. 그리고 가끔 특히 당신 일이 어떻게 진행되는지 그리고 같은 목적으로 누가 얼마나 어기 비밀을 공유하는지도 조속히 알고 싶습니다.

지금까지 알려지기로는 이것이 암호해독 역사에서 최초의 기만이었다. 그 변조된 편지는 '청색 외투를 입고 집안일을 하는 사람'을 시켜 배빙턴에게 전달되었다. 배빙턴이 깨닫지 못했지만, 그 하인은 이제 암호분석관이자 노련한 스

앤서니 배빙턴이 스코틀랜드 여왕 메리에게 보낸 암호 편지를 해독한 것. 그는 이 편지에서 엘리자베스 1세 암살에 대한 메리의 승인을 구했으며, "모두 나의 개인적 친구인 고결한 신사 여섯 명이 그 비극적인 처형을 실행할 것"이라고 썼다.

파이 조종관이 된 필립스의 하인이었다. 배빙턴은 그 하인에게 당일에 답장을 보내겠다고 말했지만 그대로 실행하지는 않았다. 월싱엄은 배빙턴이 겁이 나서 도망칠까 염려해 어려운 결정이지만 "사람이 없는 것보다 답장이 없는 것이 낫다는 것이 나의 결론"이라는 편지를 필립스에게 보냈다. 8월 14일 배빙턴과 공모자들이 체포되었다. 9월 재판에서 그들은 반역죄로 사형을 선고받고 처형되었다. 복수심에 불탄 엘리자베스는 특별히 고통스럽게 그들을 처형하도록 벌리에게 요청했다. 벌리는 교수해 끌어내서 사지까지 절단하는 극심한 죽음의 고통을 상세히 설명하는 대신, '장시간' 공개처형하는 기존의 방법이 가장 끔찍하게끔 고안된 것이라고 대답했다.

음모자들에 대한 재판에서 검찰은 메리 스튜어트가 "이러한 반역 행위를 기꺼이 허락했다"라고 선언했다. 메리 자신은 10월 포더링게이(Fotheringay) 성에서 반역 혐의로 재판을 받았는데, 그녀의 무죄 항변은 절취된 서신 증거로 인해 허물어졌다. 그러나 메리는 월싱엄에게 월싱엄 자신이 정직한 사람인지 여부를 물을 수 있었는데, 이는 공개 법정에서 잉글랜드 정보수장에게 던진 도전으로서 처음이자 지금까지 유일하다. 월싱엄이 대답했다. "나는 사인(私人)으로서 정직한 사람에게 합당치 않은 어떤 짓도 하지 않았으며 공인으로서 내 소명에 합당치 않은 어떤 짓도 하지 않았다는 것을 하느님과 온 세상이 증언할 것입니다. 나는 여왕의 안전에 유의하는 사람으로서 호기심이 많았음을 하느님 앞에 주장합니다." 월싱엄의 답변은 신중하게 구사된 것이었다. 그는 사생활에서 흠 하나 없이 정직하다고 선언했지만, 국가안보의 방어는 때때로 다른 규칙에 따라 수행해야 함을 시사했다. 때로는 목적이 부정직한 수단을 정당화한다고 그는 믿었다. 월싱엄이 엘리자베스 여왕을 보필하면서 자칭한 '호기심 많음'(세심하게 배려함) 때문에 월싱엄은 메리의 유죄평결에 근거가 된 편지에 날조된 구절을 삽입하도록 승인했는데, 메리와 그녀를 재판한 위원회 둘 다 이 사실

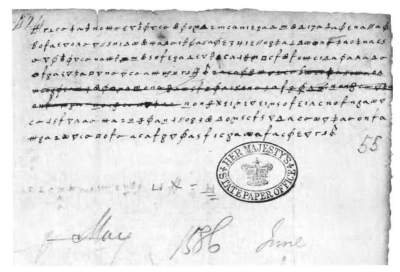

월싱엄의 수석 암호해독관 토머스 필립스는 메리가 배빙턴에게 보낸 암호 답장에 이 위조된 추신을 추가했다. 그 내용은 배빙턴에게 여왕을 살해할 '여섯 신사의 이름과 품성'을 알려달라고 요청하는 것이었다.

을 몰랐다. 위원회에 제시된 편지 버전은 또 다른 위조물, 즉 메리가 배빙턴에게 보낸 원래 답장의 사본으로서, 필립스가 가필한 추신이 없는 것이었다. 월싱엄이 사형 선고를 끌어내기 위해 위조물을 사용한 것은 잉글랜드 정보 역사에서 독특하고 평판이 안 좋은 일화였다.

몇 달간 끌다가 1587년 2월 1일 엘리자베스는 메리의 사형집행 영장에 서명했지만, 그 영장을 사용할 의도는 없었다. 엘리자베스는 개인적 책임을 모면하고 싶어서 메리가 조용히 제거되는 것을 선호했을 것이다. 그러나 벌리는 여왕 모르게 여왕의 영장이 신속히 포더링게이 성으로 송달되도록 조치했다. 월싱엄이 개인적으로 선발한 사형집행인은 큰 가방에 도끼를 넣고 하인 복장으로 성에 갔다. 영장이 송달되었다는 보고를 엘리자베스가 듣기도 전에 메리는 이미 죽었다. 처음으로 엘리자베스는 화를 내며 벌리를 어전에서 내쫓았다. 그러나 여왕은 필립스가 메리와 배빙턴 간의 서신을 성공적으로 해독했다고 크게 칭찬했으며 그에게 100마르크(오늘날 1만 파운드의 가치)를 하사했다. 월싱엄은 필립스에게 "여왕이 당신의 공로를 얼마나 치하했는지 모른다"라고 말했다.

1587년 2월 8일 포더링게이 성(이후 철거되었다)의 메인 홀에서 메리가 처형되었음에도 스페인의 침공 위협은 조금도 줄지 않았다. 1586년 1월 펠리페 2세는 해양 총사령관 산타크루스(Santa Cruz) 후작에게 침공 계획을 세우라고 지시했다. 1586년 4월 펠리페 2세가 그 계획을 처음 보았고, 며칠 후에 월싱엄도 그 계획을 입수했다. 이 놀라운 정보의 출처는 월싱엄의 스파이 앤서니 스탠든(Anthony Standen)이었다. 그는 피렌체로 망명한 잉글랜드 구교도로서 '폼페오 펠레그리노(Pompeo Pellegrino)'라는 새로운 이름으로 개명했었다. 스탠든의 동기는 불분명하지만, 그는 가톨릭 신자임에도 잉글랜드가 종교의 이름으로 스페인에 의해 유린당하는 것을 보고 싶지 않았을 것이다. 스탠든은 피렌체에서 조반니 피글리아치(Giovanni Figliazzi)와 친구가 되었는데, 피글리아치는 마드리드 주재 토스카나 공국의 대사로 부임해 스페인의 잉글랜드 정책에 관해 탁월한 정보 출처가 되었다. 스탠든은 또한 산타크루스 후작의 심복인 하인의 형을 100크라운의 초기 비용으로 포섭했는데, 그 하인의 형은 스페인 외교행낭을 이용해 리스본에서 스탠든에게 서신들을 보냈다. 스탠든은 월싱엄에게 "그는 제대로 된 친구로서 글을 잘 쓴다"라고 보고했다. 플랑드르 출신의 그 형제가 협조한 동기에는 돈뿐만 아니라 스페인의 통치에 대항하는 네덜란드 반군을 비밀리에 지원하는 것도 작용했을 것이다.

1587년 4월 스탠든이 아마도 리스본 주재 스파이로부터 입수했을 정보를 전달한 덕분에 잉글랜드 사략선 선장 프랜시스 드레이크(Francis Drake)는 카디스(Cádiz) 항에 있던 스페인 함대를 공격함으로써 '스페인 왕의 수염을 그슬리고' 무적함대의 출발을 지연시킬 수 있었다. 이리하여 월싱엄이 스탠든에게 자랑했듯이 "우리는 조금도 그들을 두려워하지 않음"을 과시했다. 월싱엄이 스탠든에게 전한 바에 따르면, 그 습격에서 드레이크는 "30척의 큰 배에 불을 지르고 두 척의 갤리선을 침몰시켰다". 월싱엄은 AB라는 이니셜로 부르는 스탠든에게 승리를 축하하면서 그가 여왕의 은혜를 입었다고 확인해 주었다. "여왕 폐하께서 그의 공로를 충분히 인정하고 그의 건승을 기원했다. …" 스페인 해군의 선박, 인원 및 보급품에 관한 종합 목록이 1587년 어느 때 월싱엄에게 입수되었는데, 그 출처는 리스본 주재 스파이가 거의 확실하다. 그 목록에 따르면 무적함대는 우려했던 것과 달리 그해 출항할 태세가 아니었다. 드와이트 아이젠하워 미국 대통령은 냉전 기간에 적(이 경우에는 소련)이 '갖고 있지 아니한' 것에 관한 정보가 때로는 적이 가진 것에 관한 정보만큼 중요하다고 설파한 적이 있는데, 종종 망각하는 이 격언의 훌륭한 본보기가 바로 월싱엄이 받은 이 보고서였다. 두려운 적에 대한 무지는 반드시 적의 전력에 대한 과대평가를 낳는다. 대체로 스탠든 덕분에 1587년 월싱엄은 그런 실수를 하지 않았다. 1588년 봄 스탠든은 스페인으로 몸소 여행해 거기에서 월싱엄에게 직접 보고할 수 있었다. 그는 100파운드를 하사받았는데, 이는 길버트 기퍼드가 배빙턴 음모 사건 시에 공로로 받은 것과 같은 금액이다.

스탠든을 제외하고, 무적함대의 준비 동향에 관해 보고한 가장 중요한 스파이는 스탠든보다 훨씬 덜 화려하지만 그와 마찬가지로 많이 여행한 스티븐 폴리(Stephen Powle)였다. 옥스퍼드대를 졸업한 그는 벌리 경 밑에서 일하다가 1585년 하이델베르크에 있는 얀 카시미르(John Casimir) 공작 궁정에 스파이로 파견되었다. 거기서 그는 자신의 표현대로 벌리에게 "독일에 있는 발과 눈과 귀"가 되었다가 1587년 월싱엄의 스파이가 되어 베네치아로 옮겼다. 1587년 베네치아에서 폴리는 스페인의 무적함대 준비에 관해 첫 정보를 보냈다. 1588년 2월 폴리가 보낸 보고서를 보면,

월싱엄의 스파이 앤서니 스탠든(일명 '폼페오 펠레그리노')은 망명한 잉글랜드 구교도로, 1587년 5월 스페인 무적함대를 지휘하는 대제독의 비서로부터 정보를 입수하겠다는 자신의 계획을 일부는 암호로 보고했다.

12월 말일 스페인에서 온 편지에 따르면, 포르투갈 해안의 세인트 빈센트 곶(Cape St Vincent) 부근에 있던 40척의 잉글랜드 배들이 계속해서 큰 해를 입었으며, 나포되지 않고는 통과할 수 없었던 스페인 선박들로부터 이미 25만 크라운 이상 값어치의 노획물을 가져갔다. 또 가톨릭 무적함대는 여전히 리스본 항에 있으며, 최대한 서두르고 있지만 빨라도 1588년 5월 초 이전에는 출항할 수 없을 것으로 보였다. 그 무적함대는 매우 강력하고 병사들과 모든 필요물자를 아주 충분히 갖춘 것으로 확인되고 있으며, 모든 사람이 무적함대의 의도가 잉글랜드 정복사업에 있다고 믿고 있다.

머지않아 폴리는 마드리드가 "너무 서둘러서 혹독한 겨울에 항해함으로써 전 함대가 수장될 위험이 분명한" 결정을 내렸다는 정보 보고를 월싱엄에게 전달했다.

무적함대의 준비 동향에 관한 스파이 정보를 보충한 것은 신호정보(SIGINT)였다. 무적함대가 출발하기 전 수년 동안 필립스는 네덜란드인들의 도움 없이도 스페인 암호를 해독할 수 있었다. 후일 그의 회고에 따르면, 무적함대와 관련된 스페인 암호 메시지 하나를 해독하는 데 '꼬박 20일'이 걸렸다고 한다. 이는 통상적인 암호해독은 더 빨랐음을 암시한다. 그가 보기에 스페인 사람들은 자기네 암호가 안전하지 않다고 의심해 매우 정기적으로 교체했는데, 이 때문에 필립스는 그들이 사용하는 변형 암호들을 상세히 기록할 필요가 있었다. 월싱엄은 무적함대에 관한 스파이 정보가 신호정보보다 더 중요하다는 것을 알았을 것이다. 대사 멘도사가 1584년 배빙턴 음모 사건에 연루되어 추방된 후에는 런던 주재 스페인 대사관이 폐쇄되었기에 절취할 스페인 외교통신이 없어졌다. 가장 가치 있는 스페인 절취물은 저지대 국가에서 나왔을 것이다.

월싱엄은 무적함대의 준비 동향에 관한 정보보고서를 통해 잉글랜드의 최고위 외교관으로서 1583년 이후 파리 주재 대사로 있는 에드워드 스태퍼드 (Edward Stafford) 경이 스페인 스파이로 매수되었음을 알게 되었고 심기가 불편해졌다. 20세기 소련이 기른 주요 영국인 두더지들(상대편 정보기관 내에서 활동하는 스파이들_옮긴이)처럼, 스태퍼드도 세인트존스와 펨브로크 칼리지에서 잇달아 공부한 케임브리지대 졸업생으로서 월싱엄과 동문이었다. 그가 포섭된 동기는 월싱엄에 대한 개인적 원한과 파리에서 진 거액의 도박 빚 때문이었다. 그는 스페인 스파이가 되기 전에 자신의 빚 일부를 갚기 위해 3,000크라운을 받는 대가로 메리 스튜어트의 사촌이자 프랑스 가톨릭동맹의 지도자인 기즈의 공작 앙리로 하여금 잉글랜드 외교 발송물에 접근하게 했었다. 스태퍼드는 메리를 엘리자베스의 후계자로 인정하는 것을 공개적으로 지지했으며 파리에 있는 잉글랜드 구교도 음모자 찰스 애런델(Charles Arundel)과 긴밀하게 접촉했다. 1587년 1월 애런델은 파리 주재 스페인 대사 베르나르디노 데 멘도사와의 비밀회동에서 스태퍼드를 스파이로 쓰라고 은밀히 제의했다. 멘도사는 그 제의를 받아들여 스태퍼드에게 전달할 착수금 2,000크라운을 애런델에게 주었다.[17] 스태퍼드는 멘도사에게 정보를 공급했을 뿐 아니라 자신의 발송물에서 스페인의 무적함대 준비 규모를 과소평가함으로써 월싱엄과 벌리에게 잘못된 정보를 주었다. 멘도사는 마드리드에 정보보고서를 보낼 때 세 개의 암호명을 사용해 잉글랜드인 출처를 명시했다. 셋 다 스태퍼드였다는 것이 설득력 있는 주장이다. 1587년 4월과 1588년 10월 사이에 멘도사의 잉글랜드인 스파이들은 드레이크의 카디스 항 습격과 잉글랜드 함대의 집결 지시에 관해 사전 경보를 보냈으며 대륙에서의 잉글랜드 외교활동에 관해 상세히 보고했다. 그러나

---

17   출처가 단편적이라는 한계로 인해 스태퍼드가 초기에 스페인과 연루된 복잡한 사정을 파헤치기가 불가능하다. 그는 멘도사에게 접근하기 전에는 의도적으로 부정확한 정보를 스페인에 공급했었다.

스페인 측에 건네진 대부분의 다른 정보는 일부 혹은 전부가 부정확했는데, 이는 월싱엄 등이 그 정보의 흐름을 오염시켰기 때문일 가능성이 제시되었다. 이 가설은 왜 월싱엄이 파리 주재 스태퍼드를 본국으로 소환하려고 시도하지 않았는지를 설명하는 데 도움이 된다.

아니나 다를까 월싱엄은 스페인의 침공 계획이 복잡하게 꼬이고 바뀌고 지연되는 모든 상황을 추적할 수는 없었다. 침공 병력을 제공하기로 했던 스페인령 네덜란드 총독 파르마(Parma) 공작도 사정은 마찬가지였다. 1588년 7월 말 122척의 무적함대가 잉글랜드 서쪽의 땅끝(Land's End) 지역에 이르렀을 무렵, 파르마는 무적함대가 도착할 것이라는 희망을 접고 자신의 함정 선원들을 운하 공사에 보냈었다. 파르마처럼 66척의 잉글랜드 함대도 무적함대의 도착 시기에 놀랐다. 잉글랜드 함대의 부제독인 프랜시스 드레이크 경은 영국해협에서 무적함대를 뒤쫓다가 뜻밖에도 메디나 시도니아(Medina Sidonia) 공작이 8월 6일 칼레에 정박하기로 참담한 결정을 내리는 바람에 큰 도움을 받았다. 그곳에서 드레이크는 화선(火船) 공격으로 스페인 함대를 분산시킬 수 있었다. 당시 강한 바람이 북해 쪽으로 불었기 때문에 스페인 함대가 귀국할 유일한 실제적 항로는 스코틀랜드와 아일랜드 해안을 돌아서 가는 위험한 여정이었다. 그 여정에서 약 35척이 난파당했다.

무적함대 격퇴는 엘리자베스 통치 기간의 최대 승리이자 정점이었다. 무적함대가 빨리 도착한 데 깜짝 놀랐음에도 불구하고, 이전 몇 년 동안 스페인의 침공 준비에 관한 정보의 가치에 대해서는 의심할 여지가 없다. 협해 함대(Narrow Seas Squadron)가 8월 6일 칼레 근해에서 드레이크 함대와 합류했는데, 그 사령관인 헨리 시모어(Henry Seymour) 경이 12일 후 월싱엄에게 편지를 썼다. "당신에게 아첨하려는 것은 아니지만, 우리 잉글랜드 해군이 싸운 것보다 당신이 펜으로 싸운 공이 더 컸습니다."

16세기 유럽에서 가장 성공적인 월싱엄 정보시스템의 주된 약점은 월싱엄의 개인적 경영에 의존하는 정도가 심했다는 점이다. 월싱엄의 처남이자 가까운 협력자인 로버트 빌(Robert Beale)에 따르면, 1590년 월싱엄이 죽었을 때 그는 대륙의 우편물 수송로에서 편지를 절취하는 네트워크를 분명히 성공적으로 지휘하고 있었을 뿐 아니라 유럽 전역에 40여 명의 스파이와 '정보제공자(intelligencer)'를 운영하고 있었다. 이러한 네트워크 자금을 조달하기 위해 그는 자신의 사유재산을 상당 부분 지출해야 했으며 큰 빚을 지게 되었다. 1589년 한 해 동안 월싱엄은 점차 과로와 건강 악화로 괴로워했다. 그는 1590년 4월 6일 사망했으며, "대개 내 자리를 이은 사람이 관장하는 장례식을 없애라"라는 그의 요청에 따라, 죽은 다음 날 저녁 옛 세인트 폴 대성당의 북쪽 복도에 묻혔다. 대성당에 있는 그의 영어 묘비명은 최초로 잉글랜드 스파이 수장의 업적을 칭송하는 내용이다.

외국에 대해 그들의 의도를 알았고
오직 조국에 봉사하는 열성 하나로
언제 적으로부터 위험이 닥칠지
그 적들과 함께 알았노라

월싱엄의 죽음으로 그가 만든 정보시스템이 타격을 받았는데, 이러한 타격은 예산 삭감으로 가중되었다. 엘리자베스 여왕은 월싱엄을 이을 새 국무장관을 임명하지 않고, 그의 업무를 이미 과부하가 걸린 69세의 벌리에게 넘겼다. 벌리는 스페인과의 계속된 전쟁으로 왕실 재정이 고갈됨에 따라 심각하게 긴축해야 했다. 월싱엄의 정보참모 가운데 가장 중요한 구성원인 토머스 필립스는 해외정보 네트워크를 유지하기 위해 아버지가 물려준 런던 재산에서 나오는 자신의 소득에 의지했을 뿐 아니라 세관원으로서 처리하는 왕실 수입 일부도 유용했다. 이러한 위험한 전략으로 인해 결국 그는 채무자 감옥에 들어갔다.

월싱엄의 해외 스파이 일부는 갑자기 자금과 지원이 고갈되었다. 그 가운데 앤서니 스탠든은 몇 년 전만 해도 무적함대 준비 동향에 관해 중요한 정보를 제공했기 때문에 월싱엄의 축하를 받고 여왕의 은혜를 입은 인물이었다. 월싱엄이 사망했을 무렵, 스탠든은 이중간첩이 되어 잉글랜드에 대한 진짜 충성심을 유지하면서 스페인 사람들을 기만해 자기네 편이라고 믿도록 만들었다. 그는 1590년 보르도에서 프랑스 당국에 의해 스페인 간첩 혐의로 체포되어 1591년 구출될 때까지 감옥에서 궁핍하게 지냈다. 그를 구출한 월싱엄의 전직 스파이 앤서니 베이컨은 위대한 수필가이자 자연과학자인 프랜시스 베이컨(Francis Bacon)의 친형이었다. 앤서니 베이컨은 프랑스에서 정보활동을 하면서 자신의 문제로 어려움을 겪었는데, 1586~87년 자신의 시동과 남색 행각을 벌였다는 중대한 혐의로 수사를(어쩌면 재판까지) 받았었다. 스탠든은 베이컨의 도움으로 잉글랜드로 안전하게 돌아왔지만, 자신의 정보 경력을 완전히 회복하지는 못했다. 1593년 그를 채용한 스페인 사람들이 그에게 속은 것을 알게 된 것으로 보인다.[18]

1592년 월싱엄 밑에서 수석 보좌관을 했던 니컬러스 폰트(Nicholas Faunt)가 일부 신규 정보요원들의 무능함에 대해 불평했다. "이 부류(정보)에 종사하는 다수가 민폐를 끼치고 있고 지난 몇 해 동안 비밀주의와 발송물 결여로 많은 혼란을 초래했다고 경험으로 말할 수 있다." 치열한 경쟁 끝에 폰트에 의해 채용

---

18 아니나 다를까 베이컨은 스트레스와 관련된 병을 앓은 것으로 보인다. 일찍이 월싱엄은 그에게 '약제'에 너무 빠져 있다고 말하면서 그가 심기증 환자임을 암시한 적이 있다. "당신은 약제를 끊지 못하면 언젠가 불편한 점이 많이 생길 것이다." 스탠든은 1604년 제임스 1세로부터 나이트 작위를 받았다.

된 크리스토퍼 말로(Christopher Marlowe)는 영국 정보기관의 역대 근무자 가운데 가장 위대한 작가로 꼽히는데, 그도 폰트가 혼란을 초래했다고 지목한 사람 중에 포함되었던 게 거의 확실하다. 말로의 스파이활동 경험이 자신의 저술에 어떤 영향을 미쳤는지를 보여주는 단서가 거의 남아 있지 않다. 하지만 말로가 『포스터스 박사의 생사에 관한 비극적 역사(The Tragical History of the Life and Death of Doctor Faustus)』에서 포스터스가 어떻게 자신의 영혼을 악마에게 팔았는지를 묘사한 대목을 보면 그는 틀림없이 여러 일화 가운데 특히 1581년 리처드 베인스가 자신이 구성원들을 독살하려 했던 신학대학에서 어떻게 불경스럽게 가톨릭 사제 서원을 했는지를 염두에 두었던 것으로 보인다. 1587년 추밀원은 "말로가 신중하고 정연하게 처신한 모든 행동은 여왕 폐하를 위해 좋은 일이었다"라고 공식적으로 인정했다. 그러나 1590년대 초반 그의 행태는 더는 '신중하고 정연하지' 않았다.

말로는 1589년 쇼어디치(Shoreditch)에서 칼싸움을 벌여 여관 주인의 아들을 죽인 후 투옥되었으며, 1592년 다른 싸움에서는 "근신하도록 보석으로 풀려났다". 같은 해 그는 캔터베리에서 한 양복장이를 공격한 혐의로 기소되었다. 이러한 싸움을 누가 시작했는지는 미상이지만, 말로의 불같은 성질 때문에 그는 정보활동을 하기에는 부적격한 사람이었다. 말로는 1592년 초 당시 잉글랜드 영토였던 플러싱[Flushing, 지금은 네덜란드의 플리싱겐(Vlissingen)]에서 아마도 리처드 베인스와 정보 임무를 수행하면서 화폐위조 혐의로 체포되었다. 말로와 방을 같이 썼던 베인스가 그를 잉글랜드 총독에게 신고했지만, 말로는 금세공업자인 한 화폐 위조범의 활동을 조사하기 위해 그 업자를 접촉했을 뿐이라고 주장했다. 말로의 진술이 사실이든 아니든, 말로는 베인스와 사이가 심각하게 틀어졌고 그들이 잉글랜드로 돌아온 후에도 반목이 계속되었다. 논란은 있으나 설득력 있는 증거를 제시하는 최근 연구에 따르면, 말로는 베인스와 다투면서 당시 무명의 동시대 사람이던 윌리엄 셰익스피어와 협업하기 시작했다.[19] 권위 있는 『뉴 옥스퍼드 셰익스피어(New Oxford Shakespeare)』 최신판(2016년)은 1591~92년에 쓰였을 3부작 사극 『헨리 6세(Henry VI)』를 셰익스피어와 말로의 공동 저작으로 본다.[20] 그들이 협업하는 동안, 말로는 틀림없이 셰익스피어에게 자신의 정보활동 경력에 관해 이야기했을 것이다. 셰익스피어가 1592년 썼을 『리처드 3세(Richard III)』는 '정보(intelligence)'를 비밀첩보의 의미로 사용한 최초의 희곡으로 여겨진다.[21] 그러나 엘리자베스 시대의 가장 위대한 두 극작가의 협업은 말로의 비명횡사로 단명으로 끝났다.

1593년 5월 18일 말로는 아마 신성모독과 무신론 혐의로 추밀원에 출두하도록 소환되어 '무죄 방면이 있을' 때까지 일일 보고하도록 명령받았다. 그가 했다는 신성모독 발언의 목록, 즉 '종교에 관한 저주받을 판단과 하느님 말씀에 대한 경멸과 관련하여 크리스토퍼 말로라는 사람의 의견 기록'이 며칠 뒤 리처드 베인스에 의해 아주 상세하게 작성되어 현존한다. 베인스에 따르면, 말로는 "그리스도는 사생아였고 그의 어머니도 부정직했다. 그리고 복음서 저자 성 요한은 그리스도와 동성애 관계로서 그리스도에게 소돔의 죄인으로 쓰였다"라고 선언했다. 베인스의 '기록'에 얼마나 많은 진실이 담겨 있는지는 판단하기 어렵다. 베인스가 랭스 신학대학에서 가톨릭 사제로 서품된 후 그 우물에 독을 풀려고 시도했다는 사실이 보여주듯이 그는 기상천외한 기만과 악행을 저지를 수 있는 인물이었다. 그러나 말로의 신성모독에 대한 베인스의 주장을 뒷받침하는 증거가 있는데, 특히 베인스가 방을 같이 쓴 극작가 토머스 키드(Thomas

---

19   1585~92년 기간은 셰익스피어의 '실종 기간'으로 알려지게 되었다. 이 기간에 그에 관해 현존하는 문헌 증거가 없다.
20   『헨리 6세』 제1부가 1592년 3월 3일 처음 공연되었다.
21   『리처드 3세』에서 헤이스팅스(Hastings)는 "우리와 관련된 일에 우리가 정보를 갖고 있지 않으면 아무것도 진행될 수 없다"라고 선언한다.

Kyd)와 동료 스파이 리처드 촐멜리(Richard Cholmeley)의 증언을 들 수 있다.

추밀원 출두 후 12일이 지난 1593년 5월 30일 말로는 런던 근교의 뎃퍼드(Deptford)에서 사악한 세 사람, 즉 잉그럼 프리저(Ingram Frizer), 니컬러스 스커레스(Nicholas Skeres), 그리고 로버트 폴리(Robert Poley)와 식사한 후 살해되었다. 다음날 왕실 검시관이 지방 배심원과 함께 진행한 사인 조사에 따르면, 프리저와 말로가 식대를 두고 다투었다. '화가 치민' 말로가 프리즈가 갖고 있던 단검을 빼앗아 어쩌면 손잡이 부분으로 그의 머리통을 가격했다. 프리즈가 자기 단검을 도로 빼앗아 말로의 오른쪽 눈 위를 찔렀는데, 이것이 그에게 치명상이 되었다. 배심원은 프리저의 행위가 정당방위였다고 보았다. 그러나 말로의 죽음에 관해서는 이해하기 힘든 부분이 많다. 말로와 같이 식사한 세 사람이 사인 조사 때 제시한 증거는 신빙성이 없다. 니컬러스 스커레스는 에섹스 백작 밑에서 일했지만, 사기꾼 전과 기록이 있는 자로서 최근 '젊은이들에게서 사취한' 혐의로 성실청(星室廳, Star Chamber) 법원에 기소되었었다. 프리저는 말로의 현 후원자인 토머스 월싱엄(프랜시스 월싱엄 경의 사촌)과 동업자 관계지만, 그도 한 젊은 상속인을 '기만하고 해치려고' 스커레스와 공모한 혐의로 기소되었었다. 로버트 폴리는 배빙턴 음모 사건과 관련해 프랜시스 월싱엄 경을 위해 일하면서 토머스 배빙턴 경을 총체적으로 기만했었다. 폴리의 '부정행위'에 관해 다수의 고발이 있었음에도 여전히 그는 '여왕 폐하를 위한' 해외 임무에 파견되었다. 말로의 비명횡사는 월싱엄의 사후 엘리자베스 시대의 정보계 내부에서 발생한 경쟁 및 교란과 관련되었을 가능성이 크다. 그러나 추가 증거가 발견되지 않는 한, 진실은 드러나지 않을 것이다.

월싱엄 사후 몇 년 동안 엘리자베스 시대의 정보활동을 부흥시키려는 가장 야심 찬 시도는 여왕이 총애하는 현란한 젊은이 에섹스 백작(나중에 반역죄로 처형되었다)에 의해 이루어졌다. 그는 새로운 월싱엄으로 자신을 정립할 수 있는 자신의 능력에 관해(그리고 다른 것에 관해서도) 과대망상증에 시달리고 있었다. 1592년 에섹스가 자신이 직접 통제하는 스파이망을 조직하기 위해 앤서니 베이컨을 영입한 것은 벌리에 대한 직접적인 도전이었다.[22] 에섹스가 자처한 최대의 정보 성공은 1581년 여왕 주치의로 임명된 로드리고 로페스(Roderigo Lopez) 박사의 여왕 살해 음모를 적발한 일이었다. 로페스는 에섹스의 주치의이기도 했지만, 에섹스가 '자신의 명예를 훼손하는' 질환(성병으로 추정된다)으로 시달린 사실을 폭로했다고 해서 그의 분노를 샀다.

1594년 1월 에섹스는 다음과 같이 극적으로 발표했다. "나는 가장 위험하고 절박한 반역행위를 적발했다. 음모의 핵심은 여왕 폐하의 죽음이었다. 실행자는 로페스 박사였다. 방법은 독살. 이는 지금까지 내가 추적한 것인바, 앞으로 명명백백히 밝히겠다." 로페스가 좀 엉큼하기는 했지만 암살할 사람은 아니었다. 그는 20여 년 전 월싱엄의 신장결석을 치료한 후 포르투갈로 가서 월싱엄의 정보 네트워크에 참여했으며, 거기서 유대인 상인공동체 내부의 정보를 제공했었다. 월싱엄 사후, 벌리도 로페스를 이중간첩으로 활용해 잉글랜드 내 스페인 스파이망에 침투시켰다.[23] 엘리자베스 여왕도 비록 암살 위협에서 벗어났지만, 자신의 주치의에 관한 에섹스의 주장에 대해 회의적이었다. 여왕의 대신 하나가 보고한 바에 따르면, "그 불쌍한 사람의 집에서는 그의 혐의에 단서가 된 정보를 기술한 것이 전혀 발견되지 않았다". 그러나 그때부터 에섹스는 로페스가 '가장 위험하고 절박한 반역행위'를 저지른 죄가 있다는 주장에 대해 자신의 모든 명성을 걸었으며, 그 의사의 운명은 거기까지였다. 에섹스는 그에게서 나올 리 없는 자백을 받기 위해 고문을 사용했다. 로페스는 고문대에서

---

22 그 스파이망에 이제는 초라해진 스탠튼이 포함되었다.
23 1590년 로페스가 이중간첩으로 파리 주재 스페인 대사에게 접근한 것은 월싱엄이 죽기 직전에 주도한 일이었을 것이다.

이상한 외국 약제로 여왕을 독살하도록 스페인 왕에게서 5만 크라운을 받았다고 자백했다. 벌리는 내심 로페스의 유죄를 의심했지만, 있음직하지 않은 암살 음모를 탄핵하는 일에서 여왕의 총애를 받는 사람보다 자신이 덜 열성적으로 비치고 싶지 않았다. 로페스에 대한 기소에는 반유대주의도 한몫했다. 벌리의 아들(나중에 아버지를 이어 수상이 되었다) 로버트 세실(Robert Cecil) 경은 로페스가 '사악한 유대인'이라고 비난했다. 로페스의 반역죄 재판에서 검찰총장 에드워드 코크(Edward Coke) 경은 그가 명목상은 기독교도지만 몰래 유대교를 실행하고 있다는 주장을 내놓았다. 로페스가 고문에 의한 강제 자백을 철회했지만, 그와 두 공범은 반역의 유죄판결을 받아 1594년 6월 7일 타이번에서 교수된 후 끌려 나와 사지가 절단되었다. 곧이어 간행된 그 사건의 공식 기술에서는 잉글랜드 여왕을 살해하려는 펠리페 2세의 범죄행위를 강조하는 한편, 여왕은 스페인 왕을 암살하는 음모에 가담할 꿈도 꾸지 않을 것이라고 고결하게 주장했다.

1590년대 중반 엘리자베스 치하의 정보활동 관리가 엉망이었음을 전형적으로 보여주는 사례가 토머스 필립스의 운명이었다. 1595년 말 필립스는 자신의 재원으로 정보망을 운영하다가 지게 된 빚을 갚을 수가 없어서 채무자의 감옥에 들어갔으며 거기서 1597년 중반까지 머물렀다. 그러나 다른 암호해독관이 없었기 때문에, 에섹스와 로버트 세실 경은 각자 그에게 절취된 통신문을 보내 감방에서 해독하게 했다. 여왕과 세실이 필립스가 작업을 마치는 데 시간이 너무 걸린다고 매정하게 불평하자, 필립스는 스페인 사람들이 '추적하는 데 시간이 소요되는' 새 암호를 정기적으로 생산하는 관행을 발달시킨 사실을 설명하고, 감옥에서 '몸과 마음이' 모두 힘들며 과거 기록을 찾아보지 못한다고 답변했다.[24]

에섹스는 정치적 권력뿐 아니라 군사적 영광도 얻고 싶은 야심에 사로잡혔다. 그는 1596년 스페인의 카디스 항을 점령해서 약탈하고 불태운 해군 원정대의 공동 사령관으로서 국가적 영웅이 되었다. 그러나 동시에 그는 병환 중인 벌리와의 권력투쟁에서 패배했다. 그는 벌리의 수상직을 승계하고 싶었다. 7월 5일 에섹스가 카디스 원정 중일 때, 여왕이 벌리의 둘째 아들 로버트 세실 경을 국무장관으로 임명했다. 정보시스템의 개혁은 세실의 우선순위에 들어 있었다. 개혁의 시급성을 보여준 것은 1596년 10월 펠리페 2세가 1588년의 무적함대처럼 강력하고 새로운 무적함대를 잉글랜드에 파견한 것이었다. 프랑스-스페인 접경 지역인 바욘(Bayonne)에 주재하는 세실의 스파이가 스페인 함대에 관한 정확한 정보를 입수했으나, 정보 통신의 와해로 인해 정보가 런던에 너무 늦게 도착하는 바람에 아무런 소용이 없게 되었다. 무적함대가 출발했다는 소식이 세실에게 전해지기 10일 전에 그 무적함대는 피니스테레(Finisterre) 인근에서 폭풍으로 좌초되어 임무를 포기했었다.[25]

1598년 벌리가 죽고 세실이 사실상의(직책상은 아니지만) 수상으로서 아버지를 승계했을 때, 그는 대륙의 중요한 정보망을 재건했다. 그 최우선순위는 유럽 적국, 즉 리스본, 세비야(Seville), 스페인 연안, 바욘, 비스케이 만(Bay of Biscay), 로마 등이었다. 그에게서 최고의 보수를 받는 스파이들은 리스본과 세비야에 있었다. 그러나 최근의 연구에 따르면, 세실은 또한 "우리에게 우호적인 국가들", 즉 스코틀랜드, 네덜란드, 질란드(Zealand, 현재 덴마크의 최대 섬_옮긴이), 독일, 덴마크, 스웨덴 등에도 스파이를 두었다.

세실이 자신의 정보망에 대해 가진 자부심은 엘리자베스 1세의 마지막 초상

---

24 필립스는 1597년 6월 앤서니 베이컨이 자신의 빚을 대신 갚은 후에 출옥했다. 그는 1598년 여름 빚 때문에 다시 한 번 짧게 감옥에 갔다.

25 바욘에 주재한 또 다른 잉글랜드 스파이 앙리 샤스토-마르탱(Henri Chasteau-Martin)은 수년 동안 벌리의 의심을 샀었는데, 결국 스페인 측에 고용되었음이 발각되었다.

화인 '무지개 초상화'에 생생하게 묘사되었다. 세실이 책임지고 주문한 것이 거의 확실한 그 그림은 여왕이 죽기 1년 전인 1602년 몸소 로이스턴(Royston)에 있는 세실의 대저택 시어볼즈(Theobalds) 궁으로 그를 방문했을 때 처음 전시되었다.[26] 화가 아이작 올리버(Isaac Oliver)가 그린 그 초상화는 70세에 가까운 엘리자베스의 모습이 전혀 아니다. 그 초상화가는 영원한 젊음의 화신으로 묘사되기를 바란 여왕의 기대를 알고 있었다. 올리버가 그린 초상화는 세실과 엘리자베스의 마음에 깃든 온갖 상징으로 가득하다. 여왕은 오른손에 "태양 없이는 무지개도 없다(non sine sole iris)"라는 표어와 함께 무지개를 쥐고 있다. 왼손으로 가리키고 있는 외투 표면의 눈들과 귀들은 모든 것을 보고 모든 것을 듣는다는 여왕의 정보시스템을 상징하고 있다. 왼쪽 소매에는 지혜의 뱀을 수놓았다. 엘리자베스 1세가 그러한 상징의 해석을 즐긴다는 사실을 로버트 세실 경은 알고 있었다. 그의 아버지 벌리 경이 과거 그에게 보낸 편지에 따르면, 여왕은 벌리가 보낸 '우화 편지'의 의미를 놀라운 속도로 해독했는데, "내 생각에 궁정에 여왕 폐하만큼 그 그림을 풀 수 있는 부인이나 암호해독관이 없었을 것이다". 그 초상화를 주문한 사람은 당연히 여왕의 수상이자 정보수장이었다. 정보기관의 우수성에 그토록 경의를 표한 통치자의 초상화는 세상 어디에도 없다.

---

26 제임스 1세 통치 기간에 왕이 시어볼즈 궁을 양도받고 세실 가(家)는 햇필드 하우스(Hatfield House)로 이사했는데, 현재 그곳에 그 초상화가 걸려 있다.

제11장

초기 스튜어트 왕조와
스페인의 정보활동 쇠퇴 및
프랑스의 밀실활동 발흥

영국은 전통적으로 그 제도의 연속성과 안정성을 자랑한다. 그러나 17세기는 정권 교체와 정치적 불안정의 시대로서 정보활동과 비밀공작이 중요한 역할을 했다. 엘리자베스 1세를 잇는 승계 계획은 1603년 여왕이 죽기 전 몇 년 동안 아주 비밀리에 진행되어 여왕도 그에 관해 아무것도 몰랐다. 1601년 5월 엘리자베스의 수상 로버트 세실이 비밀 소그룹에 합류했는데, 그 그룹은 스코틀랜드 왕 제임스 6세의 잉글랜드 왕위 주장을 지지했으며 세실과 암호통신을 주고받았다. 그 그룹의 비공식 좌장은 노샘프턴(Northampton)의 백작 헨리 하워드(Henry Howard)였는데, 그는 제임스 6세가 세실에게 '오래 믿고 맡기는' 중개자로 천거한 인물이었다. 하워드가 스룩모턴 음모 사건 시에 반역 혐의로 체포될 뻔했지만, 세실은 되도록 자신의 서신 비밀을 유지하기 위해 그를 제임스 6세와의 중개자로 자주 활용했다. 그러나 제임스 6세는 일부 편지를 세실에게 직접 보냈을 것이다. 잉글랜드 외교관 헨리 워턴(Henry Wotton) 경의 후일 회고에 따르면, 한번은 엘리자베스 1세가 스코틀랜드에서 우편물 가방이 도착한 것을 알아보고 그 내용물을 보자고 했다. 세실이 그 가방을 열기 시작했지만, 너무 더럽고 악취가 나서 편지들을 햇볕에 말린 다음에야 여왕에게 보일 수 있겠다고 말했다.

월싱엄과 벌리는 엘리자베스 여왕의 후계 문제를 다루는 하워드의 역할을 보고 무덤 속에서 탄식했을 것이다. 사반세기 전에 하워드는 제임스 6세의 생모인 스코틀랜드인들의 메리 여왕을 헌신적으로 지지한 사람으로서 메리의 비밀 서신을 야음을 틈타 런던 주재 프랑스 대사관에 전달하는 데 핵심적인 역할을 했었다. 하워드는 다섯 번 투옥되고 반역죄로 기소될 지경까지 이르렀었다. 아니나 다를까 메리의 처형과 관련된 벌리의 역할에 비추어, 벌리 아들(세실)의 접근에 대한 제임스 6세의 반응은 냉담했다. 그러나 제임스는 세실이 정연한 후계를 도모하는 데 결정적인 역할을 할 것임을 깨닫자 그를 "매우 훌륭하고 현명하며 앞날에 잘 대비하는 친구"라고 칭송하기 시작했다. 1603년 3월 초 세실은 엘리자베스 1세의 임종을 지키면서 제임스에게 사람을 보내 잉글랜드 왕 제임스 1세로서 그의 왕위계승 선언문 초안에 대해 승인을 구했다. 여왕의 사후 3월 24일 세실은 처음에는 화이트홀 궁에서, 그리고 런던시의 여러 성문에서 그 선언문을 낭독했다. 5월 에든버러에서 출발한 국왕 행차의 마지막 단계에서 제임스 1세는 하트퍼드셔(Hertfordshire)에 있는 세실의 대저택 시어볼즈(Theobalds) 궁에서 나흘 밤을 묵었다. 거기에 머무는 동안 제임스 1세는 세실을 에센든(Essendon)의 세실 남작에 봉했다. 그러나 그는 헨리 하워드 경과 그의 조카 토머스 하워드 경을 각각 세실보다 서열이 높은 노샘프턴의 백작, 서펵(Suffolk)의 백작에 봉하고, 추밀원에 참여시켰다. 다시 2년이 지나서 제임스 1세는 세실을 솔즈베리(Salisbury)의 백작에 봉했다.

제임스가 왕위를 계승하자 그의 생모의 반역죄 재판에 핵심 증거를 제공했던 잉글랜드 최고의 암호해독가 토머스 필립스가 아주 곤란한 처지에 놓였다. 나중에 제임스 1세는 얼굴도 몰랐던 어머니를 기념하는 데 헌신하는 모습을 지속적으로 보였는데, 어머니를 웨스트민스터 성당에 다시 묻고 어머니의 증조부 헨리 7세 경당의 남쪽 복도에 장엄한 기념탑을 세웠다. 제임스 1세가 런던에 도착한 후 곧 필립스는 그에게 편지를 보내 그의 어머니 처형에 앞선 여러 사건에서 자신이 한 역할에 대해 사과했다. 필립스는 단지 배빙턴 음모 사건에 관련된 편지들을 해독하라는 정부 지시에 복종했을 뿐이라고 그럴싸하게 주장했다. 제임스 1세는 배빙턴에게 보내는 메리의 편지에 엘리자베스를 암살하기로 약조했다고 배빙턴이 말한 여섯 신사의 명단을 요구하는 암호 추신을 필립스가 위조한다는 사실을 몰랐음이 거의 확실했다. 이는 필립스로서는 무척 다행스러운 일이었다. 그러나 필립스가 '국왕 폐하가 더 불쾌해'할까 봐 두려워하며 지낸 것은 당연한 일이었다.

제임스는 로버트 세실과 달리 정보에는 깊은 관심이 없었다. 스코틀랜드 왕으로서 그는 스파이활동보다 마녀들에게서 유래되는 위협에 더 흥미를 느꼈었다(제임스는 마녀들에 관해 책을 쓰기도 했다). 그러나 잉글랜드 왕 제임스 1세로서 그는 추밀원에는 거의 상정되지 않는 자신의 외교정책을 추진하는 일에 세실이 불가결한 인물임을 빠르게 간파했다. 1604년 세실은 거의 20년 전에 시작된 스페인과의 장기 전쟁을 종식하는 조치를 주도했다. 평화조약의 조건이 모호했지만, 스페인은 처음으로 잉글랜드 사람들이 서인도제도와 북미에서 무역하고 정착하는 것을 암묵적으로 허용했다. 세실은 자신의 공적 지위를 이용해 사유재산을 축적하는 데는 그의 아버지보다 훨씬 더 욕심이 많았다. 1604년 이후 그는 연이은 스페인 대사들로부터 수당과 상당한 선물을 받았다. 그러나 20년 전의 에드워드 스태퍼드 경처럼 세실이 스페인의 스파이가 될 가능성은 전혀 없었다. 스페인 궁정은 다만 세실의 적대감이 누그러지기를 바랐다.

스페인과의 강화 이후, 국가안보에 대한 주된 잠재적 위협은 화해할 수 없는 잉글랜드 구교도들이 여전히 정권 교체를 시도하는 것이었다. 그런 시도 가운데 한 번을 제외하고는 성공할 뻔했던 적조차 없었다. 세실은 프랑스 주재 잉글랜드 대사 토머스 패리(Thomas Parry) 경에게 '가짜' 사제들─가톨릭 사제이면서 제보자이거나 사제로 가장한 제보자들─이 가톨릭 음모에 대한 풍부한 출처라고 귀띔했다. 1605년 여름 세실이 '매우 정직한 사람'이라고 표현한 그의 스파이 조지 사우스웍(George Southwick)은 자신이 몰래 세실에게 고변했던 일단의 사제들과 함께 잉글랜드로 돌아왔다.

스튜어트 왕조 초기의 잉글랜드에서는 대부분의 가톨릭 음모자들이 효과적으로 음모를 꾸밀 수 없었는데, 이에 대한 큰 예외가 있다. 바로 1605년의 화약 음모 사건으로, 이는 영국 역사상 가장 유명한 음모다. 오늘날 계산한 바에 따르면, 11월 5일 의회 개원식 도중에 상원 의사당 지하 저장고에 숨겨진 36배럴의 화약이 폭발했더라면 웨스트민스터 구역이 대거 파괴되고 국왕과 각료들을 포함해 많은 사람이 죽었을 것이다. 이 테러 공격이 성공할 뻔했던 것은 수세기 뒤의 사람들이 말하는 '정보 실패'의 결과였다. 세실이 '가짜 사제들'의 정보활동에 대해 그토록 신뢰를 보였지만, 그 낌새를 눈치 챈 '가짜 사제'는 없었다. 조지 사우스웍이 음모가 발각된 날인 1605년 11월 5일 가톨릭 음모에 관해 쓴 보고서에도 그와 관련된 암시가 전혀 없었다.

약간만 기획을 잘했더라면, 의사당을 날려버리려던 음모가 성공했을 것이다. 그 음모를 주동한 로버트 케이츠비(Robert Catesby)는 카리스마 있는 구교도였는데, 그를 잘 아는 두 예수회 사람은 그가 "180cm가 넘는 큰 키와 보통 이상으로 균형 잡힌 몸매에 좋은 태도와 잘생긴 외모를 가진 인물"이라고 묘사했다. 그러나 그는 부유한 구교도들이 국왕과 각료들을 암살한 후 일어나기를 기대했던 중부지방의 봉기를 지지하고 자금을 지원하도록 설득하기 위해, 원래의 공모자들 외의 사람들에게도 계획을 알리는 치명적인 실수를 저질렀다. 케이츠비가 접근한 사람 중에 프랜시스 트레셤(Francis Tresham)이 있었다. 비밀엄수를 맹세했지만 아마 트레셤은 10월 26일 자신의 구교도 처남인 몬티글(Monteagle) 경에게 익명의 편지를 보내 11월 5일 '엄청난 폭발'이 계획되어 있는 의회에 출석하지 말라고 경고했을 것이다.

몬티글은 그 편지를 즉각 세실에게 가져갔고 세실은 다시 11월 1일 금요일 국왕에게 그 편지를 보여주었는데, 이는 국왕이 자주 가는 사냥 여행에서 돌아온 다음 날이었다. 11월 2일 토요일 추밀 고문관들은 제임스 1세에게 궁내 장관 서픽 백작이 의사당의 '위와 아래를 모두' 수색할 것이라고 알렸다. 그러나 11월 4일 월요일이 되어서야 수색한 것은 '거사 일이 가까워질수록' 수색이 성공할 가능성이 크기 때문이었다. 음모가 있다면 음모자들을 겁주어 성급하게 쫓아버리지 않는 것이 중요했다. 그러나 추밀원 일부에서는 이상하게 전달된 '엄청난 폭발' 경보가 잘못된 경보라고 의심했을 것이다. 4일 오후 이루어진 첫 번째 조사에서 몬티글을 동반한 서픽은 커다란 장작더미를 발견했다. '존 존슨'이라고 이름을 밝힌 하인 하나가 그 장작더미는 자신의 주인인 토머스 퍼시(Thomas Percy) 것이라고 말했는데, 퍼시는 노섬벌랜드(Northumberland, 잉글랜드 북부의 주_옮긴이) 백작의 조카이자 토지 관리인이었다. 수색팀은 그 설명을 받아들인 것으로 보이나, 몬티글은 화이트홀 궁으로 돌아오는 길에 퍼시가 런던에서 부동산을 임차했을 뿐만 아니라 의사당 지하 저장고까지 빌렸다는 데 놀라움을 표시하고 그가 구교도임을 언급했다.

추밀 고문관들 회의에서 국왕이 지하 저장고를 다시 수색하라고 명령했으며, 이번 수색은 웨스트민스터 궁의 책임자인 토머스 니베트(Thomas Knyvett) 경이 지휘했다. 그는 벽걸이 등 잃어버린 물건을 찾는다는 구실로 수색했다. 니베트는 퍼시의 지하 저장고에 나타난 '존슨'을 보자 그의 행동이 수상하다고 생각해 그를 체포하라고 명령했다. 그리고 니베트의 부하들이 장작더미 밑에서 약 1톤(36배럴)의 화약을 발견했다. 국왕과 추밀 고문관들 앞에 끌려온 '존슨'은 아주 대담하게 행동했는데, 제임스 1세 면전에서 국왕과 스코틀랜드인 신료들을 다시 스코틀랜드로 날려 보내는 것이 화약의 목적이라고 말했다고 한다. '존슨'은 런던탑에서 진행된 첫 심문에서 연루된 것이 명백한 퍼시를 제외하고 다른 공모자들은 밝히길 거부했다. 그는 심문관에게 "내 친구들을 찾도록 날 어떻게 해보라"라고 말했다. 11월 7일 심문관들이 여태까지 뒤지지 않은 그의 주머니에서 '포크스 씨' 귀하라고 쓴 편지를 발견했을 때 비로소 그는 자신의 진

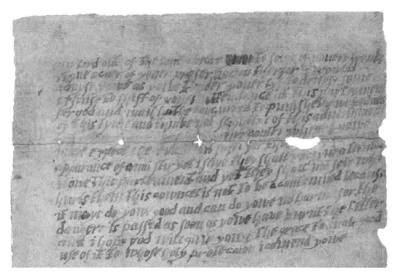

1605년 11월 5일 실행 예정인 '엄청난' 의사당 공격 계획에 대해 몬티글 경에게 경고한 익명의 편지.

짜 이름이 기도('가이') 포크스[Guido ('Guy') Faukes]임을 인정했다.

포크스는 저지대 주둔 스페인 군대에서 복무한 군인 출신 구교도임이 드러났다. 11월 8일 케이츠비와 세 명의 다른 공모자들이 우스터서(Worcestershire)의 보안관이 이끄는 추적대에 의해 스태퍼드서(Staffordshire)에서 살해되었다. 다음날 제임스 1세는 의회 연설에서 몬티글 편지를 '우리 모두를 화약으로 날려버릴 무시무시한 것임'을 경고한 것으로 해석함으로써 음모를 적발했다고 공로를 치하했다. 포크스와 다른 생존 공모자들은 런던탑에서 고문을 받고 웨스트민스터 홀에서 열린 재판에서 사형을 선고받아 타이번에서 처형되었다. 유럽의 다른 통치자들과 마찬가지로 제임스 1세도 암살을 시도하다가 죽거나 사후에 비참하게 죽을 각오가 된 단독범에 의한 암살에 취약했다. 프랑스의 앙리 4세는 자신의 목숨을 노린 일련의 시도가 실패한 후, 1610년 자신이 탄 마차가 파리 교통에 막혀 있는 동안 프랑수아 라바이약(François Ravaillac)이라는 아마도 정상이 아니었을 광신도에게 칼에 찔려 죽었다. 길고 잔인한 고문 후에 라바이약의 몸은 네 마리 말에 의해 찢어졌다. 이 처형 방법은 국왕 시해에만 적용되었다. 스튜어트 왕조의 잉글랜드에서는 라바이약 같은 사람이 없었지만, 제임스 1세가 총애하는 버킹엄 공작이 후일 단독 암살범에 의해 죽었다.

엘리자베스 1세 시대와 달리, 스튜어트 왕조 초기에는 군주에 반대하는 잉글랜드 구교도 음모자들이 스페인의 도움을 기대할 수 없었다. 1604년 잉글랜드-스페인 평화조약이 체결된 후 10년 동안 펠리페 3세의 국무원(Council of State)은 잉글랜드 내의 동향을 파악하는 것보다 잉글랜드 사람들의 신세계 정착(평화조약에 의해 암묵적으로 용인되었다)에 관한 정보를 획득하는 데 더 부심했다. 에스코리알(Escorial) 궁의 책상 위에 산더미처럼 쌓인 종이와 씨름했던 '종이의 왕(el rey papelero)' 펠리페 2세와 달리, 그 아들 펠리페 3세는 사냥, 승마와 여행에 대한 자신의 열정을 건드리는 공식 문서(정보보고서 포함)에 대해 전혀 열의를 보이지 않았다. 펠리페 2세는 아들이 도박 빚을 지고 사치 생활로 낭비하는 짓을 보았더라면 기겁을 했을 것이다. 펠리페 3세 치하에서는 주로 국무원이 신세계에서의 정보수집을 주도했다.[1] 한 세기 전 뉴 스페인(지금의 멕시코) 정복 기간에는 코르테스가 현지에서 더 효과적으로 정보를 다루었으며, 노예 출신의 뛰어난 재능을 가진 통역관이자 그의 정부인 말린체가 그를 도왔었다.

북미지역에서 잉글랜드인들 최초의 영구 정착촌은 1607년 제임스 1세로부터 칙허를 받은 런던 버지니아 상사(London Virginia Company)에 의해 세워졌는데, 왕을 기려 제임스타운(Jamestown)으로 명명되었다. 필그림파더스가 플리머스에 상륙하기 13년 전에 건립된 그 새로운 식민지는 첫 번째 겨울을 간신히

---

1   펠리페 3세의 발리도(valido, 수상이자 총신)인 레르마(Lerma) 공작은 자신의 재직 기간에 개최된 739차례의 국무원 회의 가운데 22차례만 참석했다.

버텨냈다. 그럼에도 스페인 국무원은 그 정착촌을 심각한 잠재적 위협으로 보고 1608년 7월 펠리페 3세의 이름으로 뉴 스페인 총독 메디나 시도니아(Medina Sidonia) 공작에게 서한을 보냈다. "여러 경로를 통해 국왕이 들은 바에 따르면, 잉글랜드인들이 버지니아 섬에 교두보를 확보하려고 시도하고 있는데, 이는 거기에서 발진해 해적질하려는 목적이다." 살아남은 식민지 주민들(두 명 빼고 모두 남자였다) 가운데 스페인 국무원처럼 자신들의 장래를 낙관한 사람은 거의 없었다. 9월에 식민지 지도자가 된 대장(隊長) 존 스미스(Captain John Smith)는 제임스타운을 구하려는 시도에서 "일하지 않으면 먹지도 말라(no work, no food)"라는 정책을 선언했다. 스페인의 국무원과 런던 주재 대사는 깊이 우려해 펠리페 3세에게 잉글랜드인 침입자들을 강제로 쫓아버리라고 촉구했다. 1609년 6월 11일 펠리페 3세는 메디나 시도니아에게 서한을 보냈다. "나에게 충성을 다해 해적들의 계획에 관한 정보와 잉글랜드가 인도제도(諸島)의 버지니아라는 땅에 지속적으로 이주시키는 데 관심이 있음을 보여주는 정보를 계속해서 수집하라."

같은 날 프란시스코 페르난데스 데 에클리자(Francisco Fernández de Éclija)의 지휘하에 25명의 병사를 태운 스페인 배가 버지니아를 향해 플로리다를 출항했는데, 그 목적은 마드리드로부터 지시가 있을 것으로 기대하고 제임스타운에 대한 공격 가능성을 평가하는 것이었다. 그러나 제임스 강어귀에 도착했을 때, 에클리자는 더 큰 잉글랜드 선박 '메리 앤 존(Mary and John)' 호와 마주쳤다. 그 선박은 연해에서 에클리자를 뒤쫓았었다. 스페인의 정보수집 임무가 '메리 앤 존' 호와 마주치지 않고 며칠 빨리 이루어졌더라면, 당연히 에클리자 일행은 1609~10년의 '굶주린 기간'을 겪은 잉글랜드 식민지의 비참한 상태를 직접 목격했을 것이고 공격을 결정했을 것이다. 그랬더라면 식민지 주민들 가운데 반란자들이 소수의 스페인 병력을 지원하고 근처 포와탄(Powhatan) 인디언 전사들을 동원했을 것이라는 그럴듯한 설도 있었다. 1609년 제임스타운이 생존할 수 있었던 것은 메디나 시도니아에게 입수 지시를 내렸던 스페인의 정보 부족에 힘입은 바 크다. 식민지의 잉글랜드인들이 고난을 견디고 있다는 소식은 이후 몇 년에 걸쳐서 점차 스페인 쪽으로 퍼졌다. 1613년 마드리드 주재 잉글랜드 대사 존 딕비(John Digby)는 스페인 정부가 "우리의 버지니아 농장 사업이 저절로 망할 것"으로 생각한다고 보고했다. 그러나 스페인 국무원은 제임스타운을 공격하도록 펠리페 3세를 추가로 수차례 설득했지만, 왕이 응하지 않았다. 스페인 국왕이 전쟁 개시를 꺼림으로써 중요한 결과가 나타났다. 즉, 제임스타운이 잉글랜드 식민지로 존속하는 한, 스페인이 플로리다 북쪽의 광활한 지역으로 제국을 확장할 가망성은 없어졌다.[2]

오스만 터키, 페르시아 사파비드 왕조(Safavids), 인도의 무굴제국, 중국의 명 왕조(1644년 청이 계승했다) 등 아시아의 대제국들은 모두 제임스 1세의 영국이나 펠리페 3세의 스페인보다 더 강력했지만, 유럽의 신세계 정복과 경쟁에는 아무런 관심을 보이지 않았다. 모든 제국이 세계는 아시아를 중심으로 움직인다고 계속 믿었다. 3세기 동안 아메리카, 오세아니아, 대서양, 태평양 등에서 일어난 주요 분쟁은 유럽 강대국들 사이에서 벌어진 것이었다. 아시아 왕조들은 유럽의 확장에 대해 호기심을 결여한 대가를 크게 치르게 되었다. 유발 하라리(Yuval Harari)의 말을 인용하자면, "유럽인들은 신세계에서 축적한 부와 자원에 힘입어 결국 아시아도 침략했으며 아시아 제국들을 멸망시켜 자기들끼리 분할했다".

스페인의 펠리페 3세와 그의 후계자 펠리페 4세(1621~65년 재위)는 명목상 모

---

2   버지니아상사가 실패함에 따라 1624년 제임스타운은 왕실 식민지가 되었다. 그러한 제임스타운의 운명은 뉴잉글랜드의 상대적 번영과 뚜렷하게 대조되었다.

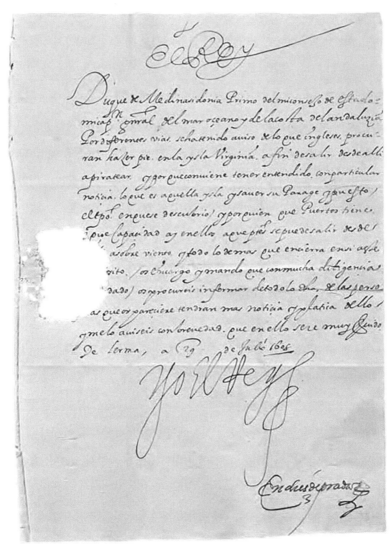

신세계에서의 잉글랜드 – 스페인 경쟁 관계: 1608년 스페인의 펠리페 3세가 잉글랜드의 버지니아 식민 계획에 관한 정보를 요청하고 있다.

든 스파이활동과 방첩활동을 책임진 정보수장을 계속 두었다. 그러나 17세기 스페인 행정이 대체로 그렇듯이 현실은 더욱 혼란스러웠다. 스페인 대사들과 스파이들이 국무원에 보낸 보고서들은 공문 수발의 정체 속에 장기간 묻혔다. 1617년 말 파리 주재 대사 몬텔레온(Monteleón) 공작이 마드리드에 불평을 제기했다. "내가 스페인에서 편지를 받은 지가 오래되어 내가 세상에서 가장 외로운 사람이라는 느낌을 받았음을 고백한다." 그는 이듬해 초에도 그런 불평을 반복했다는 점에서 즉각적인 답변을 받지 못했음이 분명하며, 그의 후임자들도 같은 고충을 겪었다.

  1598~1635년 기간에 식별된 스페인 스파이 231명을 조사한 바에 따르면, 그중 101명(44%)이 프랑스인이었다. 프랑스의 위대한 암호해독가 프랑수아 비에트(François Viète)는 1598~1604년 기간 파리 주재 스페인 대사 후안 바우티스타 데 타시스(Juan Bautista de Tassis)의 암호 서신을 많이 해독했는데, 그가 프랑스 국사에 관해 놀라울 정도로 잘 알고 있다는 결론에 이르렀다. 비에트는 1603년 죽기 직전에 앙리 4세의 수상인 쉴리(Sully) 공작에게 편지를 썼다. "이러한 서신들을 해독한 결과, 그가 프랑스에 대해 그리고 국가의 평온에 매우 위험한 인물이라는 판단에 이르렀습니다. 왜냐하면 그는 매우 기민하고 예리한 정치가로 생각되기 때문입니다. … 그의 서신들은 그의 왕이 탄복할 정도로 프랑스 왕의 심기, 신념, 약점과 강점을 잘 묘사하고 있습니다."

  타시스에게 그토록 좋은 정보를 제공한 프랑스인 스파이들의 동기는 금전적인 것에서부터 종교적 동기에 이르기까지 다양했다. 17세기 초 스페인의 금전적 스파이들 가운데 니콜라스 로스트(Nicolas L'Hoste)가 요직에 있었는데, 그를 채용한 그의 대부 니콜라스 드 뇌프빌 드 빌르루아(Nicolas de Neufville de Villeroy)는 리슐리외(Richelieu) 추기경이 등장하기 전 17세기의 가장 출중한 국무장관으로서 샤를 9세, 앙리 3세, 앙리 4세와 루이 13세 치하에서 계속 연임되었다. 1601년 로스트는 빌르루아에 의해 스페인 주재 대사관에 보임되었는데, 거기서 스페인 정보기관의 보수를 받는 또 다른 프랑스인 스파이 제라르 드 라피(Gérard de Raffis)에 의해 포섭되었다. 1602년 로스트는 파리로 귀환해 빌르루아 밑에서 일하면서, 빌르루아의 주요 외교 서신을 대거 스페인 대사관에 몰래 제공했다. 로스트는 파리 주재 스페인 대사관으로부터 매년 1,200에퀴를 받았는데, 이는 그 대사관 1년 예산의 20%를 차지했다는 사실에서 로스트가 제공한 정보가 얼마나 중시되었는지를 알 수 있다. 로스트의 스페인 스파이 경력은 1604년 3년 만에 갑자기 중단되었다. 그것은 그를 포섭한 제라르 드 라피가 편을 바꾸어 프랑스 측에 로스트의 스파이활동을 폭로했기 때문이었다. 로스트는 타시스의 후임 스페인 대사 발타사르 데 수니가(Baltasar de Zúñiga)에게 도움을 호소했고, 발타사르가 하인 하나를 시켜 로스트의 탈출을 도와주었다. 그러나 로스트는 마른(Marne) 강을 건너다가 익사했는데, 우연한 사고였을 수도 있지만 대사 하인이 비열한 짓을 했을 가능성이 크다. 즉, 대사 하인이 로스트가 반역죄로 재판받고 처형되는 곤란한 상황을 모면하기 위해 살해 지시를 받았을 것이다. 로스트가 죽은 다음 그 하인이 투옥되었지만, 나중에 외교관 면책 특권을 주장한 후 석방되었다.

파리 주재 스페인 대사관의 허술한 보안 조치가 주된 원인이 되어 여러 명의 다른 스파이들이 반역죄로 체포되어 처형되었다.[3] 1605년 12월 스페인 정보계에서 가장 극적인 참사가 발생했다. 프로방스의 귀족이자 군 장교인 루이 드 라고니아 드 메라르그(Louis de Lagonia de Mérargues)가 스페인의 마르세유 공격 계획서를 파리 주재 스페인 대사관 서기 자크 브뤼노(Jaques Bruneau)에게 전달하

3　특히 군 장교 드 본(de Bone)과 브르타뉴 귀족 라 퐁트넬(La Fontenelle)이 각각 1601년과 1602년에 처형되었는데, 그들에 관해 알려진 것이 거의 없다.

다가 체포되었던 것이다. 그는 곧바로 반역죄로 처형되었다. 브뤼노는 투옥되었지만, 나중에 외교관 면책특권에 근거해 석방되었다. 프랑스가 메라르그에 대해 의심하게 된 것은 수니가 대사가 스파이와 직접적인 접촉을 피하려는 일반적인 수칙을 따르지 않고 습관에 따라 자택에서 정기적으로 그를 접견한 데서 비롯된 것으로 보인다.[4]

수니가의 후임 스페인 대사 디에고 데 이라라가(Diego de Irraraga)도 마찬가지로 개성이 강한 웨일스 사람 토머스 모건(Thomas Morgan)을 다루는 데 어설픈 판단력을 보였다. 모건은 가장 오래 활동한 스파이로서 17세기 초에는 스페인 스파이들 가운데 최고령이었으며 대부분의 생애를 잉글랜드, 프랑스 및 플랑드르 감옥에서 보냈다. 모건은 1568년 스코틀랜드인들의 여왕 메리를 위해 스파이 일을 시작했으며 특히 리돌피 및 배빙턴 음모 사건에 모두 연루되었었다. 그는 스페인을 사랑하는 사람도 아니었고 나중에 메리를 위해 무보수로 일할 때인 1584년 무적함대에도 반대한 사람이었지만, 어쨌거나 보수를 받는 스페인 스파이가 되었다. 그는 프랑스에서 스페인을 위해 스파이활동을 하면서 동시에 잉글랜드 왕의 사면을 받으려는 헛된 희망에서 잉글랜드 당국과 서신을 주고받았다. 1505년 사면 없이 잉글랜드로 돌아온 그는 사형선고를 받았으나 추방으로 감형되었다. 1607년 71세의 나이에 프랑스로 돌아온 그는 다시 한번 체포되었으나 탈출해 파리 주재 스페인 대사에게서 은신처를 구했다. 1608년 그 스페인 대사의 지출기록부에는 다음과 같은 내용이 들어 있다. "1608년 11월 14일 프랑스 국왕의 명령으로 본 대사관의 요원인 잉글랜드 신사 토머스 모건이 체포되어 나갔다. 나는 78일 동안 내 관저에 그를 숨겨주고 돌보았었다."[5]

---

4   메라르그가 처형된 후, 그의 동생도 스페인 스파이가 되겠다고 제의했으나 거절당했다.
5   모건은 1610년 감옥에서 석방되었는데, 여생을 프랑스에서 보내도록 허용된 것으로 보인다.

로스트, 메라르그 등이 초래한 곤경을 겪은 후, 스페인 국무원이 프랑스 땅에서 더 조심스럽게 스파이활동을 수행하도록 지시를 내린 것으로 보인다. 스페인이 70대의 믿을 수 없는 모건을 여전히 스파이로 쓰고 있었다는 사실은 잉글랜드인 스파이를 포섭하기가 어려웠다는 증거다. 1598~1635년 기간에 확인된 스페인 스파이들 가운데 여섯 명만 잉글랜드 또는 웨일스 출신이었다.[6] 게다가 잉글랜드 정부 출처에 직접 접근할 수 있는 스파이는 없었다.

17세기 초 스페인의 가장 헌신적인 스파이들은 독실한 프랑스 구교도들인 '열성파(parti dévot)' 출신이었다. 열성파는 낭트칙령으로 국내의 위그노 신교도들에게 주어진 관용에 반대하고 프랑스가 대외적으로 독일과 네덜란드의 신교도 이단자들, 그리고 오스만 제국의 이슬람교도들과 간헐적으로 맺는 동맹에 반대했다. 그런 열성파 출신의 스페인 스파이 가운데 자칭 '신의 스파이(espion divin)'라는 장 드 케르시(Jean de Quercy)가 있었다. 케르시는 1613년 펠리페 3세에게 그를 위해 일하는 것이 곧 하느님의 뜻이라고 선언하는 장문의 편지를 썼다. "신성하신 폐하, 저는 선량한 구교도 프랑스 사람입니다. … 저는 폐하의 은총을 입는 영광을 끊임없이 추구할 것이며, 폐하의 은총은 저에게 구원의 항구와 같을 것입니다."

프랑스 내 스페인의 스파이망에도 일부 사제가 포함되어 있었는데, 특히 스페인 사제 안토니오 데 아르코(Antonio de Arco)는 케르시를 위해 중재자 역할을 했으며, 아마 그를 포섭했을 것이다. 아르코의 보고서 가운데 가장 중요한 것은 그가 궁정 고해 사제로 재직한 1616~19년 기간에 마드리드의 국무원에 보낸 프랑스 궁정에 관한 보고서였을 것이다. 그에게 고해한 사람은 펠리페 3세의 딸이자 루이 13세의 왕비인 젊고 아름다운 안느 도트리시(Anne of Austria)였

---

6   스코틀랜드 출신 스파이도 네 명 있었다.

다. 아르코가 파리에 머문 시기는 왕실 혼사와 프랑스 정치 양면에서 매우 불안한 시대와 일치했다. 그 스페인 사제는 1615년 루이와 안느가 모두 14세 때 올린 결혼식을 아담과 에와의 결합 이후 가장 아름다운 결혼식이었다고 과장되게 묘사했다. 루이와 안느는 결혼식 당일 첫날밤을 치르도록 압박을 받았다. 근세 초기 프랑스의 왕실 결혼에서 첫날밤을 치르는 것은 왕위 계승과 국제관계에 미치는 영향 때문에 사적인 비밀이기는커녕 국가 문제였다. 결혼식 날 밤이 지나자마자 루이가 미성년자인 동안 섭정 여왕이자 루이의 어머니로서 군림하려 든 마리 드 메디치(Marie de Medici)는 국왕 부부가 성공적으로 첫날밤을 치렀다고 발표했다. 그러나 실제로는, 마리가 직접 인정할 수는 없었겠지만, 섹스 경험이 없는 루이가 자신에게 가해진 섹스 압박에 큰 충격을 받아 신방에서 도망쳤으며 첫날밤을 치르지도 않았다. 루이는 3년 동안 신방에 들어가지 않았다. 이 3년 동안 루이는 거의 매일 찾아오는 아내를 맞이했으나 동침은 고사하고 식사도 같이하지 않았다.

왕비 안느는 루이와 달리 첫날밤을 치르고 싶어 했는데, 아르코가 고해 사제로서 왕비와 그 문제를 논의했음이 틀림없다. 국왕의 고해 사제도 국왕과 그런 논의를 했는데, 그는 자신이 고해성사의 비밀을 누설한다고는 생각지도 않고 국왕에게 왕비 침실로 돌아갈 것을 촉구했다고 밝혔다.[7] 아르코가 보기에 프랑스 궁정 정치가 국왕의 결혼 상태보다 훨씬 더 불안했다. 마리 드 메디치는 대체로 며느리를 무시했으며 마치 안느가 아닌 자신이 프랑스의 국모인 양 계속 행세했다. 마리의 총애를 받아 기고만장했던 이탈리아 태생의 수상, 앙크르(Ancre)의 후작 콘치노 콘치니(Concino Concini)는 성적으로 무능한 군주를 업신

---

7   프티피스(Petitfils)가 쓴 전기 『루이 13세』는 국왕의 고해 사제를 언급하고 있으나 아르코에 관한 언급은 없다.

여기는 자신의 태도를 굳이 숨기려 하지 않았다. 그러나 루이 13세에 관한 최고의 전기 작가 장-크리스티앙 프티피스(Jean-Christian Petitfils)에 따르면, 루이는 놀라운 위장 능력을 개발했으며 그의 어머니와 그녀의 총신도 그에게 그런 능력이 있다고는 생각지 못했던 것 같다. 1617년 4월 24일 파리에서 치밀하게 준비해 콘치니를 암살한 음모에 국왕이 깊이 관여했다. 콘치니를 완전히 기습해 둘러싼 다섯 자객은 그가 외투 속에 쇠사슬 갑옷을 입고 있을지도 모른다고 우려해 제각기 권총으로 그의 머리를 쏘았다. 그 암살 후 루브르 궁의 창가에 모습을 드러낸 루이는 환호하는 군중에게 "이제 내가 왕이다!"라고 말했다. 마리 드 메디치는 파리를 떠나 블루아(Blois) 성에 유폐되었다. 콘치니의 아내 레오노라 도리(Leonora Dori)는 그레브 광장(Place de Grève, 현재는 시청 광장)에서 공개 참수되었다. 루이가 10대에 경험한 음모와 기만은 그의 잔여 통치 기간 내내 지속된 정보공작을 맛본 것이었다.

콘치니 암살 소식이 마드리드로 전달되는 데에는 14일이 걸렸다. 1617년 5월 10일 열린 국무원 회의에서 파리에서 온 보고서가 검토되었다. 아르코의 비밀 발송물 대부분이 현존하지 않거나 시만카스(Simancas) 서고에 묻혀 있지만, 아르코는 틀림없이 마리와 콘치니의 통치 및 그 극적인 종말에 대한 안느 도트리시 등 프랑스 궁정의 반응을 보고했을 것이다. 아르코는 프랑스 궁정 근무로 스트레스가 많이 쌓이자 국무원에 귀국 허용을 수차 요청했으나 처음부터 소용이 없었다.[8] 1618년 11월 루이 13세는 스페인 대사가 안느 왕비 처소를 방문하는 것을 금지했다. 이 때문에 아르코의 왕비 접근이 이전보다 훨씬 더 중요해졌다.

콘치니 암살 이후, 루이는 총애하는 뤼느(Luynes) 공작, 고해 사제 아르누

---

8   아르코의 마지막 비밀 보고서는 1619년 3월이었다.

(Arnoux), 교황청 대사 귀도 벤티보글리오(Guido Bentivoglio), 스페인 대사 등으로부터 첫날밤을 치르라는 새로운 압박을 받았다. 벤티보글리오가 로마에 보고했듯이, 아르코도 루이가 성교 시의 "수치감을 극복할 만큼 성욕을 느끼지 못했다"라고 보고했을 것이다. 아르코는 루이가 마침내 왕비 침실로 돌아가기에 충분할 만큼 '성욕'이 일어난 것은 1619년 1월 20일 그의 이복누이이자 앙리 4세의 혼외 딸인 부르봉-방돔(Bourbon-Vendôme)의 카트린-앙리에트(Catherine-Henriette)가 엘뵈프(Elbeuf) 공작과 결혼한 날이었다고 보고했을 것이다. 궁정 관습대로 루이가 신혼부부를 따라 그들의 침실로 갔다. 신혼부부가 사주(四柱) 침대의 커튼을 내리면 국왕이 물러가는 것이 전통이었지만, 이 경우에는 루이가 설득되어 침대 안에서 그들의 성교 모습을 지켜보았다. 그다음 벌어진 일은 궁정 내에서 그리고 외교가에서 널리 알려진 것으로 보인다. 베네치아 대사에 따르면, 루이가 성적으로 흥분되었다. 새로 엘뵈프 공작부인이 된 루이의 이복 누이가 첫날밤을 치른 다음 그에게 말했다. "폐하, 왕비와도 똑같이 하세요. 다 잘될 거예요!" 루이는 닷새 동안 눈물의 홍수를 쏟은 후 이복누이의 조언을 따랐다. 루이가 1월 25일 밤에 그 조언을 따랐다는 소식이 궁정과 외국 대사들에 의해 유럽 각국의 수도에 퍼졌다. 새롭게 불타오른 국왕 부부는 연기된 밀월을 즐겼다. 루이의 의사는 그의 성교 횟수가 너무 잦다고 걱정하기까지 했다. 국왕과 왕비 사이에 규칙적인 성관계가 시작된 후, 스페인 국무원은 마침내 아르코의 거듭된 귀국 요청을 들어주었다.

아르코처럼, 스파이 수장들(espias mayors)이 소수의 잉글랜드인 스파이들 가운데 가장 믿을 수 있다고 생각한 스파이는 사제들, 특히 예수회 소속의 망명자 로버트 퍼슨스(Robert Persons)와 조지프 크레스웰(Joseph Cresswell)이었다. 퍼슨스는 1580년 "우리나라를 하느님 품에 다시 안기게 하기 위해" 잉글랜드에 예수회의 비밀 선교단을 이끌고 왔다가 월싱엄의 스파이들에 의해 발각된 후 대류으로 도주해 다시 돌아오지 않았다. 퍼슨스는 자신이 스페인의 스파이라고 생각한 적이 없겠지만, 펠리페 2세와 긴밀한 관계를 형성했다. 그는 펠리페 2세의 지원을 받아 바야돌리드(Valladolid, 1592년 국왕이 방문하는 영예를 얻었다)와 세비야에 잉글랜드 신학대학을 설립할 수 있었다. 1595년 퍼슨스는 안드레아스 필로파테르(Andreas Philopater)라는 가명으로 스페인의 외교정책을 열렬히 옹호하는 책을 냈는데, 그 책은 펠리페의 지시로 안트베르펜, 리옹, 쾰른, 나폴리, 로마 등에서도 출판되었다. 그 책에서 그는 엘리자베스 1세의 후계가 '전쟁 없이' 결정되지는 않을 것이라고 예상했는데, 그 예측이 빗나갔다. 퍼슨스처럼 조지프 크레스웰도 스페인 외교정책을 옹호하는 논문들을 썼으며, 1604년 펠리페 3세에게 파리 주재 잉글랜드인 스파이를 채용하도록 권고했으나 별 소용이 없었다. 1610년 퍼슨스가 죽자 크레스웰이 바야돌리도에 있는 잉글랜드대학의 학장직을 승계했으나 스페인 궁정의 눈 밖에 났다. 1617년 무렵 스페인은 잉글랜드인 스파이들로부터 받는 정보가 거의 고갈되었다.

스페인 왕실의 재정적 어려움이 가중되자 그 정보시스템도 점차 압박을 받았다. 펠리페 3세 통치 기간 동안 스페인령 미주대륙에서 수입되는 은의 물량이 반감했다. 펠리페 4세(1621~65년 재위) 치하에서는 왕실 재정이 더욱 고갈되어 스페인의 정보활동에 미치는 악영향이 불가피했다. 1627년 스페인의 파산으로 인해 보수를 받지 못한 스파이들이 대거 편을 바꾸었다. 그들 중에는 이전에 연간 2,000두카트를 받았던 제노바 사람 카를로스 스피나(Carlos Spina), 1609년 스페인의 스파이로 일하기 시작한 베네치아의 귀족이자 외교관인 안젤로 바도르(Angelo Badoer)도 있었다. 다음 해에는 네덜란드인들이 스페인의 보물 선단을 나포했는데, 이로 인해 왕실 재정의 회복은 더욱 더뎌졌다.

17세기 초 스페인뿐 아니라 잉글랜드의 정보활동도 쇠퇴했다. 1612년 솔즈

베리의 죽음으로 제임스 1세는 가장 유능한 행정가이자 정연한 정보시스템을 조직할 수 있는 유일한 각료를 잃었다. 1618년 30년전쟁—유럽대륙에서 합스부르크 왕조의 우위와 가톨릭을 둘러싼 장기적 분쟁—이 발발했을 당시 제임스 1세에게는 외교정책과 정보활동에 제기된 엄청난 도전을 감당할 수 있는 사람이 없었다. 30년전쟁이 개시되었을 무렵, 제임스 1세에게 지배적인 영향력을 미친 인물은 준수하고 늠름한 총신 조지 빌리어스(George Villiers)였다. 그는 정치적 판단력이 빈약했음에도 버킹엄의 백작(1617년), 후작(1618년) 및 공작(1623년)으로 잇달아 작위를 받았다. 버킹엄은 제임스 1세와 동성애적인 서신을 주고받으면서 보통 "폐하의 미천한 종이자 개"라고 서명했다. 제임스는 그에게 푹 빠졌다.

1620년대에는 잉글랜드와 스페인 궁정이 서로 스파이 정보활동을 하지 않았다.[9] 버킹엄이 정보에 무지했다는 점은 그가 1623년 마드리드로 비밀 여행을 하기 위해 코미디 같은 계획을 짠 데서 확연히 드러난다. 그 여행은 잉글랜드와 스코틀랜드의 왕위를 계승할 찰스 왕세자가 펠리페 4세의 누이인 마리아 안나(Maria Anna) 공주와 결혼하도록 추진하기 위한 것이었다. 버킹엄은 여행하기 전에 스페인 궁정의 개연성 있는 반응에 대해 정보를 수집하기는커녕, 잉글랜드 대사에게 자신과 왕세자가 곧 도착할 것임을 알리지도 않았다. 만일 그렇게 했더라면, 그는 독실한 구교도인 공주가 신교도 왕자와의 결혼을 꺼린다는 점을 잘 보고받았을 것이다. 양성애자인 아버지와 달리 찰스는 왕실 혼처에 성적인 매력을 못 느꼈지만, 공주의 초상화를 보고 공주를 짝사랑하게 되었고 버킹엄의 계획에 열광적으로 찬동했다. 찰스와 버킹엄은 희한하

---

9   그러나 펠리페 4세의 숙모인 대공비 이사벨라(Archduchess Isabella)는 스페인령 네덜란드 통치자로서 찰스의 궁정에 협조자를 두었는데, 왕이 신임하는 존 코크(John Coke) 경의 비서 조지 램(George Lamb)이었다.

게도 토머스 스미스와 존 스미스 형제로 가장해 말을 타고 스페인을 향해 출발했는데, 그들은 가짜 수염을 달고 가발을 썼으며 수행원 둘을 동반했다. 잉글랜드를 떠나기도 전에 그들의 신분 가장이 노출되었는데, 버킹엄이 그레이브젠드(Gravesend, 템스 강에 면한 항구도시_옮긴이)의 뱃사공에게 거액의 팁을 줌으로써 두 사람이 결투를 벌이기 위해 프랑스로 간다는 의심을 받으면서 도버까지 갔다.

그들이 마드리드에 도착하자 잉글랜드 대사뿐만 아니라 펠리페 4세와 수상인 올리바레스(Olivares)의 백작-공작인 돈 가스파르 데 구즈만(Don Gaspar de Guzmán)도 놀랐다. 스페인의 환대를 받은 두 달 동안 찰스는 공주를 두 번 멀리서 언뜻 보았다. 그는 마리아 안나와 얘기하고 싶어 안달이 났고 결국 그녀를 직접 대면하겠다는 절박한 시도에서 왕궁의 정원 담을 올라가 넘었다. 공주와 수행원들이 기겁해서 달아났다. 버킹엄의 심기가 아주 날카로워졌다. 그는 한 예수회 사람과 종교적 논쟁을 벌이다가 하도 화가 나서 모자를 벗어 땅바닥에 팽개치고는 발로 밟았다. 마드리드 임무가 실패로 끝난 것은 예견된 일이었다. 1624년 제임스 1세는 버킹엄의 영향을 받아 20년간 평화를 유지했던 스페인에 대해 전쟁을 선포했다. 이듬해 찰스는 다른 구교도 공주, 프랑스 루이 13세의 누이동생 앙리에타 마리아(Henrietta Maia)와 결혼했다. 찰스는 신부가 영국에 도착할 때까지 신부 얼굴을 보지 못했지만, 버킹엄이 프랑스 왕비 안느 도트리시를 유혹하려고 한 비외교적 시도로 인해 구혼이 매끄럽지 못했다.

버킹엄의 정보 무시는 스파이활동뿐 아니라 암호해독에도 미쳤다. 필립스의 시력이 떨어지고 있었지만, 런던 주재 베네치아 대사 기롤라미 란도(Girolami Lando)는 1622년 필립스가 여전히 "암호해독에서 독보적"이라고 기술했다. 그해 필립스는 보안성을 시험하기 위해 자신에게 건네진 베네치아 암호를 풀 수 없었는데, 란도는 이 사실에 틀림없이 안도했을 것이다. 란도의 후임자 수아네

페사로(Zuane Pesaro)는 1624년 필립스에게 베네치아 암호자료를 추가로 보냈다. 필립스는 이제 거의 실명 상태였기 때문에 그 자료 일부를 친구와 공유했다. 이것은 분명히 신뢰를 깬 것이지만, 페사로는 필립스가 자신을 "진지하게 대했고 확실히 일을 처리했다"라고 믿었다. 필립스는 그 일로 베네치아 대사에게서 합당한 돈을 받았다. 버킹엄의 견해는 달랐다. 버킹엄이 주도하지는 않았지만 그의 승인하에 필립스는 킹스 벤치(King's Bench) 감옥 독방에 수감되었다. 이 결정을 정당화한 법적 근거가 의심스럽다. 1626년 4월 추밀원 의장 에드워드 콘웨이(Edward Conway) 경이 페사로에게 "법률상 그의 엄중한 감금이 더는 허용되지 않는다"라고 말했지만, 필립스는 그해 말에 여전히 감옥에 있었다. 그는 1627년 초 죽었는데, 그가 죽기 전에 감옥에서 석방되었는지는 분명하지 않다. 잉글랜드 최초의 위대한 암호해독가였던 필립스의 50년 경력은 버킹엄의 애도도 없이 비참한 종말을 맞았다.

필립스의 죽음으로 영국의 암호해독이 종말을 맞이한 것은 프랑스의 암호해독이 부활한 것과 시기적으로 일치한다. 프랑스에서도 위대한 암호전문가 프랑수아 비에트가 죽은 이후 암호해독이 쇠퇴했었다. 프랑스 암호해독이 부활한 직접적 원인은 루이 13세의 수상이 된 리슐리외 추기경과 위그노 신교도 간의 갈등이었다. 1628년 4월 19일 콩데(Condé)의 왕자로 불리는 부르봉 왕가의 앙리 2세가 위그노 마을 레알몽(Réalmont)을 포위 공격했다. 포위군이 마을을 떠나는 한 전령을 붙잡았는데, 그 전령은 몽토방(Montauban)의 위그노 교우들에게 가는 암호 편지를 지니고 있었다. 콩데는 그 편지를 해독하기 위해 20km 떨어진 알비(Albi)시에 사는 앙투안 로시뇰(Antoine Rossignol)이라는 26세 수학자를 호출했다. 그가 암호술 지식을 갖고 있다는 것을 콩데가 들었던 것이다. 마침 '로시뇰'은 꾀꼬리를 의미할 뿐 아니라 닫힌 문들을 여는 만

능열쇠를 의미하는 은어이기도 했다. 로시뇰은 레알몽의 수비군이 다른 위그노 교우들에게 보내는 메시지를 어려움 없이 해독했다. 그 메시지에서 수비군은 화약을 긴급히 공급해 줄 것을 호소하면서, 화약이 없으면 항복할 수밖에 없다고 언명했다. 4월 30일 콩데가 그 편지 내용을 가지고 그들과 마주하자 그들이 항복했다.

로시뇰은 레알몽 함락 이후 위그노의 주된 본거지인 대서양의 라 로셸(La Rochelle) 항을 포위했을 때도 똑같이 소중한 정보를 제공했다. 리슐리외는 교회 의상과 군복을 혼합한 이상한 복장을 하고 포위군을 지휘했다. 그는 포위를 시작할 때부터 수비군이 다른 위그노들에게 보내는 편지를 가로채는 데 개인적인 관심을 보였다. 리슐리외가 루이 13세에게 보고한 바에 따르면, 한 번은 몽토방 위그노들에게 보내는 쪽지를 작은 주석 갑에 넣은 전령을 붙잡았는데, 그 전령은 잡히자마자 그 갑을 삼켜버렸다. 리슐리외의 지시로 그에게 설사약을 먹여 메시지가 빠르게 뱃속을 관통하게 만들었다. 1628년 8월 8일 콩데는 자신이 가로챈 편지 다발을 겉봉의 설명서와 함께 리슐리외에게 보냈는데, 그 편지들은 라 로셸의 위그노 지도자들이 암호로 쓴 것이었다. "알비에서 온 로시뇰이라는 젊은이가 편지를 아주 잘 해독했습니다. 한 단어씩 해독한 것을 보냅니다. 그것을 보면, 6월 21일부터 라 로셸 사람들이 기근 상태에 허덕이고 있다는 것을 알 수 있습니다."[10]

리슐리외는 그 해독물에 감명을 받아서 즉각 로시뇰을 면전에 호출했다. 후일 프랑스 한림원(Académie Française, 리슐리외가 설립했다)의 샤를 페로(Charles Perrault)는 1696년 출판된 자신의 저서에서 17세기 가장 걸출한 40명의 프랑스인에 로시뇰을 포함했다. 페로에 따르면, 리슐리외는 좀처럼 눈에 띄게 열

---

[10] 편지 문구로 보아 리슐리외는 아직 로시뇰을 알지 못했다.

광하지 않아 대체로 그 속을 헤아릴 수 없는 사람이지만, 첫 만남에서 로시뇰이 "자신의 그토록 놀라운 능력을 입증하자 이 위대한 추기경도 … 놀라움을 감출 수 없었다". 리슐리외는 로시뇰을 자신의 암호 비서로 채용했다. 리슐리외가 또 로시뇰의 봉직에 대해 후하게 보상했다는 페로의 주장은 1630년 로시뇰이 파리에서 12마일 남쪽에 위치한 쥐비시(Juvisy)에 있는 작지만 우아한 성을 구입하고 추가로 건축 공사를 벌일 자금 능력을 지니고 있었다는 점에서 충분히 입증된다. 루이 13세는 암호해독에 개인적 관심을 보였으며 로시뇰에 대한 존중의 표시로 그의 성을 수차 방문했다. 루이 13세는 자신의 수석 암호해독관에게 이런 식으로 명예를 줌으로써 신임을 표시한 처음이자 마지막 프랑스 군주였다.[11]

라 로셸에서 거둔 리슐리외의 승리는 위그노들의 패배였을 뿐 아니라 잉글랜드의 굴욕으로도 귀결되었다. 리슐리외는 통신문의 암호해독을 통해 포위된 라 로셸의 수비군이 버킹엄이 조직한 잉글랜드의 큰 함대가 도착할 것이라고 굳게 믿고 있다는 것을 알아냈다. 리슐리외는 수비군의 사기를 떨어뜨리기 위해 버킹엄의 심복이자 점성술사인 존 램(John Lambe) 박사가 백주에 런던에서 사람들(일단의 도제들)에게 맞아 죽었으며 그리하여 다음과 같은 흉포한 노래가 떠돈다는 소식을 그들에게 퍼뜨렸다.

찰스와 조지(버킹엄)가 무얼 할 수 있겠나?
공작도 램 박사처럼 죽을 거라네.

---

11   20세기와 21세기에 들어서도 국가수반이 그렇게 공개적으로 인정하는 일은 아주 드물었다. 역대 미국 대통령 가운데 최초로 로널드 레이건 대통령이 1986년 세계 최대의 신호정보 기관인 국가안보국(NSA)을 방문했다(루이 13세가 로시뇰의 성을 방문한 후 세 세기 반 만이다).

리슐리외는 버킹엄의 최우선순위는 위그노들을 돕는 것보다 자신의 생존을 도모하는 것이라고 수비대에 말했다. 그 메시지는 노랫말처럼 예언이 되었다. 실제로 버킹엄은 8월 23일 자신에게 원한을 품은 한 병사에게 찔려 죽었다. 하지만 그의 죽음을 확인하는 소식이 리슐리외한테 도착한 것은 한 달이 지나서였다.

구교도 '열성파(parti dévot)'는 처음에 리슐리외가 프랑스 내 이단자들의 요새화된 집단거주지를 관용하려는 의사를 보인다고 비판하면서 그가 '칼뱅주의자들의 교황' 또는 '무신론자들의 수장'이라고 풍자했었다. 리슐리외 추기경이 주도하는 프랑스 정부가 '열성파'의 숙원인 위그노 본거지에 대한 공격을 감행하자, 스페인이 종교적 동기를 지닌 무보수 스파이를 상류층에서 포섭하기가 17세기 초보다 훨씬 더 어려워졌다. 크리스토발(Cristobal de Benavente y Benavides)이 1632~35년 파리 주재 스페인 대사로 재직하는 동안에는 스파이가 다섯 명밖에 없어 정보가 거의 생산되지 못했다. 이는 17세기 초 그의 전임자 후안 바우티스타가 41명의 스파이를 쓰고 있었던 것과 비교된다.

영국 내 스페인의 스파이망은 없었지만, 펠리페 4세는 당대의 가장 유명한 화가인 파테르-파울 루벤스(Peter-Paul Rubens)를 활용해 찰스 1세와 비밀리에 접촉할 수 있었다. 그보다 한 세기 먼저 베네치아가 해외정보를 수집하기 위해 화가 마르셀로 포골리노(Marcelo Fogolino)를 활용한 것은 그와 비슷한 사례이지만 더 은밀했었다. 플랑드르 출신의 친스페인 구교도 루벤스를 활용해 찰스 1세와 비밀외교를 벌이는 방안은 1625년 펠리페 4세의 숙모인 스페인령 네덜란드의 통치자 이사벨라 대공비(大公妃)가 처음 제안했었다. 그것은 노환의 제임스 1세가 버킹엄의 영향을 받아 스페인에 대해 20년의 평화를 깨고 전쟁을 선포한 지 1년이 지난 뒤였다. 이사벨라의 제안에 대해 스무 살의 펠리페

4세가 보인 반응은 비밀외교와 정보공작에 관한 그의 이해 부족을 반영했다.

당신이 그토록 중요한 일에 화가를 끌어들이다니 불쾌합니다. 당신도 알다시피 그렇게 하면 내 왕국의 위신이 중대하게 훼손될 것입니다. 만일 우리가 외국의 사절과 중차대한 문제를 논의할 대표로 그런 하찮은 사람을 임명하면 우리의 위신이 틀림없이 추락할 것이기 때문입니다.

펠리페 4세는 영국의 역대 왕들 가운데 최고의 미술 애호가였을 찰스 1세나 버킹엄이 루벤스를 조금도 하찮은 사람으로 생각하지 않는다는 것을 파악하지 못했다. 루벤스는 1625년 버킹엄이 말을 타고 희한하게도 대천사의 호위를 받는 모습을 대작으로 그렸다. 버킹엄은 그 초상화를 너무 좋아한 나머지 잉글랜드와 스페인이 전쟁 중이던 1627~28년 루벤스에게 그가 그린 13점과 그가 소장한 다른 화가의 작품 여러 점에 대해 물경 10만 플로린(1만 파운드)을 지급했다.

성공한 여러 초상화가와 마찬가지로 루벤스도 지위를 의식하는 모델들과 수다를 떤 후 그들로부터 신임까지 얻는 선물을 챙겼다. 루벤스는 1628~29년 펠리페 4세의 초상화를 그리면서 근친결혼으로 인한 합스부르크 가의 돌출 턱을 부드럽게 잘 그림으로써 그의 환심을 샀다. 국왕은 치닫는 말 위의 자신을 그린 루벤스의 승마 초상화가 너무나 마음에 들어 세비야의 알카사르(Alcázar) 궁 새 응접실(Salón Nuevo)에 걸린 다른 승마 초상화를 루벤스 것으로 대체했다. 기존 그림은 자신이 총애하는 궁정화가 디에고 벨라스케스(Diego Velasquez)가 그린 것이었다.

1629년 4월 펠리페 4세는 자신의 숙모가 4년 전에 제안했던 대로 루벤스를 사절로 삼아 런던에 보냈다. 그 사절은 근세 초기에 흔했던 외교와 정치-정보활동의 중첩을 반영했다. 루벤스의 공식 임무는 5년 전 전쟁 발발로 중단되었던 양국 간의 공식 대사 교환을 재개하기 위해 임시 휴전을 교섭하는 것이었다. 그러나 그는 협상 마지막 단계였던 것으로 보이는 잉글랜드-프랑스 동맹을 '최대한 막으라는' 비밀 지시도 받았다. 루벤스는 런던에 도착한 후 곧바로 6월 6일 찰스 1세와 처음 회동했다.

펠리페 4세가 처음에 루벤스를 런던 사절로 보내자는 이사벨라의 제안을 거절했을 때, 그는 찰스 1세의 궁정에 이사벨라의 협조자가 있다는 사실을 몰랐던 게 분명하다. 그 협조자는 오랫동안 왕의 신임을 받은 존 코크 경의 비서 조지 램(George Lamb)이었다. 램이 이사벨라에게 쓴 편지에 따르면, "다른 나라 궁정에서는 협상이 각료급에서 시작되어 왕의 말씀과 서명으로 끝나지만, 여기 잉글랜드에서는 협상을 왕이 시작해 각료급에서 끝낸다". 루벤스가 스페인 수상 올리바레스 백작-공작에게 보낸 보고서를 보면, 루벤스는 빠르게 찰스 1세와 친밀한 관계를 형성했다. 궁정에는 왕비를 중심으로 한 강력한 프랑스파가 있었고 프랑스 대사가 영국과의 동맹을 바라고 있었지만, 찰스 1세는 자신은 프랑스 사람들을 불신하며 그들의 약속을 믿지 않는다고 루벤스에게 털어놓았다. 루벤스는 잉글랜드-프랑스 협상이 평화조약을 타결하겠지만 동맹은 없을 것이라고 올리바레스를 안심시킬 수 있었다. 그가 보기에 찰스 1세는 프랑스보다 스페인 쪽에 더 호감을 느끼고 있었다.

9월 루벤스는 찰스 1세와 영국-스페인 간의 공식적인 외교 관계 재개를 위한 조건에 합의했다. 펠리페 4세와 국무원의 요청으로 그는 새로운 스페인 대사가 도착할 때까지 런던에 머물렀다. 루벤스가 찰스 1세와 친분을 형성한 것은 그들이 예술에 대한 흥미를 공유했고 찰스 1세가 루벤스의 작품에 탄복했기 때문이었다. 루벤스는 왕실 소장품에 "뛰어난 회화, 조각, 고대 비문 등이 엄청나게 많은 데서" 큰 감명을 받았다. 이니고 존스(Inigo Jones, 17세기 영국의 건축가_

옮긴이)는 화이트홀 궁에 연회장을 건축했는데 찰스 1세는 그 연회장(Banqueting House) 천장에 붙일 아홉 개의 그림을 루벤스에게 주문했다. 루벤스가 1630년 3월 떠나기 전, 찰스 1세는 그 연회장에서 그에게 나이트 작위를 수여하고 보석이 박힌 검과 다이아몬드가 박힌 모자 띠를 선사했다. 비극적 아이러니지만, 1649년 1월 찰스 1세가 그 천장화를 마지막으로 본 것은 자신을 처형하기 위해 만든 단두대를 향해 연회장의 2층 창문을 통해 걸어 나가기 직전이었다.

　루벤스가 펠리페 4세를 위해 비밀외교를 성공적으로 수행했음에도 불구하고, 당시 유럽에서 가장 성공을 거둔 정보시스템은 프랑스 시스템이었다. 전통적인 리슐리외의 흔한 이미지를 보면, 그의 곁에는 트랑블레의 프랑수아 르클레르(François Le Clerc du Tremblay)가 그림자처럼 붙어 있다. 르클레르는 카푸친 수도회(프란치스코회의 한 분파_옮긴이) 수사로서 파리의 페르 조제프(Père Joseph de Paris)라는 가톨릭 이름으로 더 유명하다. 회색 수사복을 입은 페르 조제프는 원조 '배후 인물(éminence grise)'인데, '배후 인물'이라는 프랑스어는 영어에서도 그대로 쓴다. 그는 매우 신비주의적인 가톨릭 신앙과 프랑스 군주에 대한 열성적 충성이 합쳐진 인물이었다. 페르 조제프는 스페인과 신성로마제국의 합스부르크 왕실이 오직 자신들 왕조의 영광에만 관심이 있다고 확신해 가톨릭 유럽이 매우 기독교적인 프랑스 왕(Roi Très-Chrétien)의 리더십하에서만 통합되고 승리할 수 있을 것으로 생각했다. 리슐리외는 조제프를 심복이자 종교·정치 자문관으로 쓰면서, 가끔은 비밀외교에, 특히 신성로마제국 황제 페르디난트(Ferdinand) 2세를 이기기 위해 신교도 스웨덴 국왕 구스타프 아돌프(Gustavus Adolphus)를 30년전쟁에 끌어들이는 데에 활용했다. 페르 조제프는 카푸친 수도회 등 종교단체 내 요직에 협조자를 두고 있었는데, 특히 합스부르크 황제의 예수회 소속 고해 사제도 한동안 협조자였다. 1630년 여름 페르 조제프는 황제의 고해 사제로부터 마리 드 메디치가 꾸미는 음모를 알아냈는데,

올리바레스와 파리 주재 스페인 대사는 그 음모로 결국 리슐리외가 실각할 것으로 기대했다.[12]

그 음모는 1630년 11월 10일과 11일 '속은 자의 날(journée des dupes)'에 막을 내렸다. 11월 10일 마리 드 메디치는 자신이 아들 루이 13세를 지배하던 과거의 능력을 되찾았다고 확신했다. 그래서 루이 13세에게 리슐리외를 해임하고 그 자리를 자신이 추천한 미셸 드 마리약(Michel de Marillac)으로 대체하도록 설득했다. 리슐리외는 자신의 정치 경력이 끝나는 것을 잠시 두려워했다. 그러나 크게 속은 자는 왕대비인 것으로 드러났다. 위기는 극적으로 국왕이 리슐리외에 대한 신임을 공개적으로 재확인하고 마리약이 창피를 당하는 것으로 끝났다. 리슐리외는 안도의 눈물을 흘렸다.

마리 드 메디치처럼 스페인의 펠리페 4세도 리슐리외의 적수가 되지 못했다. 1633년 펠리페 4세는 파리 주재 대사에게 리슐리외를 친스페인 정책으로 돌리기 위해 그에게 아첨하라는 터무니없는 지시를 내렸다.

> 핵심 책략은 리슐리외 추기경과 가까이해서 그가 말하는 모든 것과 그의 진정성을 확신한다는 것을 그에게 보여줌으로써 전력을 다해 그의 환심을 사는 것입니다. … 이 방법은 그에게 아첨하는 것이자, 나에게 불충이 되지 않는 한 그의 모든 것을 칭찬하는 것입니다.

펠리페 4세는 이 순진한 책략을 강구하기 전에 올리바레스의 조언을 듣지 않은 것이 분명했다. 팀 블래닝(Tim Blanning)의 저술에 따르면, 그의 통치는 "왕

---

12 그러나 리슐리외와 페르 조제프의 의견이 항상 일치하지는 않았다. 1630년 10월 추기경이 기각한 조약은 페르 조제프와 고위 외교관이 라티스본(Ratisbon, 지금의 레겐스부르크)에서 신성로마제국 황제와 교섭한 것이었다.

이 자질이 부족한 데다 장수하기까지 할 때 얼마나 많은 것이 잘못될 수 있는지를 보여주는 특히 흥미진진한 사례"다. 1643년 올리바레스의 실각 이후, 펠리페 4세에게 가장 영향력이 큰 조언자는 신비주의자 수녀였다. 펠리페 4세는 아그레다(Agreda) 수녀원의 마리아 수녀와 600여 통의 편지를 교환했는데, 대부분 하느님의 도움이 필요하다는 내용이었다. 마리아 수녀는 페르 조제프가 아니었다.

그러나 리슐리외의 정보시스템에 가장 크게 공헌한 인물은 그의 '배후 인물'이 아니라 앙투안 로시뇰(Antoine Rossignol)이었다. 그런데도 이상하게 루이 13세 통치에 관한 대부분의 연구에는 그의 이름이 언급되지 않고 있다. 로시뇰은 리슐리외가 새로 설치한 정부부서의 공식 수장은 아니었지만, 그 핵심 인물이었다. 비공식적으로 '검은 방(cabinet noir)'이라고 불리는 그 부서는 늦어도 1633년 완전히 가동되었다. '검은 방'은 통신문을 절취·개봉·복사하고 필요하면 해독하는 일을 담당했으며, 때로는 통신문에 손을 댔다는 것을 은폐하기 위해 모조 봉인을 사용해 편지를 재봉인하는 일도 맡았다. 편지를 개봉하다가 생긴 파손을 교정할 수 없을 때는 편지가 운송 중에 분실되었다고 처리했다.

페르 조제프의 후배 프랑수아 쉬블레 데 누아이에(François Sublet des Noyers, 나중에 전쟁 담당 국무장관이 되었다)가 1633년 리슐리외에게 올린 보고서에 따르면, 당시 영국해협을 횡단하는 편지와 소포가 일상적으로 칼레에서 몰래 개봉되었다. 그 관행은 몇 년 전에 시작되었을 것이다. 절취를 강력하게 지지한 런던 주재 프랑스 대사는 모든 통신문을 조심스럽게 재봉인하는 것이 필요하다고 강조했다. "잉글랜드인들이 자신들의 소포가 개봉되었다는 것을 알게 되면, 그들도 똑같이 우리 왕의 발송물을 개봉할 것이 우려된다."[13] 그것은 당시 잉글

---

13   1638년 페르 조제프가 죽은 후, 데 누아이에가 리슐리외의 최측근 보좌관이 되었다.

랜드인들은 월싱엄 시대와는 판이하게 프랑스의 외교 발송물을 절취하지 않았음을 분명하게 함축하고 있다. 신서사(信書使)가 암호 통신문을 지닌 것이 발견되면 그 통신문은 로시뇰에게 전달되었지만, 내용이 리슐리외가 반대하는 것이면 신서사에게 돌려주지 않을 때도 있었다. 예컨대, 1634년 리슐리외는 브뤼셀에서 밀라노(당시 둘 다 스페인령이었다)로 가는 암호 통신문을 지닌 신서사를 체포한 뒤, '그 속에 중요한 것이 있는지를 알아보기 위해 그리고 그 내용에 관한 판단에 따라 반환 여부를 결정하기 위해' 로시뇰에게 해독하라는 지시를 내렸다.

시만카스 서고에 있는 펠리페 3세와 4세 시대의 해독물을 보면, 당시 스페인 정부가 암호분석 능력을 어느 정도 보유하고 있었음을 알 수 있다. 그러나 스페인이 프랑스의 '검은 방'에 비견되는 조직을 보유했거나 기량 면에서 로시뇰에 근접하는 암호해독관을 보유했을 가능성은 거의 없다. 놀랄 것도 없지만, 프랑스 암호해독관의 작업에 관해서는 다른 정보활동과 마찬가지로 오로지 단편적인 증거만 현존한다. 리슐리외는 비밀정보 파일을 유지하지 않았다. 그가 은밀한 문제에 관해 국왕에게 보낸 편지가 일부 현존하는데, 그 말미에는 읽고 파기하라는 요청이 들어 있다. 그러나 리슐리외뿐 아니라 루이 13세도 로시뇰과 '검은 방'의 업무에 개인적인 관심을 쏟았음을 보여주는 통신문이 소실되지 않고 많이 남아 있다. 예를 들어, 1635년 차기 교황이 되려고 음모를 꾸미고 있던 (결국 실패했다) 보르지아(Borgia) 추기경이 스페인 궁정에 보낸 통신문이 절취되었는데, 국왕은 그 통신문의 처리를 결정해 달라는 요청을 받았다. 그 통신문을 압수했을까, 아니면 단지 해독할 동안만 지체시켰을까? 루이 13세의 반응은 현존하지 않는데, 아마 그 자료가 소실된 것으로 보인다.

1635년 프랑스와 스페인 사이에 전쟁이 터진 후, 양측은 서로 상대를 교란하기 위해 비밀 요원들을 활용했다. 프랑스 요원들이 더 성공적이었다. 1634년 페르 조제프는 "카탈루냐와 포르투갈 사람들의 불만을 이용할 수 있는지 알아보는 것이 중요하다"라고 기록했다. 리스본의 음모자들이 결국 1640년 스페인 통치에 대항해 쿠데타에 성공을 거두기까지는 프랑스 자금이 그들에게 전달되었을 것이다. 올리바레스는 포르투갈 상실에 대한 자신의 책임을 줄이려는 의도에서 프랑스의 비밀공작 성공을 다소 과장했다. 그는 펠리페 4세에게 프랑스가 "추악한 반역행위에 호소함으로써 폐하의 모든 스페인 왕국을 빼앗았다"라고 말했다. 포르투갈 음모자들에게 자금을 전달했을 가능성이 가장 큰 요원은 유대인 알폰소 로페스(Alfonso Lopez)인데, 그는 1610년 파리에 정착한 아라곤(Aragon, 스페인의 북동부 지방) 출신의 다이아몬드 상인으로서 포르투갈 유대인 공동체와 긴밀한 관계를 유지했다. 리슐리외는 처음 그를 금융거래에 활용한 후 스파이로도 활용했다. 그러나 로페스의 진정한 충성심이 어느 쪽인지는 지금까지 불분명하다. 1638년 그는 스페인으로 돌아가고 싶다고 올리바레스에게 사적으로 편지를 썼다. 이것이 술책에 불과했는지 아니면 로페스가 정말 편을 바꾸고 싶어 했는지는 결코 밝혀지지 않을 것이다. 만일 그가 리슐리외 대신 올리바레스를 위해 일하는 것을 진지하게 생각했었다면, 스페인이 프랑스와의 전쟁에서 패배한 것은 그를 실망시켰을 게 틀림없다.

1630년대 프랑스와 스페인 양국에서 왕실의 파산이 임박했지만, 전쟁의 정치적 영향은 스페인에서 훨씬 더 심각했다. 올리바레스는 1643년 1월 사임해야 했다. 그의 전기 작가 존 엘리엇(John Elliott)의 결론에 따르면, "백작-공작은 평범한 사람이 되었고 개혁 유산은 그의 나머지 업적과 함께 망각에 맡겨졌다". 이와 대조적으로 올리바레스가 사임하기 한 달 전에 죽은 리슐리외의 유산은 존속되었다. 한 세대 뒤 프랑스 국무원 회의에서 루이 14세는 재무장관 겸 실질적 수상인 장-바티스트 콜베르(Jean-Baptiste Colbert)를 향해 가끔 "여기 콜베르 씨가 우리에게 '폐하, 위대한 추기경은 이러저러하게 했을 것'이라고 말할 겁니다"라고 발언하곤 했다.

리슐리외의 유산 가운데 가장 덜 알려진 것이 '검은 방'이었다. 1643년 루이 13세는 고작 41세에 임종을 앞두고 어린 아들 루이 14세의 섭정이 될 안느 왕비에게 "국가 이익을 위해 가장 필요한 사람"으로 로시뇰을 천거했다. 1642년 리슐리외가 죽은 후 수상이 된 쥘 마자랭(Jules Mazarin) 추기경도 로시뇰을 존경했다. 그러나 '검은 방'의 업무는 집합적으로 프롱드(Fronde)의 난으로 불리는 1648~53년 기간의 반란으로 인해 교란되었다. 1649년 생제르맹앙레(Saint-Germain-en-Laye) 왕궁의 서신 일부가 절취되어 반란을 일으킨 파리 의회에서 낭독되었다. 왕권이 다시 확립되자 마자랭은 '서투른 프랑스어(mauvais Français)' 서신을 절취하는 일에 세밀한 개인적 관심을 보였다. 예를 들어, 마자랭은 죽기 1년 전인 1660년 우정청장 이에로슴 드 누보(Hiérosme de Nouveau)에게 다음과 같은 지시를 하달했는데, 그것은 이른바 전복적인(아마도 친스페인적인) 문헌 배포에 관여한 한 수도회 구성원의 편지를 절취하라는 내용이었다.

내가 받은 믿을 만한 첩보에 따르면, 마드리드에 장 포르(Jean Faure)라는 프랑스인 도미니코 수도회 형제가 있는데, 그가 나쁜 프랑스인들과 서신을 주고받고 있습니다. 폐하가 그들의 계획을 상세히 아는 것이 국왕 업무에 중요하기 때문에 당신이 앞서 말한 신부로부터 내가 아는 다음 주소로 가는 모든 서신을 절취하도록 명령을 내려주기 바랍니다.

생-세바스티앙(Saint-Sebastien)의 서적상 위아르(Huart) 씨에게 가는 서신,
바욘 및 생장드뤼즈(St-Jean-de-Luz)의 서적상 프티(Petit) 씨에게 가는 서신,
보르도의 프티 쥐다(Petit Judas) 가에 자택이 있는 필리프 베르골리(Philippe Bergolli) 씨에게 또는 우체국장 전교에게 가는 서신,

파리의 생자크(St-Jacques) 가 서적상 졸리(Joly) 씨에게 가는 서신

그리고 [포르] 신부가 사용하는 봉인의 복제품을 동봉합니다. [그의 서신을 재봉인할 때] 사용하면 편할 것입니다.

위의 편지는 마자랭을 대신해서 외무담당 국무장관인 위그 드 리온(Hugues de Lionne)이 쓴 것이지만, 마자랭은 드 누보에게 그가 보내준 모든 편지와 첩보에 대한 고마움의 말과 우정을 약속하는 말을 자필로 추신했다.

1661년 마자랭이 죽은 후에도 로시뇰은 루이 14세의 왕실 암호해독관으로 1682년 자신이 죽을 때까지 봉직했다. 반세기가 넘는 그의 총 재직기간은 프랑스 왕정 역사에서 중요 관리가 재직한 기간으로는 최장이다. 그의 명성이 대단해서 프랑스 한림원의 샤를 페로(Charles Perrault)는 1696년 17세기 가장 걸출한 프랑스인에 관한 자신의 저서에서 로시뇰이 50년간 풀지 못한 암호가 거의 없었다고 주장했다. 페로의 평가는 그의 후원자이자 동료 한림원 회원인 장-바티스트 콜베르의 견해를 반영한 것이 거의 확실하다. 루이 14세의 수상이었던 콜베르는 로시뇰이 죽고 난 1년 뒤에 죽었다.

제12장

영국의 정보활동과 체제변혁

내전부터 구교도 음모 사건까지

스튜어트 시대 초기에 무기력에 빠졌던 잉글랜드 정보활동은 내전(1642~49년)의 결과로 부활하기 시작했다. 다시 말해서 이 부활은 찰스 1세와 통제력을 잃은 의회 간 갈등이 빚어낸 예기치 못한 결과였다. 내전으로 인한 파괴는 30년전쟁으로 황폐된 대륙에 비할 바는 못 되지만, 잉글랜드 인구 중의 사망자 비율은 대개 영국 역사에서 인명피해가 가장 큰 전쟁으로 생각하는 제1차 세계대전보다 훨씬 더 높았을 것이다. 제1차 세계대전처럼 내전도 영국 정보사에서 일대 전환점이 되었다.

내전 초기에는 1642년 옥스퍼드로 궁정을 옮긴 찰스 1세와 왕당파(Cavalier) 지지자들이 런던의 의회 내 왕당파, 즉 원두당(圓頭黨, Roundhead)과 비밀 통신을 유지했다. 그러나 1642~43년 찰스의 국무장관이자 최측근 참모인 제2대 포클랜드(Faukland) 자작 루셔스 케리(Lucius Cary)는 정보업무 대부분을 비열한 짓으로 간주했으며 스파이 채용이나 의원들의 서신 개봉을 재가하지 않았다. 포클랜드가 매년 '비밀 활동'을 위해 받은 700파운드는 주로 왕당파 선전물을 배포하는 데 쓰인 것으로 보인다.

의회는 왕당파의 선전물이 옥스퍼드에서 수도로 몰래 반입되어 배포되는 것을 막지 못해 좌절한 상태였다. 이로 인해 결국 1645년 7월 왕실 서적상이자 왕당파 요원인 리처드 로이스턴(Richard Royston)이 투옥되었다. 그는 의회 인쇄업자 존 라이트(John Wright)에 의해 "의회 회의록에 반하는 추문을 다룬 모든 서적과 신문의 불변 요소"라는 이유로 고발당했다.

런던의 왕당파 지지자들은 국왕과 그의 옥스퍼드 궁정을 위해 효과적인 정

Pag: 1519. 4575.

MERCVRIVS AVLICVS,

Communicating the Intelligence and
affaires of the Court, to the
reſt of the KINGDOME.

From Aprill 6. to Aprill 13. 1645.

SUNDAY. *Aprill 6.*

HE Rebels this *Eaſter* have excommunicated themſelves; for lately when the *Aſſembly* preſented their *Directory*, the Members excepted againſt that particular which debarres certaine perſons from receiving the *Communion*, alleadging it was expreſſed in too generall tearmes of *Scandalous* and *Ignorant*; therefore they voted that the Aſſembly ſhould explaine whom they would have accounted *Ignorant* or *Scandalous*; The *Aſſembly* (the *Members* Journymen) returned to their Worke-houſe, and there laying their great heads together, (as well the Preachers as thoſe in Holy Orders) drew up a Character of the *Ignorant* and *Scandalous*, and brought it to the Members: In this Character they inſiſted much upon examination concerning the *Trinity*, ſo as Maſter *Selden* ſtood up and ſaid, *he was confident there were not Ten in the Aſſembly but might be poſed in That themſelves.* The Houſes being reſolved into a Committee preſently paſſed two votes, Firſt, *That ſuch perſons as are groſſely ignorant ſhall not come unto the Sacrament*; Secondly, *That ſuch perſons as are groſſely ſcandalous ſhall likewiſe be debarred.* We will not ſay
S   the

1643년 1월부터 1645년 9월까지 왕당파 비밀조직은 '궁정의 머큐리(Mercurius Aulicus)'라는 한 장짜리 신문을 수도에 뿌려 의회를 상당히 곤혹스럽게 했는데, 그 목적이 '궁정의 정보와 사건들을 왕국 전체에 전파하는 것'이라고 공언했다.

보망을 운용하려면 활동을 조정할 줄 아는 월싱엄 같은 사람이 필요했다. 포클랜드 자작이 1643년 9월 전투에서 사망한 뒤에도 찰스 1세는 정보 조직에 전혀 관심을 기울이지 않았다. 찰스 1세가 월싱엄이 만든 틀에 정보수장을 임명하려고 생각했더라도 월싱엄이 자신의 할머니이자 스코틀랜드인들의 여왕인 메리를 처형한 책임이 있다는 기억 때문에 그만두었을 것이다. 1643년 봄 에드먼드 윌러(Edmund Waller)가 주도한 음모에 혼선이 생겼는데, 이는 중앙의 지휘가 없었기 때문에 왕당파 비밀공작이 타격을 입었음을 보여주는 것이었다. 윌러는 16세에 초선이 된 하원의원이자 왕당파 시인이었다. 1643년 3월 찰스 1세는 17명의 저명한 런던 시민에게 무장봉기를 주도할 권한을 부여하는 위임을 발표했다. 그에 이은 '윌러 음모'는 초기 단계에서 침투를 당해 결국 의회의 주요한 선전전 승리로 끝났다. 후대에 윌러는 국왕의 대의를 훼손한 변절자로 기억되었다. 19세기의 위대한 내전 사학자 가드너(S. R. Gardiner)는 윌러가 왕정을 무너뜨린 '부유하고 재치 있고 음란한' 호색가들 가운데 최악이라고 맹비난했다. 1643년 5월 31일, 아침 예배를 보던 하원의원들이 극적으로 소집되어 음모가 적발되었다는 발표를 들었다. 윌러는 자신을 구하기 위해 하원 의사당 증인석에서 비굴하게 사과하고 동료 공모자들을 배반했다. 7월 5일 배신당한 두 사람, 즉 리처드 찰로너(Richard Chaloner)와 윌러의 처남 너새니얼 톰킨스(Nathaniel Tomkins)가 런던 한복판 자신들의 집 앞에 세워진 교수대에서 처형되었다. 찰로너는 교수대에서 자신에게 내려진 선고가 정당하다고 인정했지만, 어디까지나 평화를 추구했었다고 주장했다. 톰킨스는 교수대 발언에서 음모에 가담한 것은 "매형에 대한 애정과 국왕에 대한 애정과 감사 때문이었으며 22년 넘게 국왕의 빵을 먹었다"라고 말했다. 윌러 음모의 실패로 런던의 왕당파 요원들의 사기가 떨어졌을 뿐 아니라 협상을 통해 내전 종식을 추진한 '비둘기파'의 입지가 크게 약화되었다.

윌러 음모에 스파이를 침투시킨 데서 보듯이, 의회 지도부는 스파이 사용에 대해 포클랜드처럼 가책을 느끼지 않았다. 그들은 조직화된 정보시스템을 갖추지 못했으나 토머스 필립스 사후 처음으로 잉글랜드의 암호분석을 성공적

---

1   토머스 스콧(Thomas Scot)이 1649년 영연방(Commonwealth)에 의해 정보수장으로 임명되었

으로 부활시켰다. 그 부활의 열쇠는 내전 초기에 암호해독의 천재 존 월리스(John Wallis)를 우연히 발굴한 것이었다. 월리스는 케임브리지대에서 공부한 수학자이자 성직자로서 후일 직업 육군 장교 베어 오브 틸버리(Vere of Tilbury) 남작의 미망인에게 사제가 되었다. 1642년 말 어느 날 저녁 베어 부인의 런던 집에서 열린 만찬 석상에서 월리스는 암호로 쓰인 편지를 보고 약 두 시간 만에 해독했다. 월리스의 회고에 따르면, 이때가 암호전문가로서 자신의 소명을 발견한 순간이었다. "이 기대 이상의 성공에 고무되었다. 이후 나는 다수의 다른 암호작업을 수행했으며(일부는 더 어려웠고 일부는 더 쉬웠다), 내전 기간과 이후의 여러 해 동안 내가 맡아서 풀지 못한 것이 거의 없었다." 월리스의 가장 유명한 업적은 1645년 6월 의회파가 네이즈비(Naseby) 전투에서 결정적인 승리를 거둔 후에 나왔다. 그 전투에서 국왕의 개인적인 짐 꾸러미를 노획했는데, 그 속에 비밀 서신 다발이 들어 있었다. 월리스가 그 서신들을 해독한 결과, 아일랜드와 대륙의 가톨릭 군대로부터 지원을 받으려는 찰스 1세의 계획이 드러났다. 노획한 서신의 선전 가치를 인식한 의회는 '왕이 자필로 쓴' 상당한 분량의 편지를 『왕의 캐비닛을 열다(The King's Cabinet opened)』라는 제목의 책으로 출간했다. 그 책은 '의회의 대의명분을 정당화하는 다수의 국가 미스터리'를 폭로한다고 주장했다. 월리스가 해독한 편지 가운데에는 찰스 1세가 프랑스로 망명한 왕비 앙리에타 마리아에게 암호로 쓴 편지들도 있었다. 찰스 1세는 왕비에게 그들 두 사람만 그 암호를 안다고 안심시켰다. "나 외에는 암호 사본을 가진 사람이 없을 것이오. 당신이 무엇을 쓰고 싶을 때 수고스럽게 암호화할 가치가 있

을 때 그가 기록한 것을 보면 다음과 같이 되어 있다. "나에게는 등불이나 도움 또는 나에게 전달된 유산이 없지만, 지금은 국무위원이 된 왕국의 안전위원회가 존속한 기간에 국가 기밀업무나 모사를 인지한 사람들이 여전히 그 기록을 가지고 있거나 명분이 있다면 그 일을 계속했을 것이라고 확신한다."

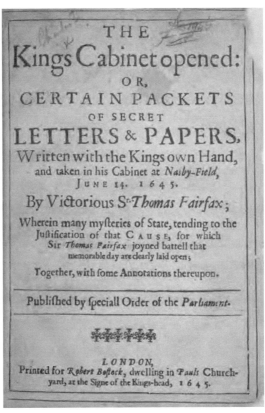

THE
Kings Cabinet opened:
OR,
CERTAIN PACKETS
OF SECRET
LETTERS & PAPERS,
Written with the Kings own Hand,
and taken in his Cabinet at *Naisby-Field*,
JUNE 14. 1645.

By Victorious Sr *Thomas Fairfax*;

Wherein many mysteries of State, tending to the
Justification of that C A U S E, for which
Sir *Thomas Fairfax* joyned battell that
memorable day are clearly laid open;

Together, with some Annotations thereupon.

Published by speciall Order of the *Parliament*.

LONDON,
Printed for *Robert Bostock*, dwelling in *Pauls* Church-
yard, at the Signe of the Kings-head, 1645.

1645년 의회는 군주를 깎아내리기 위해 군주의 비밀 서신을 해독해 출간했는데, 이는 영국 역사에서 유일하다.

다고 판단되면 최후까지 암호를 사용해도 좋소. 나 외에는 아무도 해독하지 않을 것이고 내가 당신에게 보내는 것도 마찬가지오. 당신을 영원히 사랑하오."

『왕의 캐비닛을 열다』의 주석은 해독된 서신에 비추어 찰스가 왕비의 지배를 받는 공처가라고 주장했다.

여기서 먼저 왕의 자문을 전적으로 왕비가 관리하는 것이 명백하다. 왕비가 여성이고 외국에서 태어나 구교 환경에서 자랐음에도 크고 작은 일들이 왕비의 묵계와 동의 없이는 처리되지 않는다. …

왕비는 우리의 종교, 국가 및 정부에 대해 앙심이 깊은 탓에 왕에 대해서도 냉혹하고 고압적이었던 것으로 보인다. …

찰스 1세는『왕의 캐비닛을 열다』로 공개된 왕비와의 서신에 대해 공개적으로 논평하지 않았다. 사적으로 그는 그 서신이 진짜임을 인정했으며, 다만 해독 과정에서 생겼을 '여기저기 잘못된 일부 단어와 잘못 찍힌 쉼표'를 지적했다.

나로서는 [출판으로 인한] 고통이 없었으면 좋았겠지만, 그들이 내 이름으로 펴낸 것들이 나의 것임을 부정하지 않으며 선량한 신교도 내지 정직한 사람으로서 이 편지들에 대해 부끄러워하지도 않을 것이다. 정말이지 나는 신중한 사람으로서 나 자신을 정당화하지 않겠다. 그러나 세상에 누가 자신의 모든 사적 편지를 자유롭게 공개하겠는가? 이제 내 편지가 그렇게 되었구나.

역대 영국의 왕이나 여왕 가운데 자신의 사적인 편지가 생전에 출판된 경우는 그 이전이나 그 이후에도 없다. 찰스 1세는 자신의 서신 내용에 관해 하나의 후회만 인정했다. 그는 앙리에타 마리아에게 보낸 한 편지에서 "우리의 잡종견인 의회"라고 언급했었다. 이 때문에『왕의 캐비닛을 열다』주석은 "왕이 당신들[자신의 백성들]을 잡종견이라고 경멸한다"라고 주장하게 되었다. 찰스 1세가 심복에게 털어놓은 바에 따르면, 내전 종식 협상을 시도하면서 의회 지도부의 환심을 사려고 했던[2] 서식스 백작 토머스 새빌(Thomas Savile)이 "어쩐지 나를 참지 못하게 하는 바람에 그쪽 사람들에 대한 나의 불쾌함을 왕비에게 마음껏

토로하게 되었다". 이런 이유로 그가 '잡종견'이라는 말을 썼던 것이다.

1649년 1월 찰스 1세가 웨스트민스터 홀에서 반역 혐의로 재판을 받을 때, 그의 할머니 메리 스튜어트의 해독된 서신이 1586년 포더링게이 성에서 열린 재판에서 사용되었던 것처럼 그가 왕비에게 보낸 절취된 편지는 그에게 불리한 증거로 애초 인용될 예정이었다. 그러나 찰스가 항변하기를 거부하고 따라서 법정의 권위를 인정하기를 거부했기 때문에 정보 증거가 제출되지 않았다. 그의 항변 거부는 법정에 의해 유죄 인정으로 해석되었다. 재판장 존 브래드쇼(John Bradshaw, 하급 순회판사지만 최고령 판사로서 재판장을 맡았다)는 왕의 죄목을 열거하고 선고문을 낭독할 때 암살 시도에 대비해 철 테를 두른 모자를 썼다. "폭군, 반역자, 살인자이자 공적(公敵)인 피고 찰스 스튜어트를 머리와 몸통을 절단하는 사형에 처한다." 찰스 1세는 1649년 1월 30일 화이트홀의 연회장 바깥에 설치된 단두대에서 참수되었다. 일주일 뒤, 기소검사 존 코크는 왕이 '무죄'의 항변을 제기할 때를 대비해 준비했던 반론문을 공표했다. 존 코크는 왕이 '모든 국사 처리의 중심이며 방조자들이 아닌 자신에 관해 가장 지혜로웠다는 증거'로서 그의 절취된 서신을 인용함으로써 '사악한 자문관들'에 의해 왕이 어긋나게 되었다는 왕의 주장을 반박하려고 했었다.

찰스 1세의 처형 이후 잉글랜드는 궐위에 의한 공화국이 되었다. 왕의 반대자들 가운데 새로운 헌법의 기초를 생각한 사람은 거의 없었다. 3월이 되어서야 잔부(殘部)의회(Rump Parliament, 찰스 1세의 반역죄 재판에 반대한 의원들을 1648년 12월 추방한 이후의 의회)가 상원 및 추밀원과 함께 왕의 사무실을 폐지했다. 5월 의회 법률에 의해 군주제는 잉글랜드연방(Commonwealth of England)이라는 공화국 체제로 대체되었다. 헌신적인 왕당파는 새로운 공화국을 인정하지 않았

---

2   새빌은 왕에 대한 충성심을 드러냄으로써 의회의 비위를 거스르기도 했다.

다. 영국은 여전히 군주국이라는 것이 그들의 입장이었다. 18세의 찰스 왕세자는 부왕 처형 시에 대륙으로 망명했는데, 왕당파는 그가 찰스 2세로 왕위를 계승한 것으로 보았다.[3] 새 왕은 오늘날 그의 무자비한 면보다 방종과 많은 정부를 거느린 것으로 더 유명하다. 그러나 그는 망명지 네덜란드에서 쓴 글에서 부왕의 죽음에 책임이 있는 모든 자들에게 복수를 맹세했다. "우리는 그 유례없고 비인간적인 살인을 실행하거나 공모한 잔학한 자들을 마땅히 응징하기 위해 모든 가용 수단을 동원해 전력을 다할 것이다." 그가 적극적으로 관심을 나타낸 최초의 비밀공작은 공화정 체제의 정책을 수집하기보다 '잔학한 반역자들'을 추적하고 암살하는 임무였다. '마땅한 응징'을 받은 첫 국왕 시해범은 아이작 도리스로스(Isaac Dorislaus)였는데, 케임브리지대 역사 교수 출신의 그는 찰스 1세의 재판에서 기소장을 작성한 주역이었다. 1649년 4월 말 도리스로스는 잉글랜드연방과 네덜란드 간의 동맹을 교섭하기 위해 헤이그로 가는 배를 탔다. 5월 2일 왕당파 암살자들이 그가 묵은 '백조' 여관을 습격했다. 암살을 주동한 브레친(Brechin)의 주교 아들 월터 휫포드(Walter Whitford) 대령이 검으로 도리스로스의 얼굴을 그은 다음 그를 베었다. 그러자 다른 암살자들이 각자 그의 몸을 검으로 찌르고 도망치면서 "이제 왕을 심판한 자 하나가 죽었다!"라고 소리쳤다. 찰스 2세는 휫포드에게 두 차례 하사금을 내려 보답했다. 국왕을 시해한 잉글랜드 공화정에 대한 해외 강대국들의 적개심, 스코틀랜드와 아일랜드 왕당파의 침공 위협, 그리고 잉글랜드 국내의 반란 위험으로 인해 추밀원을 대체한 연방 국무원은 어쩔 수 없이 제임스 1세나 찰스 1세 시대 때보다 정보활동에 더 높은 우선순위를 두었다. 1649년 7월 1일 연방 국무원은 법률가인 토머스 스콧(Thomas Scot) 하원의원을 '국내외 정보활동'의 수장으로 임명했다. 현

---

3   1660년 이후 모든 법적 문서에는 찰스 2세가 1949년 왕위를 계승한 것처럼 일자가 기록되었다.

존하는 상세 자료는 없지만, 성미가 급한 스콧은 1647년 말부터 정보공작에 관여했었으며, 올리버 크롬웰(Oliver Cromwell)을 '내 특별한 친구'로 간주했다. 다만 나중에 스콧은 크롬웰이 호민관(Lord Protector)이 되는 데에는 반대했다. 스콧은 1648년 램버스(Lambeth) 궁에 있는 매슈 파커(Matthew Parker)의 기념비를 파괴했다고 인정되고 있다. 파커는 엘리자베스 1세가 임명한 초대 캔터베리 대주교로서 성공회 교리를 정의하는 39개 신조(스콧은 이를 혐오했다)의 작성을 감독한 바 있었다. 스콧은 파커의 유해를 파내서 똥 밭에 다시 묻으라고 지시했다. 1649년 1월 스콧은 찰스 1세 재판에서 재판부의 일원이었으며 그의 사형 영장에 서명했다.

헌신적 공화주의자인 스콧은 왕당파 지지자와 망명자들 속에 스파이와 '미끼 오리(교사 공작원, agent provocateur)'를 침투시켜 강력한 네트워크를 구축했다. 그가 가장 소중한 스파이로 생각한 사람은 망명 왕궁에서 활동하는 로버트 워든(Robert Werden)이었는데, 그는 내전 기간에 왕당파 기병대의 대령 출신이었다. 스콧에 따르면, 워든은 찰스 2세의 남동생인 요크(York) 공작 제임스(왕정복고 후에 워든을 침실의 파트너 가운데 하나로 삼았다)의 신임을 얻어 찰스 2세의 '염문에 관해 많은 것을 알 수 있는 수단'을 갖고 있었다. 워든의 동기가 모호하지만, 스콧은 그가 스파이로 활동한 것은 순전히 즐기기 위한 목적도 일부 작용했다고 결론지었다. "워든은 자신이 알게 된 무슨 일이든 최대한 유리하게 보고했고 사적인 일에 관해 모종의 인상을 받아서 보고했다고 나는 믿는다." 워든이 폭로의 즐거움을 느낀 '사적인 일'에는 찰스와 제임스 형제의 정부들에 관한 호색 첩보가 포함되었음이 틀림없다. 워든의 충성심이 의심됨에도 불구하고, 그의 사기성 무죄 항변에 국왕 형제가 넘어갔다. 그는 제임스 2세 치하에서 육군 소장이 되었다.

스콧이 정보수장이 되었을 때 그가 당면한 우선순위는 망명 왕정이 아니라 급진적 공화주의자 그룹이었다. 이 그룹은 조롱조로 '수평파(Levellers)'라고 불렸는데, 이 부정확한 말은 그들이 사유재산권을 폐지하고 부를 균등하게 나누기를 원한다는 의미였다. 그들의 주된 요구사항은 개인의 권리를 보장하는 성문헌법과 선거권 확대였다. 스콧은 수평파에 도제 등 젊은 스파이들을 침투시켰으며, 그들에게 '주급으로 활동비'를 제공했다. 스콧은 수평파가 "군대 등에서 소요를 일으키고" 나아가 올리버 크롬웰 군대의 "아일랜드 회복을 방해"하려 한다고 국무원에 보고했다. 1649년 봄 수평파가 주도한 군대 반란이 진압된 후, 그들의 영향력은 급격히 쇠퇴했다.

스콧은 반대 세력인 왕당파에 침투시키기 위해 월싱엄 시대 이후 가장 효과적인 스파이망을 운용했을 뿐만 아니라 암호해독가 존 월리스를 채용했다. 스콧은 월리스가 '그 방면에서 빼어나게 유능하고 박식한 신사'라고 칭찬하고 이상하게도 비(非)공화주의적인 언어로 '군주에게 쓰일 보석'이라고 묘사했다. 월리스는 1649년 옥스퍼드대학교 기하학(수학) 석좌교수가 되었다. 훗날 그는 영국 학술원(Royal Society)의 창설회원이 되었지만, 그의 수학적 성취는 그때까지 미미했다. 그가 석좌교수에 임명된 것은 내전 기간의 암호분석, 특히 찰스 1세의 암호해독에 대한 보상이었다. 월리스는 찰스 2세의 암호도 부왕의 암호처럼 쉽게 풀었다. 스콧은 월리스의 작업이 잉글랜드연방에 대한 정치적 헌신 때문에 고취된 것이 아님을 잘 알고 있었다. 스콧은 월리스가 순전한 즐거움 때문에 암호를 풀며 '내용에는 관심이 없고 오직 암호해독의 기술과 재간에만 관심이 있다'고 믿었다. 반세기 이상 교수직을 유지한 월리스는 그 대부분의 기간 동안 영국의 최고 암호해독가였다. 월리스의 초상화는 오늘날 그의 21세기 후계자인 영국 정부통신본부(GCHQ)의 본부장 사무실에 걸려 있다.

스콧이 잉글랜드 공화정의 초대 정보수장으로 재직하는 동안, 왕당파가 정보를 기반으로 가장 성공적으로 추진한 비밀공작은 유럽대륙에서 또 다른 잉글랜드연방 사절을 추적해 암살하는 것이었다. 1650년 6월 6일 저녁 일곱 명의 잉글랜드인 방문객이 한 마드리드 여관에 들어섰는데, 그 여관에서는 잉글랜드연방의 스페인 주재 대사 앤서니 애스컴(Anthony Ascham)이 저녁을 먹고 있었다. 한 사람 빼고 모두 구교도 왕당파였다. 그들이 모자를 벗은 후, 하나가 정중하게 대사에게 자신을 소개해도 좋으냐고 물었다. 애스컴은 자리에서 일어나 방문객들에게 인사했다. 그들 중 하나가 인사하는 대사의 머리카락을 잡고 머리에 단검을 찔렀다. 두 번째 암살범이 네 번을 더 찔렀다. 도망치려는 애스컴의 통역관도 살해되었다. 암살단 가운데 여섯이 스페인에서 탈출했는데, 아마 현지 사제들의 도움을 받았을 것이다. 유일한 신교도 암살범은 마드리드에서 처형되었다. 왕정복고 시까지 국왕 시해범과 연방 대표들에 대한 왕당파의 암살이 더는 없었다.

토머스 스콧의 정보시스템은 찰스 2세에게 충성하는 비조직적인 네트워크에 비해 월등했다. 찰스 2세가 1650~51년 왕위를 되찾으려는 시도는 매우 처참한 수준이었는데, 그것은 믿을 만한 정보의 부재가 심각했기 때문이다. 1651년 1월 1일 스콘(Scone)에서 스코틀랜드 왕으로 즉위한 찰스 2세는 스코틀랜드인 군대로 잉글랜드를 침공했지만, 너무 낙관적인 왕당파 지지자들이 그에게 약속했던 인원보다 훨씬 적은 수의 잉글랜드인들이 그의 깃발 아래 모였다. 그 침공은 1651년 9월 3일 우스터(Worcester) 전투에서 패배로 끝났다. 그의 측근 참모 에드워드 하이드(Edward Hyde) 경—나중에 초대 클라렌든(Clarendon) 백작이 되었다—은 상당수의 병사가 패주하면서 시골 주민들에게 머리를 얻어맞았다고 고충을 이야기했다. 그러나 찰스 2세는 탈출했다. 패배한 찰스 2세를 붙잡지 못한 것이 공화정 정권, 특히 토머스 스콧의 유일하고도 최대의 정보 실패였다. 찰스를 생포해서 그 후속 조치로 그를 반역 혐의로 재판하고 처형했더라면 스튜어트 왕정의 복고 가능성이 감소했을 것이고 잉글랜드 공화정의 수명도 대폭 연장되었을 것이다. 우스터 전투의 패배 이후 찰스의 탈출 가능성은 희박해 보였다. 그의 생포에 1,000파운드라는 엄청난 현상금이 걸렸으며 그걸 받고 싶어 하는 사람들이 넘쳐났다. 신장 190cm의 찰스는 17세기 대다수 잉글랜드인들보다 키가 컸기 때문에(후속 영국 군주들 가운데 가장 키가 컸다) 눈에 띄는 표적이었다.

　토머스 스콧이 왕당파 속에 심은 첩자 로버트 워든이 찰스의 생포를 돕기 위한 정보를 보냈지만, 미리 준비된 탈출 계획이 없었기 때문에 아무런 소용이 없었다. 찰스가 불가능해 보이는 대륙으로의 탈출에 성공한 것은 그 자신 덕분이었다. 그는 전략정보에 대해서는 전혀 이해하지 못했으나 비밀 요원으로서는 성공할 개인적 자질을 갖추고 있었다. 그는 패전 후 즉시 아버지의 가터(Garter) 메달, 즉 순교한 찰스 1세를 기리는 가장 소중한 기념품을 떼어버렸으며 자신을 눈에 덜 띄게 하는 첫 시도로 하인을 시켜 머리카락을 잘랐다. 그는 숲으로 피신해 큰 오크나무—나중에 '왕의 오크나무(Royal Oak)'로 유명해졌으며 영국의 수많은 선술집의 이름이 되었다—속에 숨었다. 그는 그 나무 속에서 추적자들을 보고 들을 수 있었다고 나중에 하이드에게 말했다. 후일 하이드가 인정했듯이, 사제들을 자기 집에 숨겨준 경험이 있는 사람을 포함한 구교도들이 "폐하의 옥체를 보전하는 데 큰 몫을 담당했다". 찰스 2세는 구교도 집주인들의 도움을 받아 여러 번 변장하고 가명도 바꾸었는데, 그들 모두가 찰스에게 숙소를 제공한 대역죄로 처형될 위험을 감수했다. 하이드가 찰스에게 들은 바에 따르면, "그는 자신의 셔츠를 그대로 입고 싶었지만 남루한 겉옷 속에 좋은 리넨 제품을 입으면 변장한 표시가 드러나기 쉽다고 생각했다". 찰스가 특별히 고마움을 표시한 사람들 가운데에는 베네딕토회 수사신부 허들스톤(Huddlestone)이 있었는데, 그는 "찰스에게 아주 큰 도움과 위안이 되었다". 30년 뒤 찰스 2세의 임종 시에 허들스톤이 그를 가톨릭교회로 인도했다.

공화정 정권이 "아주 부지런하게"(허들스톤의 표현이다) 찰스를 추적했지만, 스콧은 비밀 활동을 하는 베네딕토회 수사를 찾는 것은 물론이고 가톨릭 가정과 그 하인들을 우선으로 조사해야 한다는 것도 생각하지 못했다. 찰스는 우스터에서 영국해협 해안으로 가는 위험한 여정에서 놀라울 정도로 대담했다. 그는 나중에 새뮤얼 피프스(Samuel Pepys)에게 그 여정에서 한 공화주의자 대장장이와 마주친 사실을 이야기했다.

나는 말을 세우면서 그 대장장이에게 무슨 소식이 있냐고 물었다. 그는 (우스터에서) 스코틀랜드 악당들을 이겼다는 기쁜 소식 이후로는 아는 소식이 없다고 말했다. 나는 그에게 스코틀랜드인들과 합세했다가 붙잡힌 잉글랜드인은 없냐고 물었다. 그는 악당 찰스 스튜어트가 잡혔다는 얘기는 듣지 못했지만, 일부 다른 사람들은 잡혔다고 대답했다. 나는 그 악당이 잡히면 스코틀랜드인들을 불러들인 죄로 나머지 사람들보다 먼저 교수형에 처해야 한다고 말했다. 이에 그는 내가 정직한 사람 같다고 말했다. 그리고 우리는 헤어졌다.

찰스는 여러 번 구사일생을 겪은 후 마침내 당시 작은 어촌이던 브리튼에서 배 한 척을 찾았고 그 배로 1651년 10월 프랑스에 도착했다. 찰스의 참모들 가운데 가장 현명한 하이드는 찰스가 스스로 복위를 꾀할 힘이 없다고 생각했다. 그는 '우호적인 기독교 군주들로부터 국면 전환이 가능한 지원'을 참고 기다리든가 '잉글랜드 내부에서 불만과 분열로 사태가 반전되어 폐하의 재등장이 적절해질 때'를 참고 기다려야 했다. 망명 궁정은 '왕위를 되찾으려는 노력보다 권력투쟁에 더 힘을 쏟았다'.

1653년 잉글랜드공화국의 정권 교체로 그 정보수장도 교체되었다. 토머스 스콧이 1653년 올리버 크롬웰의 잔부(殘部)의회 해산과 호민관 취임에 격렬하게 반대하자 정보수장이 크롬웰에 충성하는 법률가 존 설로(John Thurloe)로 교체되었다.[4] 국왕을 시해한 스콧과 달리, 설로는 훗날 왕정복고 후에 찰스 1세의 처형과 관련해 누구와도 의논한 적이 없었다면서 아무런 역할도 하지 않았다고 주장할 수 있었다. 월싱엄처럼 설로도 정보수장과 국무장관(사실상 외무장관) 역할을 겸했다. 설로가 21세기 이전의 정보수장들 가운데 월싱엄을 제외하고 정부에 대한 영향력이 가장 컸던 이유는 주로 그가 크롬웰의 신임을 얻었기 때문이다. 호민관은 설로가 자신의 지시를 잘 따를 것이라고 기대했으며, 설로는 항상 그 지시에 기꺼이 따랐다. 크롬웰도 정보의 중요성에 대해 자주 날카로운 감각을 보였다. 예를 들어, 1655년 7월 크롬웰은 설로에게 편지를 써서 한 미망인의 아들을 차터하우스 스쿨(Charterhouse School)에 입학시키라고 부탁했는데, "그 미망인의 남편이 과거 중요한 비밀임무에 채용되어 효과적으로 수행함으로써 우리 연방에 큰 공을 세웠"기 때문이었다.

설로가 정보수장으로서 처리해야 했던 왕당파의 주요 음모는 '봉인된 매듭 (Sealed Knot)'이라는 여섯 명의 음모자 단체였는데, 이 단체는 왕당파의 봉기를 준비하기 위해 찰스 2세의 개인적 승인하에 1653년 11월쯤 결성되었다. 1654년 2월 무렵 설로는 '봉인된 매듭'과 파리의 찰스 궁정 간의 통신문을 적어도 일부는 가로채고 있었다. 그의 문서철에 들어 있는 한 편지 사본은 2월 2일 런던에서 발신한 것으로서 음모자의 한 사람인 에드워드 빌리어스(Edward Villiers, '데이븐포트'라는 가명을 사용했다)가 파리의 에드워드 하이드 경('바르지에르 씨'라는 가명을 사용했다)에게 다음과 같이 알리는 내용이었다. "봉인된 매듭은 크로스

---

4   2007년 설로의 초상화가 경매에 나왔을 때, 'C'의 요청으로 영국 정부 예술품수집청에서 매입했다. 그 'C'는 비밀정보부(SIS 또는 MI6) 수장인 존 스칼릿(John Scarlett) 경으로 SIS의 복스홀 크로스(Vauxhall Cross) 본부에 있는 자기 사무실에 그 초상화를 걸어놓았다. 그림에서 설로의 얼굴은 옅은 미소를 머금고 있다. 스칼릿 경보다 역사의식이 부족한 그의 후임자가 그 그림을 치워버렸다고 한다.

씨(찰스 2세를 위해 무언가 도모한다는 의도에서 여전히 회동하고 있으며, 당신의 가르침대로 계획이 숙성되면 신중한 행상인을 보내겠습니다." 그러나 음모의 주동자들은 서로 사이가 틀어졌다. 빌리어스와 동료 음모자 리처드 윌리스(Richard Willys) 경이 1654년 여름 체포되어 여러 달 구금되었다. 윌리스는 '봉인된 매듭'의 다른 구성원인 존 벨라시스(John Belasyse, 초대 벨라시스 남작)가 자기를 배신했다고 의심했다. 하지만 그들이 체포된 것은 배신 때문이 아니라 설로의 정보망에 의한 감시와 편지 절취 때문이었을 것이다. 그리고 '봉인된 매듭' 내부에서는 "치명적인 다툼"(후일 하이드의 표현)이 벌어졌다.

1655년 3월 8일을 거사 일로 잡았던 '펜러덕 봉기(Penruddock Uprising, 지도자인 존 펜러덕 대령의 이름을 따서 명명되었다)'가 실패하면서 왕당파의 사기가 더욱 떨어졌다. 낙관한 찰스 2세는 네덜란드 미델부르크(Middelburg)로 이동해서 반란이 탄력을 받으면 잉글랜드를 향해 해협을 건너려고 대기하고 있었다. 그는 요크 근처의 마스턴 무어(Marston Moor)에 집결한 왕당파 병력을 지휘하도록 하기 위해 자신의 침실 파트너이자 고위 군사령관인 로체스터(Rochester) 백작을 보냈다. 그러나 왕당파 사람들 속에 설로의 스파이망이 침투해 있었다. 요크셔 반군들의 기대와 달리 요크 내 왕당파가 성문을 여는 데 실패하자 반군들은 마스턴 무어에 많은 무기를 버리고 도주했다. 로체스터도 변장하고 남쪽으로 도주했으나 에일즈버리(Aylesbury)에서 붙잡혔으며, 뇌물을 써서 대륙으로 탈출했다. 남부지방에서는 펜러덕을 포함해 12명의 왕당파 반군 지도자가 체포되어 처형되었다. 다른 반군들은 바베이도스(Barbados, 카리브 해의 섬_옮긴이)로 이송되었다.

하이드에 따르면, 펜러덕 봉기 이후 찰스 2세는 크롬웰이 "폐하가 결심한 것과 혼잣말까지도 모두 완전한 정보를 가지고 있다"라고 침울하게 결론지었다. 그 과장된 믿음을 확인시킨 것이 당시 쾰른에 있던 찰스의 망명 궁정에서 설로를 위해 활동한 이중간첩이 1655년 12월 발각된 사건이었다. 그 스파이는 용병 왕당파 헨리 매닝(Henry Manning)이었는데, 그는 1655년 3월 13일 설로에게 편지로 보수를 받는 대가로 스파이활동을 제의했었다. 매닝은 4월 16일 설로로부터 암호를 수취한 후, 도버를 통해 잉글랜드와 궁정 사이를 여행하는 왕당파에 관해 수많은 보고서를 보내는 데 그 암호를 사용했다. 매닝은 빠르게 자만해졌다. 1655년 11월 하이드가 안트베르펜(Antwerp)에서 받은 경보에 따르면, 해외에서 매닝 앞으로 가는 편지가 우편물마다 들어 있었으며 매닝이 안트베르펜에 '상당한 금액'의 신용장을 보유하고 있었다. 12월 5일 매닝은 책상에서 설로에게 보낼 보고서를 암호로 쓰다가 현행범으로 체포되었다. 열흘 뒤 그는 쾰른 근처에서 찰스의 궁정 사람들에 의해 처형되었다.

매닝이 처형되었음에도, 대륙에서 설로에게로 보낸 '정보 편지들'은 망명 궁정의 후원을 받는 봉기가 추가로 일어날 가능성을 걱정하지 않도록 해주었다. 또 대부분의 편지가 설로에 대한 호칭으로 매우 공손한(때로는 극도로 공손한) 용어를 사용했다. 그 예로 플리싱겐(Flushing, 네덜란드의 항구 도시)에 있던 설로의 스파이 토머스 조지(Thomas George)가 1656년 10월 29일 쓴 다음 보고서를 보면,

　　　고귀하신 선생님께,
　　당신의 명예를 위한 저의 임무가 있으므로 금주의 이곳은 (종전처럼) 새로운 것이 없지만 저는 열심히 기어서라도 당신의 고귀한 손에 키스해야겠습니다. 그리고 당신의 명예를 드높이는 것으로, 도대체 이 나라는 스페인에 대한 잉글랜드[해군]의 [1654년 시작된 전쟁에서의] 승리와 그로 인한 일부 상인들의 슬픈 이야기를 제외하고는 아무 소식도 들리지 않습니다. 스코틀랜드인들의 왕찰스 2세은 여전히 부하들을 거느리고 있으나 꼼짝하지 못합니다. 제 생각에 그

는 이제 당신에 대해 무언가를 시도할 희망이 없습니다.[5]

설로는 또한 우편물 절취에서 많은 양의 정보를 추출했는데, 특히 그가 1655년 우정청장이 된 후에 더욱 그랬다. 우편물 처리에서 그를 보좌한 최고의 재주꾼은 수학자이자 발명가인 새뮤얼 몰런드(Samuel Morland)였을 것이다. 그는 케임브리지대 맥덜린 칼리지(Magdalene College)의 석사와 선임연구원 출신이었다. 몰런드의 발명품 가운데에는 편지를 빠르게 개봉하는 장치와 위조 봉인을 만드는 장치가 있었는데, 현존하지는 않는다. 그의 발명품 가운데 성공하지 못한 것으로, 잉크 글씨에 대고 젖은 얇은 종이를 누름으로써 절취한 편지를 복사하려고 시도한 장치가 있었다. 몰런드가 월리스의 전문지식에는 필적하지 못한 것이 분명하지만, 그가 절취된 왕당파 서신에 사용된 암호를 적어도 일부는 해독하는 데 성공했다는 사실이 더 중요하다. 그는 나중에 호기롭게 제목을 붙인 책 『암호해독의 새로운 방법(A New Method of Cryptography)』을 출간했다.[6] 그는 또한 1657년까지 어떻게든 부자가 되려고 애를 썼는데, 연간 1,000파운드의 소득을 얻으면서 동런던의 보(Bow) 근처에 대저택을 소유했으며, 호사스럽게 살고 부정직하다는 평판을 받았다. 그에게 사사한 새뮤얼 피프스는 그가 일반적으로 "악당으로 여겨진 인물이었다"라고 후일 기록했다. 국왕부재시대(Interregnum) 말기에 몰런드는 정보를 망명 왕정에 전달하면서 표리부동한 행동을 했다. 왕정복고 이후 그는 자신의 역할을 이중간첩이라고 극적으로 설명했지만 이는 믿기 힘든 얘기다. 그의 주장에 따르면, 한번은 설로와 크롬웰이

---

5   잉글랜드가 신대륙에서 스페인의 선박과 은을 포획했지만, 크롬웰과 설로가 바랐던 대로 그것으로 막대한 전비를 충당하기는 부족했다.
6   아이작 도리스로스 2세(네덜란드공화국에 파견되었다가 암살된 잉글랜드 사절의 아들)가 왕당파 서신의 해독을 도왔다.

왕당파 병력이 기다리고 있을 것이라는 거짓 약속으로 서식스의 한 저택으로 찰스 2세를 유인하려는 비밀계획을 논의하고 있을 때, 자신은 책상에서 자는 척하고 듣고 있었다고 한다. 몰런드의 개연성 낮은 설명에 따르면, 크롬웰이 갑자기 자신이 있다는 것을 깨닫고 단검으로 자신을 찌르려는 것을 설로가 막았다고 한다. 몰런드는 그처럼 과장된 이야기를 퍼뜨리는 동시에 자신의 저서에서 크롬웰에 대한 요란한 헌사를 제거하려고 했다.

설로가 국내 스파이망뿐 아니라 우편물에서도 취득한 정보에 힘입어 그는 '만사를 아는 작은 장관'이라는 명성을 얻었다. 그가 외국 수도에서 받은 정보도 그 명성에 이바지했다. 그의 문서철에는 네덜란드공화국, 스페인, 스칸디나비아, 발트제국 등에서 온 '정보 편지'가 많다. 월싱엄처럼 설로도 사실상 외무장관과 정보수장을 겸직했다. 1648년 마침내 스페인에서 독립해 상업적 성공의 황금기를 시작한 개신교 국가 네덜란드공화국은 잉글랜드공화국의 자연스러운 이념적 동맹국처럼 보였다. 그러나 상업적 경쟁이 이념적 공감을 압도해 1652년 최초의 잉글랜드-네덜란드 전쟁이 발발했다.[7] 1654년 평화가 찾아온 후, 크롬웰이 두 공화국 간의 정치적 동맹을 다시 제안했으나, 네덜란드 의회에 의해 거부당했다. 설로는 헤이그에 주재하는 스파이들로부터 영어와 프랑스어로 쓴 정보보고서를 무수히 받았으며, 그 가운데 다수가 이름을 숫자로 대체한 암호를 적어도 부분적으로 사용했다. 그 예를 보면 다음과 같다.

104: 네덜란드 의회

105: 네덜란드연방, 네덜란드 사람, 네덜란드

---

7   최초의 잉글랜드-네덜란드 전쟁으로, 잉글랜드연방은 잉글랜드 주변 해역을 장악하고 잉글랜드와 그 식민지의 무역을 통제하게 되었다.

설로는 '정보 편지들'을 읽고 네덜란드공화국과의 정치적 동맹은 가망이 없다고 더욱 확신하게 되었다. 그는 크롬웰의 아들 헨리에게 네덜란드 사람들이 "아무리 우리나라나 개신교 명분에 대해 호의적으로 말하더라도 그 속셈은 전혀 아니다"라고 편지를 썼다. 1657년 설로는 비양심적인 조지 다우닝(George Downing)을 헤이그 주재 대사 겸 정보활동 수장으로 임명했다. 다우닝은 1642년 하버드대 첫 졸업반에서 차석을 차지했었다. 그는 1649년 크롬웰에 의해 스코틀랜드 지역의 잉글랜드군 모병 책임자로 임명되어 정보 경력을 시작했지만, 그가 오늘날 유명한 것은 부동산 투기꾼으로서의 경력 때문이다. 다우닝은 왕정복고 기간에 오늘날 총리와 재무장관 관저가 있는 다우닝 가(街)에 주택을 날림으로 건설했다. 다우닝이 일기 작가 새뮤얼 피프스에게 자랑한 바에 따르면, 다우닝은 헤이그에 주재한 시절에 "아주 뛰어난 수하의 스파이들을 시켜서 네덜란드 총독 요한 데 위트(Johan De Witt)가 자고 있을 때 그의 주머니에서 열쇠를 꺼내 벽장을 열고 꺼낸 문서를 자신에게 가져와 한 시간 동안 보고 다시 제자리에 갖다 놓았으며 열쇠도 그의 주머니에 다시 넣었다". 그는 또한 '도리스로스 박사를 죽인 자'를 포함한 왕당파 암살단이 "나를 죽이기 위한 계획과 지시를 받았다"라고 설로에게 보고했다.

설로는 호민관 정부의 정보활동에서뿐 아니라 외교정책에서도 지배적인 역할을 했다. 베네치아 대사 프란체스코 지아바리나(Francesco Giavarina)가 설로에 관해 기록한 바에 따르면, "모든 일이 이 장관의 손을 거쳐야 하는데, 그 혼자서 국가의 가장 중요한 관심사를 모두 처리하고 관리한다". 설로와 크롬웰의 관계는 제2차 세계대전 이전 역대 정보수장과 영국 국가수반(또는 수상)의 관계 가운데 가장 긴밀했다. 크롬웰의 작은 아들 헨리(나중에 살아남았다)는 당시 아일랜드 주둔 잉글랜드군 소장으로서 설로에게 존경한다는 내용의 편지를 썼다. "정말이지 당신처럼 마음만 먹으면 언제든지 자물쇠를 따서 사악한 사람들의 마음속에 들어갈 수 있다는 것은 기적입니다. 그리고 그런 일에 당신의 노고로 성공하는 것은 하느님의 은총입니다." 크롬웰의 외교정책보좌관 벌스트로드 화이트로크(Bulstrode Whitelocke)에 따르면, 설로는 크롬웰이 정책을 상의할 뿐 아니라 '체통을 내려놓고' 같이 편안하게 파이프 담배를 피우는 소수의 측근 중 하나였다. 설로는 1658년 8월 말 크롬웰의 임종을 지키면서 그의 큰아들 리처드를 후계자로 지명하도록 주도적으로 그를 설득했다. 9월 3일 크롬웰이 죽고 리처드가 호민관이 되었을 때, 설로가 그의 수석 보좌관이 되었다.

정적들에게서 "쓰러질 놈", "여왕 놈(Queen Dick)"이라고 놀림을 받은 리처드 크롬웰은 공공심이 강한 사람이었지만, 봉급 체불로 불만이 쌓이고 분열된 군대를 효과적으로 다루는 데 필요한 지도자의 역량과 무자비가 없었다. 1659년 3월 설로는 '군대 장교들을 배반케 하는 물밑 작업'이 진행되고 있다고 보고했다. 4월에 리처드 크롬웰은 사실상 군부에 권력을 빼앗겼으며, 군부는 잔부의회의 생존 의원들을 웨스트민스터 의사당으로 소집했다. 5월 14일 크롬웰의 호민관 국새를 부수는 의식이 하원 의사당에서 치러졌다. 5월 25일 리처드 크롬웰은 잔부의회에 공식적인 사직서를 제출했다. 호민관과 함께 권력에서 밀려난 설로는 구경꾼들의 야유를 받으며 화이트홀 숙소에서도 쫓겨났다. 토머스 스콧이 포함된 새 국무원은 설로 자리에 6인 정보위원회를 설치하고 스콧을 그 위원장으로 임명했다. 후회막급의 설로는 스콧을 "시끄러운 떠버리"라고 부르면서 자신의 암호를 그에게 인계하기를 거부했다.

설로가 실각한 데 뒤이어 이제 잔부의회의 권위에 의존하게 된 공화정 정권에 점차 혼란이 가중되었고, 이로 인해 설로의 전직 정보참모 일부는 정부에 대한 충성심을 재고하게 되었다. 1659년 7월쯤 새뮤얼 몰런드가 '봉인된 매듭' 출신이자 찰스 망명 궁정의 일원인 리처드 월리스 경이 설로와 비밀리에 접촉했었다고 궁정에 폭로했다.[8] 그러나 어떤 왕당파 음모나 반란이 공화정을 전복하는 데 성공할 가망은 아직 없었다. 1659년 8월 조지 부스(George Booth) 경이 주도해 찰스의 승인하에 봉기를 일으켰으나 실패했으며, 부스는 여자 옷을 입고 대륙으로 도망치다가 붙잡혔다. 찰스 2세가 평화롭게 잉글랜드 왕위를 회복하도록 최종적으로 보장한 사람은 잉글랜드공화국의 스코틀랜드 주둔군 사령관 조지 멍크(George Monck) 장군이었다.

1660년 1월 1일 멍크는 5,000명의 보병과 2,000명의 기병을 이끌고 런던으로 5주간의 진군을 개시했는데, 표면상으로는 인기 없는 잔부의회를 지지했다. 스콧은 1월 10일 정보수장으로 공식 임명되었으며, 잔부의회는 스콧을 포함해 두 명의 특사를 보내 멍크를 맞이하게 했다. 두 특사는 1월 22일 노팅엄에서 레스터로 가는 도중에 멍크를 만났는데, 그들의 표면상 목적은 그를 환영하기 위한 것이었지만 실제 목적은 멍크의 의도를 알아내고 그를 설득해 왕정 포기를 선서시키기 위한 것이었다. 멍크의 측근들은 그 두 특사를 몹시 불신했다. 멍크의 사제들 중 한 사람인 토머스 스키너(Thomas Skinner) 박사(나중에 멍크의 전기를 썼다)는 그들을 '악마의 두 천사'라고 불렀다. 그러나 멍크는 특사들을

---

8   월리스는 왕의 사면을 받았으나 나중에 왕의 시야에서 사라졌다.

매우 정중하게 모시라고 명령했다. "병사들은 모든 경우에 멍크에게 경의를 표하는 것보다 더 정중하게 특사들에게 경의를 표하도록 강요되었다." 스키너 박사의 기록에 따르면, 멍크가 레스터에서 세인트 올번스(St Albans)로 가는 도중에 두 특사는 매일 밤 숙박지에서 멍크의 바로 옆방을 차지해 "엿보고 엿듣기 위해 항상 문에 구멍을 찾거나 구멍을 냈는데, 이는 보다 가까이서 멍크의 행동을 주시하면서 어떤 사람들이 그를 찾아오는지 관찰하기 위함이었다. 그들이 이런 짓을 너무 드러나게 하는 바람에 멍크 장군이 알아채고는 그들의 비열함과 사악한 의심을 반영한다고 측근들에게 주의시켰다". 런던을 코앞에 둔 바넷(Barnet)에서 마침내 잔부의회의 두 특사는 별도 숙소로 옮겼다. 그날 밤 스콧은 잔부의회에 적대적이고 멍크에게 유리한 시위가 런던에서 요란하게 벌어졌다는 보고를 받았다.

스콧 씨는 자다가 이 급보에 너무 놀란 나머지 옷 입을 겨를도 없이 잠옷, 모자와 슬리퍼 차림으로 곧장 장군 숙소를 서둘러 찾았다. 거기서 스콧은 런던에서 벌어진 이 폭동에 관해 형편없이 설명하고는 멍크 장군에게 즉각 북을 울려 진군하라고 요구했다. 그러나 작은 소음에 놀라거나 성급한 이야기에 화를 낸 적이 없는 장군은 스콧 씨에게 침착하게 대답했으며, 스콧 씨를 설득해 두려움을 베개 밑에 묻도록 침실로 돌려보냈다.

스콧은 멍크가 자신보다 한 수 위임을 틀림없이 알았을 것이다. 멍크는 수도에 당당히 입성한 후, 왕정을 포기하라는 국무원의 요청을 정중히 거절했다. 스키너에 따르면, "장군은 스코틀랜드에서 출발하기 전에 런던에서 자리를 잡자마자 의회의 백해무익함을 종식하리라고 몰래 결심했었다". 스콧의 아들 하나가 집주인에게 비밀을 경솔히 털어놓자 그 집주인은 멍크의 측근에게 "의회가 멩크를 매우 의심해 황급히 군 사령관직을 박탈한 후 그의 목숨을 위태롭게 하기에 충분한 죄목을 찾아 런던탑에 가둘 계획"이라고 경고했다. 그런 계획은 설령 존재했더라도 고작 희망적인 생각에 근거한 것이었다.

멩크는 런던에 입성한 지 겨우 일주일 만인 2월 11일 잔부의회를 해산시켰다. 스키너 박사가 나중에 기록한 바에 따르면, 잔부의회는 '속임수나 힘으로 멩크를 다룰' 권위를 상실했다. 축하 분위기가 수도 전역에 급속히 퍼졌다. 피프스는 도시 곳곳에서 타오르는 31개의 모닥불을 스트랜드 다리에서 볼 수 있었다. 10년 전 추방되었던 하원의원들이 2월 말까지 복권되었다. 잔부의회의 해산으로 스콧의 정치·정보 경력도 끝이 났다. 그는 뉘우치지 않는 국왕 시해범으로 남았으며, 의회에 보낸 최후 연설에서는 '여기 찰스 스튜어트의 처형에 몸과 마음을 바친 이가 잠들다'라고 묘비명을 적어주길 바란다고 공언했다.

2월 27일 멩크의 영향으로 설로는 공동 국무장관으로 재임명되었고 화이트홀 숙소도 되찾았다. 곧이어 초조해진 조지 다우닝은 아직 헤이그 주재 대사 겸 정보수장이었지만 복원된 왕정에서의 자신의 앞날이 두려워 설로에게 편지를 썼다. "저는 무한히 당신에게 매인 몸입니다. 그러니 제가 어떻게 될지 좀 알려주십시오." 3월 17일 늦은 밤 멩크는 세인트 제임스 궁에서 찰스 2세의 대리인인 존 그렌빌(John Grenville) 경과 첫 비밀회동을 가졌으며 이후 여러 번 만났다. 그렌빌에 따르면, 멩크는 국왕에게 "목숨을 걸고 충성을 맹세했다". 4월에 다우닝은 중재자를 통해 국왕과 화해했다. 다우닝은 중고교와 하버드대 재학 중 '나중에 이성을 통해 깨닫게 된, 잘못된 원칙에 빠졌었던' 이유를 신대륙의 '뉴잉글랜드로 추방'되었다는 자신의 아버지 탓으로 돌렸다. 그는 이제 간절히 '폐하를 위해 복무하기를 바랐다'. 다우닝은 당시 찰스 2세가 잉글랜드로 귀환하기를 계획하고 있던 시기에 자신이 불가결한 인물임을 입증하기 위해 왕정복고에 대한 군부의 태도를 다룬 설로의 정보보고서를 건넸다. 다우닝이 편을 바꾸려는 시도는 빠르게 성공했다. 다우닝은 5월 12일 찰스 2세로부터 나이트 작위를 받은 후, 자신의 비서 새뮤얼 피프스에게 "나를 다우닝 경으로 기록해야 한다"라고 말했다.

복원된 상원을 포함한 컨벤션 의회(Convention Parliament, 국왕의 소집 없이 열리는 의회_옮긴이)는 5월 1일 투표를 통해 국왕의 복위를 결정했다. 찰스 2세는 5월 25일 도버에 상륙해 멍크의 영접을 받았다. 곧이어 국왕은 멍크를 초대 알버말(Albemarle) 공작으로 임명했다. 찰스는 나흘 뒤 서른 번째 생일에 대중의 환호 속에 런던에 입성했다. 설로는 기만적인 다우닝과는 달리 리처드 크롬웰에게 충성하는 지지자로 남았으며 찰스 2세와 화해하는 데 실패했다. 5월 14일 컨벤션 하원은 '대역죄 혐의가 있는 설로 장관의 신병을 확보해' 한 위원회가 심문하도록 결의했다. 설로는 자신이 재판에 회부되면 '왕당파로 자처한 자들의 절반을 교수형에 처할 블랙리스트'를 갖고 있다고 떠벌렸던 것으로 전해진다. 그 위원회가 설로의 협박으로부터 영향을 받았는지 여부에 관한 증거는 없지만, 6월 27일 그는 무혐의로 풀려나왔다. 이틀 후 하원은 설로가 찰스 2세의 각료들을 만나도록 승인했다. 설로는 찰스의 실질적 수상인 에드워드 하이드 경(1661년 클라렌던 백작에 봉해졌다)을 위해 외교정책에 관한 메모를 준비한 것으로 보이며, 이후 초야에 묻혀 지냈다. 잉글랜드연방이 끝날 때까지 잉글랜드 공화정 기간의 정보활동은 한계가 있었음에도, 다음 두 세기 반 동안의 영국 역사에서 그 어느 시기보다 더 조직적이었고 정부 정책에도 잘 통합되었다. 찰스 2세의 정보 이해력은 크롬웰과 비교조차 되지 않았다. 그러나 왕정복고 초기에 그는 잉글랜드에서 반역죄 재판과 처형을 피해 해외로 도주한 국왕 시해범들을 추적하기 위한 비밀공작에 적극적인 관심을 보였다. 토머스 스콧은 찰스 1세에게 사형을 선고한 재판관들에 대한 수배자 명단에서 가장 윗부분을 차지했을 것이다. 스콧이 나중에 기록한 바에 따르면, "일부 비이성적인 사람들의 분노와

폭력으로 내 목숨이 위험에 처했다는 것, 적어도 그들이 나에게 유혈 암살을 계획하고 있다는 것을 알았기 때문에 나는 내 친구와 친척들에 둘러싸여 잉글랜드를 빠져나왔다". 스콧은 처음에 해적들에게 붙잡혔지만, 브뤼셀로 도주하는 데 성공했다. 스콧은 브뤼셀에서 가명을 사용해 살았으나, 영국인 거주자 헨리 드 빅(Henry de Vic) 경이 그를 추적해 잉글랜드로 자진 귀국하도록 속였다. 드 빅은 스콧이 14일 내에 자수하면 국왕의 사면을 받는 대상자에 속한다고 거짓으로 그를 안심시킨 것으로 보인다. 이 기한을 넘긴 자는 '각자의 생명과 재산에 대한 사면이나 배상에서 제외되는 고통'을 당할 예정이었다.

스콧은 1660년 7월 잉글랜드로 귀국한 후 런던탑에 수감되었는데, 거기서 다시 기만을 당했다. 그는 찰스 2세의 망명 궁정과 영국 내 왕당파 지지자들에 관해 정보를 제공한 스파이들의 명단을 완전히 자백하는 대가로 목숨 보전을 약속받은 것으로 보인다. 스콧은 "처음에는 명단을 밝히면 나를 신뢰한 사람들이 곤경에 처할 것이기 때문에 양심의 가책을 느꼈다"라고 인정했다. 그러나 심문 막바지에 그는 '현재의 몰골에 매우 심란해져 폐하의 정부나 인물을 위태롭게 할' 어떤 일이나 사람도 숨기지 않았다고 '영원한 하느님을 두고' 맹세했다. 스콧은 망가진 사람이 되었다. 그는 찰스 1세 처형과 관련된 자신의 역할을 정당화하면서 잔부의회에서 행한 자신의 지난 연설을 '무절제한 혀와 오도된 양심의 잘못된 심술' 탓으로 돌렸다. 스콧이 그렇게 자백했을 무렵, 그는 그것으로 자신의 사형집행 영장에 스스로 서명했음을 깨달았을 것이다.

토머스 스콧은 1660년 10월 반역죄의 유죄판결을 받은 첫 그룹의 국왕 시해범에 속했다. 궁정에 우수한 인맥을 갖고 있던 일기 작가 존 에블린(John Evelyn)에 따르면, 찰스 2세는 그들 일부가 교수되고 끌려 나와 사지가 절단되는 광경을 군중에게 들키지 않고 지켜보았다. 에블린은 "나는 그들의 처형 장면을 보지 못했지만 난도질당한 그들의 사지를 보았으며, 시신을 바구니에 담아 처형

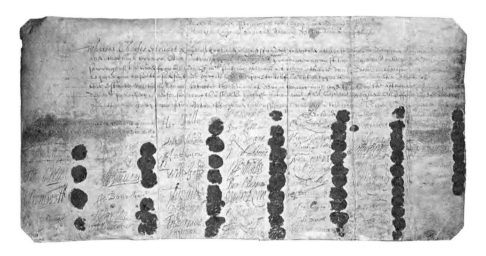

국왕 찰스 1세에 대한 사형집행 영장으로, 왼쪽 줄 위에서 세 번째에 크롬웰의 서명이 있다. 왕정복고 이후, 생존한 서명자와 해외로 도주한 시해범들을 국내로 유인하거나 납치하기 위한 일련의 비밀공작이 추진되었다. 교수(絞首)된 후 끌려 나와 사지가 절단된 자들 가운데 포함된 토머스 스콧(맨 오른쪽 줄 밑에서 세 번째 서명)은 영국의 정보수장 출신이 처형된 사례로서 지금까지 유일하다.

대에서 내릴 때 지독한 악취가 풍겼다"라고 썼다. 스콧은 영국 역사에서 반역죄로 처형된 최초이자 지금까지 유일한 정보수장이었다.

스콧의 처형으로 인해 해외로 도주한 다른 국왕 시해범들을 잉글랜드로 유인하기가 더 어렵게 되었다. 네덜란드공화국, 독일, 스위스, 뉴잉글랜드 등지의 칼뱅주의 공동체 속에 은신처를 구한 시해범들을 추적하기 위해 비밀공작이 개시되었다. 왕정복고 초기는 해외의 납치·암살 공작에 부여된 우선순위가 영국의 정보활동 역사상 가장 높았던 시기였다. 찰스 2세 치하에서 가장 성공적인 시해범 추적자는 비양심적인 변절자 조지 다우닝 경이었다. 그는 자신의 동료였던 공화정 인사들을 배신함으로써 복위된 군주에게 충성을 입증하려고 했다.

다우닝이 겨냥하는 첫 표적이 된 에드워드 덴디(Edward Dendy)는 찰스 1세의 재판을 선포했던 수위관(守衛官)이었다. 그는 왕정복고 시 로테르담으로 도주했다. 1661년 8월 다우닝은 납치 팀을 꾸리고, 왕실 요트를 로테르담에 정박시켜 덴디를 잉글랜드 법정으로 송환할 준비를 마쳤다. 그러나 마지막 순간에 덴디 체포와 신병 인도를 위해 네덜란드 당국의 영장을 발부받으려는 다우닝의 시도가 좌절되었고, 덴디는 스위스로 도주했다. 다우닝은 시해범 망명자들이 "영속적으로 거주지를 바꾸고 … 한 장소에 이틀 밤을 묵지 않는다"라고 불평했다. 다우닝은 클라렌던 백작에게 발송한 서신에서 납치보다 암살을 제안했다. "국왕이 믿을 만한 사람들에게 그들을 살해하도록 승인할 경우, 국왕이 심사숙고해서 이 일 처리를 나에게 맡기도록 부탁드립니다." 클라렌던은 처음에는 암살 방안을 거부했으나 나중에 생각을 바꾼 것으로 보인다.

다우닝은 처음 클라렌던에게 퇴짜를 맞은 후, 암살보다 납치 계획에 집중했다. 1661년 9월 그는 독일에 사는 세 명의 시해범이 아내와 통신하기 위해 네덜란드 델프트(Delft)에 사는 잉글랜드 상인 에이브러햄 키크(Abraham Kicke)를 우편함으로 이용하고 있다는 것을 알아냈다. 다우닝은 키크에게 시해범이 함정에 빠지도록 도와주면 시해범 1인당 200파운드를 주겠다고 제의하고 이 제의를 거절하면 그의 사업을 망치겠다고 위협했다. 키크가 동의했다. 키크는 프랑크푸르트 근처에 사는 두 시해범을 델프트의 자택 만찬에 초대했다. 그 두 사람은 찰스 1세 재판 시 재판부의 일원이었던 육군 장교 존 오키(John Okey) 대령과 런던탑 간수장을 지낸 존 박스테드(John Barkstead)였다. 다우닝은 오키를 개인적으로 알고 있었는데, 내전 기간 그의 연대에서 군종 사제(도덕적 양심이 없는 다우닝으로서는 별난 역할이었다)로 복무했었다. 키크에게 기만당한 오키와 박스테드는 잉글랜드에 남은 자신들의 아내가 남편이 잘 도착했다는 소식을 받고 남편을 만나러 델프트에 올 것이라고 믿었다. 키크는 또한 다우닝의 제안에 따라 마일스 코벳(Miles Corbet)도 만찬에 초대했는데, 83세의 코벳은 생존 시해범 중

최고령이었으며 찰스 1세 사형집행 영장에 마지막 59번째로 서명한 인물이었다. 오키와 박스테드는 조심스럽게 델프트로 여행해 키크 집에 도착했다. 그들은 외투 속에 총을 감추었지만, 만찬에 앞서 옆방에 외투를 벗어놓았으며, 집주인은 그들 몰래 옆방을 잠갔다. 다우닝이 클라렌던에게 보고한 바에 따르면, 오키와 박스테드, 코벳이 식사 후 '담배 한 대와 맥주 한 잔'을 느긋하게 즐기고 있을 때 다우닝의 체포조가 그 집을 급습했다. "그들이 즉각 뒷문으로 빠져나가려고 했으나 너무 늦었다."

이번에는 다우닝이 네덜란드의 체포영장을 확보했으나, 현지 관리들에게 뇌물을 주고서야 세 명의 시해범을 배에 태울 수 있었다. 그 배는 그들을 재판하고 처형하기 위해 잉글랜드로 가는 배였다. 오키는 타이번 사형장의 처형대에 서서 "나의 목숨을 죽을 때까지 노린" 자신의 군종 사제 출신 다우닝을 공개적으로 용서했다. 1660년 이미 다우닝에게 나이트 작위를 수여한 찰스 2세는 1662년 그를 준남작에 봉하고 일련의 수익용 사무실을 하사함으로써 고마움을 표시했다. 그를 못마땅하게 여긴 존 에블린의 기록에 따르면, 다우닝은 "한 푼의 가치도 없는 훈장 겸 미친 설교자에서 과도한 부자로 변신했으며", 의회 풍문으로는 "그가 여섯 명의 유급 매춘부를 거느리면서도 4만 파운드를 보유하고 있었다".[9]

스위스로 망명한 시해범들에 대해서는 그들을 잉글랜드로 몰래 데려오기가 어려워 납치 방안이 진지하게 검토되지 않았다. 암살이 실제적인 복수 방법으로 유일했다. 육군 장교 출신으로서 시해 재판관이었던 에드먼드 러들로(Edmund Ludlow)는 제네바 호수의 북쪽 기슭에 있는 브베(Vevey)에 정착했다.

---

9   그러나 다우닝은 1662년 말 도를 넘어 과욕을 부렸다. 그는 헤이그 주재 사절로서 임기 말년에 지시를 불이행한 죄로 6주간 런던탑에 수감되었다. 나중에 그는 총애를 회복했다.

그의 회고에 따르면, "브베에 사는 우리 친구들이 토리노, 제네바, 리옹 등 여러 곳으로부터 받은 갖가지 편지에는 필사적으로 우리를 노리는 사람들이 너무 많아서 그들의 손아귀에서 벗어나기가 불가능에 가깝다는 각지의 조언이 가득했다". 러들로 등 스위스 지역의 시해범들을 추적하는 주요 암살단을 이끈 사람은 저메인(또는 존) 리어던(Germaine Riordane)이었는데, 그는 한때 요크 공작의 연대에서 복무한 아일랜드인 용병이었다. 리어던은 헨리 베넷(Henry Bennet) 경의 사무실과 연락했다. 베넷은 1662년 찰스 2세에 의해 국무장관에 임명되었는데(그리고 1년 뒤 알링턴 백작에 봉해졌다), 베넷의 담당업무는 외교정책뿐 아니라 국왕의 일부 정부(情婦)를 조달하고 다루는 일까지 포함했다. 정보 수장의 공식 직책은 국왕부재시대 말에 소멸했지만, 알링턴 백작의 수석 차관보 조지프 윌리엄슨(Joseph Williamson, 옥스퍼드대 퀸스 칼리지의 책임연구원 출신)이 종래 스콧과 설로가 담당했던 업무를 비공식적으로 대부분 승계했다. 리어던의 상세 연락처는 윌리엄슨의 주소록에 들어 있다. 리어던에게 암살 임무를 부여한 문서가 존재하지 않는 것이 놀랍지는 않지만, 알링턴, 윌리엄슨과 국왕이 그 임무를 승인했음에는 의심의 여지가 거의 없다.

그러나 리어던은 다우닝과 같지 않았다. 그는 다우닝처럼 시해범들에게 덫을 놓는 대신 1663년 11월 8명의 암살 팀과 그들을 돕는 2명의 하인을 이끌고 사보이(Savoy)에서 출발해 제네바 호수를 노를 저어 건너갔다. 그들은 브베에 상륙하자마자 곧 의심을 불러일으켰다. 다음날 러들로는 집주인으로부터 '깡패 같은 놈들, 긴 망토 속에 카빈총을 지닌 무법자들'이 그와 다른 두 명의 망명 시해범이 교회로 걸어오기를 숨어서 기다리고 있다는 경고를 받았다. 리어던의 타격대는 암살 시도를 포기하고는 추격을 막으려고 브베에 정박되어 있던 다른 보트들을 파손시킨 다음 노를 저어 제네바 호수 건너편 사보이로 되돌아갔다. 만일 스콧이나 설로가 암살 임무를 명령했다면 그들은 리어던 같은 인물을 팀장으로 선발하지는 않았을 것이다.

그러나 리어딘의 암살 팀은 한 명을 살해했다고 주장했다. 1664년 초 무렵 윌리엄슨은 절취한 통신문으로부터 브베에서 러들로와 함께 암살 표적이 되었던 존 라일(John Lisle) 경이 로잔으로 이주했다는 사실을 알아냈다. 라일 경은 찰스 1세 재판의 재판관이었으며 나중에 호민관 밑에서 잉글랜드연방의 국새 총재를 역임했다. 로잔에서 그는 '필드 씨'라는 가명을 사용했으나 총재 망토를 걸치고 시내를 돌아다니는 바람에 사람들 눈에 띄었다. 1664년 8월 11일 리어딘의 암살팀원 두 사람이 로잔의 한 교회 묘지에 매복해 예배에 참석하러 오는 라일을 기다리고 있었다. 그 두 사람은 토머스 오크롤리(다른 이름으로는 토머스 맥도넬)와 제임스 코터였다. 오크롤리가 망토 속에서 나팔 총을 꺼내 라일의 등에 바로 대고 쏘았다. 그리고 암살자들은 말을 타고 "국왕 만세!"를 외치며 도주했다. 잉글랜드로 무사 귀환한 그들은 리어딘과 함께 임무를 성공한 데 대한 보상을 받았다.

시해범들이 왕의 복수에서 벗어나는 가장 먼 망명지는 뉴잉글랜드였다. 토머스 고프(Thomas Goffe)와 그의 장인 에드워드 왈리(Edward Whalley)는 둘 다 찰스 1세 사형집행 영장에 서명한 사람이었는데, 1660년 7월 보스턴에 도착했다. 그들은 처음에는 케임브리지에 살다가 코네티컷주 뉴헤이븐으로 이주했다. 거기서 그들은 전통에 따라 3년 동안 도시 바깥의 동굴에 은신함으로써 윌리엄슨이 보낸 스파이들을 성공적으로 피했다. 1664년 그들은 매사추세츠주 해들리에 주거를 정하고 자신들에게 동정적인 청교도 식민지 주민들의 보호를 받았다. 당시 식민지 주에서 발행된 신문에 따르면, 고프와 왈리는 "자신들의 신앙심과 역할에 힘입어 아주 대단한 존경을 받았고, 집회를 열어 설교하고 기도했으며, 천국에서 떨어진 사람으로 보였다". 또 보도된 바에 따르면, 그들이 뉴잉글랜드에서 여행하는 동안 그들을 환영하는 잔치가 규칙적으로 벌어졌으며 말과 안내인이 제공되었다. 고프와 왈리를 포함해 추포되지 않고 망명지에서 죽은 시해범이 적어도 열두 명이 있었는데, 대부분이 유럽대륙으로 망명한 사람들이었다.[10]

시해범을 추적하는 조지프 윌리엄슨의 정보공작은 그들의 일부 가족에게도 미쳤는데, 대표적으로 토머스 스콧의 아들 윌리엄이 그에 해당하는 사례였다. 옥스퍼드대 올 소울스(All Souls) 칼리지의 책임연구원 출신인 윌리엄 스콧은 1665년 제2차 잉글랜드-네덜란드 전쟁이 발발한 직후 네덜란드에 도착해 네덜란드 스파이로서 활동을 시작했다. 스콧을 네덜란드에 적대하는 이중간첩으로 전향시키기 위해 그의 정부였던 애프라 벤(Aphra Behn)이 네덜란드로 파견되었다. 나중에 작가로서 생계를 유지한 최초의 잉글랜드 여성이 된 벤은 또한 영국 정부가 공식적으로 채용한 최초의 여자 스파이(암호명: ASTREA 및 요원 160호)였다. 당시 20대 중반의 벤은 자신이 받은 정보 임무를 "내가 여자라는 점이나 내 나이에 비추어 특별하다"라고 묘사했다. 벤은 스콧(암호명: CELADON)이 편을 바꾸기로 동의했다고 보고했다. "그는 처음에 주저했으나 논쟁 끝에 아주 기꺼이 그 직무를 맡기로 했다." 스콧은 실제로 벤에게 정보를 제공해 런던으로 전달케 했지만, 네덜란드는 계속 스콧을 채용했다. 따라서 이중간첩으로서 스콧의 주된 충성심이 어느 쪽이었는지는 아직 불분명하다. 벤에게 보낸 윌리엄슨의 자금이 고갈되어 벤은 채무자 감옥에 갈 뻔하기도 했다.[11]

제2차 잉글랜드-네덜란드 전쟁은 1667년 8월 잉글랜드의 완패로 끝났다. 네덜란드 해군이 메드웨이(Medway) 강을 거슬러 올라가 채텀(Chatham)에 정박

---

10   아마 마지막으로 생존한 시해범이었을 에드먼드 러들로는 1688년 명예혁명 이후 72세에 잉글랜드로 귀환했다. 그러나 그는 곧 탄핵을 받아 다시 스위스로 망명했으며 거기서 1691년에 죽었다.
11   애프라 벤의 비범한 경력에 관해서는 대부분 아직 불분명하다. 그녀에 관한 최고의 전기 작가 재닛 토드(Janet Todd)가 내린 결론에 따르면, "애프라 벤의 작품을 제외하고 그녀에 관해 확실하게 알려진 것은 한 페이지로 집약할 수 있다".

중이던 잉글랜드 함대를 공격하는 특별한 장관을 연출했는데, 이는 영국 해군 역사에서 가장 치욕적인 사건이다. 잉글랜드 기함(旗艦) 'HMS 로열 찰스(Royal Charles)' 호가 암스테르담으로 예인되어 세 세기 반이 지난 오늘날 그 문장(紋章)이 레이크스미술관(Rijksmuseum)에 전시되어 있다. 1667년 10월 하원은 전쟁의 '과오'를 조사할 위원회를 구성했는데, 이는 영국 역사에서 이른바 '경보 실패'를 검토한 최초의 사례가 되었다. 패전의 주요 책임자들은 네덜란드의 공격 계획에 관한 정보의 부재를 탓했다. 찰스 2세의 두 국무장관 중 하나인 윌리엄 모리스(William Morice) 경은 자신의 정보예산이 연간 750파운드에 불과하다고 주장하면서 국왕부재시대의 설로의 정보예산 7만 파운드와 비교했다. '과오' 조사위원회는 1668년 2월 '해외로부터의 정보가 결핍'되었었다고 하원에 보고했다. 시인이자 풍자 작가인 앤드루 마벌(Andrew Marvell) 하원의원은 "정보에 배정된 돈이 너무 적었고 따라서 정보도 적었다"라고 불평했다. 추정컨대, 애프라 벤도 적은 정보예산의 피해자였을 것이다. 하원의 조사보고서는 후대에 대체로 잊혔지만, 그 보고서가 정보 결함에 관해 밝힌 내용은 세 세기 뒤 현대의 조사에서 도달한 결과와 유사하다. 그러나 1667년의 경우, 정보 실패보다는 정부 기관의 무능함이 영국의 패배에 더 크게 작용했을 것이다. 해군 행정관이자 유명한 일기 작가인 새뮤얼 피프스는 단일 사건으로서 최대의 굴욕인 '로열 찰스' 호를 잃은 것이 '단지 부주의' 탓일 뿐이라고 했다.

월리엄슨이 비공식 정보수장으로 재직하는 동안 해외정보는 찰스 2세의 사적인 비밀외교에 의해 일종의 혼란 속에 팽개쳐졌다. 1969년 네덜란드와의 전쟁에서 영국의 지원이 필요한 루이 14세는 찰스 2세를 꾀어 동맹을 맺기로 작정하고 찰스의 누이이자 오를레앙(Orléans) 공작의 부인인 앙리에트('미네트')를 비밀 중재자로 활용했다. 1670년 비밀리에 체결된 도버조약에 의해 찰스 2세는 전리품 일부와 매년 프랑스의 보조금을 받는 대가로 루이가 선택하는 시기에 영국 해군에 네덜란드 공격 명령을 내리기로 합의했다. 찰스는 또한 최고 기밀인 두 조항에서 반(反)가톨릭 형법을 정지시키고 적절한 순간에 자신의 공개적인 가톨릭 개종을 선언하기로 약속했다. (그러나 그 적절한 순간이 온 것은 찰스의 임종 시에 베네딕토회 수사가 그를 가톨릭교회에 입교시킬 때였다. 그 수사는 우스터 전투에서 패배한 찰스가 탈출하도록 도왔었다.) 찰스는 대중의 분노를 불러일으켰을 이 조항들을 자신의 구교도 동생인 요크 공작과 구교도 각료 두 사람, 즉 알링턴과 재무장관 토머스 클리포드(Thomas Clifford) 경에게만 공개했다. 구교도가 아닌 윌리엄슨은 아마 몰랐을 것이다. 신의가 없는 찰스는 비밀을 보호하기 위해 주요 반(反)가톨릭 인사인 버킹엄 공작(전직 총신의 아들)과 섀프츠베리(Shaftesbury) 백작에게(이들은 비밀조약의 존재를 몰랐다) 종교조항을 생략한 다른 비밀조약을 루이 14세와 교섭하도록 지시했다. 역대 영국의 군주 가운데 자신의 각료 대부분을 오도하기 위해 찰스 2세보다 더 고생스럽게 기만한 군주는 없었다.

1672년 제3차 잉글랜드-네덜란드 전쟁이 다가오자, 조지프 윌리엄슨 경은 1668년 하원 '과오' 조사위원회가 보고한 정보 실패 주장이 또 제기될 것에 대비해 스스로 안전판을 마련했다. 즉, 그는 네덜란드에서 들어온 정보를 기록했는데, 이는 정보수장이 지난 전쟁에서의 정보활동에 대한 비판으로부터 영향을 받았다는 점에서 영국 역사에 기록된 최초의 사례다. 제3차 전쟁은 1674년 주로 의회 압력에 의해 종식되고 국민의 지지도 없었지만, 정보의 역할이 이전 전쟁처럼 공개적으로 논란이 되지는 않았다. 윌리엄 스콧은 윌리엄슨을 위해 계속 일했지만,[12] 극작가로서 생계를 유지한 최초의 여성 애프라 벤이 스파이

---

12   가장 생산적인 윌리엄슨의 스파이는 안트베르펜에 주재한 제롬 네프로(Jerome Nephro)였을 것이다.

활동에 추가로 관여했다는 확실한 증거는 없다. 벤은 제3차 잉글랜드-네덜란드 전쟁을 섹스와 잔인함이 뒤섞인 자신의 희비극『네덜란드의 연인(The Dutch Lover)』에서 반(反)네덜란드 정서를 활용하는 기회로 삼았다. 벤이 후속 희곡을 헌정한 인물 가운데에는 찰스 2세의 가장 유명한 정부 넬 귄(Nell Gwyn)이 포함되었다.[13] 벤은 1689년 죽은 뒤 웨스트민스터 대성당(Westminster Abbey)에 묻힌 최초의 전직 스파이가 되었다.[14]

국왕부재시대와 왕정복고를 잇는 정보활동의 주된 연속성은 존 월리스를 수석 암호분석관으로 계속 고용한 것이었다. 월리스가 공화정 기간에 찰스 2세와 왕당파가 사용한 암호뿐 아니라 내전 기간에 찰스 1세가 사용한 암호도 해독하는 역할을 했음에도 불구하고, 암호분석관으로서의 그의 기량은 대체 불가능한 것으로 생각되었다. 그는 1660년 왕의 사제가 되고 1년 뒤에는 기도서 개정위원회의 위원으로 임명됨으로써 일찍이 왕의 총애를 받았다. 아이러니하게도 찰스 2세의 초대 수상인 클라렌던 백작이 월리스의 주된 표적이 되었는데, 그것은 클라렌던이 1668년 탄핵 위협을 피해 프랑스로 망명한 이후였다. 월리스의 해독물은 거의 현존하지 않지만, 윌리엄슨의 보좌역인 존 엘리스(John Ellis)가 월리스에게 보낸 편지를 보면 월리스가 클라렌던의 서신을 해독하는 데 성공한 것이 "나에게 매우 큰 기쁨을 안겨주었다"라고 썼다. 또 월리스는 제3차 잉글랜드-네덜란드 전쟁 기간에 네덜란드 발송물을 해독하는 데 상당한 성공을 거두었다. 전쟁이 한창일 때, 찰스의 국무장관 알링턴 백작은 분명 월리스의 성과에 감명을 받아 그를 불러서 "(나에게 묻지도 않고) 금화 50기니를 직접 나에게 주었으며, 가끔 나에게 전달되는 편지들을 해독하면 분기당 50

---

13   벤은 1679년 희극『가장한 커티즌 사람들(The Feign'd Curtizans)』을 넬 귄에게 헌정했다.
14   벤의 무덤은 웨스트민스터 대성당의 동쪽 회랑에 있다.

기니를 주겠다고 약속했다(그리고 그 돈을 때맞춰 지급받았다)".[15]

조지프 윌리엄슨도 자신보다 유능한 전임자들, 즉 월싱엄과 설로처럼 국내의 전복활동을 주시했다. 왕정복고 초기에는 선동가들을 본보기로 처벌하려는 시도가 있었다. 1661년 찰스 2세를 '유혈 폭군'이라고 탄핵하고 "그의 죽음과 파멸이 아주 가까이 다가왔다"라고 선동한 제5 왕국파(Fifth Monarchist) 전도사는 대역죄의 유죄판결을 받아 교수되고 끌려 나와 사지가 절단되는 형을 선고받았다. 그러나 윌리엄슨의 스파이와 교사 공작원들이 보고한 내용은 대부분이 선술집 수다였다. 한 스파이에게 '다음 선술집부터는 아주 은밀하게' 탐문하라는 지시가 내려갔다. 아마도 술에 취했을 메리 그린이라는 여자가 코번트 가든(Covent Garden, 런던의 중심지구)의 세인트 폴 성당에서 "모든 왕이여, 매독에 걸려라!"라고 떠들었는데, 이와 같은 전복적 표현을 잡아내는 것은 어렵지 않았다. 그녀는 "어느 더러운 놈을 지칭하지 않았고, 잉글랜드의 어느 왕을 지칭하지도 않았으며, 무슨 거짓말을 한 것도 아니었다"라고 주장했다. 메리 그린이 어떻게 되었는지는 알 수 없지만, 대부분의 치안판사는 그러한 표현을 반역의 증거보다는 질서문란 행위의 증거로 취급하곤 했다. 1666년경 클라렌던 백작은 선술집보다는 늘어나는 다방이 더 걱정되었는데, 그는 다방을 선동의 진원지라고 맹비난했다. 다방에서는 "정부에 대해 악랄한 비방이 쏟아지고, 그 고객들은 그런 집은 심문받을 위험 없이 내키는 대로 말할 특전이 있다고 일반적으로 믿는다"라는 것이었다. 윌리엄슨에게 보고된 선동적 대화의 수로 판단할 때, 이후 수년 동안 다방 제보자가 상당히 증가했다. 그러나 선술집에서와 마찬가지로 다방에서 나눈 선동적 대화가 결코 체제를 위협하지는 않

---

15   월리스는 윌리엄과 메리의 초대 국무장관 노팅엄(Nottingham) 백작을 위해 발송물을 해독할 때는 10배나 더 성공적이었다고 주장했다.

았다.

윌리엄슨이 주도하는 국내 보안 시스템에 대한 최대의 도전은 1670년대 말의 구교도 음모 사건(Popish Plot)이었는데, 이는 영국 역사에서 가장 떠들썩한 가짜 음모였다. 사건의 핵심 인물은 타이터스 오츠(Titus Oates)였는데, 그는 가톨릭 음모에 관해 엉터리이긴 하지만 자극적인 정보를 공급하는 놀라운 재주를 개발한 사람이었다. 오츠의 초기 경력을 보면, 나중에 그의 영향력이 얼마나 커질지 암시하는 사항이 전혀 없었다. 오츠는 케임브리지대 곤빌 앤 케이어스(Gonville & Caius) 칼리지에 재학하던 중에는 남색 행각뿐 아니라 '위선적이고 광신적인' 행동으로 평판이 났고, 세인트존스(St John's) 칼리지로 전학해서는 유명하지 않았으며, 1669년 학위 없이 케임브리지대를 중퇴했다. 그는 학사학위를 받았다고 거짓 주장을 하면서 몽상가와 사기꾼으로서의 놀라운 경력을 시작했다. 그는 성공회 사제로서 신품성사를 받았으나 1673년 악행으로 인해 첫 임지인 켄트에서 쫓겨났다. 이후 그는 해이스팅스(Hastings)에서 아버지의 보좌신부가 되었으나, 그 지방의 학교장이 한 생도와 남색 행각을 벌였다고 무고한 후에 위증죄 기소를 피해 런던으로 도망쳤다. 런던에서 오츠는 해군의 군종 사제로 새 경력을 시작했지만, 탕헤르(Tangier, 모로코의 항구도시)에 다녀온 후 남색 혐의(그를 비난할 때 반복되는 주제다)로 영국 해군에서 쫓겨났다.

오츠는 1677년 성공회 사제로서의 자신의 경력이 끝장난 후, 정신적으로 분명히 비정상인 한 가톨릭 사제를 설득해 로마가톨릭교회에 입교했다. 그는 가톨릭 신앙을 위해 성공회의 풍족한 성직을 포기했다고 주장하면서 스페인 바야돌리드(Valladolid)에 있는 잉글랜드 예수회 대학(English Jesuit College)에 입학했지만 한 달 만에 퇴교당했다. 오츠는 잉글랜드로 돌아와 살라망카(Salamanca) 대학교에서 박사학위를 받았다고 거짓말을 했다. 1677년 말 그는 프랑스 생토메르(Saint-Omer)에 있는 예수회 신학대학에 입학했으나 곧 외톨이가 되었으며 다른 학생이 '장난으로 그의 머리를 때린 냄비가 박살났다'. 그리고 오츠는 다른 예수회 신학대학으로 보내졌지만, 거기서도 너무 말썽을 일으켜 생토메르로 돌려보내졌다. 결국 그는 1678년 여름 생토메르에서 퇴출되어 런던으로 돌아와야 했다. 오츠는 신학대학을 옮겨 다님으로써 예수회의 잉글랜드 선교 계획(그가 나중에 음모론으로 전환시켰다)에 대한 자신의 독창적인 통찰력을 갖게 되었을 뿐 아니라 예수회가 자신을 비밀 통신의 전령으로 썼다고 주장할 수도 있게 되었다.

런던으로 돌아온 오츠는 은퇴한 괴짜 성직자 이즈리얼 톤지(Israel Tonge) 박사(예수회를 위협적인 존재라고 비난하는 일련의 논문을 저술했다)를 구워삶아 예수회가 앙갚음하기 위해 자신을 찍어냈다고 믿도록 만들었다. 톤지는 오츠에게 예수회에 관해 알아낸 모든 것과 다른 가톨릭 음모들을 적으라고 요구했다. 오츠는 그렇게 해서 43편의 '녹취록'을 만들었는데, 그 녹취록에서 찰스 2세 살해를 주목적으로 하는 '구교도 음모'를 폭로한다고 주장했다. 그는 1678년 4월 24일 런던의 백마(White Horse) 주막집에서 열린 예수회의 비밀 콘클라베(conclave)에 참석했으며 거기서 음모의 세부사항이 논의되었다고 주장했다. 그는 프랑스 예수회가 고용한 암살단이 이미 런던에 들어와 준비를 서두르고 있다고 보고했다. 9월 톤지는 오츠를 장기 치안판사 에드먼드 베리 고드프리(Edmund Berry Godfrey)에게 데려갔으며, 고드프리는 오츠의 음모론을 엄청난 양의 공책에 적어 수석재판관에게 전달했다. 고드프리는 연루되기를 꺼렸으며, 한 친지에게 "나는 내 수고가 달갑지 않다. … 나는 마지못해 그 일을 했으며 다른 사람이 했으면 싶었다"라고 말했다고 한다. 10월 17일 앵초 언덕(Primrose Hill)의 한 도랑에서 칼에 찔린 고드프리의 시신이 발견되었을 때, 많은 사람은 오츠가 탄핵한 이른바 구교도 음모자들이 그를 암살했다고 믿었다.

10월 하원은 오츠를 소환해 증거를 제출케 했으며, 그의 음모론을 수용해

"반체제 구교도들이 국왕 암살과 살해를 위해 그리고 개신교를 전복·근절하고 파괴하기 위해 강구하고 수행한 지독하고 지옥 같은 음모가 있었고 그 음모는 아직도 있다"라고 결의했다. 윌리엄슨의 동료 국무장관이자 하원의원인 헨리 코번트리(Henry Coventry) 경은 "오츠가 거짓말쟁이라면, 내가 본 사람 중 가장 대단하고 능란한 거짓말쟁이"라고 적었다. 하원 결의안은 오츠의 놀라운 타인 기만과 자기기만 능력을 반영했을 뿐만 아니라 가톨릭 음모에 대한 오랜 두려 움도 반영했다. 그 두려움은 매년 '가이 포크스의 날(Guy Fawkes Day, 화약음모사 건의 주모자 가이 포크스가 체포된 날_옮긴이)'을 기념하는 것에서 드러나는데, 이러 한 두려움은 왕위 계승자 요크 공작이 가톨릭 개종자라는 사실 때문에 더욱 가 중되었다. '구교도 음모 사건'은 요크 공작부인의 비서인(이전에는 공작의 비서였 다) 구교도 에드워드 콜먼(Edward Coleman)과 루이 14세의 고해 사제가 주고받 은 반역적인 서신이 발견된 후 더욱 신빙성을 얻었다. 1678년 11월 27일 고등 법원 왕좌부(King's Bench)에서 열린 콜먼의 반역죄 재판에서는 오츠가 주된 증 인이었다. 증거가 조잡함에도 불구하고, 배심원단이 그가 유죄라고 판단하는 데에는 15분도 채 걸리지 않았다. 콜먼은 일주일 뒤 타이번 형집행장에서 교수 된 뒤 끌려 나와 사지가 절단되었다. 콜먼을 필두로 가상의 가톨릭 음모자들이 20명 이상 끔찍하게 처형되었다.

윌리엄슨은 오츠의 폭로가 매우 의심스럽다고 생각한 것이 거의 확실하지 만, 그 폭로가 일으킨 일반대중의 압력과 의회의 분노로 인해 그의 용기가 무 너졌다. 구교도 음모 사건으로 흥분된 분위기에서 윌리엄슨이 일부 아일랜드 출신 구교도 군 장교들에게 성공회에 대한 충성 맹세를 면제시키는 조치를 승 인했다는 사실이 알려지면서 1678년 11월 18일 하원은 그를 런던탑에 가두었 다. 윌리엄슨은 진노한 찰스 2세의 명령으로 곧 풀려났지만, 이미 망가진 사람 이 되어 하원으로 복귀할 용기를 낼 수 없었다. 1679년 2월 그의 국무장관직은 거만하고 냉소적인 제2대 선덜랜드(Sunderland) 백작 로버트 스펜서(Robert Spencer)로 대체되었다. 선덜랜드는 유능하기는 했지만 세세한 것을 싫어했고 정보에 대한 자질도 없었다. 반감을 품은 그의 참모가 다소 과장되게 불평한 바에 따르면, 선덜랜드는 국가문서를 자신의 사무실이 아닌 자택으로 가져오게 했는데, "자택에서 그는 늘 카드놀이를 하고 있었고, 읽지도 않고 문서에 서명했으며, 무슨 내용인지 좀처럼 묻지도 않았다".

선덜랜드가 윌리엄슨을 승계했을 무렵, 국왕부재시대와 초기 왕정복고 시대의 조직화된 스파이망은 자발적이고 때로는 이기적인 반(反)가톨릭 제보자들로 혼탁해졌다. 그들에게 해를 입은 사람들 가운데 런던의 구교도 금세공업자 윌리엄 스테일리(William Stayley)가 있었다. 그가 런던의 한 음식점에서 '맥주 한 잔과 구운 쇠고기 한 조각'을 먹으며 프랑스어로 외국인에게 말하는 것을 누군가가 엿들었다. 프랑스어를 안다는 그 제보자의 주장에 따르면, 스테일리는 국왕이 "전 세계에서 최대의 이단자이자 큰 악당"이라고 말했다. 그리고 그는 손으로 가슴을 치며 "이 손으로 그를 죽이겠다"라고 말했다는 것이다. 스테일리는 이런 발언들을 부인했지만, 반역죄 재판의 배심원단은 제보자 편을 들었다. 그는 교수된 뒤 끌려 나와 사지가 절단되었다.

1681년 오츠가 자초한 일들이 쌓이면서 그 무게로 인해 그에 대한 신뢰도가 허물어지기 시작했다. 오츠는 자신의 음모론에 도전하는 사람들을 상대로 여러 번 명예훼손소송을 제기했으나 패소했다. 1684년 5월 요크 공작을 반역자라고 부른 후, 고관을 중상모략한 혐의로 다방에서 체포되었다. 요크 공작이 형을 승계해 제임스 2세 국왕으로 즉위한 후 3개월이 지난 1685년 5월, 오츠는 종신형을 선고받고 "두 번의 지독한 위증에 대해 완전한 증거로 유죄판결을 받은 타이터스 오츠"라고 새겨진 종이 모자를 쓴 채 웨스트민스터 홀로 끌려왔다. 그는 웨스트민스터 궁전 마당에서 죄인의 칼을 쓰고 웃음거리가 되었으며, 런던의 여러 거리에서 거듭 채찍을 맞았다. 그에게 동정적이지 않은 한 구경꾼에 따르면, 그는 '흉측한 고함'을 지르며 거리를 지나갔다.[16] 불과 6년 전 상하 양원에서 국왕에 반대하는 구교도 음모에 관해 화약음모사건 이후 가장 중요한 정보로 간주되었던 것이 이제는 완전히 신빙성을 잃었다.

---

16   오츠는 1688년 명예혁명으로 제임스 2세가 도주한 후 감옥에서 풀려났다.

지은이
크리스토퍼 앤드루(Christopher Andrew)

근현대사를 전공한 케임브리지대 명예교수로서, 사학과 교수단장과 코퍼스 크리스티 칼리지(Corpus Christi College) 학장을 역임했으며, 현재 케임브리지 정보학 세미나를 정기적으로 주재하면서 ≪정보·테러 연구 저널(Journal of Intelligence and Terrorism Studies)≫의 편집인으로 활동하고 있다. 서방으로 망명한 구소련 스파이들과 공동으로 작업해 『KGB 내부 이야기(KGB The Inside Story)』 등 다수의 KGB 관련 문헌을 생산했다. 영국의 국내정보기관인 보안부(MI5)의 공식 사가로서 그 백년사를 다룬 『왕국의 방위(The Defence of the Realm)』를 집필했다. BBC 라디오와 TV 방송에서 다수의 역사 다큐멘터리 프로그램을 진행했다.

옮긴이
박동철

서울대학교 국제경제학과를 졸업하고 미국 오하이오대학교에서 경제학 석사 학위를 받았다. 주EU대표부 일등서기관, 이스라엘 및 파키스탄 주재 참사관을 지냈고, 현재는 정보평론연구소를 운영하면서 연구와 집필 활동에 종사하고 있다. 『트럼프의 미국 우선주의』의 해제를 달았다. 옮긴 책으로 『글로벌 트렌드 2040』, 『정보 분석의 혁신』, 『인도의 전략적 부상』, 『포스너가 본 신자유주의의 위기』, 『창조산업: 이론과 실무』, 『미래의 초석, 네덜란드 교육』 등 10여 권이 있다.

스파이 세계사 제1권
모세부터 9·11까지 정보활동 3000년의 역사

지은이 ǀ 크리스토퍼 앤드루
옮긴이 ǀ 박동철
펴낸이 ǀ 김종수   펴낸곳 ǀ 한울엠플러스(주)   편집 ǀ 신순남
초판 1쇄 인쇄 ǀ 2021년 8월 30일   초판 1쇄 발행 ǀ 2021년 9월 15일

주소 ǀ 10881 경기도 파주시 광인사길 153 한울시소빌딩 3층   전화 ǀ 031-955-0655
팩스 ǀ 031-955-0656   홈페이지 ǀ www.hanulmplus.kr   등록번호 ǀ 제406-2015-000143호

Printed in Korea.
ISBN 978-89-460-8110-9 04900
          978-89-460-8109-3(세트)

* 책값은 겉표지에 표시되어 있습니다.